Les pensions dans les pays de l'OCDE

Panorama des pensions 2025

LES INDICATEURS DE L'OCDE ET DU G20

OCDE

DES POLITIQUES MEILLEURES
POUR UNE VIE MEILLEURE

Merci de citer cet ouvrage comme suit :
OCDE (2025), *Panorama des pensions 2025 : Les indicateurs de l'OCDE et du G20*, Éditions OCDE, Paris, https://doi.org/10.1787/58bd74b1-fr.

ISBN 978-92-64-89927-8 (imprimé)
ISBN 978-92-64-64180-8 (PDF)
ISBN 978-92-64-60773-6 (HTML)

Les pensions dans les pays de l'OCDE
ISSN 1995-4034 (imprimé)
ISSN 1999-1371 (en ligne)

Les corrigenda des publications de l'OCDE sont disponibles sur : https://www.oecd.org/fr/publications/support/corrigenda.html.

Avant-Propos

Cette édition du *Panorama des pensions* est dédiée à la mémoire d'Edward Whitehouse, qui est décédé en septembre 2025 à l'âge de 56 ans.

Edward Whitehouse a travaillé à l'OCDE dans les années 1990 et 2000, devenant Chef de l'analyse des politiques de retraite. Il a coordonné et même rédigé une grande partie des premières éditions du *Panorama des pensions*, faisant de cette publication une référence non seulement pour ses comparaisons internationales des systèmes de retraite, mais aussi pour son analyse riche d'enseignements sur certaines dimensions des politiques de retraite. Il savait allier l'excellence de l'analyse à des explications claires et élégantes sur des sujets complexes. Son héritage perdurera, à l'OCDE mais aussi parmi l'ensemble des spécialistes de la retraite, qui continuent de s'appuyer largement sur les modèles analytiques qu'il a mis au point.

Cette onzième édition du *Panorama des pensions* présente toute une série d'indicateurs permettant de comparer les politiques de retraite et leurs résultats entre les pays de l'OCDE. Ces indicateurs sont également présentés, dans la mesure du possible, pour les autres grandes économies membres du G20. Deux chapitres spéciaux proposent un examen du rythme du vieillissement démographique et des réformes récentes des retraites (chapitre 1), ainsi qu'une analyse approfondie des écarts entre les genres en matière de pensions (chapitre 2).

Ce rapport a été établi par la Division des politiques sociales de la Direction de l'emploi, du travail et des affaires sociales de l'OCDE (ELS). Hervé Boulhol a supervisé l'équipe et pris en charge la révision et le polissage des chapitres sous la direction de Monika Queisser (Conseillère principale et Cheffe de la Division des politiques sociales). Des fonctionnaires nationaux, et en particulier les délégations du Comité de l'emploi, du travail et des affaires sociales de l'OCDE et du Groupe de travail de l'OCDE sur la politique sociale, ainsi que les membres du Groupe d'experts de l'OCDE sur les pensions, ont apporté un concours extrêmement précieux à la réalisation de ce rapport.

Le Chapitre 1, « Réformes récentes des retraites », a été rédigé par Wouter De Tavernier. Le chapitre 2, « Écart de pension entre les genres », a été rédigé par Maciej Lis, avec le concours de Cemre Dane, qui était alors stagiaire de l'Université Louis-et-Maximilien à Munich. Les chapitres 3 à 8 ont été préparés par Andrew Reilly, qui a également calculé les indicateurs qui y figurent ; le chapitre 9 a quant à lui été rédigé par Romain Despalins, épaulé par Pablo Antolin et Stéphanie Payet de la Direction des affaires financières et des entreprises (DAF). Maxime Ladaique a apporté une aide précieuse pour les tableaux et les graphiques. Hanna Varkki, Marie-Aurélie Elkurd et Alastair Wood ont préparé le manuscrit pour publication, ainsi que l'infographie.

Nous tenons à adresser nos remerciements aux nombreux fonctionnaires nationaux qui ont apporté leur contribution, à Carole Bonnet (INED), Emmanuel Bretin et Frédérique Nortier Ribordy (*Conseil d'orientation des retraites*) pour leurs commentaires utiles, ainsi qu'aux collègues du Secrétariat de l'OCDE, notamment Romain Despalins, Stéphanie Payet et Jessica Mosher (DAF), Valerie Frey et Jasmin Thomas (ELS). Cette publication a également bénéficié des commentaires de Stefano Scarpetta (Directeur d'ELS) et Mark Pearson (Directeur adjoint d'ELS). L'OCDE est particulièrement reconnaissante à l'Union européenne pour son soutien.

Éditorial

Écarts de pension entre les genres : comment y remédier ?

L'amélioration de la situation des femmes seniors et leur traitement équitable occupent une place centrale dans les débats sur les réformes des retraites, depuis la France et le Mexique jusqu'en Allemagne et au Japon, pour ne citer que quelques pays. En effet, dans de nombreux pays, les pensions des femmes sont nettement inférieures à celles des hommes et le taux de pauvreté des personnes âgées est beaucoup plus élevé chez les femmes. Si les écarts de pension entre les genres ont diminué, passant de 28 % en 2007 à 23 % en 2024, en moyenne, dans l'OCDE, les femmes ne perçoivent toujours que 77 cents pour chaque euro ou dollar perçu par les hommes.

Les pays se sont efforcés de trouver diverses solutions à la situation défavorable que connaissent les femmes à la retraite. Le Chili et le Mexique, par exemple, ont mené ces deux dernières années des réformes des retraites d'envergure qui prévoient, dans les deux pays, de relever expressément le niveau des retraites des femmes.

L'une des mesures fréquemment employées par les pouvoirs publics par le passé consistait à accorder aux femmes un départ anticipé à la retraite, en compensation du temps passé à s'occuper de leurs enfants et parents âgés. Si de nombreuses femmes ont sans doute apprécié la possibilité de prendre leur retraite plus tôt, ce phénomène s'est également traduit par une baisse des pensions compte tenu de la durée plus courte de cotisation. La grande majorité des pays de l'OCDE ont maintenant harmonisé l'âge de la retraite pour les hommes et les femmes, ou sont en passe de le faire ; seuls six pays maintiendront à l'avenir des âges différents.

La plupart des systèmes de retraite de l'OCDE relient les prestations de retraite aux cotisations versées par les travailleurs au cours de leur vie professionnelle. Ces systèmes ont en commun de prendre en compte dans le calcul des pensions les périodes sans emploi rémunéré consacrées, principalement par les femmes, à la prise en charge de proches. Ces crédits de cotisations de retraite contribuent largement à réduire les écarts entre les genres, à condition que les femmes reprennent un travail à temps plein après leur congé de maternité et leur congé parental.

En réalité, toutefois, les femmes sont nombreuses à ne pas retravailler à plein temps mais à ne travailler qu'à temps partiel ou à demeurer purement et simplement sans emploi. Ce phénomène pèse sur les revenus d'activité perçus tout au long de la vie professionnelle, sur les cotisations et, partant, sur le niveau des retraites. Si l'on ajoute à cela les écarts de rémunération qui persistent entre les genres dans la quasi-totalité des pays de l'OCDE, il apparaît clairement que les systèmes de retraite, aussi bien conçus soient-ils, ne pourront à eux seuls redresser la situation défavorable que connaissent les femmes à la retraite.

C'est sur les marchés du travail qu'il est le plus urgent de s'attaquer aux disparités entre les genres. L'analyse présentée dans ce rapport montre que les différences entre les femmes et les hommes en matière d'emploi, d'heures travaillées et de salaires horaires contribuent à parts égales, soit environ un tiers, aux écarts entre les genres en termes de revenus d'activité sur l'ensemble de la vie. Ces écarts, qui s'établissent à 35 % en moyenne dans les pays de l'OCDE, sont à leur tour le principal facteur à l'origine des écarts entre les genres en matière de retraite. Mais la situation doit aussi évoluer dans les foyers ; sans un meilleur partage du travail non rémunéré, il sera difficile pour les femmes d'augmenter leur temps de travail rémunéré.

Cela ne signifie toutefois pas que les politiques de retraite n'ont aucun effet sur les écarts de pension entre les genres. Étant donné que les femmes sont plus nombreuses que les hommes à dépendre des pensions de base et des filets de sécurité vieillesse, toute mesure de soutien et de redistribution prise par les pouvoirs publics en faveur des retraités à faible revenu aura aussi un effet sur l'écart entre les genres en matière de retraite. Cet écart est réduit par des niveaux élevés de prestations du premier pilier soumises à conditions de ressources, comme au Danemark, en Islande et en Norvège, par exemple, et par une formule de calcul de la retraite progressive, comme en Tchéquie.

Les crédits de cotisations de retraite, comme indiqué, contribuent aussi à stabiliser les droits à pension des femmes lorsqu'elles interrompent leur carrière pour prendre en charge des proches. En outre, malgré l'augmentation du taux d'activité des femmes, les pensions de réversion continuent de jouer un rôle très important. Dans les régimes obligatoires liés à la rémunération, elles réduisent d'environ un tiers en moyenne l'écart de pension entre les genres.

Plusieurs pays disposent de régimes universels versant des pensions forfaitaires qui, par définition, sont équitables entre les genres vu que chaque retraité perçoit le même montant. De plus, le niveau des pensions publiques est fixé dans de nombreux pays à un niveau qui exige, pour garantir un niveau de vie suffisant aux personnes âgées, qu'elles disposent en complément de régimes de pension professionnels et privés ou bien d'une épargne personnelle. Là encore, les femmes sont pénalisées. Elles sont moins susceptibles de travailler dans des secteurs qui offrent de bons régimes de retraite professionnels. Les plans de retraite proposés par les employeurs prennent en outre rarement en compte les interruptions de carrière ou le travail à temps partiel en lien avec la prise en charge des enfants ou de parents âgés. De plus, les femmes percevant des revenus inférieurs, leur capacité à épargner est aussi moindre. Les Pays-Bas et le Royaume-Uni, par exemple, font partie des pays où l'écart entre les genres en matière de retraite est le plus marqué, s'établissant à plus de 35 %, malgré des droits à pension de base supérieurs à la moyenne. Par conséquent, dans les régimes de retraite par capitalisation, professionnel ou individuel, les responsables de l'action publique doivent aussi s'attaquer aux disparités entre les genres. Ce n'est qu'en adoptant une stratégie intégrée englobant les politiques du marché du travail, de la famille et des retraites que nous parviendrons enfin à combler l'écart de pension entre les genres.

Stefano Scarpetta,

Directeur,

Direction de l'emploi, du travail et des affaires sociales (ELS) de l'OCDE.

Table des matières

GRAPHIQUES

INFOGRAPHIES

TABLEAUX

Résumé

La présente édition du *Panorama des pensions* passe en revue les mesures législatives touchant aux retraites que les pays de l'OCDE ont prises entre septembre 2023 et septembre 2025. Elle contient un examen des évolutions démographiques récentes et des dernières projections en matière de vieillissement ainsi qu'un récapitulatif des régimes de pensions avec décote/surcote, des pratiques liées au cumul emploi-retraite et de l'âge obligatoire de départ à la retraite dans les pays de l'OCDE. Le chapitre thématique présente une analyse approfondie des écarts entre les femmes et les hommes quant au niveau des pensions. Comme les éditions précédentes, elle comprend une batterie complète d'indicateurs sur les retraites dans les pays de l'OCDE et du G20.

Vieillissement démographique

- Le vieillissement démographique connaîtra un rythme soutenu au cours des 25 prochaines années. Dans les pays de l'OCDE, pour 100 personnes de 20 à 64 ans, le nombre de personnes âgées de 65 ans et plus devrait en moyenne passer de 33 en 2025 à 52 en 2050, alors qu'il était de 22 en 2000. L'augmentation devrait être particulièrement forte en Corée, et représenter presque 50 points, mais aussi en Espagne, en Grèce, en Italie, en Pologne et en République slovaque où elle devrait atteindre plus de 25 points.
- Le taux de fécondité continue de baisser dans de nombreux pays, alors que les projections démographiques passées ont systématiquement surestimé l'évolution de l'indicateur conjoncturel de fécondité. La pandémie de COVID-19 n'a pas eu d'incidence sur les projections à long terme de l'espérance de vie à 65 ans.

Principales mesures en matière de retraites adoptées ces deux dernières années dans les pays de l'OCDE

- La Slovénie et la Tchéquie ont relevé l'âge légal de la retraite de 65 à 67 ans, respectivement à l'horizon 2035 et 2056. En Slovénie, l'âge de la retraite à taux plein après 40 ans de cotisation passera également de 60 à 62 ans. En outre, la République slovaque a quant à elle lié les conditions de retraite anticipée à l'espérance de vie.
- L'âge normal moyen de la retraite dans les pays de l'OCDE passera de 63.9 ans et de 64.7 ans, respectivement, pour les femmes et les hommes qui prennent leur retraite en 2024 à 65.9 et 66.4 ans pour les femmes et les hommes qui débutent leur carrière en 2024. Sur la base de la législation en vigueur, l'âge normal de la retraite va augmenter dans plus de la moitié des pays de l'OCDE, pour s'établir dans une fourchette comprise entre 62 ans en Colombie (pour les hommes, 57 pour les femmes), au Luxembourg et en Slovénie à 70 ans ou plus au Danemark, en Estonie, en Italie, aux Pays-Bas et en Suède.
- Le Chili a entrepris une réformes systémique visant à renforcer son système de retraite et à améliorer non seulement son régime lié à la rémunération antérieure, mais aussi l'assurance

retraite pour les personnes à faible revenu. Le Mexique a quant à lui mis en place un important complément de retraite liée à la rémunération au titre du régime obligatoire, modifiant ce faisant la nature même de son système de pensions liées à la rémunération antérieure. Celui-ci garantit que les bénéficiaires d'une pension de vieillesse reçoivent 100 % de leur dernier salaire mensuel, à hauteur du salaire mensuel moyen des cotisants à la sécurité sociale, même après seulement 20 années de cotisation. Les deux pays ont adopté des mesures pour rehausser les pensions des femmes.

- Le Chili a sensiblement augmenté les prestations ciblées. La Corée a développé les crédits de cotisations de retraite pour enfants, ce qui permettra d'augmenter fortement les pensions des parents.
- La Slovénie a adopté une réforme globale des retraites qui permettra d'assurer à la fois l'équité de son système de pensions et sa viabilité financière. Parallèlement au relèvement de l'âge du départ à la retraite, la période de référence utilisée pour le calcul des prestations est passée des 24 aux 35 meilleures années d'activité, les taux d'acquisition de droits ont été augmentés et l'indexation des pensions servies a été réduite.
- Pour renforcer la viabilité financière des pensions, la Corée et l'Irlande ont relevé les taux de cotisation obligatoire, le Japon a revu à la hausse son plafond de cotisation et la Tchéquie a abaissé le montant des prestations futures.
- L'Irlande a mis en place l'affiliation automatique aux régimes de pension professionnels, alors que la Lituanie y a mis fin.
- En moyenne dans les pays de l'OCDE, les travailleurs rémunérés au salaire moyen qui entrent maintenant sur le marché du travail et effectuent une carrière complète percevront une pension nette correspondant à 63 % de leur salaire net. Les taux de remplacement nets futurs seront inférieurs à 40 % en Corée, en Estonie, en Irlande et en Lituanie. Le taux de remplacement net futur pour les travailleurs rémunérés à la moitié du salaire moyen qui accomplissent une carrière complète est plus élevé à 76 % en moyenne.

Écart entre les femmes et les hommes en matière de pensions

- Les femmes perçoivent des pensions mensuelles qui sont en moyenne inférieures d'un quart environ à celles des hommes dans les pays de l'OCDE ; cet écart est de moins de 10 % en Estonie, en Islande, en République slovaque, en Slovénie et en Tchéquie et de plus de 35 % en Autriche, au Mexique, aux Pays-Bas et au Royaume-Uni, et jusqu'à 47 % au Japon.
- L'écart moyen entre les femmes et les hommes en matière de pensions, qui est marqué dans les pays de l'OCDE, a diminué pour passer de 28 % en 2007 à 23 % en 2024, et cette tendance au resserrement devrait se poursuivre.
- Cet écart est l'indicateur clé des différences moyennes entre les genres quant au niveau des pensions de retraite. Toutefois, il ne mesure pas les différences de niveau de vie entre les hommes et les femmes seniors parce que le niveau de vie prend en compte d'autres sources de revenu, la composition des ménages et le partage des revenus au sein des ménages. On n'observe en réalité aucune corrélation dans les pays entre l'écart entre les genres en matière de pensions et l'écart en matière de revenu disponible moyen entre les femmes et les hommes âgés de 66 ans ou plus.
- L'écart entre les femmes et les hommes en termes de revenus d'activité sur l'ensemble de la vie est le principal déterminant de l'écart entre les femmes et les hommes en matière de pensions. Les écarts entre les genres en termes d'emploi, d'heures travaillées et de salaire horaire pèsent plus ou moins le même poids dans l'écart de revenus d'activité sur l'ensemble de la vie (environ un tiers chacun), soit en moyenne 35 % dans les pays de l'OCDE.

- Les femmes pourront toujours prendre leur retraite sans décote à un plus jeune âge que les hommes en Colombie, au Costa Rica, en Hongrie, en Israël, en Pologne et en Türkiye, ce qui a une incidence négative sur le niveau de leurs pensions. Les pays désireux de favoriser l'égalité des genres sur le marché du travail et de réduire l'écart entre les genres en matière de pensions devraient supprimer l'accès anticipé à la retraite pour les femmes.
- Les mères de famille peuvent partir à la retraite entre quatre mois et quatre ans plus tôt que les femmes sans enfant en France, en Italie, en République slovaque, en Slovénie et en Tchéquie. Les crédits de cotisations de retraite au titre des enfants sont un instrument efficace pour amortir les effets des interruptions de carrière relativement courtes, notamment chez les bas salaires. Dans les pays de l'OCDE, en moyenne, chez les mères de deux enfants, les régimes de retraite obligatoires amortissent la moitié environ des effets sur les pensions d'une interruption de carrière de cinq ans au titre des enfants. Neuf pays accordent des crédits simplement pour le fait d'avoir eu des enfants ou octroient des bonifications aux parents, qu'il y ait eu ou non une interruption de carrière.
- La protection du niveau de vie des conjoints survivants après le décès de leur partenaire est un objectif important de l'action publique. Les pensions de réversion réduisent d'environ un tiers en moyenne l'écart entre les genres en matière de pensions dans le cadre des régimes obligatoires liés aux gains antérieurs, les femmes représentant 88 % des bénéficiaires en moyenne.
- Les mesures les plus efficaces pour réduire de façon pérenne l'écart entre les femmes et les hommes en matière de pensions devraient s'attaquer aux écarts d'emploi, d'heures travaillées et de rémunération. Le partage inégal du travail familial non rémunéré entre les femmes et les hommes, ainsi que les disparités persistantes dans les parcours éducatifs et professionnels, ont de lourdes conséquences.
- La réduction des inégalités de revenu au moment de la vieillesse fait souvent partie des objectifs des systèmes de retraite. Les instruments d'action qui atténuent les effets des inégalités sur le marché du travail sur les écarts de revenu de retraite resserrent en outre généralement l'écart entre les genres en matière de pensions. Cet écart est en fait réduit par le niveau élevé des prestations du premier pilier, en particulier lorsqu'elle sont soumises à des conditions de ressources comme au Danemark, en Islande et en Norvège, et par une formule de calcul de la retraite progressive, comme en Tchéquie.

Infographie 1. Faits et chiffres clés

Les pensions servies par les régimes obligatoires varient beaucoup selon les pays de l'OCDE

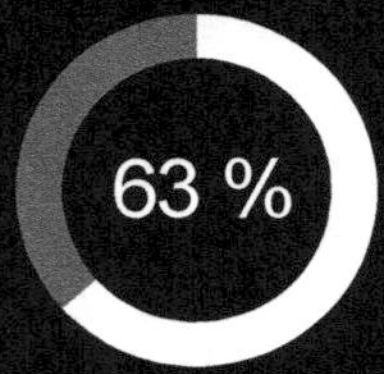

À l'échelle de l'OCDE, les travailleurs rémunérés au salaire moyen qui entament leur carrière à 22 ans en 2024 conserveront l'équivalent de 63 % de leurs revenus d'activité à la retraite, si cette carrière est complète.

Mais ce taux va de moins de 35 % en Irlande et en Lituanie à plus de 90 % aux Pays-Bas, au Portugal et en Türkiye.

L'âge de la retraite devrait reculer dans plus de la moitié des pays de l'OCDE

Âge normal de la retraite, hommes

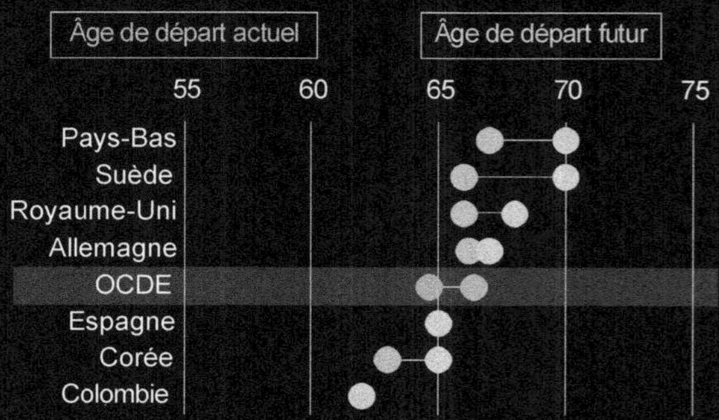

Moyenne OCDE : 64.7 années actuellement, 66.4 à l'avenir.

À la retraite, le revenu disponible des hommes est plus élevé que celui des femmes

Revenu des hommes et des femmes de plus de 65 ans, en % du revenu disponible moyen de la population totale

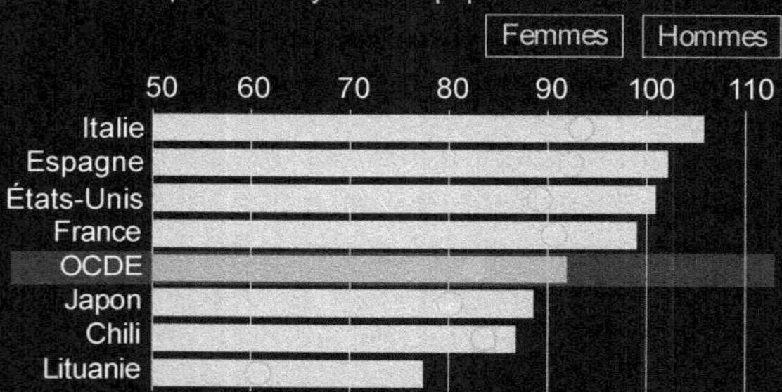

Moyenne OCDE : 92 % pour les hommes, 82 % pour les femmes.

Les écarts de pension entre les genres sont marqués, mais se resserrent progressivement

Pension moyenne des femmes par rapport à celle des hommes, écart en %

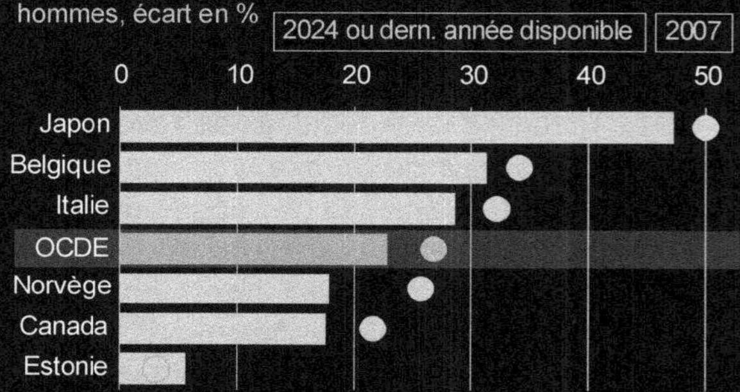

Moyenne OCDE : 28 % en 2007, 23 % en 2024.

Les écarts entre les genres en termes de durée de carrière se sont fortement réduits

Durée de carrière prévue des hommes et des femmes, années d'écart

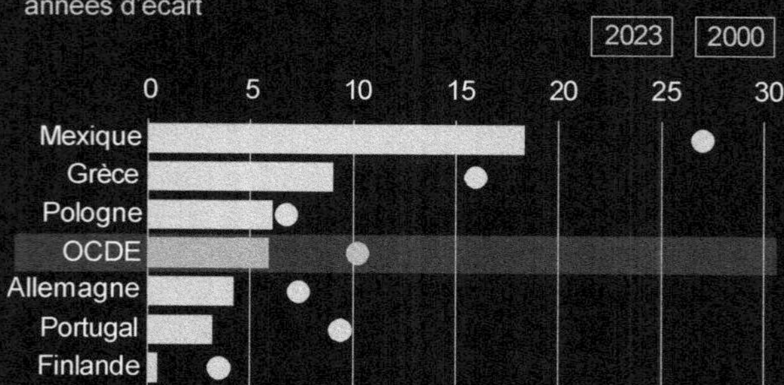

Moyenne OCDE : 10.2 années en 2000, 5.9 années en 2023.

Les baisses non prévues de la fécondité posent des défis pour les retraites

Évolution de l'indicateur conjoncturel de fécondité (moyenne OCDE), d'après des projections réalisées à des années différentes

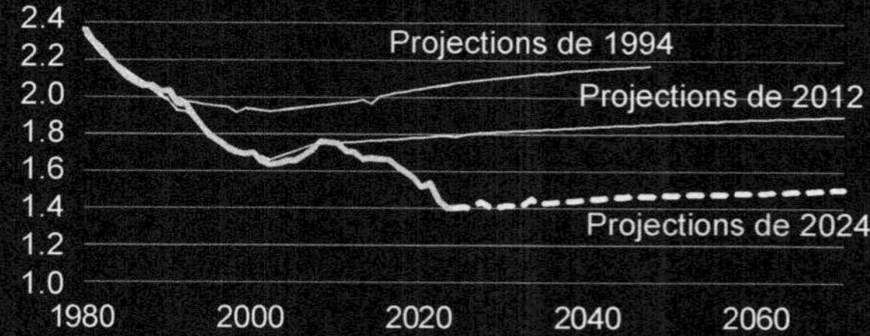

Si la fécondité continue de baisser, les populations pourraient vieillir encore plus rapidement que prévu, avec le risque que la viabilité des régimes de retraite soit plus difficile à atteindre.

1 Réformes récentes des retraites

Le présent chapitre s'intéresse à l'évolution des retraites au cours des deux dernières années et offre une vue d'ensemble des réformes adoptées dans les pays de l'OCDE entre septembre 2023 et septembre 2025. Il décrit également les tendances démographiques récentes et les dernières projections en matière de vieillissement des populations. La section consacrée à l'emploi des seniors propose un aperçu des régimes de pension avec décote/surcote, des pratiques liées au cumul emploi-retraite et des dispositifs d'âge de départ obligatoire à la retraite dans les pays de l'OCDE.

Introduction

Au cours des vingt-cinq prochaines années, le vieillissement démographique dans les pays de l'OCDE sera presque deux fois plus rapide que durant le quart de siècle passé. Les projections antérieures ont systématiquement surestimé les indicateurs conjoncturels de fécondité et même les projections les plus récentes reposent sur l'hypothèse que ces indicateurs se stabiliseront en moyenne à leurs niveaux actuels. Les projections à long terme de l'espérance de vie à un âge avancé n'ont toutefois été que peu affectées par la pandémie de COVID-19 et les gains d'espérance de vie devraient continuer d'être inférieurs à ce qu'ils ont pu être entre le milieu des années 90 et le début des années 2010, période pendant laquelle ils étaient particulièrement importants.

Dans de nombreux pays de l'OCDE, les retraités souhaitant travailler rencontrent toujours des difficultés à reprendre une activité. La moitié des pays de la zone OCDE restreignent au moins d'une certaine manière la possibilité de travailler tout en bénéficiant d'une pension contributive après l'âge normal de la retraite et les deux tiers prévoient de telles restrictions avant que cet âge ne soit atteint. Par ailleurs, la mise en place de dispositifs de mise à la retraite obligatoire pour les travailleurs du secteur privé est autorisée, voire exigée, dans la moitié des pays de l'OCDE, et il en va de même pour les fonctionnaires et les travailleurs du secteur public dans deux tiers des pays de la zone OCDE.

Le Chili et le Mexique ont depuis deux ans entrepris des réformes systémiques de leurs système de retraite. Le Chili a fait progresser le niveau des retraites liées à la rémunération antérieure par une forte augmentation du taux de cotisation obligatoire. Il a également amélioré la redistribution de son système de retraite grâce à l'intégration de plusieurs composantes, dont une pension de base contributive, un complément de retraite pour les femmes ou encore une augmentation de certaines prestations ciblées. Le Mexique a quant à lui mis en place un complément de retraite substantiel lié à la rémunération pour le régime obligatoire par capitalisation et à cotisations définies, lequel modifie la nature même de son système de retraite liée à la rémunération antérieure. La République slovaque a par ailleurs fortement augmenté les pensions minimales contributives et a, à l'instar de la Suisse, rehaussé le niveau global des retraites par l'introduction d'un 13e mois.

Le relèvement de l'âge de la retraite demeure une stratégie courante pour améliorer la viabilité financière du système de retraite sans diminuer le niveau des pensions. Cette viabilité financière peut également être assurée par une augmentation des cotisations acquittées ou par une réduction du montant des prestations. D'après les législations en vigueur, plus de la moitié des pays de l'OCDE prévoient de relever l'âge normal de la retraite pour les futurs pensionnés. Seules la Slovénie et la Tchéquie ont décidé de rehausser l'âge légal de la retraite depuis septembre 2023, le faisant passer de 65 à 67 ans. La République slovaque a de son côté choisi de durcir les conditions d'accès à une retraite anticipée. La Corée et l'Irlande ont augmenté leurs taux de cotisation et le Japon a relevé le plafond de cotisation de sorte à mobiliser davantage de ressources pour son système de retraite. La Tchéquie a quant à elle amélioré le financement des retraites en réduisant le montant des prestations futures. Sept pays ont par ailleurs facilité le cumul d'une activité rémunérée et d'une pension de retraite, ou ont rendu cette pratique plus intéressante sur le plan financier.

Enfin, différents pays ont élargi la couverture de certains régimes de retraite. L'Irlande a mis en place l'affiliation automatique à un régime par capitalisation à cotisations définies (CCD), alors que la Lituanie y a mis fin. La Corée, le Japon et le Mexique ont élargi la couverture de leurs régimes de manière à inclure une ou plusieurs catégories de travailleurs atypiques. Le développement de crédits de cotisations de retraite pour enfants en Corée a permis de renforcer considérablement l'assurance retraite des parents qui interrompent leur carrière pour avoir des enfants.

Le présent chapitre s'articule comme suit. La première section s'intéresse à la question du vieillissement démographique et dresse un état des lieux des tendances passées et des projections en matière de fécondité, d'espérance de vie et de migrations, et de leurs implications pour l'évolution du taux de dépendance démographique. La deuxième section est consacrée à l'emploi des seniors et propose un aperçu des régimes de pension avec décote/surcote, des pratiques liées au cumul emploi-retraite et de l'âge de départ obligatoire à la retraite dans les pays de l'OCDE. Ce chapitre examine enfin les réformes des régimes de retraite adoptées dans les pays de l'OCDE depuis la précédente édition du *Panorama des pensions*.

Principaux résultats

Vieillissement démographique

- Le vieillissement démographique connaîtra un rythme soutenu au cours des 25 prochaines années. Dans les pays de l'OCDE, pour 100 personnes de 20 à 64 ans, le nombre de personnes âgées de 65 ans et plus devrait en moyenne passer de 33 en 2025 à 52 en 2050, et ce, contre 22 en 2000. L'augmentation sur cette période devrait être particulièrement forte en Corée, et représenter presque 50 points, mais aussi en Espagne, en Grèce, en Italie, en Pologne et en République slovaque où elle devrait atteindre plus de 25 points.
- La population d'âge actif (20-64 ans) devrait diminuer de plus de 30 % au cours des quatre prochaines décennies en Espagne, en Estonie, en Grèce, au Japon et en République slovaque, et de plus de 35 % en Corée, en Italie, en Lettonie, en Lituanie et en Pologne.
- Le taux de fécondité continue de baisser dans de nombreux pays, alors que les projections démographiques passées ont systématiquement surestimé l'évolution de l'indicateur conjoncturel de fécondité. Les pays cherchant à stimuler leur taux de fécondité devraient créer les conditions nécessaires pour aider les adultes à avoir autant d'enfants qu'ils le souhaitent, au moment où ils le souhaitent.
- Les baisses du taux de fécondité menacent la viabilité financière des systèmes de retraite par répartition. Dans la mesure où l'efficacité des politiques de maintien ou d'augmentation du taux de fécondité reste aléatoire, il pourrait être prudent de se préparer à ce que l'avenir soit marqué par une faible fécondité. Cela pourrait passer par l'adoption de réformes paramétriques ou par l'introduction de mécanismes d'ajustement automatique visant à adapter les pensions au montant total des cotisations ou à un indicateur de substitution, comme la croissance de la masse salariale, le PIB ou le nombre de cotisants.
- Par rapport à la période entre le milieu des années 90 et le début des années 2010, la progression de l'espérance de vie à 65 ans a nettement ralenti, et ce, aussi bien pour les femmes que pour les hommes. La pandémie de COVID-19 n'a pas eu d'incidence sur les projections à long terme de l'espérance de vie à 65 ans.
- Les projections démographiques des Nations Unies portent sur les taux de solde migratoire pour les 30 prochaines années, lesquels correspondent en moyenne aux deux tiers des niveaux enregistrés entre 1990 et 2020 dans l'OCDE.

Allongement de la vie active

- En moyenne, dans les pays de l'OCDE, 65.5 % des personnes âgées de 55 à 64 ans et 25.7 % des personnes âgées de 65 à 69 ans occupent un emploi, contre 82.5 % des 25-54 ans. En Corée, au Danemark, en Estonie, en Islande, en Israël, au Japon, en Nouvelle-Zélande et en Suède, l'écart de taux d'emploi entre les 55-64 ans et les 25-54 ans est inférieur ou égal à 10 points de pourcentage. Cet écart est de 25 à 30 points en Autriche, en Pologne et en Türkiye, et il est encore plus important au Luxembourg et en Slovénie.
- Les taux annuels de surcote et de décote des régimes de retraite contributifs sont respectivement de 4.8 % et de 4.4 % en moyenne dans les pays de l'OCDE, soit près du point neutre sur le plan

actuariel. La Belgique et le Luxembourg, mais aussi la Hongrie dans le cas des femmes, sont les seuls pays à ne pas appliquer de décote dans le cadre de leurs régimes contributifs de base, à prestations définies ou par points. Les contre-incitations à travailler au-delà de l'âge normal de la retraite sont particulièrement fortes en Belgique, au Costa Rica, en Grèce, au Luxembourg et en Türkiye, dans la mesure où les surcotes pour retraite différée sont peu élevées, voire inexistantes.

- Aucune restriction au cumul emploi-retraite au-delà de l'âge normal de départ n'est prévue dans la moitié des pays de l'OCDE et un tiers des pays n'appliquent aucune restriction de ce type avant l'âge normal de la retraite. Par ailleurs, en Allemagne, en Belgique, en Espagne, en France, en Grèce, au Luxembourg, au Mexique, en République slovaque, en Slovénie et en Türkiye, les bénéficiaires de pensions de retraite qui travaillent au-delà de l'âge normal de départ continuent généralement de s'acquitter de cotisations bien qu'ils n'acquièrent qu'une part réduite de droits à la retraite, voire aucun droit supplémentaire.
- Onze pays de l'OCDE n'ont mis en place aucune forme de retraite obligatoire, que ce soit pour les travailleurs du secteur public ou du secteur privé. À l'inverse, la moitié des pays de l'OCDE ont adopté des pratiques de mise à la retraite obligatoire pour les travailleurs, quel que soit le secteur. Dans les huit pays restants, une mise à la retraite obligatoire est uniquement prévue pour les travailleurs du secteur public et les fonctionnaires de droit public.

Revenus actuels des retraités

- Le revenu moyen des personnes de plus de 65 ans représente 87 % de celui de l'ensemble de la population en moyenne dans les pays de l'OCDE. Les personnes de plus de 65 ans reçoivent actuellement en moyenne 70 % ou moins du revenu disponible moyen de l'ensemble de l'économie en Estonie, en Corée, en Lettonie et en Lituanie, et environ 100 % ou plus en Israël, en Italie, au Luxembourg et au Mexique.

Mesures adoptées récemment en matière de retraites

Âge de départ à la retraite et incitations à travailler plus longtemps

- L'âge normal moyen de la retraite dans les pays de l'OCDE passera de 63.9 ans pour les femmes et de 64.7 ans pour les hommes qui prenaient leur retraite en 2024 à 65.9 et 66.4 ans respectivement pour celles et ceux qui ont débuté leur carrière en 2024. Sur la base des législations en vigueur, l'âge normal de la retraite devrait augmenter dans plus de la moitié des pays de l'OCDE et s'établir alors dans une fourchette comprise entre 62 ans en Colombie (pour les hommes, 57 pour les femmes) au Luxembourg et en Slovénie et 70 ans ou plus au Danemark, en Estonie, en Italie, aux Pays-Bas et en Suède.
- La Slovénie et la Tchéquie ont relevé l'âge légal de la retraite de 65 à 67 ans, respectivement à l'horizon de 2035 et 2056. En Slovénie toutefois, l'âge de la retraite à taux plein après 40 ans de cotisation passera de 60 à 62 ans.
- La République slovaque a quant à elle lié les conditions de retraite anticipée à l'espérance de vie. L'Italie a encore prolongé plusieurs de ses dispositifs de retraite anticipée, même si les conditions d'accès ont été durcies pour certains d'entre eux. La Tchéquie donne désormais la possibilité aux travailleurs exerçant des métiers dangereux ou pénibles de bénéficier, sans décote, d'une réduction de 15 à 30 mois de l'âge de la retraite, tandis que l'Espagne détermine le niveau de pénibilité ou de dangerosité des professions en fonction des statistiques relatives aux accidents du travail et aux congés de maladie.
- L'Espagne, la Grèce, le Japon, la Lituanie, la Suisse et la Tchéquie ont de leur côté simplifié le cumul d'une activité rémunérée et d'une pension de retraite, ou ont rendu cette pratique plus

intéressante sur le plan financier. Enfin, le Danemark a renforcé les incitations fiscales pour les bénéficiaires d'une retraite qui travaillent au-delà de l'âge légal de départ.

Prestations et cotisations

- Le Chili a entrepris une réforme systémique visant à renforcer son système de retraite et à améliorer non seulement son régime lié à la rémunération antérieure, mais aussi l'assurance retraite pour les personnes à faible revenu. Le Chili a augmenté les prestations de retraite aussi bien pour les retraités actuels que pour les futurs retraités, et rehaussé considérablement le taux de cotisation.
- Le Mexique a quant à lui mis en place un complément de retraite substantiel liée à la rémunération pour le régime obligatoire par capitalisation à cotisations définies, modifiant ce faisant la nature même de son système de retraite liée à la rémunération antérieure. Celui-ci garantit que les bénéficiaires d'une pension de vieillesse reçoivent 100 % de leur dernier salaire mensuel, à hauteur maximale du salaire mensuel moyen des cotisants à la sécurité sociale, même après seulement 20 années de cotisation. Dans la mesure où les pensions de base soumises à condition de résidence sont versées en complément, le taux de remplacement des personnes à faible revenu est nettement supérieur à 100 %. On ignore toutefois de quelle manière le financement de cette réforme sera assuré sur la durée.
- Plusieurs pays ont adopté des mesures visant à augmenter spécifiquement les retraites des femmes. Parce qu'il utilise des tables de mortalité par sexe, le Chili a mis en place un dispositif destiné à compenser les revenus de retraite généralement plus faibles perçus par les femmes en raison d'une espérance de vie plus longue. Le Mexique a quant à lui adopté un nouveau type de retraite de base soumise à condition de résidence, destiné spécifiquement aux femmes avant l'âge légal de la retraite.
- Le Chili en a considérablement augmenté le montant des prestations ciblées et la République slovaque a rehaussé le niveau des pensions minimales contributives.
- La Slovénie a adopté une réforme complète des retraites qui permettra d'améliorer à la fois l'équité de son système de retraite et sa viabilité financière. Parallèlement au rehaussement de l'âge de départ à la retraite, la période de référence utilisée pour le calcul des prestations est passée des 24 aux 35 meilleures années d'activité, les taux d'acquisition de droits ont été augmentés et l'indexation des retraites a été réduite.
- Pour renforcer la viabilité financière des régimes publics, la Corée et l'Irlande ont relevé les taux de cotisation, le Japon a revu à la hausse son plafond de cotisation et la Tchéquie a abaissé le montant des prestations futures.
- À l'instar du Chili et du Mexique, la Corée, la République slovaque et la Suisse ont augmenté le niveau des prestations versées au titre des régimes obligatoires de retraite liée à la rémunération antérieure.
- Sur la base de l'ensemble des mesures législatives en vigueur, les travailleurs rémunérés au salaire moyen ayant effectué une carrière complète et commencé à travailler dès l'âge de 22 ans en 2024 percevront en moyenne une pension nette correspondant à 63 % de leur salaire net. Les taux de remplacement nets futurs seront inférieurs à 40 % en Corée, en Estonie, en Irlande et en Lituanie. Le taux de remplacement net futur des travailleurs ayant accompli une carrière complète et percevant la moitié du salaire moyen est plus élevé avec une moyenne de 76 %.

Couverture

- L'Irlande a mis en place l'affiliation automatique à un régime de retraite professionnel, alors que la Lituanie y a mis fin.

- La Corée, le Japon et le Mexique ont élargi la couverture de leurs régimes de manière à inclure une ou plusieurs catégories de travailleurs atypiques.
- La Corée a développé les crédits de cotisations de retraite pour enfants, ce qui permettra d'augmenter fortement les pensions des parents.

Le vieillissement démographique connaîtra un rythme soutenu au cours des 25 prochaines années

Le vieillissement démographique est le résultat des évolutions de trois facteurs : la fécondité, l'espérance de vie et les migrations. La présente section dresse un rapide état des lieux des tendances passées et des projections établies pour chacun de ces facteurs, et examine le taux de dépendance démographique qui en découle. Dans la mesure où l'incidence relative de ces trois facteurs sur le vieillissement démographique peut varier d'un pays à l'autre, la dernière partie de cette section propose une décomposition des variations du taux de dépendance démographique au cours des 10 dernières années, par facteur de vieillissement démographique.

Baisse de la fécondité

Depuis les années 60, les indicateurs conjoncturels de fécondité ont en moyenne baissé de moitié dans les pays de l'OCDE. L'accroissement du niveau de formation des femmes, l'amélioration de l'accès à des moyens de contraception efficaces, la prédominance croissante des ménages à double revenu, lesquels éprouvent souvent des difficultés à concilier obligations professionnelles et familiales, et l'augmentation de l'insécurité économique, sur le marché du travail et en matière de logement, en particulier pour les jeunes, sont des facteurs qui ont tous contribué à la baisse des taux de natalité (OCDE, 2024[1]). Cette tendance pourrait également avoir été accentuée par une modification de attitudes à l'égard de la parentalité. Les femmes et les hommes trouvent en effet de plus en plus souvent un sens à leur vie en dehors de la parentalité, alors que les normes en matière de parentalité tendent à se durcir. La progression de l'égalité des genres au sein des ménages a exposé un nombre croissant de pères à la nécessité de mieux concilier vie professionnelle et vie familiale. Parallèlement à cela, les politiques familiales et de garde d'enfants, comme les congés rémunérés ou les services d'éducation et d'accueil des jeunes enfants, ont été renforcées de façon à mieux soutenir les familles et à aider les parents qui travaillent à concilier leurs obligations familiales et professionnelles.

La baisse de la fécondité nuit à la viabilité financière des systèmes de retraite par répartition. Lorsque l'indicateur conjoncturel de fécondité est inférieur au seuil de renouvellement des populations (2.1 enfants par femme), chaque nouvelle génération est moins nombreuse que la précédente, entraînant par là même une augmentation du taux de dépendance démographique. Si un faible taux de fécondité implique une pression accrue sur les personnes d'âge actif, il reste possible d'ajuster les paramètres du système de retraite (âge de départ, niveau des pensions et taux de cotisation) de manière à en assurer la viabilité financière. La baisse de la fécondité rend nécessaire une réévaluation régulière de ces paramètres. Garantir la viabilité financière d'un système de retraite dans un contexte de faible fécondité présente d'importantes difficultés sur le plan politique, notamment en l'absence de mécanismes d'ajustement automatique. Ce type d'écueil rend le système de retraite particulièrement sensible aux incertitudes entourant les projections du taux de fécondité.

Les projections antérieures ont systématiquement surestimé les indicateurs conjoncturels de fécondité et par conséquent sous-estimé le rythme du vieillissement démographique. Les projections sont toujours parties du postulat que l'indicateur conjoncturel de fécondité aurait globalement cessé de baisser au moment de la publication des projections, avant de repartir à hausse peu après, alors que cette tendance a chaque fois été démentie par chaque nouvelle édition des projections (à l'exception d'une courte période entre 2005 et 2010 (Graphique 1.1)). Les estimations de l'indicateur conjoncturel de fécondité de 2025 ont été revues à la baisse dans presque toutes les nouvelles éditions : alors que l'édition de 1994 prévoyait encore un indicateur de 2.01 en 2025 en moyenne dans l'ensemble des pays de l'OCDE, l'estimation a été ramenée à 1.46 dans celle de 2024.

Les projections les plus récentes prévoient toujours un renversement de tendance au moment de leur publication, mais ne présument pas d'un rebond sensible des taux de fécondité. Les projections des années 90 tablaient sur un retour rapide au seuil de renouvellement de 2.1 naissances vivantes par femme à la fin de la période de projection, soit à l'horizon de 2050, même si les projections établies depuis 2012 prévoient une augmentation plus modérée jusqu'à la fin du siècle. Selon les projections de 2024, l'indicateur conjoncturel de fécondité des pays de l'OCDE devrait en moyenne atteindre son point le plus bas en 2025, à 1.46, avant de connaître une légère augmentation.

Graphique 1.1. Les projections ont systématiquement surestimé la fécondité

Évolution de l'indicateur conjoncturel de fécondité selon différents scénarios de projection (moyenne de l'OCDE), 1980-2070

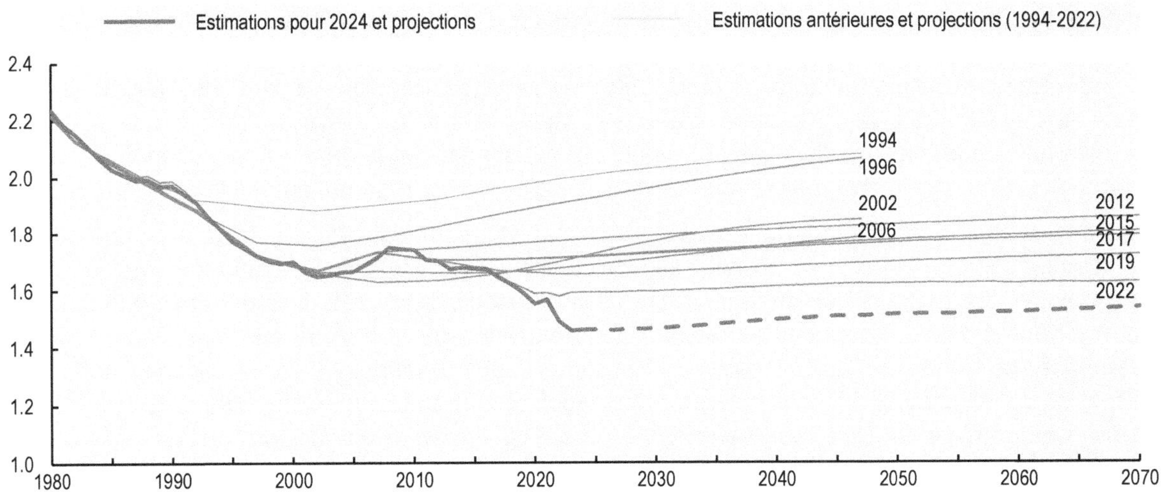

Note : Les courbes correspondent aux estimations et aux variantes moyennes des projections issues des éditions 1994, 1996, 2002, 2006, 2012, 2015, 2017, 2019, 2022 et 2024 des Perspectives de la population mondiale. Dans la mesure où les données sont uniquement disponibles pour des périodes de cinq ans avant 2022, elles sont ici lissées sur les cinq années concernées afin d'obtenir des estimations annuelles.
Source : Organisation des Nations Unies, Département des affaires économiques et sociales ; Perspectives de la population mondiale 1994-2024 : http://population.un.org/wpp/.

StatLink https://stat.link/mf7pwj

Les systèmes de retraite devraient autant que possible être capables de résister à une baisse du taux de fécondité, ce qui représente un véritable défi pour les responsables de l'action publique. L'incidence d'une baisse de la fécondité sur le nombre de cotisants au système de retraite peut dans une certaine mesure être atténuée par une augmentation du taux d'emploi, en particulier des femmes et des seniors (OCDE, 2025[2]). Toutefois, compte tenu des incertitudes qui entourent l'évolution aussi bien des taux de fécondité que des taux d'emploi, il serait prudent de se préparer à ce que l'avenir soit marqué par une faible fécondité (OCDE, 2024[1]). Sur le plan politique, cela pourrait passer par l'adoption de réformes paramétriques ou de mécanismes d'ajustement automatique des pensions en fonction du montant total des cotisations (Encadré 1.1). Cet ajustement permet non seulement de tenir compte de l'évolution de la taille de la population d'âge actif, mais aussi de l'évolution de la productivité reflétée dans la hausse des salaires. Les pays cherchant à stimuler leur taux de fécondité devraient créer les conditions nécessaires pour aider les adultes à avoir autant d'enfants qu'ils le souhaitent, au moment où ils le souhaitent. La baisse du taux de fécondité des adolescentes, l'accroissement du niveau de formation des femmes et l'augmentation de leur taux d'emploi sont des acquis majeurs qui améliorent le bien-être des femmes et réduisent leur risque de pauvreté à la vieillesse. Dans les sociétés modernes, les pays soucieux de leur taux de fécondité devraient promouvoir l'égalité entre les genres et un partage plus équitable des responsabilités professionnelles et familiales. Cela suppose de mettre en place des politiques familiales qui aident à concilier travail et vie de famille, mais exige aussi de porter plus d'attention aux coûts inhérents aux enfants, et en particulier aux coûts de logement (OCDE, 2024[1]). Il paraît toutefois peu probable que ces mesures permettent aux pays de se rapprocher du seuil de renouvellement des générations.

Encadré 1.1. Ajustement des pensions au montant total des cotisations ou à un indicateur de substitution afin d'assurer la protection du système de retraite face à une baisse de la fécondité

Face au recul de la fécondité, il est possible d'améliorer la viabilité financière du système de retraite en ajustant les pensions en fonction de l'évolution du volume total des cotisations. Pour que les régimes de retraite par répartition puissent être financés de manière durable par les cotisations, le taux de rendement effectif généré par les cotisations devrait être égal au taux de rendement interne du système. Lorsque le financement des dispositifs redistributifs repose sur des sources externes (c'est-à-dire autres que les cotisations de retraite), les systèmes de retraite par répartition assurent un taux de rendement interne égal au taux de croissance des recettes tirées des cotisations. Dans un système à taux de cotisation fixe, la croissance totale de la masse salariale constitue un bon indicateur du taux de croissance du total des cotisations de retraite. La croissance totale de la masse salariale correspond quant à elle à la somme des taux de croissance du salaire moyen et de l'emploi total.

C'est la raison pour laquelle, dans le cadre d'un régime notionnel générique à cotisations définies, le taux d'intérêt notionnel est égal au taux de croissance de l'assiette de cotisations : avec un tel taux notionnel, la viabilité financière du régime n'est pas affectée en cas de baisse du taux de fécondité. La Lettonie et la Pologne s'appuient sur le taux de croissance de la masse salariale totale, tandis que l'Italie utilise la croissance du PIB comme taux d'intérêt notionnel appliqué aux comptes notionnels à cotisations définies, lesquels constituent tous des indicateurs de substitution au taux de croissance de l'assiette de cotisations. La Grèce abandonne progressivement le recours au taux de croissance du total des cotisations comme taux d'intérêt notionnel pour son régime notionnel à cotisations définies. De leur côté, la Norvège et la Suède utilisent le taux de croissance moyen des salaires comme taux d'intérêt notionnel et ne tiennent par conséquent pas compte de l'évolution de la taille de la population d'âge actif. Cela ne constitue toutefois pas un problème majeur pour ces deux pays dans la mesure où la population d'âge actif de la Suède devrait rester stable au cours des 40 prochaines années et que celle de la Norvège devrait diminuer dans une proportion bien moindre que dans d'autres pays dotés d'un régime notionnel à cotisations définies (chapitre 6, graphique 6.6).

Dans le cas des régimes à prestations définies ou des systèmes par points, certains pays effectuent des ajustements en fonction de la croissance du total des cotisations ou d'un indicateur de substitution. En Estonie, la valeur du point de retraite est indexée à 80 % sur le total des cotisations et à 20 % sur la hausse des prix, ce qui a une incidence à la fois sur les nouvelles pensions et les pensions servies. La Lituanie indexe quant à elle la valeur du point à 100 % sur la progression de la masse salariale. De son côté, le Japon procède à des ajustements afin de compenser les baisses du nombre de cotisants aux régimes publics de retraite. Enfin, la Grèce et le Portugal indexent en partie les pensions servies sur le PIB en fonction de la situation économique.

Source : OCDE, (2021[3]), *Panorama des pensions 2021*, chapitre 2 ; et OCDE, (2022[4]), *OECD Reviews of Pension Systems: Slovenia*.

Ralentissement de l'allongement de l'espérance de vie

Après une période de croissance de l'espérance de vie beaucoup plus rapide qu'auparavant entre le milieu des années 90 et le début des années 2010, la progression de l'espérance de vie à 65 ans a fortement ralenti, pour les femmes comme pour les hommes. Pendant cette période de croissance rapide de l'allongement de l'espérance de vie, on estime que l'espérance de vie à 65 ans a en moyenne suivi une tendance à la hausse dans l'ensemble des 38 pays actuellement membres de l'OCDE, et ce, à un rythme d'environ 1.6 an par décennie pour les hommes et 1.4 an par décennie pour les femmes (Graphique 1.2). Depuis 2012 environ, cette progression a diminué quasiment de moitié, passant à 0.9 an par décennie pour les hommes et à 0.8 an pour les femmes.

Graphique 1.2. L'allongement de l'espérance de vie a été plus limité au cours des dix dernières années

Variation annuelle de la tendance de l'espérance de vie résiduelle à 65 ans dans l'OCDE, en moyenne, en années

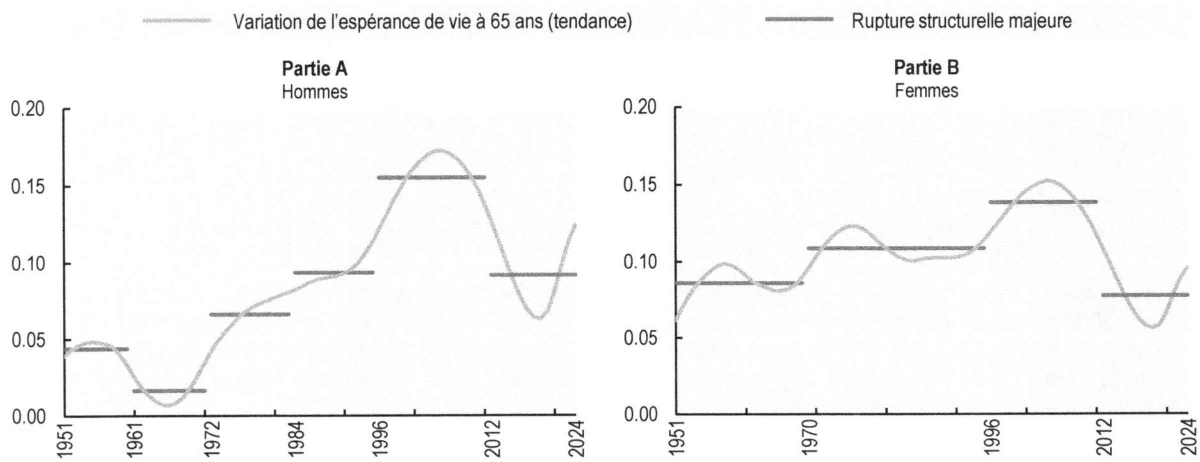

Note : Les ruptures sont statistiquement significatives au niveau de confiance de 99 %. Afin de limiter les interférences liées aux variations à court terme de l'espérance de vie en cours de période, les ruptures sont estimées sur la série tendancielle obtenue au moyen du filtre Hodrick-Prescott (lambda = 100).
Source : Voir le chapitre 6, graphique 6.4, https://stat.link/k7xc61.

Cet allongement de l'espérance de vie a principalement été obtenu en bonne santé. D'après les données de l'Organisation mondiale de la Santé (OMS), la part de l'espérance de vie à 60 ans en bonne santé est restée stable depuis 2000 dans les pays de l'OCDE, à environ trois quarts de l'espérance de vie à cet âge (OCDE, 2023[5] ; 2025[2]). Non seulement les populations vivent plus longtemps, elles vivent également majoritairement en bonne santé. Cela montre ainsi que le lien entre l'âge et la santé évolue avec le temps. Par exemple, à tout âge donné, la population américaine a biologiquement « rajeuni » depuis les années 80 (Levine et Crimmins, 2018[6]).

Malgré la pandémie de COVID-19, les projections à long terme de l'espérance de vie à 65 ans sont restées relativement stables au cours des dix dernières années. Si les éditions de 2002 et de 2006 des Perspectives de la population mondiale des Nations Unies avaient sous-estimé les gains d'espérance de vie dans les années 2000, les éditions ultérieures proposent des projections davantage uniformes (Graphique 1.3). Bien que l'espérance de vie à 65 ans ait fortement chuté à partir de 2020 en raison de la crise du COVID-19, ses effets ne devraient être que temporaires et les niveaux d'espérance de vie devraient reprendre leur tendance d'avant la pandémie. En moyenne, dans les pays de l'OCDE, l'espérance de vie à 65 ans devrait augmenter de 1 an sur les 10 prochaines années, avant de ralentir légèrement à 0.9 an par décennie à l'horizon 2050.

Graphique 1.3. La pandémie de COVID-19 n'a eu qu'une incidence limitée sur les projections de l'espérance de vie à 65 ans

Espérance de vie résiduelle par période à 65 ans dans les différentes éditions des Perspectives de la population mondiale des Nations Unies, moyenne de l'OCDE en années, 1980-2070

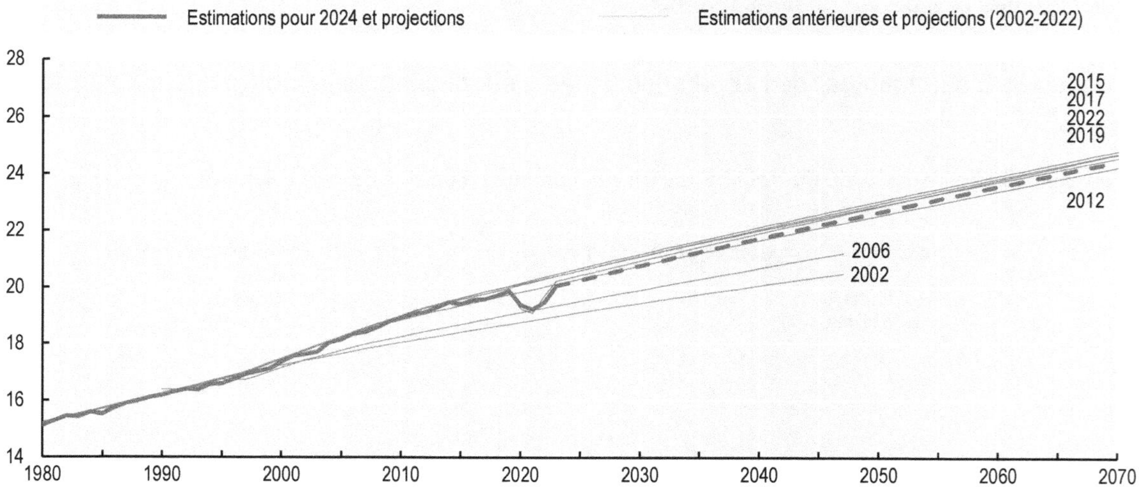

Note : Les courbes correspondent aux estimations et aux variantes moyennes des projections issues des éditions 2002, 2006, 2012, 2015, 2017, 2019, 2022 et 2024 des Perspectives de la population mondiale. Dans la mesure où les données sont uniquement disponibles pour des périodes de cinq ans avant 2022, elles sont ici lissées sur les cinq années concernées afin d'obtenir des estimations annuelles.
Source : Organisation des Nations Unies, Département des affaires économiques et sociales ; Perspectives de la population mondiale 1994-2024 : http://population.un.org/wpp/.

StatLink https://stat.link/gtzm7x

Tendances des migrations

Selon les projections démographiques des Nations Unies, le solde migratoire de l'OCDE au cours des 30 prochaines années devrait en moyenne être bien inférieur au taux observé entre 1990 et 2020 (Graphique 1.4). Le solde migratoire annuel des pays l'OCDE devrait s'élever en moyenne à 1.6 immigré pour 1 000 habitants par an entre 2025 et 2055, contre 2.5 par an entre 1990 et 2020. Sur la période 2000-2020, le solde migratoire a systématiquement dépassé 1.6 immigré pour 1 000 habitants, sauf en 2010, au lendemain de la crise financière de 2008. Le pic atteint en 2022 est en grande partie dû à l'arrivée de personnes fuyant la guerre d'agression menée par la Russie contre l'Ukraine, laquelle s'est traduite par une augmentation du solde migratoire au-delà des taux observés en 2019 dans la plupart des pays européens[1]. L'augmentation du solde migratoire a été particulièrement marquée en Estonie, en Lituanie, en Pologne et en Tchéquie, où le taux de 2022 a dépassé celui de 2019 de plus de 20 points.

Graphique 1.4. Les projections des taux de migration sont inférieures au taux moyen sur la période 2000-2023

Taux de solde migratoire pour 1 000 habitants, moyenne de l'OCDE

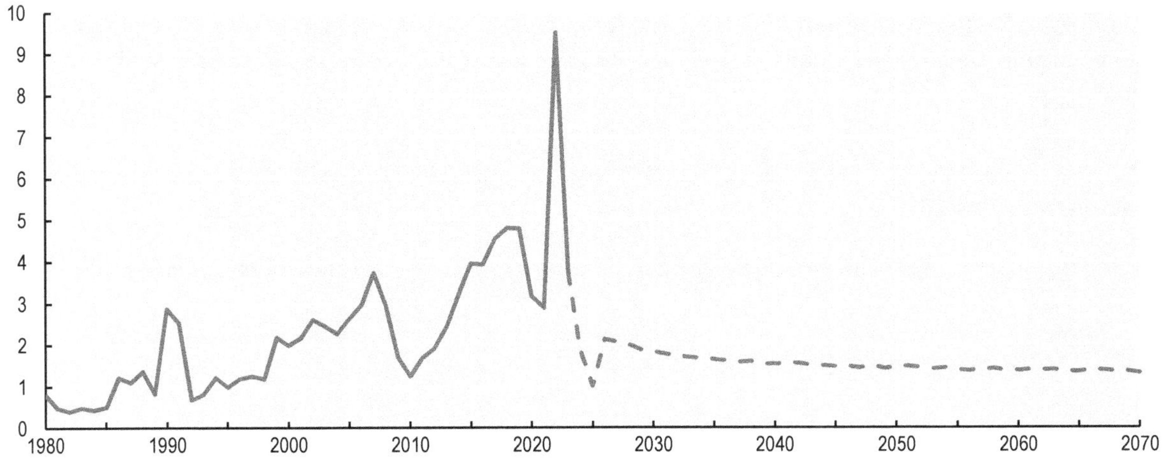

Source : Organisation des Nations Unies, Département des affaires économiques et sociales ; Perspectives de la population mondiale 1994-2024 : http://population.un.org/wpp/.

StatLink https://stat.link/jdact9

Les taux de dépendance démographique connaîtront une croissance rapide jusqu'en 2050

Les tendances en matière de vieillissement démographique varient en fonction de l'indicateur retenu. Le taux de dépendance démographique constitue l'indicateur démographique le plus couramment utilisé pour l'analyse des systèmes de retraite, dans la mesure où son évolution reflète celle du nombre de bénéficiaires potentiels par rapport au nombre de cotisants potentiels à des âges fixes de départ à la retraite. L'âge médian de la population totale est un paramètre qui permet, par définition, de répartir la population en deux groupes d'égale importance, à savoir les personnes plus jeunes et plus âgées que l'âge médian.

Le taux de dépendance démographique progressera rapidement au cours des 25 prochaines années. Dans les pays de l'OCDE, le nombre de personnes âgées de 65 ans et plus pour 100 personnes de 20 à 64 ans est en moyenne passé de 22 en 2000 à 33 en 2025, et il devrait atteindre 52 en 2050 (Graphique 1.5). L'accélération du vieillissement démographique est en partie due au fait que les personnes de la génération du baby-boom, jusque-là d'âge actif, entrent dans la catégorie des personnes âgées. Selon les projections, la population d'âge actif devrait en moyenne baisser de 13 % dans l'OCDE au cours des 40 prochaines années, de plus de 30 % en Espagne, en Estonie, en Grèce, au Japon et en République slovaque, et même de plus de 35 % en Corée, en Italie, en Lettonie, en Lituanie et en Pologne (chapitre 6, graphique 6.5). Le vieillissement démographique finira toutefois par ralentir à mesure que les personnes de cette génération disparaîtront. L'augmentation du taux de dépendance démographique sur la période 2025-2050 devrait être particulièrement forte en Corée (environ 50 points), laquelle détrônera le Japon aux alentours de 2050 comme pays de l'OCDE affichant le taux le plus élevé. En Espagne, en Grèce, en Italie, en Pologne et en République slovaque, le taux de dépendance démographique devrait progresser d'au moins 25 points sur la même période. C'est toutefois en Israël que cette hausse sera la plus limitée (5 points), suivi de la Finlande, des États-Unis et de la Suède (moins de 10 points).

Lorsque l'âge médian est utilisé comme indicateur d'évaluation, le vieillissement démographique accélère plus rapidement et ralentit également plus tôt. Contrairement au taux de dépendance démographique dont la croissance s'est accentuée vers 2010, l'âge médian augmente plus rapidement depuis les années 80. La hausse de l'âge médian commencera également à ralentir plus tôt, soit vers 2040. Cela s'explique par l'incidence immédiate de la baisse des taux de fécondité sur l'âge médian, dans la mesure où le nombre d'enfants est plus faible. Une génération entière reste toutefois nécessaire pour que le taux de dépendance démographique soit modifié, étant donné que les personnes de moins de 20 ans ne sont pas prizes en compte.

Graphique 1.5. Le taux de dépendance démographique devrait progresser rapidement jusqu'au milieu des années 2050

Nombre de personnes âgées de plus de 65 ans pour 100 personnes d'âge actif (20-64 ans), 1950-2100

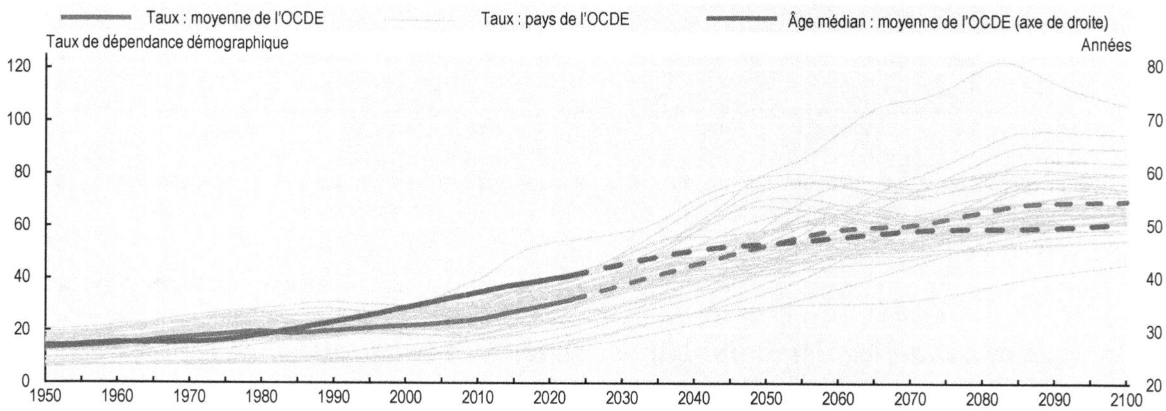

Source : Organisation des Nations Unies, Département des affaires économiques et sociales (2024) ; Perspectives de la population mondiale 2024 : http://population.un.org/wpp/.

StatLink https://stat.link/zncmgp

Au-delà de la moyenne de l'OCDE, le taux de dépendance démographique de la plupart des pays devrait augmenter plus rapidement au cours des 25 prochaines années que lors du quart de siècle passé. Tous les pays de l'OCDE ont enregistré une hausse de leur taux de dépendance démographique, de moins de 20 points toutefois entre 2000 et 2025, à l'exception de la Corée et du Japon où la hausse a été plus marquée (Graphique 1.6). Sur la période 2025-2050, ce taux devrait gagner entre 10 et 30 points dans la plupart des pays. Seuls les États-Unis, la Finlande, Israël et la Suède devraient connaître une hausse plus faible, alors qu'elle pourrait à l'inverse être plus prononcée en Corée, en Espagne et en Italie. Le taux de dépendance démographique connaîtra une accélération particulièrement rapide en Espagne, au Luxembourg, au Mexique et en Türkiye, à un rythme trois fois plus élevé entre 2025 et 2050 que depuis 2000. En Finlande, en revanche, ce taux ne devrait progresser qu'à un rythme nettement plus faible. Dans l'ensemble, le taux de dépendance démographique devrait à nouveau connaître une progression plus lente à partir de la deuxième moitié du siècle, et même baisser dans quelques pays, notamment au Portugal et en Slovénie. Toutefois, au Chili, en Colombie, au Costa Rica, en Islande, en Lituanie, au Mexique et en Türkiye, ce taux devrait enregistrer sa plus forte progression entre 2050 et 2075.

Graphique 1.6. La plupart des pays connaîtront un vieillissement plus rapide ces 25 prochaines années que lors des 25 dernières

Variation du taux de dépendance démographique par période de 25 années, en points

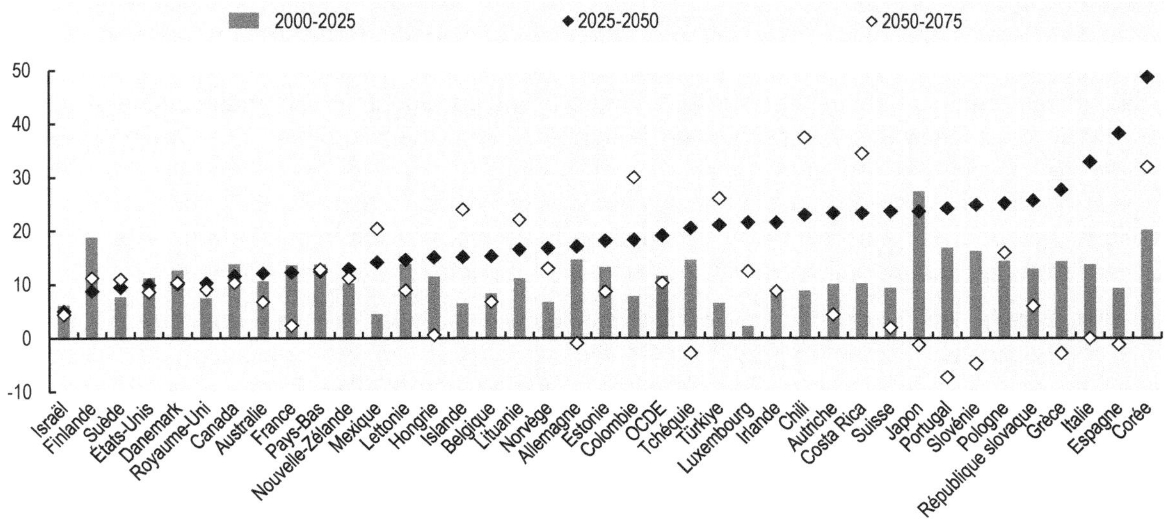

Source : Organisation des Nations Unies, Département des affaires économiques et sociales (2024) ; Perspectives de la population mondiale 2024 : http://population.un.org/wpp/.

StatLink https://stat.link/l2xhdu

Rôles relatifs de la fécondité, de l'espérance de vie et des migrations dans le vieillissement démographique

Dans certains pays, le vieillissement démographique est en grande partie dû à une baisse de la fécondité ; dans d'autres pays, c'est toutefois l'allongement de l'espérance de vie qui en a été le principal facteur ces dernières années. Si l'on analyse la variation annuelle moyenne du taux de dépendance démographique selon la méthode présentée dans l'Encadré 1.2, la fécondité et l'espérance de vie ont en moyenne eu une incidence comparable sur le taux de dépendance démographique au cours des dix dernières années (Graphique 1.7). Les effets de la baisse de la fécondité ont été bien plus importants que ceux de l'allongement de l'espérance de vie au Canada et en Islande en particulier, mais aussi en Finlande et aux Pays-Bas. L'inverse peut toutefois être observé en Italie, et dans une certaine mesure au Danemark et en Espagne, puisque l'espérance de vie s'est imposée dans ces pays comme un facteur bien plus important du vieillissement démographique que la baisse de la fécondité au cours des dernières années. Bien que la diminution de l'espérance de vie due à la pandémie de COVID-19 ait pu limiter l'incidence de cette composante sur le vieillissement démographique, les résultats restent très comparables à ceux observés par Scott et Canudas-Romo (2024[7]) à partir des données démographiques jusqu'en 2019. Enfin, les migrations ont dans une certaine mesure permis d'atténuer les effets de l'évolution de la fécondité et de l'espérance de vie. Au Canada et en Islande en particulier, l'augmentation du taux de dépendance démographique a été considérablement réduite grâce à l'immigration. On estime à l'inverse qu'en France et aux Pays-Bas les migrations passées n'ont eu qu'une incidence limitée, voire nulle[2].

Encadré 1.2. Méthode de décomposition de la variation du taux de dépendance démographique par facteur

La décomposition du taux de dépendance démographique repose sur la méthode proposée par Scott et Canudas-Romo (2024[7]). Les résultats présentés ici s'appuient sur une version modifiée du code partagé par les auteurs. Sur la base de cette méthode, fondée sur la décomposition du taux de croissance par âge, les taux de croissance démographique par âge sont exprimés comme la somme des taux de croissance des naissances, de la survie et du solde migratoire. Elle s'appuie sur des données de cohortes qui rendent compte de la taille et de la mortalité de chacune de ces cohortes depuis la naissance. Les migrations sont considérées comme un facteur résiduel : toute évolution de la taille d'une cohorte qui ne peut être attribuée ni à une modification du taux de natalité, ni à une modification du taux de mortalité, est imputée au facteur migratoire.

Dans la mesure où le suivi des cohortes commence dès la naissance, il est nécessaire de disposer de séries chronologiques ininterrompues et suffisamment longues sur les naissances, la taille de la population par âge et la mortalité. Pour déterminer l'importance relative de ces trois facteurs dans l'évolution du taux de dépendance démographique entre 2013 et 2023, en supposant un âge maximum de 100 ans, les données doivent couvrir toute la durée de la vie des cohortes, en commençant par la cohorte née en 1912. Dans le cas des 10 pays de l'OCDE inclus dans la base de données sur la mortalité *Human Mortality Database*, cette dernière comprend les données nécessaires à la décomposition du taux de dépendance démographique sur la période 2013-2023 et table sur un âge maximum de 100 ans. La Belgique et le Canada sont également inclus, avec un âge maximum de 90 ans toutefois, tout comme l'Australie et le Royaume-Uni avec un âge maximum de 89 ans. Cette différence d'âge maximum fait que l'évolution de la mortalité après 90 ans n'est pas prize en compte et se traduit par une sous-estimation de l'espérance de vie dans la décomposition. Parmi les pays pour lesquels l'ensemble des données nécessaires sont disponibles, le coefficient de l'espérance de vie est 16 % inférieur si l'âge maximum est fixé à 90 ans plutôt qu'à 100 ans. De ce fait, dans le cas des quatre pays pour lesquels les données sont limitées à un âge maximum de 89 ou 90 ans, une importance plus grande est accordée à la composante « espérance de vie » de manière, d'une part, à compenser la sous-estimation découlant de cette différence estimée à 16 % et, d'autre part, à maintenir à un niveau constant la variation du taux de dépendance démographique.

Source : Scott et Canudas-Romo, (2024[7]), « *Decomposing the Drivers of Population Aging: A Research* Note ».

Graphique 1.7. L'importance de la fécondité et de l'espérance de vie dans le vieillissement démographique varie selon les pays

Variation annuelle moyenne du taux de dépendance démographique sur une période de 10 ans, par facteur, 2013-2023 ou dernière période disponible

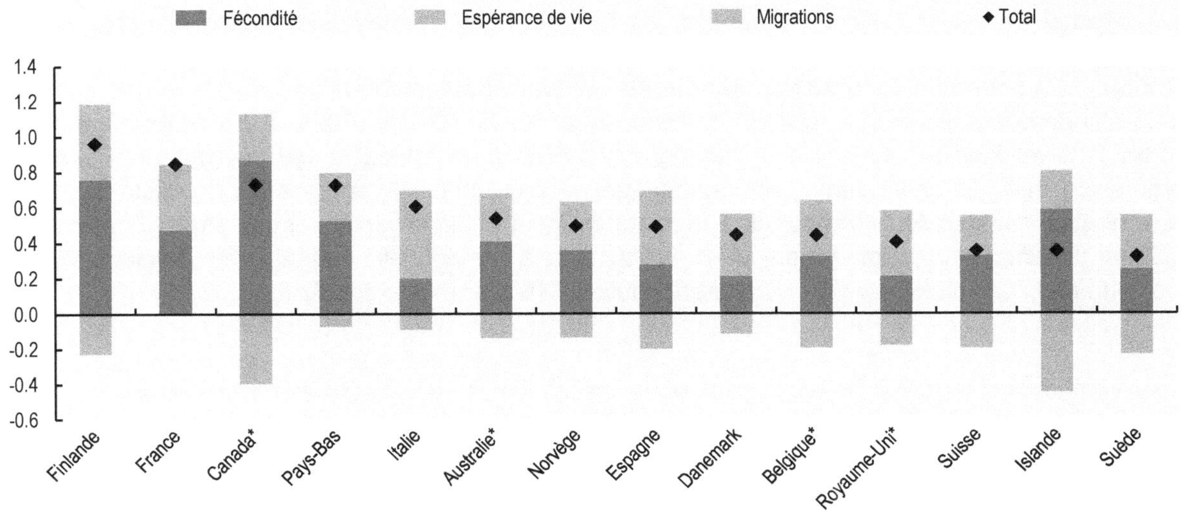

Note : Les données pour le Danemark se rapportent à la période 2014-2024 ; pour la France, l'Italie, les Pays-Bas et le Royaume-Uni à la période 2012-2022 ; et pour l'Australie à la période 2011-2021. * Si pour les autres pays, les résultats sont fondés sur des données démographiques jusqu'à l'âge de 100 ans, les données relatives à la Belgique et au Canada sont limitées à 90 ans, et à 89 ans dans le cas de l'Australie et du Royaume-Uni du fait de la disponibilité limitée des données visées. Dans la mesure où cela signifie que l'allongement de l'espérance de vie après 90 ans n'est pas pris en compte, la composante « espérance de vie » pour ces pays est majorée de l'écart moyen pour cette composante lorsque la limite de 90 ans est appliquée aux pays pour lesquels les données démographiques jusqu'à l'âge de 100 ans sont disponibles (soit −16 %), et ce, afin que la variation totale du taux de dépendance démographique reste à un niveau constant. Data with the 90-year cutoff are available in the StatLink.

Source : *Human Mortality Database* (2025[8]), d'après une analyse fondée sur une version modifiée de la méthodologie proposée par Scott et Canudas-Romo, (2024[7]).

StatLink https://stat.link/dg9l2j

Si les projections actuelles se concrétisent et si l'espérance de vie poursuit sa progression alors que la fécondité reste stable, l'allongement de l'espérance de vie deviendra le principal facteur de vieillissement démographique. Sur la base des projections démographiques des Nations Unies, Lee et Zhou (2017[9]) estiment que le recul de la mortalité sera le premier facteur du vieillissement démographique dans les économies avancées au cours des décennies à venir. Cela constituerait une rupture de tendance avec le passé, dans la mesure où ils estiment que le vieillissement démographique observé au cours du siècle passé a en grande partie été le fait d'une baisse de la fécondité. La situation est toutefois différente dans les économies émergentes, où la fécondité resterait le principal facteur du vieillissement démographique jusqu'à la fin du XXIe siècle, en particulier en Afrique subsaharienne (Lee et Zhou, 2017[9]). Néanmoins, compte tenu de l'incidence qu'a eue jusqu'à présent la baisse du taux de fécondité sur le vieillissement démographique, la surestimation systématique des futurs taux de fécondité dans les projections antérieures fait qu'il existe un risque réel que les projections actuelles sous-estiment la vitesse du vieillissement démographique au cours des prochaines décennies.

L'évolution de la dynamique de ces différents facteurs du vieillissement démographique est susceptible d'avoir des répercussions importantes sur la politique des retraites. À mesure que le recul de la mortalité s'imposera comme le principal moteur de l'évolution démographique, il deviendra de plus en plus important de procéder à des ajustements en fonction de l'espérance de vie, et ce, de sorte à assurer la viabilité financière des systèmes de retraite. Même si des ajustements de l'évolution de la taille de la population d'âge actif et de l'espérance de vie continueront d'être nécessaires pour assurer la viabilité des systèmes, l'importance croissante de l'espérance de vie dans le vieillissement démographique fait que les ajustements automatiques de l'espérance de vie deviendront des instruments particulièrement efficaces pour préserver la viabilité financière à long terme. Contrairement au coût du vieillissement démographique lié à la baisse de la fécondité, lequel peut difficilement être imputé à une cohorte spécifique compte tenu de l'absence de bénéficiaire clairement identifié, il convient d'attribuer le coût d'un allongement de l'espérance de vie à la cohorte dont l'espérance de vie est la plus longue (Schokkaert et Van Parijs, 2003[10]). Cela pourrait notamment passer par un ajustement automatique de l'âge de départ à la retraite ou du niveau des pensions en fonction de l'espérance de vie (OCDE, 2021[3]). Enfin, l'immigration peut contribuer à retarder le vieillissement démographique ou à en ralentir le rythme, même si une baisse pérenne du taux de dépendance démographique nécessiterait une augmentation constante du solde migratoire sur l'ensemble des cohortes. L'immigration pourrait ainsi constituer une stratégie efficace pour « gagner du temps » et permettre aux pays de s'adapter à une nouvelle réalité démographique, mais il ne s'agit en aucun cas d'une solution permanente au vieillissement de la population.

Allongement de la vie active : incitations financières et retraite modulée

L'écart de taux d'emploi entre les travailleurs d'âge très actif et les travailleurs seniors reste considérable

Le taux d'emploi des groupes plus âgés reste inférieur à celui des travailleurs appartenant aux classes d'âge de forte activité. En moyenne, dans les pays de l'OCDE, 65.5 % des personnes âgées de 55 à 64 ans et 25.7 % des personnes âgées de 65 à 69 ans occupent un emploi, contre 82.5 % des 25-54 ans (Graphique 1.8). Moins de la moitié des 55-64 ans occupent un emploi au Luxembourg et en Türkiye, contre plus des trois quarts en Estonie, en Islande, au Japon, en Nouvelle-Zélande et en Suède. Les 65-69 ans sont quant à eux moins d'un sur dix à travailler en Belgique, au Luxembourg et en Slovénie, contre près de la moitié en Corée, en Islande, au Japon et en Nouvelle-Zélande. Par ailleurs, en Corée, au Danemark, en Estonie, en Islande, en Israël, au Japon, en Nouvelle-Zélande et en Suède, l'écart de taux d'emploi entre les 55-64 ans et les 25-54 ans est inférieur ou égal à 10 points de pourcentage. Cet écart est de 25 à 30 points en Autriche, en Pologne et en Türkiye, et il est encore plus important au Luxembourg et en Slovénie.

Graphique 1.8. Le taux d'emploi des seniors demeure inférieur à celui des personnes d'âge très actif

Taux d'emploi par tranche d'âge, 2023

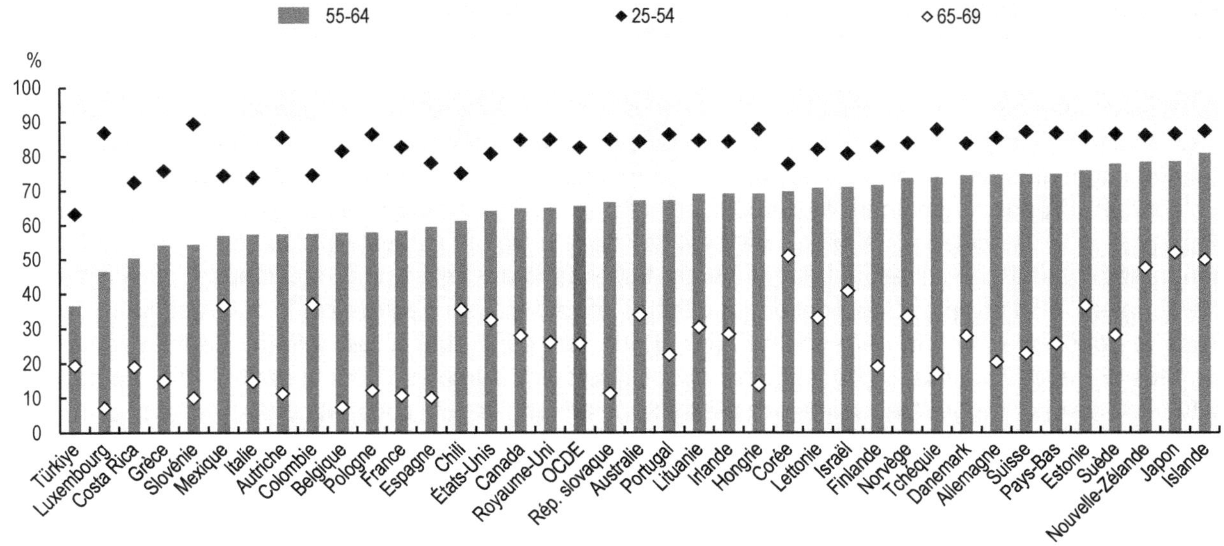

Source : OCDE, Statistiques de la population active ; tableau LM9 établi par le Bureau australien de statistiques consacré au taux d'emploi des Australiens de 65-69 ans.

StatLink https://stat.link/mf3c4z

La politique des retraites constitue un instrument efficace pour améliorer l'emploi des seniors, dans la mesure où un relèvement de l'âge normal de départ à la retraite et de l'âge minimum de départ anticipé entraîne d'importantes augmentations des taux d'emploi. Bien que toutes les personnes affectées par un recul de l'âge de la retraite ne continuent pas de travailler pendant cette période supplémentaire, peu d'éléments permettent toutefois de penser que le nombre de demandeurs de prestations d'invalidité ou d'assurance chômage augmente réellement suite à l'adoption d'une réforme des régimes de retraite (OCDE, 2025[2]). Les augmentations du nombre de bénéficiaires de prestations d'invalidité ou d'assurance chômage qui font suite à une réforme des retraites sont en grande partie dues à des effets de substitution mécanique : les personnes qui bénéficiaient déjà de ces prestations continuent simplement d'en bénéficier pour une durée prolongée. Il n'existe en revanche que peu d'éléments témoignant de possibles effets de substitution comportementale, phénomène par lequel des personnes solliciteraient des prestations d'invalidité ou d'assurance chômage en réaction à un relèvement de l'âge de la retraite, et ce, car elles estiment ne pas pouvoir continuer de travailler jusqu'au nouvel âge de départ défini (OCDE, 2025[2]).

Outre l'âge normal de départ à la retraite et l'âge minimum de départ anticipé, différents aspects des politiques en matière de retraite et de pension peuvent avoir une incidence sur l'emploi des personnes âgées. Face à cette situation, trois types de politiques peuvent ainsi être mises en place pour encourager, faciliter ou restreindre l'allongement de la vie active. Premièrement, la mise en place d'un système approprié de décote ou surcote en cas, respectivement, de retraite anticipée ou de report du départ à la retraite peut constituer une incitation financière à travailler plus longtemps. Deuxièmement, en autorisant le cumul emploi-retraite, les pays peuvent éviter que leurs populations quittent le marché du travail dès lors qu'elles commencent à percevoir une pension. Troisièmement, les pratiques de mise à la retraite obligatoire peuvent empêcher les travailleurs seniors de poursuivre leur activité professionnelle après un certain âge, même contre leur volonté. La présente section propose un aperçu de ces trois types de politiques telles qu'elles peuvent être observées dans les pays de l'OCDE.

Encourager un départ tardif à la retraite par l'application de surcotes ou de décotes

Il est possible de décourager la retraite anticipée en définissant un âge minimum de départ suffisamment élevé, associé à l'application de pénalités en cas de départ avant l'âge normal de la retraite, et ce, tout en encourageant le report du départ à la retraite en offrant des surcotes aux personnes qui continuent de travailler au-delà de l'âge normal défini. Ces décotes et surcotes relèvent généralement des régimes de retraite contributifs publics, alors que les prestations ciblées ou de base fondées sur la résidence sont généralement uniquement disponibles à l'âge normal de la retraite (bien que le Canada, le Danemark, la Finlande et l'Islande augmentent également les prestations non contributives en cas de report de l'âge de départ). Plus les surcotes et décotes sont élevées, plus l'incitation à travailler plus longtemps est forte. La neutralité actuarielle définit les niveaux de décote et de surcote qui n'ont pas d'incidence sur le financement des retraites à long terme. L'application de décotes et de surcotes neutres sur le plan actuariel offre une certaine souplesse dans la définition de l'âge de départ, sans pour autant affecter le financement des retraites. En effet, l'application de décotes supérieures ou de surcotes inférieures au niveau de neutralité actuarielle permet de générer des économies pour les finances publiques, et respectivement d'inciter ou de décourager les populations à travailler plus longtemps (Encadré 1.3). Toute décote et surcote inférieure à des taux neutres sur le plan actuariel constitue un impôt implicite sur l'emploi de personnes proches de l'âge de départ à la retraite, dans la mesure où chaque année de travail supplémentaire entraîne une baisse de leur patrimoine retraite (Blöndal et Scarpetta, 1999[11]).

En moyenne, sur l'ensemble des régimes contributifs de base, à prestations définies et par points, le taux de la neutralité actuarielle en cas d'anticipation ou de report d'un an de la prize de pension s'élève à 4.8 % dans les pays de l'OCDE, allant de moins de 4 % au Luxembourg et en Slovénie, à près de 6 % en Estonie et en République slovaque (Graphique 1.9, partie A). Ceci, notamment, reflète les différences d'espérance de vie résiduelle au futur âge normal de la retraite. L'Estonie et la République slovaque affichent actuellement une espérance de vie résiduelle à 65 ans relativement faible et l'âge de la retraite dans ces deux pays augmentera au même rythme que l'espérance de vie. À l'inverse, au Luxembourg et en Slovénie, l'âge normal de la retraite devrait rester inchangé à 62 ans.

Tous les pays, à l'exception de la Colombie, du Costa Rica, de la Grèce[3], de l'Irlande, d'Israël, du Royaume-Uni et de la Türkiye, prévoient une possibilité de départ à la retraite anticipée avant l'âge normal dans leurs régimes contributifs de base, à prestations définies ou par points. Le report du versement des pensions contributives est autorisé dans l'ensemble des pays, hormis la Colombie.

Encadré 1.3. Neutralité actuarielle et fixation de l'âge de la retraite

La neutralité actuarielle constitue un indicateur essentiel dans l'évaluation de l'ampleur des décotes ou surcotes, et par conséquent dans l'évaluation des incitations à travailler à l'approche de l'âge de départ à la retraite. Lorsque des individus reportent leur départ à la retraite et travaillent au-delà de l'âge légal, ils devraient non seulement acquérir de nouveaux droits, mais aussi bénéficier d'une pension supérieure au titre des droits déjà acquis dans la mesure où ces prestations leur seront versées pour une plus courte durée. À l'inverse, en cas de retraite anticipée, le montant des pensions devrait être réduit. Les régimes de retraite neutres sur le plan actuariel permettent de garantir qu'à un âge donné (par exemple, l'âge normal de la retraite), il n'existe globalement aucun avantage ou inconvénient financier pour un travailleur à cotiser et à percevoir une pension, et ce, qu'il parte à la retraite ou continue de travailler une année supplémentaire. Autrement dit, ils garantissent qu'en cas de départ à la retraite une année plus tard, le montant total des droits déjà acquis qu'une personne peut espérer percevoir au cours de sa vie ne sera aucunement modifié. Une surcote sur les droits acquis en cas de report de la prize de pension qui serait supérieure à ce qu'implique la neutralité actuarielle constitue une incitation financière à travailler plus longtemps, bien que cela représente un coût certain pour les prestataires de retraite. Une surcote inférieure au niveau attendu au titre de la neutralité actuarielle constitue de fait une contre-incitation à continuer de travailler. De la même manière, toute décote supérieure au taux nécessaire pour assurer la neutralité actuarielle limite l'intérêt d'une retraite anticipée, alors qu'une décote inférieure au taux assurant la neutralité actuarielle rend la retraite anticipée plus intéressante sur le plan financier.

Le calcul des taux de la neutralité actuarielle pour les décotes et les surcotes appliquées dans un régime de retraite donné dépend de quatre facteurs principaux : l'âge de départ à la retraite, les taux de mortalité, l'indexation des pensions et les taux d'actualisation. Ce calcul ne repose pas sur les autres paramètres utilisés pour calculer le montant des prestations de retraite. Les taux, spécifiques à chaque pays, baissent en fonction de l'espérance de vie résiduelle *à l'âge normal de la retraite* et du passage, par exemple, d'une indexation sur les prix à une indexation sur les salaires, dans la mesure où une surcote inférieure est nécessaire pour favoriser l'allongement de la vie active lorsque l'espérance de vie résiduelle est plus longue et que les pensions augmentent à un rythme plus rapide pendant la retraite. Par conséquent, une partie de la variation entre les pays des taux assurant la neutralité actuarielle est directement liée aux différences d'âge de départ à la retraite, étant donné que ces taux sont faibles lorsque la période de versement des pensions est longue, mais élevés lorsque cette période est courte.

Source : OCDE, (2018[12]), *Panorama des pensions 2017.*

Dans plusieurs pays de l'OCDE, les taux de surcote et de décote prévus pour ces régimes s'écartent sensiblement de la neutralité actuarielle. La surcote effective moyenne s'établit au niveau du taux de la neutralité actuarielle (4.8 %) et la décote effective moyenne est légèrement inférieure, à 4.4 % (partie A). La Belgique et le Luxembourg, tout comme la Hongrie pour les femmes, sont les seuls pays qui n'appliquent pas de décote pour ces régimes en cas de départ une année avant l'âge normal de la retraite, même si la Belgique s'emploie actuellement à légiférer en vue de l'adoption d'un dispositif de décote/surcote (voir : **Réformes récentes des pensions**). Au Canada, en revanche, la décote est 2 points *supérieure* au taux de la neutralité actuarielle, ce qui décourage fortement tout départ à la retraite anticipée. Il en va de même pour le régime de retraite professionnel en Suisse, même si cela est en partie compensé par l'application d'une décote inférieure au taux assurant la neutralité actuarielle dans le régime public.

La Belgique, la Grèce, le Luxembourg et la Türkiye ne prévoient actuellement aucune surcote en cas de report de la liquidation des pensions, et la surcote appliquée au Costa Rica dans le cadre de son régime à prestations définies est 3 points *inférieure* au taux de la neutralité actuarielle, décourageant par là même tout report de la retraite au-delà de l'âge normal. En France, l'absence de surcote dans le régime professionnel obligatoire limite les incitations à travailler plus longtemps induites par le surcote annuelle de 5 % accordée dans le régime général. La Corée, les États-Unis et la Lituanie prévoient une surcote de 2.5 points *supérieure* au taux de la neutralité actuarielle. Au Canada et au Japon, cette surcote est entre 3.5 et 4 points supérieure et elle atteint même le double du taux de la neutralité actuarielle au Portugal. Des surcotes fixées à un niveau bien supérieur à ce taux peuvent constituer des incitations importantes à retarder la liquidation de pensions, mais aussi représenter des coûts considérables pour le système de retraite.

Les régimes à cotisations définies n'appliquent pas de surcotes et décotes explicites, mais ils prévoient des ajustements des prestations mensuelles en fonction de la durée de la retraite. Dans les régimes par capitalisation et à cotisations définies, les ajustements garantissent, par construction, l'équité actuarielle sous la forme de sommes en capital ou de rentes. Dans les régimes notionnels à cotisations définies, le coefficient de conversion des annuités utilisé pour transformer le capital notionnel en annuités tient compte de l'espérance de vie résiduelle au moment de la prise de pension.

Graphique 1.9. Décotes et surcotes par rapport au taux de la neutralité actuarielle

Taux assurant la neutralité actuarielle par rapport aux taux de surcote/décote appliqués en cas de départ à la retraite une année avant/après l'âge normal, par type de régime

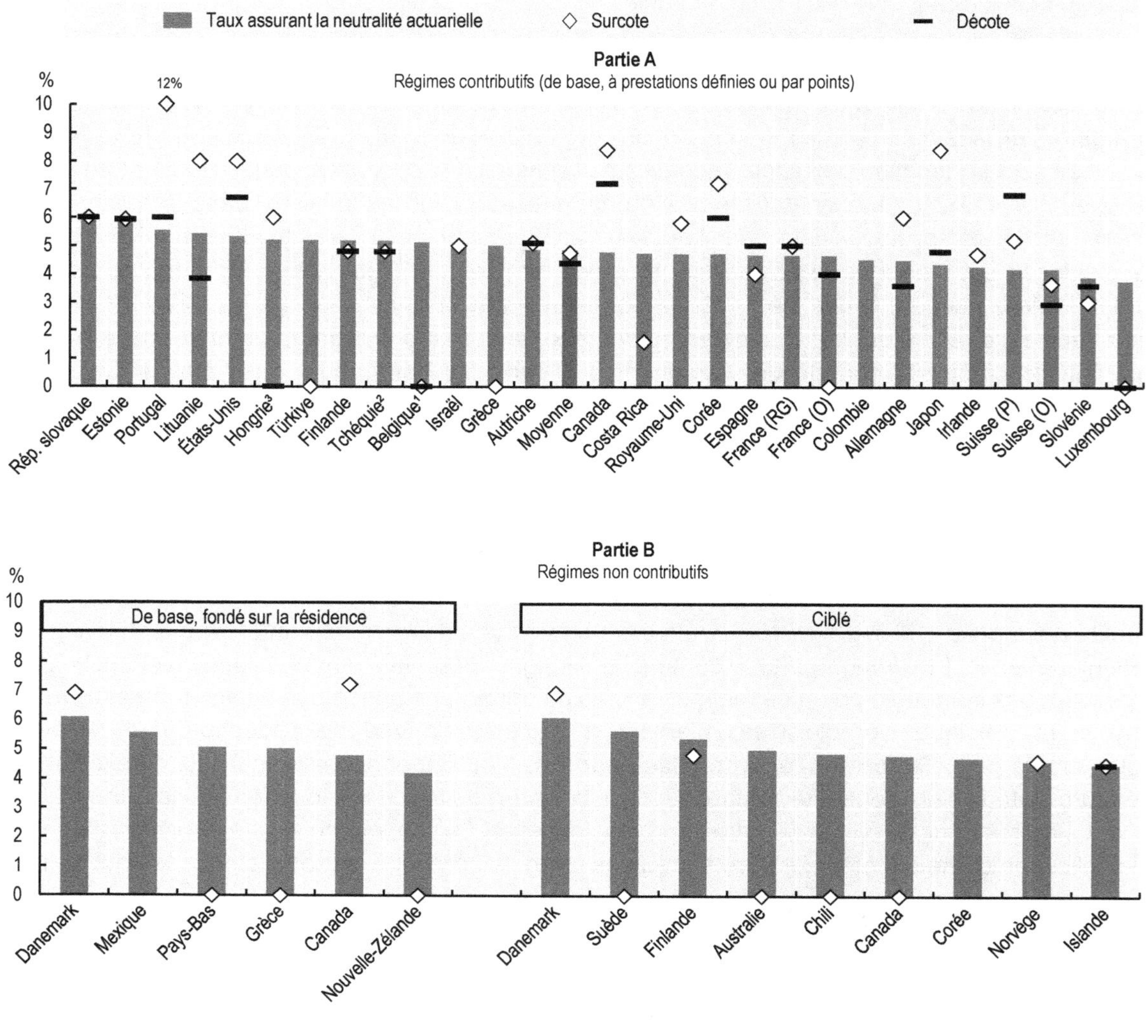

Note : Les décotes et surcotes s'appliquent ici à une personne entrée sur le marché du travail à 22 ans en 2024 et partant à la retraite une année avant et après l'âge normal. L'absence de symbole de surcote/décote signifie qu'un départ anticipé/reporté n'est généralement pas possible dans le cadre du régime concerné. Le taux de la neutralité actuarielle présenté correspond à la moyenne des taux de surcote et de décote en cas de départ à la retraite une année avant/après l'âge normal, femmes et hommes confondus. Les taux assurant la neutralité actuarielle sont en moyenne environ 0.2 point plus/moins élevés s'ils sont calculés spécifiquement pour une année de report/anticipation. Dans les cas de la France et de la Suisse, le régime professionnel obligatoire (« O ») est inclus séparément du régime public à prestations définies (« P » pour la Suisse et « RG » (régime général) pour la France). 1. La Belgique a prévu une incitation forfaitaire à travailler au-delà de l'âge auquel une personne peut prétendre aux prestations de retraite, même si le gouvernement a pris des dispositions concrètes pour remplacer cette incitation par un dispositif de surcote/décote commençant à 2 % et pouvant aller jusqu'à 5 %. 2. Les données relatives à la Tchéquie correspondent au résultat combiné de la retraite contributive de base (0 % de surcote/décote) et de la retraite liée à la rémunération antérieure (6 % de surcote/décote) pour un salaire moyen. 3. En Hongrie, seules les femmes peuvent prétendre à un départ à la retraite anticipée sans décote ; les hommes n'ont tout simplement pas accès à un dispositif de départ anticipé.
Source : Tableau 3.6 et calculs de l'OCDE.

StatLink https://stat.link/fhuzk6

Le départ à la retraite anticipée n'est généralement pas possible dans les régimes de base et ciblés sous condition de résidence, même si certains pays prévoient bien une surcote en cas de retraite différée pour ces mêmes régimes de retraite (partie B). Bien que le report du versement des prestations non contributives soit possible dans la plupart des pays, seuls certains d'entre eux prévoient une surcote en cas de retraite différée. Dans le cadre de leurs régimes de base fondés sur la résidence, le Canada et le Danemark appliquent tous deux une surcote en cas de retraite différée, respectivement de 2 points et de 1 point au-dessus du taux de la neutralité actuarielle. Les prestations ciblées sont uniquement majorées en cas de report de la retraite au Danemark, en Finlande, en Islande et en Norvège. Seul pays à permettre la liquidation anticipée de prestations ciblées, l'Islande calcule désormais, suite à une récente réforme, les taux de surcote et de décote assurant la neutralité actuarielle pour chaque combination d'âge et de cohorte (voir : Réformes récentes des pensions).

Pour remplacer le système traditionnel de surcote, qui a pour effet d'augmenter le montant mensuel des pensions jusqu'au décès des bénéficiaires, il peut également s'avérer intéressant de verser une prestation unique en cas de report du départ à la retraite. L'Espagne permet depuis 2021 de recevoir l'équivalent d'une surcote de 4 % en cas de retraite différée sous la forme d'un versement unique, et ce, de manière à encourager encore le report des départs. Cette option pourrait constituer un outil efficace pour inciter certaines personnes à différer leur retraite. Les résultats d'enquêtes montrent en effet que certains préfèrent recevoir une somme globale plutôt que bénéficier d'une surcote de 4 % (Ministerio de Inclusión, Seguridad Social y Migraciones, 2021[13]). On estime toutefois (BBVA, 2022[14]) que le choix entre ces deux options est loin d'être neutre sur plan actuariel, dans la mesure où le montant de ce versement unique serait nettement en deçà des attentes de la plupart des bénéficiaires par rapport à une augmentation de 4 % de leur pension mensuelle. Sur la base du calcul du patrimoine retraite (chapitre 4), une personne rémunérée au salaire moyen, ayant mené une carrière complète et pris sa retraite en 2024, peut espérer recevoir, en termes actuariels, près de la moitié des prestations de retraite différée si elle choisit de les percevoir sous la forme d'un versement unique plutôt que d'une majoration mensuelle[4].

En 2024, la Belgique a mis en place une prestation forfaitaire de retraite différée qui augmente en fonction de la période de report et dont le montant maximum est atteint après trois ans de report. Par nature, les prestations forfaitaires sont comparativement davantage intéressantes pour les retraités percevant une pension plus faible. Le niveau des prestations de retraite différée dépend par ailleurs de la durée de cotisation et il est possible de percevoir ces prestations sous la forme d'un versement unique ou sur une base mensuelle. Les conditions de durée de cotisation, ainsi que la réduction de la surcote au prorata en cas d'emploi à temps partiel pendant la période de report, peuvent limiter les incitations à différer le départ à la retraite. Les surcotes et décotes devraient en effet permettre un ajustement des prestations de retraite en fonction de la durée escomptée de versement de la pension, de sorte que la situation d'une personne au regard de l'emploi ne devrait pas avoir d'incidence. Ainsi, pour une personne travaillant à temps plein pendant la période de report, l'option d'un versement unique est financièrement plus avantageuse qu'une prestation mensuelle[5]. Le nouveau gouvernement a pour objectif de remplacer la prestation forfaitaire de retraite différée par un dispositif de surcote/décote de 5 % par an à partir de 2040[6].

Autre solution paramétrique de substitution aux surcotes, un taux d'acquisition des droits plus élevé pourrait être appliqué pour chaque année travaillée une fois que la durée de cotisation ou l'âge de départ à la retraite a été atteint. À titre d'exemple, en Hongrie (OCDE, 2024[15]) et en Slovénie (OCDE, 2022[4]), les taux d'acquisition des droits sont majorés après 40 ans de cotisation. Les taux d'acquisition des droits peuvent être définis de manière à reproduire une surcote assurant la neutralité actuarielle pour certains profils de carrière spécifiques, même s'ils sont susceptibles de produire des incitations différentes pour les personnes présentant des profils de carrière distincts. Une surcote peut par ailleurs s'avérer davantage visible qu'un taux accru d'acquisition des droits, et être par conséquent plus efficace pour reporter les départs à la retraite.

Cumul emploi-retraite

En moyenne, dans les pays européens, environ un cinquième des retraités de moins de 70 ans continuent de travailler pendant les six premiers mois après la liquidation de leur pension. C'est notamment le cas de près de 40 % des jeunes retraités des États baltes et de Norvège, et d'environ un tiers des jeunes retraités en Finlande, en Islande et en Suède (Graphique 1.10). Parmi les pays européens de l'OCDE n'appliquant aucune restriction au cumul emploi-retraite avant ou après l'âge normal de la retraite (voir ci-dessous), le Danemark est le seul à afficher un taux inférieur à la moyenne de personnes qui continuent de travailler après leur départ à la retraite. Leurs motivations sont toutefois différentes (Eurostat, 2023[16]) : la majorité des personnes travaillant après leur départ à la retraite dans les États baltes invoquent des raisons financières, alors qu'en Norvège la majorité déclarent continuer de travailler par plaisir. En Finlande et en Suède, les motivations sont plus variées, en particulier en Suède où un quart de ceux qui poursuivent une activité professionnelle déclarent le faire pour rester intégrés socialement, soit un taux bien plus élevé que dans n'importe quel autre pays européen. À l'opposé, environ un dixième des jeunes retraités, tout au plus, cumulent emploi et retraite en Belgique, en Espagne, en France, en Grèce, en Italie, au Luxembourg et en Slovénie[7].

Graphique 1.10. Travailler après le départ à la retraite est une pratique très courante dans les pays baltes et nordiques

Part des jeunes retraités (50-69 ans) en Europe ayant continué de travailler pendant les six premiers mois après la liquidation initiale de leur pension, 2023

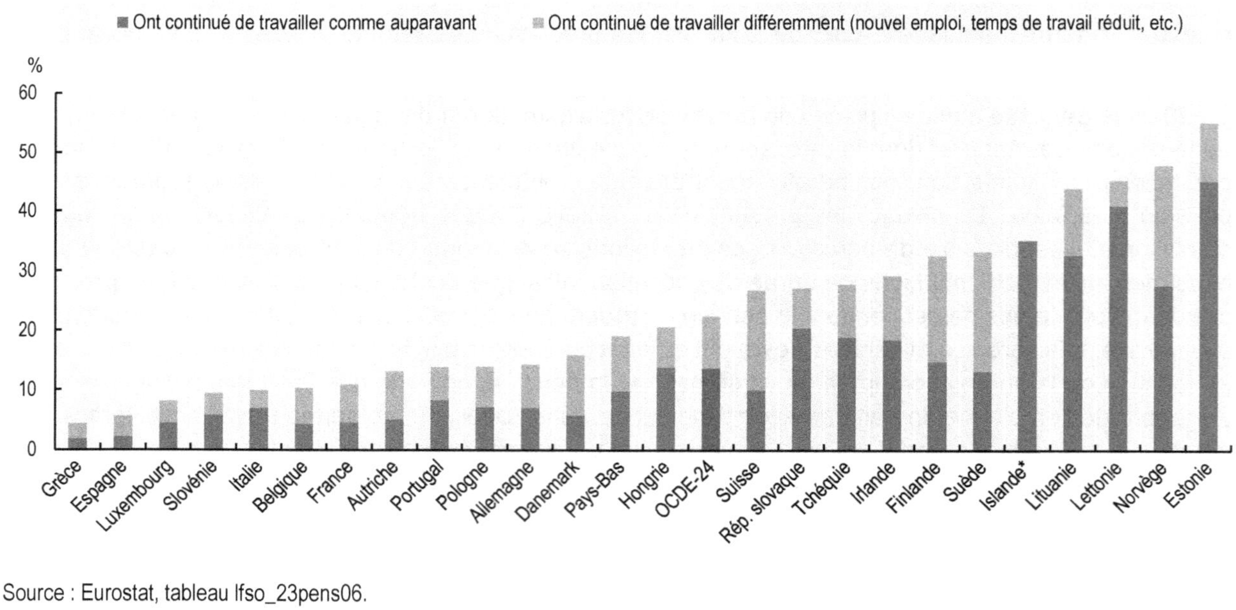

Source : Eurostat, tableau lfso_23pens06.

StatLink https://stat.link/6smgdn

Les restrictions au cumul emploi-retraite sont susceptibles de nuire aux efforts d'allongement de la vie active au-delà de l'âge normal de la retraite. Les pays de l'OCDE adoptent des approches très variées pour réglementer le cumul d'une activité rémunérée et d'une pension contributive par les salariés du secteur privé, et ils appliquent souvent des règles plus strictes avant l'âge normal de la retraite qu'après cet âge limite (Tableau 1.1).

Tableau 1.1. Les obstacles au cumul emploi-retraite sont moins nombreux après l'âge normal de la retraite

Restrictions à l'emploi liées au cumul emploi-retraite dans les régimes contributifs, secteur privé

	Après l'âge normal de la retraite					Avant l'âge normal de la retraite				
	Cumul emploi-retraite impossible	Fin de contrat nécessaire pour liquider une pension	Pension minorée (au-delà du seuil de revenus (e))	Acquisition limitée de droits en fonction des cotisations versées	Aucune restriction au cumul emploi-retraite	Cumul emploi-retraite impossible	Fin de contrat nécessaire pour liquider une pension	Pension minorée (au-delà du seuil de revenus (e))	Acquisition limitée de droits en fonction des cotisations versées	Aucune restriction au cumul emploi-retraite
Allemagne				•						•
Australie[a]					•		•			
Autriche					•		•	e		
Belgique				•				e	•	
Canada[b]					•					•
Chili					•					•
Colombie					•					•
Costa Rica		•					•			
Danemark					•					•
Espagne[d]				•			•			
Estonie					•					•
États-Unis					•			e		
Finlande[c]		•					•			
France		•	e	•			•	e	•	
Grèce				•					•	
Hongrie*					•					•
Italie		•					•	e		
Japon			e					e		
Lettonie					•	•				
Lituanie					•	•				
Luxembourg				•			•	e		
Mexique		•		•			•		•	
Norvège					•					•
Pologne		•					•	e		
Portugal		•					•			
République slovaque				•			•	e		
Royaume-Uni					•					•
Slovénie			•	•		•				
Suède					•					•
Suisse					•					•
Tchéquie					•	•				
Türkiye		•		•			•		•	
Total	0	8	3	10	16	4	13	9	5	11

Note : Aucune information n'est disponible pour la Corée, l'Islande et Israël. L'Irlande et la Nouvelle-Zélande ne prévoient pas de possibilité de départ anticipé dans le cadre de leurs régimes (quasi) obligatoires de retraite de base soumise à condition de résidence, et n'imposent aucune restriction au cumul d'une activité professionnelle et d'une retraite de base après l'âge normal de départ. Aux Pays-Bas, les conditions de départ à la retraite anticipée dans les régimes (quasi) obligatoires de retraite professionnels dépendent des secteurs concernés. * En Hongrie, seules les femmes peuvent prétendre à une retraite anticipée. a. Les données relatives à l'Australie se rapportent aux prestations de retraite liées à la rémunération antérieure. La prime à l'emploi, qui réduit le montant des revenus d'activité pris en compte dans les conditions de ressources pour la pension de vieillesse ciblée, a été fixée de manière pérenne à 300 AUD par quinzaine, soit actuellement 11 % du salaire moyen. b. Au Canada, la pension de base soumise à condition de résidence est réduite de 15 % lorsque les revenus (dont les revenus d'activité) sont supérieurs à 106 % du salaire moyen national. Les prestations ne peuvent être perçues avant l'âge normal de la retraite. c. En Finlande, il n'est pas nécessaire de résilier un contrat de travail pour faire valoir ses droits à pension dès lors que la limite d'âge supérieure de départ à la retraite est atteinte (68 ans, actuellement). d. En Espagne, le paiement de la pension doit être reporté d'au moins un an avant qu'un retraité puisse travailler après l'âge normal de la retraite.
Source : Informations fournies par les pays ; et OCDE, (2022[4]), *OECD Reviews of Pension Systems: Slovenia*.

Aucune restriction au cumul emploi-retraite au-delà de l'âge normal de départ n'est prévue dans la moitié des pays de l'OCDE et un tiers des pays n'appliquent aucune restriction de ce type avant l'âge normal de la retraite. On ne compte aucun pays de l'OCDE qui n'autorise pas ses ressortissants à cumuler un emploi et une pension à un moment ou à un autre. En revanche, certains pays permettent aux bénéficiaires de pensions de percevoir des revenus d'activité, sous réserve toutefois de différentes conditions ou limitations. Il peut notamment s'agir de l'obligation de résilier son contrat de travail pour faire valoir ses droits à pension, d'un plafond d'heures travaillées ou de revenus au-delà desquels une décote est appliquée, ou encore d'une réduction du taux d'accumulation des droits à pension au titre des cotisations acquittées.

Huit pays exigent la résiliation de tout contrat de travail afin de pouvoir liquider une pension après l'âge normal de la retraite. Le Costa Rica, la Finlande, la France, l'Italie, le Mexique, la Pologne, le Portugal et la Türkiye n'accordent le versement d'une pension qu'une fois le contrat de travail résilié. Cette obligation de résiliation entraîne un risque que les travailleurs seniors se voient proposer des conditions de travail moins favorables en cas de cumul emploi-retraite qu'avant la liquidation de leur pension. La Finlande autorise uniquement les bénéficiaires de pensions à poursuivre une activité rémunérée pour le même employeur immédiatement après la liquidation de leurs droits à la retraite si la nature de l'emploi concerné est différente. La France et le Portugal prévoient quant à eux des délais de carence avant de pouvoir travailler à nouveau pour un ancien employeur. Ces restrictions semblent principalement avoir pour objectif d'éviter que l'on puisse faire valoir ses droits à une pension de vieillesse tout en ayant l'intention de continuer de travailler.

Trois pays réduisent le montant des pensions en cas de cumul emploi-retraite après l'âge normal de départ, et deux d'entre eux ne procèdent à cette réduction que dans certaines conditions, ce qui revient à imposer une taxe sur le travail des retraités. La Slovénie ne verse ainsi que 40 % (puis 20 % après trois ans) du montant de la pension si son bénéficiaire exerce une quelconque activité rémunérée.[8] En France, la somme des revenus d'activité et des pensions de retraite ne doit pas dépasser les revenus perçus par une personne avant la liquidation de ses droits, si cette dernière affiche une carrière incomplète et a pris sa retraite avant l'âge normal de départ (autrement dit, si elle ne bénéficie pas d'une pension à taux plein). Au Japon, si la somme des revenus et des retraites liées à la rémunération antérieure est supérieure à 111 % du salaire moyen national, les pensions perçues sont réduites à hauteur de la moitié du revenu excédentaire.

Dans dix pays, des cotisations de retraite continuent généralement d'être prélevées lorsque les bénéficiaires de pensions travaillent au-delà de l'âge normal de la retraite, même si aucun droit supplémentaire n'est acquis ou seulement dans une proportion réduite. Cette pratique constitue de fait un impôt sur l'emploi des bénéficiaires de pensions. Il en est ainsi en Belgique, en Espagne, en France, en Grèce, au Luxembourg, au Mexique, en République slovaque et en Slovénie, mais aussi en Allemagne et en Türkiye mais uniquement pour les cotisations patronales[9]. En Allemagne, en Belgique, au Luxembourg et en Türkiye, mais aussi en France pour les personnes ne bénéficiant pas d'une pension à taux plein, des cotisations de retraite sont prélevées sur les revenus au-delà de l'âge de départ à la retraite, mais aucun droit supplémentaire n'est acquis[10]. L'Allemagne et la Belgique ont mis en place des statuts de travail spéciaux soumis à des plafonds de rémunération (appelés respectivement « flexi-jobs » et « mini-jobs »), accessibles aux retraités et sur lesquels les travailleurs peuvent être exemptés du paiement des cotisations de retraite. En République slovaque, les cotisations acquittées par les bénéficiaires de pensions exerçant une activité rémunérée ne donnent droit qu'à la moitié des points de retraite normalement acquis. L'Espagne et la Grèce prélèvent une contribution supplémentaire sur les revenus, respectivement de 10 % et 9 %, qui n'entraîne pas d'augmentation des prestations de retraite. L'Espagne est toutefois le seul pays à exiger que le paiement de la pension soit reporté d'au moins un an avant qu'une personne puisse cumuler un emploi et une pension après l'âge normal de la retraite[11].

Les pays ont tendance à appliquer des règles plus strictes en cas de cumul emploi-retraite avant l'âge normal de départ. La Lettonie, la Lituanie, la Slovénie et la Tchéquie interdisent aux bénéficiaires de prestations de retraite anticipée d'exercer une activité professionnelle. Treize pays exigent en outre la résiliation de tout contrat de travail afin de pouvoir liquider une pension avant l'âge normal de la retraite, à savoir l'Australie, l'Autriche, l'Espagne, le Luxembourg et la République slovaque, ainsi que les huit pays imposant cette même condition *après* l'âge normal de la retraite (voir ci-dessus). Plusieurs pays prévoient des exceptions à cette règle en cas de retraite progressive, de manière à permettre aux personnes concernées de réduire peu à peu le temps de travail dans leur emploi actuel et de compléter leurs revenus grâce aux prestations de retraite.

Neuf pays fixent des plafonds de revenus limitant le volume de travail qu'une personne bénéficiant d'une retraite anticipée peut effectuer. La France et le Japon appliquent les mêmes restrictions avant et après l'âge normal de la retraite. Les plafonds de revenus ont tendance à être sensiblement plus stricts avant, plutôt qu'après, l'âge normal de la retraite. À titre d'exemple, l'Autriche, la Belgique[12], le Luxembourg et la République slovaque suspendent les prestations de retraite anticipée à partir d'un seuil de revenu particulièrement bas, inférieur à 20 % du salaire moyen national, ne permettant par là même que l'exercice d'emplois occasionnels ou à temps très partiel. Ces plafonds sont plus élevés aux États-Unis et en Pologne, respectivement à 33 % et à 70 % du salaire moyen national. L'Italie a défini différents plafonds de revenu en fonction du régime de retraite anticipée : il n'existe aucun plafond dans le cadre du régime standard de retraite anticipée, mais des limitations s'appliquent aux personnes prenant leur retraite dans le cadre de régimes spécifiques de retraite anticipée tel que le système de quota.

Enfin, dans cinq pays, les cotisations de retraite doivent être payées par les bénéficiaires de pensions de retraite exerçant une activité rémunérée avant l'âge normal de la retraite, même si elles ne donnent lieu qu'à une part réduite de droits à la retraite, voire à aucun droit supplémentaire. La Belgique, la France, la Grèce, le Mexique et la Türkiye appliquent les mêmes règles en matière de réduction du taux d'accumulation des droits, ou d'absence de droits supplémentaires à la retraite, au titre des cotisations acquittées, que ce soit avant ou après l'âge normal de la retraite.

Tous les obstacles au cumul emploi-retraite après l'âge normal de la retraite devraient être supprimés. Ces restrictions limitent en effet injustement les possibilités pour les populations et nuisent par là même au bien-être des travailleurs. Elles vont en outre à l'encontre des efforts en faveur de l'allongement de la vie active dans un contexte de vieillissement démographique. Il s'avère également essentiel de supprimer ces obstacles car l'allongement de la vie active augmente les revenus de retraite des personnes et produit des effets positifs globaux au-delà du système de retraite, comme un accroissement de la production ou une augmentation des recettes fiscales. Dans la mesure du possible, les règles de liquidation des pensions ne devraient pas être liées à la situation professionnelle des individus. Les cotisants ayant acquis des droits à pension devraient avoir la possibilité de les liquider dès lors qu'ils remplissent les conditions requises, qu'ils exercent ou non une activité professionnelle, et le cas échéant quels que soient leurs revenus, leur temps de travail et le statut de leur contrat. De la même manière, les travailleurs seniors devraient pouvoir travailler qu'ils bénéficient ou non de prestations de retraite. Par ailleurs, pour promouvoir efficacement des formes plus progressives de départ à la retraite, les conditions de liquidation partielle des pensions ne devraient pas porter sur le volume de travail ou sur les revenus d'activités professionnelles après l'âge normal de la retraite (OCDE, 2018[12]).

Âge de départ obligatoire à la retraite

Les règles fixant un âge de départ obligatoire à la retraite mettent un terme à l'emploi des travailleurs seniors ou permettent aux employeurs de modifier ou de résilier de façon unilatérale les contrats de travail à partir d'un certain âge. Au sens strict, la retraite obligatoire est une disposition légale qui prévoit que la relation de travail d'un employé prend fin lorsque ce dernier atteint un âge défini. La loi peut également permettre aux employeurs de mettre un terme à l'emploi de leurs salariés à partir d'un certain âge, sans toutefois les y contraindre, que ce soit par l'inclusion de limites d'âge dans la législation en matière de protection de l'emploi ou par l'assouplissement des restrictions applicables aux licenciements à partir d'un certain âge. Dans leur forme la plus modérée, les dispositifs de mise à la retraite obligatoire peuvent également inclure des réglementations permettant aux employeurs de modifier unilatéralement les conditions d'emploi à compter d'un âge défini. Bien que ces réglementations n'entraînent pas nécessairement l'extinction de la relation de travail, la baisse des revenus ou de la qualité des emplois qu'elles impliquent font que les seniors ont beaucoup moins intérêt à rester en activité.

Afin de favoriser l'allongement de la vie active et offrir davantage de choix aux personnes âgées, l'OCDE recommande de réduire les obstacles à l'emploi des travailleurs seniors. D'un point de vue strictement technique, la retraite obligatoire relève des réglementations relatives au marché du travail et à la protection de l'emploi, même si ses répercussions dépendent des conditions d'ouverture des droits à pension et du montant des prestations versées. Telle qu'adoptée par le Conseil de l'OCDE sur le vieillissement et les politiques de l'emploi, l'une des recommandations pour atteindre cet objectif consiste à ce que les pays œuvrent à décourager le recours à la retraite obligatoire, et ce, en étroite concertation et collaboration avec les représentants des employeurs et des travailleurs. L'OCDE reconnaît que « dans un nombre limité de cas » les pratiques de mise à la retraite obligatoire peuvent être nécessaires (OCDE, 2018[17]). Les employeurs, en particulier du secteur public, sont susceptibles de rencontrer davantage de difficultés en l'absence de mesures de mise à la retraite obligatoire dans les pays où des règles strictes de protection de l'emploi sont en vigueur (OCDE, 2017[18]).

Onze pays de l'OCDE n'ont mis en place aucune forme de retraite obligatoire, que ce soit pour les travailleurs du secteur public ou du secteur privé (Graphique 1.11). À l'inverse, la moitié des pays de l'OCDE ont adopté des pratiques de mise à la retraite obligatoire pour les travailleurs, quel que soit le secteur. Dans les huit pays restants, une mise à la retraite obligatoire est uniquement prévue pour les travailleurs du secteur public et les fonctionnaires de droit public. La retraite obligatoire constitue par conséquent une pratique plus courante dans le secteur public que dans le secteur privé au sein de l'OCDE.

La Corée et le Japon sont les seuls pays de l'OCDE à autoriser la mise à la retraite obligatoire avant l'âge normal de départ, à la fois dans le secteur public et dans le secteur privé. L'Irlande n'autorise cette pratique que dans le secteur privé. Le Japon permet aux employeurs du secteur privé de résilier les contrats de travail de leurs salariés à partir de 60 ans, soit 5 ans avant l'âge normal de la retraite. La loi exige toutefois que les entreprises garantissent les emplois jusqu'à l'âge de 65 ans, bien que cela implique généralement des conditions de travail moins avantageuses (partie A). Dans le secteur public, les relations de travail prennent actuellement fin à l'âge de 62 ans (partie B), même si le Japon œuvre à relever cet âge pour atteindre l'âge normal de la retraite (65 ans) en 2031. En Corée, l'âge de départ obligatoire à la retraite est fixé à 60 ans dans le secteur public et le secteur privé, bien que l'âge normal de la retraite soit actuellement de 63 ans. L'âge à partir duquel il est possible de mettre fin à un contrat de travail dans le secteur privé a été relevé à 60 ans en 2017 (contre 55 ans auparavant), mais le salaire des employés peut être réduit à partir de 55 ans. Pour limiter l'incidence de l'ajustement des salaires en fonction de l'ancienneté, le système de « pic des salaires » prévoit une réduction du salaire des travailleurs de 55 ans et plus, compensée en partie par des subventions publiques, en contrepartie d'une garantie de maintien des emplois concernés jusqu'à l'âge de 60 ans (OCDE, 2018[19] ; 2022[20]). À ce jour, l'Irlande autorise toujours les employeurs du secteur privé et leurs salariés à convenir d'un âge de départ à la retraite dans les contrats de travail, le plus souvent fixé à 65 ans, même si une loi est en cours d'élaboration afin d'interdire la retraite obligatoire avant l'âge légal de départ (66 ans).

Graphique 1.11. La fixation d'un âge de départ obligatoire à la retraite reste une pratique courante dans les pays de l'OCDE

Âge à partir duquel différents dispositifs de retraite obligatoire sont autorisés, et âge normal de la retraite (hommes)

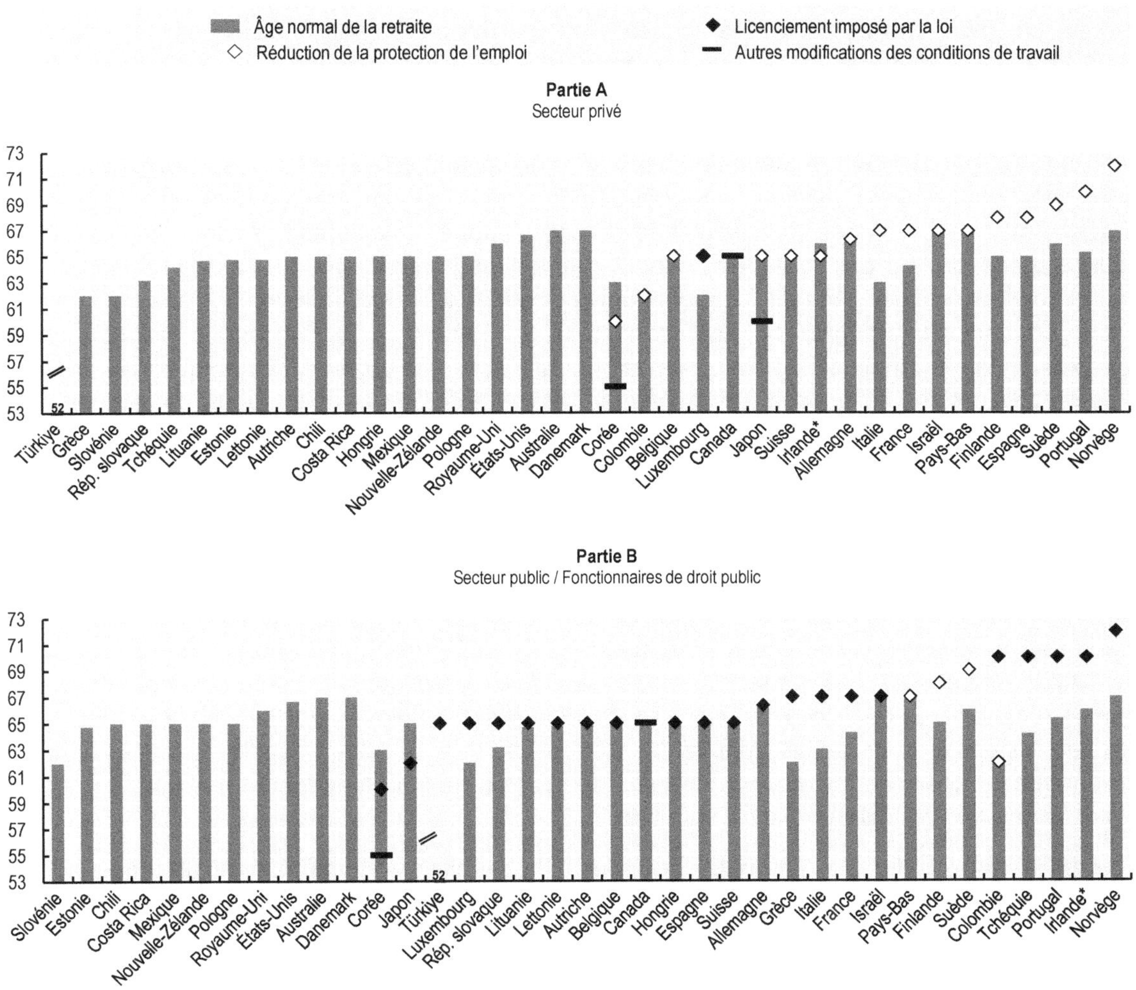

Note : Aucune donnée n'est disponible pour l'Islande. * Pour les salariés, l'Irlande ne définit aucun âge à partir duquel il est possible de mettre fin à un contrat de travail. Une clause de résiliation à 65 ans est toutefois généralement incluse dans ces contrats. Dans le cas des fonctionnaires, l'Irlande ne fixe pas d'âge de départ obligatoire à la retraite pour les personnes ayant rejoint le service public entre 2004 et 2012. Un âge de départ obligatoire à la retraite, fixé à 70 ans, s'applique néanmoins pour les fonctionnaires ayant rejoint le service public avant ou après cette période.

Source : Informations fournies par les pays pour l'âge de départ obligatoire à la retraite ; tableau 3.5 pour l'âge normal de la retraite.

StatLink https://stat.link/zavdjl

Comme illustré précédemment, la retraite obligatoire revêt des formes variées dans les pays de l'OCDE, assorties de conditions plus ou moins restrictives. D'abord, la retraite obligatoire peut s'appliquer au sens strict du terme et correspondre à une obligation légale de mettre un terme à la relation de travail à partir d'un âge défini. Il s'agit de la forme la plus répandue dans le secteur public[13]. Dans le cas des travailleurs du secteur privé, l'obligation légale de mettre un terme à la relation de travail à partir d'un âge défini existe uniquement au Luxembourg, où les contrats de travail sont automatiquement résiliés à 65 ans. Ces travailleurs peuvent néanmoins être à nouveau embauchés par la suite.

Une autre forme courante de retraite obligatoire consiste à autoriser les employeurs à mettre fin à la relation de travail lorsque leurs salariés atteignent un âge spécifique, sans pour autant qu'ils y soient contraints. Il s'agit du modèle le plus répandu dans le secteur privé au sein pays de l'OCDE. Il est possible pour cela d'autoriser l'introduction de clauses de licenciement spécifiques à partir d'un certain âge dans les contrats de travail ou les conventions collectives, ou d'assouplir les dispositions de protection de l'emploi à partir d'un âge donné. Des clauses de retraite obligatoire peuvent par exemple être incluses dans les contrats de travail et les conventions collectives en Allemagne, en Espagne, aux Pays-Bas et en Suisse. Une réduction de la protection de l'emploi se traduit généralement par un raccourcissement des délais de préavis, par une baisse des indemnités de licenciement ou par un assouplissement des règles encadrant les motifs légaux de licenciement. Ces pratiques peuvent notamment être observées en Autriche, en Belgique, en France et en Italie. La Norvège propose actuellement ces deux formes de retraite obligatoire dans le secteur privé : les employeurs sont ainsi autorisés à mettre fin à la relation de travail dès lors qu'un salarié atteint l'âge de 72 ans, et les contrats de travail ou accords sociaux peuvent inclure une clause de résiliation automatique, sous conditions, à 70 ans ou plus. À compter de 2026, il ne sera toutefois plus possible d'inclure une clause de retraite obligatoire à l'âge de 70 ans dans les contrats de travail et les conventions collectives. Un relèvement de l'âge de départ obligatoire à la retraite, de 70 à 72 ans, sera également opéré dans le secteur public. La Suède propose elle aussi ces deux formes de retraite obligatoire, qui peuvent être mises en œuvre à l'expiration du « droit de rester en activité », soit dès 69 ans.

Certaines réglementations peuvent enfin permettre aux employeurs de modifier les conditions d'emploi à partir d'un âge donné, avec comme conséquence possible une baisse des revenus ou de la qualité des emplois. C'est notamment le cas en Corée, dans le cadre du système de « pic des salaires » ou au Japon, lequel autorise les employeurs à résilier un contrat de travail à partir de 60 ans, avant d'en proposer un nouveau (voir ci-dessus). Les conditions de ces nouveaux contrats sont généralement moins avantageuses que celles des contrats résiliés aux 60 ans des employés (OCDE, 2022[20] ; 2024[21]). Au Canada, les conventions collectives peuvent en outre disposer que les travailleurs, du secteur public comme du secteur privé, sont exclus de certains avantages sociaux (assurance maladie, par exemple) dès lors qu'ils ont atteint l'âge normal de la retraite[14].

Plusieurs pays ont mis fin aux pratiques de mise à la retraite obligatoire ou relevé l'âge de départ obligatoire au cours des dernières décennies (OCDE, 2022[4]). Les États-Unis, par exemple, ont supprimé l'âge de départ obligatoire à la retraite en 1986. Le Danemark a fait de même en 2008 pour le secteur public, puis en 2016 pour le secteur privé. Certaines exceptions subsistent dans ces deux pays pour des professions très spécifiques pour lesquelles un maintien dans l'emploi susciterait des préoccupations légitimes en matière de santé et de sécurité, comme dans le cas des contrôleurs aériens, mais aussi d'autres professions comme les juges, les policiers ou le personnel militaire. Les tribunaux jouent en outre un rôle important pour limiter les pratiques de mise à la retraite obligatoire ou empêcher leur introduction. En Estonie, la Cour suprême a déterminé en 2007 que les pratiques de mise à la retraite obligatoire étaient contraires à la Constitution. Lorsque la Slovénie a introduit la retraite obligatoire en 2020, la Cour constitutionnelle a d'abord suspendu, puis annulé, la réglementation concernée. De la même manière, en 2022, la République slovaque a donné aux employeurs la possibilité de licencier leurs employés lorsqu'ils atteignent l'âge de 65 ans. Cette disposition a été suspendue par la Cour constitutionnelle dans l'attente d'une décision finale. Les arrêts de la Cour de justice de l'Union européenne fournissent en outre un cadre de référence fixant les limites dans desquelles les pratiques de mise à la retraite obligatoire peuvent être considérées non discriminatoires, et par conséquent conformes à la loi (Oliveira, 2016[22] ; Dewhurst, 2016[23]). D'abord, l'adoption d'une telle mesure doit reposer sur des données concrètes démontrant que l'âge a une incidence réelle sur les performances, et non sur de simples suppositions ou généralisations. Ensuite, tout argument en faveur d'un âge de départ obligatoire à la retraite doit être spécifique à une profession ou un secteur d'activité particulier. Les préoccupations en matière de sécurité pourraient constituer un motif valable pour justifier la mise en place d'une mesure de retraite obligatoire s'il existe un consensus international selon lequel l'exercice d'une profession donnée au-delà d'un certain âge pourrait présenter un risque pour la santé ou la sécurité. Enfin, l'accès à une pension reste une condition importante à la mise en place d'une retraite obligatoire.

L'âge de départ obligatoire à la retraite a été préconisé pour des raisons économiques dans des circonstances spécifiques. Un premier argument invoqué en faveur de la retraite obligatoire concerne les situations dans lesquelles les salaires des travailleurs dépassent leur productivité lorsque l'ancienneté représente un facteur important dans la fixation des salaires (Lazear, 1979[24]). Ainsi, quand les travailleurs seniors représentent un coût supérieur à ce qu'ils produisent, la retraite obligatoire permet aux entreprises de réduire leurs coûts salariaux sans affecter leur production (OCDE, 2019[25]). Certains éléments laissent à penser que l'âge peu élevé de départ obligatoire à la retraite en vigueur en France avant 2003 a été plus particulièrement invoqué pour se séparer de travailleurs à haut salaire (Rabaté, 2019[26]). La réduction ou la suppression de l'âge de départ obligatoire dans ce contexte pourrait entraîner une baisse de l'efficacité. Un autre argument invoqué en faveur de la retraite obligatoire est que ce dispositif offre la possibilité de résilier les contrats de travail d'employés moins productifs sans encourir (le risque) de coûts élevés dans les pays ou secteurs où le licenciement de cette catégorie d'employés peut s'avérer particulièrement difficile ou onéreux (OCDE, 2019[25] ; OCDE, 2017[27]). Certains considèrent enfin que la retraite obligatoire conduit à une redistribution des opportunités d'emploi entre les générations, dans la mesure où le départ de travailleurs seniors permet de libérer des postes pour les générations plus jeunes (OCDE, 2022[4]). Même s'il peut exister un rapport de substitution dans l'emploi de jeunes travailleurs et de travailleurs seniors dans certains secteurs très spécifiques et bien protégés, dans l'économie de manière générale toutefois, les possibilités d'emploi pour les jeunes ne diminuent pas lorsque les travailleurs seniors restent en activité plus longtemps (OCDE, 2013[28]), contrairement à une idée fausse largement répandue. Étant donné que la retraite obligatoire dans un pays donné découle des réglementations en matière d'emploi et de rémunération, elle ne constitue qu'une solution de second choix pour surmonter les difficultés engendrées par les politiques menées dans d'autres domaines. La meilleure solution consisterait ainsi à améliorer les réglementations en matière d'emploi et de rémunération que les pratiques de retraite obligatoire visent à contourner. Cette approche pourrait toutefois s'avérer plus difficile à mettre en œuvre dans le secteur public, dans la mesure où les fonctionnaires bénéficient généralement de mesures de protection de l'emploi plus avantageuses et où leur productivité tend à être plus difficile à évaluer, ce qui rend d'autant plus complexe le passage d'un système de rémunération basé sur l'ancienneté à un système fondé sur les performances.

Réformes récentes des pensions

La présente section fait la synthèse des réformes adoptées dans les pays de l'OCDE entre septembre 2023 et septembre 2025. On trouvera des informations complémentaires sur les réformes votées pendant cette période dans l'Annexe 1.A.

Évolution des âges de départ à la retraite et des incitations à travailler plus longtemps

Âge normal de départ à la retraite

Dans les pays de l'OCDE en 2024, l'âge normal moyen de la retraite est de 64.7 ans pour les hommes. Il s'agit de l'âge auquel les personnes qui occupent un emploi permanent à temps plein depuis l'âge de 22 ans peuvent percevoir les prestations de l'ensemble des composantes de la retraite, sans décote. Il varie de 62 ans (Colombie, Grèce, Luxembourg et Slovénie) – la Türkiye fait figure d'aberration avec un âge normal de la retraite de 52 ans – à 67 ans (Australie, Danemark, Islande, Israël, Norvège et Pays-Bas) (Graphique 1.12)[15].

La Tchéquie et la Slovénie ont adopté une loi qui relève l'âge légal de la retraite de deux ans. L'âge légal de la retraite augmentait déjà de deux mois par an jusqu'à atteindre 65 ans en 2030 et, selon la législation de 2024, devrait continuer d'augmenter, mais moins rapidement après 2030, à savoir d'un mois par an jusqu'à atteindre 67 ans en 2056. Parallèlement, les conditions d'ouverture des droits à la retraite ont été assouplies pour certaines personnes. Celles qui avaient au moins 20 ans, mais moins de 35 ans de couverture devaient attendre cinq ans après l'âge légal de la retraite pour bénéficier de leur pension. Ce délai a été ramené à deux ans. Un régime de retraite anticipée pour les métiers pénibles et dangereux a également été mis en place (voir plus bas).

Dans le cadre d'une grande réforme des retraites dont il est question plus bas, les autorités slovènes ont décidé, en septembre 2025, de relever les seuils d'âge du système de retraite de deux ans entre 2028 et 2035, sans modification de la durée de carrière relativement courte exigée. L'âge légal de départ à la retraite passera de 65 à 67 ans, sous condition de 15 années de cotisations. Avec 40 années de cotisations, le départ à la retraite sera possible sans décote à 62 au lieu de 60 ans. Les conditions de départ à la retraite pour les personnes entrées jeunes dans la vie active augmentent en conséquence : à l'heure actuelle, une personne qui a commencé à travailler avant 18 ans peut partir à la retraite à 58 ans sous condition de 40 années de cotisations ; à l'avenir, le départ à la retraite sera possible à partir de 60 ans pour les personnes entrées dans la vie active avant 20 ans. La réforme ne modifie pas l'âge normal de la retraite en Slovénie, cependant, car une personne qui a effectué une carrière complète à partir de 22 ans peut encore partir à la retraite sans décote à 62 ans.

Globalement, selon les mesures déjà en place, l'âge normal de la retraite moyen pour les hommes dans les pays de l'OCDE sera relevé de presque deux ans, à 66.4 ans, pour ceux entrés sur le marché du travail en 2024. D'après la législation en vigueur, la moitié des pays de l'OCDE relèveront l'âge normal de la retraite pour les hommes. Les différences entre les pays devraient en même temps devenir plus prononcées : l'âge normal de la retraite restera 62 ans en Colombie (pour les hommes), au Luxembourg et en Slovénie, mais il devrait atteindre 70 ans en Italie, aux Pays-Bas et en Suède, 71 ans en Estonie, et même 74 ans au Danemark conformément à l'indexation de l'âge de la retraite sur l'espérance de vie (Graphique 1.12)[16]. Cependant, après confirmation par le parlement danois en mai 2025 du relèvement de l'âge légal de la retraite à 70 ans après 2040[17], le Danemark pourrait assouplir l'indexation actuelle de l'âge de la retraite sur l'espérance de vie, auquel cas le futur âge normal de la retraite serait de moins de 74 ans. Les huit pays où le futur âge normal de la retraite sera le plus élevé sont tous ceux qui l'indexent sur l'espérance de vie, qui comprennent également la Finlande, le Portugal et la République slovaque. La Grèce est un autre pays de l'OCDE concerné, mais l'âge normal de la retraite futur devrait y être légèrement inférieur à l'âge moyen dans les pays de l'OCDE. En effet, la retraite anticipée étant possible sans décote à l'issue d'une carrière de 40 années, c'est l'âge minimum – qui devrait passer de 62 à 66 ans – qui détermine le futur âge normal de la retraite en Grèce. La Norvège devrait bientôt adopter l'indexation et relever l'âge de la retraite de deux tiers des gains d'espérance de vie.

Dans neuf pays de l'OCDE, les femmes célibataires continuent d'avoir droit à une pension à taux plein à un plus jeune âge que les hommes. L'Autriche, la Lituanie et la Suisse ont décidé de supprimer cette différence d'âge normal de la retraite entre les genres d'ici à 2033, 2026 et 2028, respectivement ; elle sera simplement réduite en Israël et en Türkiye (chapitre 3). L'écart sera ramené à deux et trois ans respectivement au Costa Rica et en Hongrie, mais il sera maintenu à cinq ans en Colombie et en Pologne. Au Chili, les femmes peuvent bénéficier des pensions par capitalisation à cotisations définies (CCD) à 60 ans (65 ans pour les hommes), mais ni les femmes ni les hommes ne peuvent bénéficier de la pension universelle garantie (PGU, *Pensión Garantizada Univeral*) avant 65 ans, ce qui détermine l'âge normal de départ à la retraite pour les deux sexes. Au Mexique, l'âge normal de la retraite est fixé à 65 ans pour les hommes et les femmes, mais une prestation forfaitaire destinée aux femmes de 60 à 65 ans, d'un faible montant, est actuellement mise en place (voir plus bas). Parmi les pays du G20, l'âge normal de départ à la retraite est différent pour les femmes et les hommes, et le restera, en Argentine, au Brésil et en Chine.

Graphique 1.12. L'âge normal de départ à la retraite augmentera dans la moitié des pays de l'OCDE pour les hommes

Âge normal de la retraite pour les hommes entrés dans la vie active à 22 ans et ayant mené une carrière complète

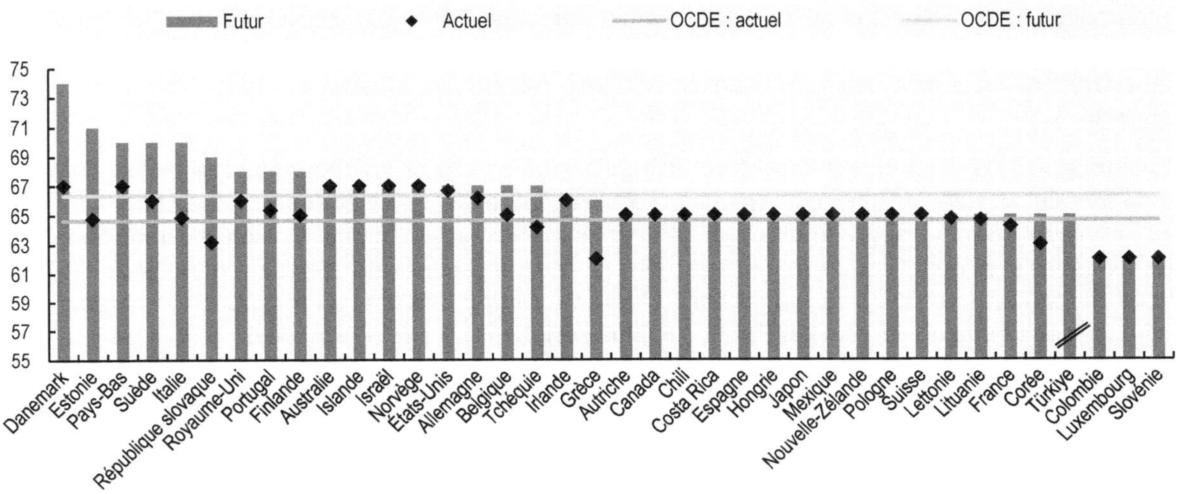

Note : L'âge normal de la retraite est calculé pour un individu ayant effectué une carrière complète à partir de l'âge de 22 ans. « Actuel » renvoie aux personnes parties à la retraite en 2024. « Futur » renvoie à l'âge auquel une personne a droit au bénéfice des prestations de retraite à taux plein de toutes les composantes obligatoires (sans décote), dans l'hypothèse d'une carrière complète à partir de l'âge de 22 ans, en 2024. Les crédits accordés pour les périodes d'études ne sont pas pris en compte. Par souci de clarté, l'échelle du diagramme exclut la valeur observée la plus basse, à savoir 52 ans pour l'âge normal de la retraite actuel en Türkiye.
Source : Voir le graphique 3.8 au chapitre 3, https://stat.link/uyd8wr.

Retraite anticipée et incitations à travailler plus longtemps

S'agissant de la retraite anticipée, la République slovaque a durci ses conditions tandis que l'Italie a élargi plusieurs des dispositifs en place tout en durcissant les conditions pour certains d'entre eux. La République slovaque a indexé les conditions de retraite anticipée sur l'espérance de vie. Alors que la retraite anticipée était auparavant possible avec décote à l'issue d'une carrière de 40 années, la durée de carrière désormais exigée augmente au même rythme que l'âge légal de départ à la retraite, lequel est indexé sur l'espérance de vie[18]. Par conséquent, d'après les projections d'espérance de vie de l'ONU, les personnes qui entrent aujourd'hui dans la vie active devront avoir effectué une carrière de 46 années pour avoir droit à la retraite anticipée. De surcroît, la décote applicable en cas de retraite anticipée a été relevée, passant de 0.3 % à 0.5 % par mois, soit l'équivalent de la décote pour un départ à la retraite deux ans avant l'âge légal, indépendamment de la durée de carrière.

En Italie, l'option dite « des femmes », qui leur ouvre droit à la retraite anticipée après 35 années de carrière, a été reconduite pour la période 2024-2026, mais l'âge minimum pour en bénéficier a été porté à 61 ans au lieu de 60[19]. Les pensions des femmes qui optent pour ce régime sont entièrement calculées selon les règles du régime notionnel à cotisations définies, lesquelles se traduisent généralement par des prestations inférieures à celles obtenues lorsque les pensions sont calculées selon les règles du régime à prestations définies en Italie. D'autre part, la mesure Quota 103 a été reconduite pour la période 2024-2025 et permet le départ à la retraite anticipée à 62 ans avec 41 années de cotisations, tandis que la mesure Quota 102 (retraite à 64 ans avec 38 années de cotisations) a été abolie. Pour les personnes qui partent à la retraite au titre de la mesure Quota 103 à compter de 2024, les règles du régime notionnel à cotisations définies sont appliquées à leur pension à taux plein. Le dispositif de retraite anticipée pour les chômeurs, les personnes en situation de handicap, les aidants ou les métiers pénibles (APE sociale) a également été reconduit pour la période 2024-2025, mais l'âge minimum a été relevé à 63 ans et cinq mois au lieu de 63 ans. Le dispositif permettant la retraite anticipée en cas de restructuration d'entreprise en situation de crise a été reconduit inchangé et demeure ouvert à partir de 58 ans et au moins 35 années de cotisations. Les conditions de départ à la retraite anticipée à 64 ans pour les personnes couvertes uniquement par le régime notionnel à cotisations définies (c'est-à-dire les personnes qui ne cotisaient pas avant 1996) ont par ailleurs été durcies. Au lieu de 20 années précédemment, 25 années de cotisations sont désormais exigées pour ouvrir le droit à la retraite anticipée (c'est-à-dire avant 67 ans) à partir de 2025, et 30 années à partir de 2030.

Plusieurs autres pays ont modifié les décotes applicables en cas de retraite anticipée ou les surcotes en cas de retraite différée. L'Autriche a relevé la surcote de la pension de vieillesse, passée de 4.2 % à 5.1 % par année complète de report, le maximum étant fixé à 15.3 %. La Tchéquie a réduit de moitié la décote pour les travailleurs ayant acquis au moins 45 années de cotisations ; de 1.5 % par période de 90 jours de retraite anticipée, elle est passée à 0.75 %. L'Islande permet désormais de reporter le paiement de la pension ciblée et du supplément ciblé pour retraités célibataires jusqu'à l'âge de 80 ans au lieu de 72 ans. Elle a également remplacé la surcote (6.0 %) et la décote (6.6 %) fixes par an par une surcote et une décote propres à chaque combinaison d'âge et de cohorte de naissance, par souci de neutralité actuarielle. L'Irlande a mis en place une option de report du paiement de la pension contributive de base d'un maximum de quatre ans, de 66 ans à 70 ans. La surcote annuelle sera revue régulièrement selon les principes actuariels et augmente avec la durée du report : en 2025, les surcotes vont de 4.7 % pour la première année de report, à 5.3 % pour la quatrième. L'Espagne a encore assoupli les règles de calcul de la surcote. Jusqu'à présent, la surcote de 4 % par an était acquise uniquement par année complète de report. Depuis 2025, elle s'acquiert à raison de 2 % par période de six mois pour un report d'au moins 18 mois. Enfin, la Belgique a mis en place, en juillet 2024, une prestation forfaitaire en cas de retraite différée, majorée par année de report (maximum de trois années). Le nouveau gouvernement a toutefois annoncé, au début de 2025, qu'il prévoit de remplacer cette incitation par une surcote et une décote de 5 % en fonction de la durée de carrière.

Le Danemark et la Finlande ont également modifié les incitations afin d'encourager à travailler au-delà de l'âge normal de la retraite. Le Danemark a augmenté la prestation forfaitaire exonérée d'impôt versée annuellement aux personnes encore en activité deux ans après l'âge légal de la retraite. Cette prestation prend la forme d'une somme forfaitaire à laquelle ont droit les personnes qui travaillent au moins 30 heures par semaine pendant l'année, que le versement de leur pension publique ait été différé ou non. Actuellement fixée à 9.2 % du salaire brut moyen national pour la première année et à 5.5 % pour la seconde, elle devrait augmenter de 30 % en sus de l'indexation régulière entre 2026 et 2029. La Finlande a relevé à 65 ans au lieu de 60 l'âge à partir duquel le revenu d'activité est imposé à un taux préférentiel.

L'Espagne et la Tchéquie ont modifié les règles de la retraite anticipée pour les métiers pénibles ou dangereux. La Tchéquie permet dorénavant un départ à la retraite sans décote 15 mois avant l'âge légal à condition d'avoir travaillé au moins 10 ans environ (plus précisément, 2 200 équipes) à des postes jugés pénibles ou dangereux, ou 30 mois avant à condition d'avoir travaillé au moins 20 ans environ

(4 400 équipes). La Tchéquie prévoit l'élargissement de ce dispositif de retraite anticipée pour les emplois pénibles et dangereux. À l'heure actuelle, une cotisation patronale supplémentaire de 2 % est imposée pour les ouvriers des mines, le personnel paramédical et les pompiers, ce qui leur permet de prendre leur retraite cinq ans avant l'âge légal. Cette cotisation pourrait être portée à 5 % et la liste des métiers élargie de manière à inclure, entre autres, le personnel infirmier spécialisé, les forestiers, les ferronniers et ouvriers de fonderie, les maçons et paveurs. En Espagne, le gouvernement et les partenaires sociaux ont établi une procédure normalisée pour déterminer la pénibilité ou la dangerosité des professions et, en rapport avec la pénibilité et la dangerosité, les droits à la retraite anticipée. Les coefficients de pénibilité ou de dangerosité de chaque profession sont calculés en prenant en compte le taux d'accidents du travail par genre et par âge, la gravité de ces accidents, et le nombre et la durée des congés de maladie dans ces professions. Ces coefficients sont censés être revus tous les 10 ans.

Cumul emploi-retraite

Plusieurs pays ont récemment facilité et rendu plus intéressant le cumul emploi-retraite. Tous les pays n'ont cependant pas évolué dans le même sens pour faciliter ce cumul, et certains ont mis en place des règles dont d'autres se sont éloignés. Au Japon, le revenu d'activité permettant de cumuler emploi et retraite, qui correspond à peu près au revenu brut moyen et à partir duquel la pension est suspendue, augmentera de 24 % en 2026. En 2024, la Lituanie a supprimé les limites de revenu pour les bénéficiaires de la pension de vieillesse sociale, versée aux personnes qui n'ont pas les 15 années d'activité requises pour la pension contributive. L'Espagne a assoupli les règles de cumul emploi-retraite en 2025. Précédemment, seules les personnes ayant effectué une carrière complète (36.5 années en 2024) et qui différaient la retraite d'au moins un an après l'âge légal pouvaient cumuler emploi et retraite. La moitié seulement de la pension était versée, sans surcote, pendant la période d'emploi, sans qu'il soit tenu compte du temps de travail ou de la rémunération. Après la réforme, le cumul emploi-retraite est ouvert à toute personne admissible à une pension de retraite, qu'elle ait ou non mené une carrière complète. Le report du paiement de la pension d'au moins un an reste exigé, mais une surcote est désormais versée. Le montant de la pension qui peut alors être perçue pendant que la personne continue de travailler dépend de la durée du report : après un an de report, 45 % de la pension peuvent être perçus. Un report de cinq ans est exigé pour pouvoir cumuler un emploi et une retraite à taux plein (voir plus haut). La Grèce a remplacé la décote de 30 % appliquée aux pensionnés actifs par une cotisation sociale supplémentaire de 10 % de la rémunération, pour laquelle aucun droit supplémentaire n'est acquis. La Tchéquie a adopté une autre approche en exemptant les pensionnés actifs de la cotisation de retraite à 6.5 %, tandis que le taux de cotisation patronale est resté inchangé. Pour les travailleurs indépendants qui cumulent emploi et retraite, le taux de cotisation a également été réduit de 6.5 points de pourcentage, passant de 28 % à 21.5 %. Cette réduction de 6.5 points de pourcentage remplace l'augmentation de la pension de 0.4 % pour chaque année de cumul emploi-retraite. L'Autriche, bien qu'elle maintienne des limites de revenu d'activité relativement strictes pour les pensionnés, a assoupli les règles pour 2024-2025 et permet de dépasser légèrement la limite pendant quelques mois dans l'année[20].

L'Espagne et la Suisse ont facilité le passage de la vie active à la retraite avec la retraite progressive, et la France a dissocié l'âge de la retraite progressive de l'âge minimum de la retraite, qui est relevé. En Espagne, la retraite progressive est dorénavant possible en réduisant les heures de travail de 25 % et de 75 %, au lieu de 50 % seulement avant 2025.[21] La Suisse a ouvert la possibilité de réduire le temps de travail de 20 % à 80 % et de compenser par une part inversement proportionnelle de la pension publique. La retraite progressive est possible à partir de deux ans avant l'âge légal de la retraite jusqu'à 70 ans et la pension peut être graduellement augmentée en un maximum de trois phases pendant cette période (une réduction initiale du temps de travail, une plus forte réduction du temps de travail et la cessation totale de l'emploi). La décote habituelle s'applique à la part de pension perçue plus tôt, ou la surcote à la part de pension différée. La France a fixé l'âge minimum de la retraite progressive à 60 ans en 2025. Précédemment possible deux ans avant l'âge minimum de départ à la retraite, l'âge de la retraite progressive serait passé de 60 à 62 ans en raison du relèvement de l'âge minimum de départ à la retraite de 62 à 64 ans décidé en 2023.

Modifications des prestations et des cotisations

Le revenu moyen des personnes de plus de 65 ans représentait 87 % de celui de l'ensemble de la population en moyenne dans les pays de l'OCDE au cours de la dernière année disponible. Les personnes âgées sont les mieux loties en Israël, en Italie, au Luxembourg et au Mexique, où leurs revenus sont à peu près équivalents, voire légèrement supérieurs, à ceux de l'ensemble de la population (chapitre 7). Elles bénéficient également de revenus relatifs élevés en moyenne au Canada, au Costa Rica, en Espagne, aux États-Unis, en France, en Islande, au Portugal et en République slovaque, comparativement aux autres pays. En Corée, en Estonie, en Lettonie et en Lituanie, en revanche, le revenu des personnes âgées était inférieur d'environ un tiers.

Réformes systémiques visant à renforcer la protection des revenus des personnes âgées

Le Chili et le Mexique ont entrepris des réformes systémiques de leurs systèmes de retraite, tout comme la Colombie, bien que la réforme ait été suspendue par la Cour constitutionnelle. Le Chili a renforcé ses pensions par capitalisation à cotisations définies liées à la rémunération antérieure par une forte augmentation du taux de cotisation obligatoire. Il a également ajouté plusieurs composantes redistributives, notamment une pension de base par cotisations et un complément de pension pour les femmes. La Colombie a adopté une réforme qui met fin au choix entre la cotisation au régime public à prestations définies ou à un régime privé par capitalisation à cotisations définies, et qui augmente les prestations ciblées, mais sa mise en œuvre est incertaine après que la Cour constitutionnelle l'a suspendue en attendant un examen approfondi. Le Mexique a quant à lui instauré un complément substantiel au régime par capitalisation à cotisations définies obligatoire, qui modifie la nature même de ses pensions liées à la rémunération antérieure en rompant le lien entre cotisations et prestations pour une grande partie de la population. Le Mexique avait précédemment mis en place une pension de base soumise à condition de résidence en 2019 et le Chili a rendu sa prestation ciblée quasi-universelle en 2022. Ces nouvelles réformes s'inscrivent dans les efforts accrus des pays d'Amérique latine pour lutter contre le taux élevé de pauvreté des personnes âgées, dû notamment à l'ampleur du secteur informel et au manque de protection des personnes âgées les plus vulnérables. Au Costa Rica, le parlement examine une proposition de loi qui instaurerait une pension de base soumise à condition de résidence d'ici mars 2027.

Plus particulièrement, le Chili a renforcé ses pensions par capitalisation à cotisations définies et adopté trois nouvelles prestations dans le cadre de la réforme des retraites du début de 2025. Le taux de cotisation patronale passera de 1.5 % à 8.5 % d'ici à 2034. Du taux de cotisation de 8.5 %, 4.5 points de pourcentage alimenteront les comptes individuels par capitalisation à cotisations définies, ce qui fera augmenter les pensions futures et donnera lieu à une forte augmentation des droits au titre du régime par capitalisation à cotisations définies. Un points de pourcentage (p.p.) et demi finance initialement une nouvelle pension de base contributive et des obligations garanties. Entre 2044 et 2056, cependant, il sera progressivement réaffecté aux comptes par capitalisation à cotisations définies ; la pension de base contributive est censée cesser d'exister et les obligations garanties ne seront plus émises. Le restant de la nouvelle cotisation patronale, soit 2.5 points de pourcentage, est destiné à l'assurance invalidité, à l'assurance survivant et à compenser la portion de la rente des femmes (régime par capitalisation à cotisations définies) inférieure du fait de leur plus longue espérance de vie étant donné l'utilisation des tables de mortalité par sexe. Plus précisément, la prestation compensatrice de la plus longue espérance de vie des femmes, versée à compter de septembre 2025, complète les rentes des femmes afin qu'elles perçoivent la même pension que les hommes du même âge avec le même montant d'épargne (régime par capitalisation à cotisations définies), à condition qu'elles prennent leur retraite à 65 ans[22].

La nouvelle pension de base contributive et les obligations garanties seront financées par des subventions d'État en sus des contributions de 1.5 p.p. La pension de base contributive commencera à être servie aux pensionnés actuels et futurs à partir de 2026. L'âge minimum est de 65 ans pour les hommes et les femmes, mais les hommes doivent avoir au moins 20 années de cotisations tandis que ce nombre est réduit à 10 années seulement pour les femmes initialement, puis à 15 années pour les nouvelles pensionnées à partir de 2036, le montant annuel étant le même que pour les hommes. Le taux plein, atteint après 25 années de cotisations, est égal à 2.5 UF[23] ou 8 % du salaire brut moyen. Les obligations garanties sont remises pour les cotisations acquittées entre mars 2025 et 2055 ; elles concernent donc principalement les futurs pensionnés. Le taux d'intérêt sur leurs cotisations est lié à celui des obligations d'État. Les personnes qui atteignent l'âge légal de la retraite au titre du régime par capitalisation à cotisations définies (65 ans pour les hommes, 60 ans pour les femmes) peuvent choisir d'utiliser ces obligations pour augmenter leur rente viagère ou d'effectuer un retrait programmé de leur pension par capitalisation à cotisations définies, ou encore de simplement les convertir en 240 versements mensuels. Les obligations garanties pourront être servies au plus tôt en septembre 2026.

Le Chili a également augmenté la pension universelle garantie de 11.6 % en sus de l'indexation régulière sur les prix. Cette augmentation est destinée en un premier temps aux personnes âgées de 82 ans et plus qui perçoivent à hauteur de 250 000 CLP, soit l'équivalent d'environ 21 % du salaire brut moyen ou 95 % de la pension de vieillesse moyenne au titre du régime par capitalisation à cotisations définies, à compter de septembre 2025. Elle sera appliquée aux personnes âgées de 75 ans et plus en un deuxième temps, puis à l'ensemble des pensionnés par la suite. La prestation est calculée à 56 % de la pension perçue au titre du régime par capitalisation à cotisations définies au lieu de 50 % précédemment[24]. D'après le modèle de retraite de l'OCDE, l'augmentation de la prestation ciblée produira une pension totale plus élevée de 3.2 % pour une personne rémunérée au salaire moyen et de 5.2 % pour un bas salaire, à condition d'avoir effectué une carrière complète depuis l'âge de 22 ans, en 2024 (chapitre 4).

Le Chili a par ailleurs modifié certaines règles concernant la gouvernance des fonds de pension par capitalisation à cotisations définies afin de réduire les frais de gestion et d'accroître les choix de placement. Tous les deux ans à partir de 2027, 10 % des comptes individuels seront vendus aux enchères à l'administrateur qui proposera les frais de gestion les plus bas. Les personnes auront la possibilité de se retirer de la procédure et pourront changer d'administrateur à leur gré. Il existe actuellement cinq options de placement seulement, chacune avec un niveau de risque différent, mais le Chili passera en 2027 à un système d'au moins dix fonds à date cible avec politiques de placement par cohorte, et le degré de risque des fonds diminuera à mesure que l'âge de la retraite approchera.

La Colombie a adopté une réforme supprimant le choix entre un régime public à prestations définies ou un régime privé par capitalisation à cotisations définies pour l'acquisition d'une pension liée à la rémunération antérieure, mais sa mise en œuvre est incertaine après que la Cour constitutionnelle a suspendu la réforme en juin 2025, en attendant un examen approfondi. Suite à la réforme, les cotisations de retraite applicables à une rémunération à hauteur du seuil de 2.3 fois le salaire mensuel minimum légal (2 990 000 COP en 2024) serviraient à financer la composante publique à prestations définies ; les cotisations versées sur le revenu d'activité au-dessus de ce seuil alimenteraient les comptes individuels par capitalisation à cotisations définies[25], à hauteur d'un plafond fixé à 25 fois le salaire minimum. L'élimination de la concurrence entre les régimes privés et publics est bienvenue, car elle résout le problème des inégalités de pension pour des travailleurs à antécédents professionnels égaux tout en réduisant la complexité administrative afférente. D'autre part, alors qu'il faut avoir acquis 25 années de cotisations (1 300 semaines) pour avoir droit à la pension à prestations définies, ce chiffre serait réduit à environ 19 années (1 000 semaines). Une pension à taux plein nécessiterait encore 25 années.

La Colombie augmenterait sensiblement le niveau des prestations ciblées, bien qu'elles resteraient faible par rapport à d'autres pays de l'OCDE. La prestation ciblée triplerait presque pour atteindre le seuil de l'extrême pauvreté, actuellement à 223 000 COP, bien que, à 9 % du salaire brut moyen, elle resterait l'une des prestations ciblées pour les personnes âgées les plus basses au sein de l'OCDE (chapitre 3). De surcroît, les cotisations acquittées ne seraient plus perdues si les personnes ne remplissent pas les critères ouvrant droit à une pension liée à la rémunération antérieure après la réforme. Par exemple, les personnes qui ont acquitté moins de 300 semaines de cotisations recevraient le montant de leurs cotisations majoré d'un taux d'intérêt annuel de 3 % sous forme de capital au moment du départ à la retraite. Celles qui ont acquitté plus de 300 semaines, mais moins que les 1 000 requises pour ouvrir droit à la pension du régime public à prestations définies perceveraient une rente calculée en fonction des cotisations acquittées majorée d'un complément financé par l'impôt[26]. Pour financer l'augmentation de la pension ciblée, une cotisation supplémentaire à la caisse de solidarité retraite serait prélevée sur les salaires et sur les pensions plus élevés[27].

La réforme en Colombie introduit plusieurs modifications liées au genre. Le complément de la rente versée aux personnes n'ayant pas droit à la pension à taux plein, financé par l'impôt, serait plus élevé pour les femmes que pour les hommes : les femmes perceveraient un complément égal à 30 % de leur rente, tandis que le complément des hommes serait de 20 %. Les cotisations exigées des femmes pour ouvrir droit à une pension contributive à taux plein seraient progressivement réduites, de 1 300 semaines en 2025 à 1 000 semaines. Cette réduction a été prévue dans la réforme en réaction à une décision du Tribunal constitutionnel en 2023, selon laquelle l'imposition de conditions de cotisations égales pour ouvrir droit à une pension à taux plein à un âge légal de la retraite inférieur de cinq ans pour les femmes à celui des hommes constitue une discrimination anticonstitutionnelle fondée sur le sexe étant donné que les femmes devraient atteindre le même montant de cotisations en moins de temps.

Le Mexique a quant à lui mis en place un complément de retraite substantiel lié à la rémunération antérieure dans le régime obligatoire par capitalisation à cotisations définies, modifiant ainsi la nature même de son système de pensions liées à la rémunération antérieure. Ce complément garantit aux bénéficiaires d'une pension de vieillesse l'intégralité de leur dernier salaire mensuel, à hauteur maximale du salaire mensuel moyen des cotisants à la sécurité sociale au moment de l'entrée en vigueur du complément. Ce plafond est ajusté en fonction de la hausse des prix, de telle sorte que le complément diminuera progressivement en termes relatifs, en un premier temps pour les salaires moyens et hauts, puis également pour les salaires inférieurs à la moyenne. La nouvelle prestation a été créée en raison du faible niveau actuel des pensions étant donné que le système de retraite n'est pas encore arrivé à maturité – le régime par capitalisation à cotisations définies datant de 1997 seulement, les générations retraitées ou proches de la retraite n'ont pas acquis toutes les cotisations requises – et que, outre l'ampleur du secteur informel, le taux de cotisation est bas. Cette nouvelle garantie s'applique depuis juillet 2024 à toute personne âgée de 65 ans ou plus bénéficiaire d'une pension par capitalisation à cotisations définies, qui nécessite une période de cotisation de 825 semaines en 2024, laquelle sera portée à 1 000 semaines d'ici à 2031. Par conséquent, même les travailleurs n'ayant cotisé que pendant une courte période toucheront une pension très élevée. Le régime est financé par diverses ressources, dont plusieurs sont des transferts ponctuels. On ignore donc comment les mesures de financement prévues pour ce complément permettront de tenir les promesses à long terme. Le dispositif serait partiellement financé par des fonds dormants, c'est-à-dire des fonds non réclamés dont les propriétaires ne peuvent pas être contactés. Des fonds peuvent ainsi être levés temporairement, mais sans grandes chances de fournir une source de financement durable[28]. D'autre part, pour régler la question des fonds dormants, le gouvernement et l'organisme chargé des pensions devraient tout d'abord chercher à en identifier les propriétaires et à transférer les fonds vers leurs comptes principaux. Dans la mesure où les pensions de base soumises à condition de résidence sont versées en complément, les taux de remplacement des personnes faiblement rémunérées sont nettement supérieurs à 100 % (voir plus bas). En réalité, le dispositif ne tient pas compte du bon fonctionnement du régime par capitalisation à cotisations définies et crée un droit à la pension à prestations définies partiellement capitalisée à 100 % du salaire le plus récent.

Améliorer la protection de la retraite des bas salaires

Les personnes âgées sont plus susceptibles de basculer sous le seuil de pauvreté monétaire relative que la population totale. Dans l'ensemble des pays de l'OCDE, 13.0 % des 66-75 ans et 17.5 % des 76 ans et plus vivent en situation de pauvreté monétaire relative (revenu inférieur à 50 % du revenu disponible équivalent médian), contre 11.4 % de la population totale (Graphique 1.13). Le taux de pauvreté monétaire est de moins de 5 % pour les 66-75 ans au Danemark, en Finlande, en Islande, en Norvège et aux Pays-Bas, et en Islande uniquement pour les 76 ans et plus. Dans les États baltes, en Corée et en Nouvelle-Zélande, le taux de pauvreté dépasse 25 % chez les 66-74 ans et même 40 % (sauf en Lituanie) chez les 76 ans et plus. L'Australie, le Costa Rica et les États-Unis enregistrent également des niveaux importants de pauvreté relative des personnes âgées. Le taux de pauvreté des 65 ans et plus en Nouvelle-Zélande a doublé depuis l'édition 2023 de *Panorama des pensions.* Ce constat s'explique par le fait que la pension soumise à condition de résidence, le seul régime de retraite obligatoire du pays, se situe juste en deçà du seuil de pauvreté relative.

Graphique 1.13. Les personnes âgées sont plus susceptibles de vivre en situation de pauvreté monétaire relative

Pourcentage de personnes dont le revenu est inférieur à 50 % du revenu disponible équivalent médian des ménages

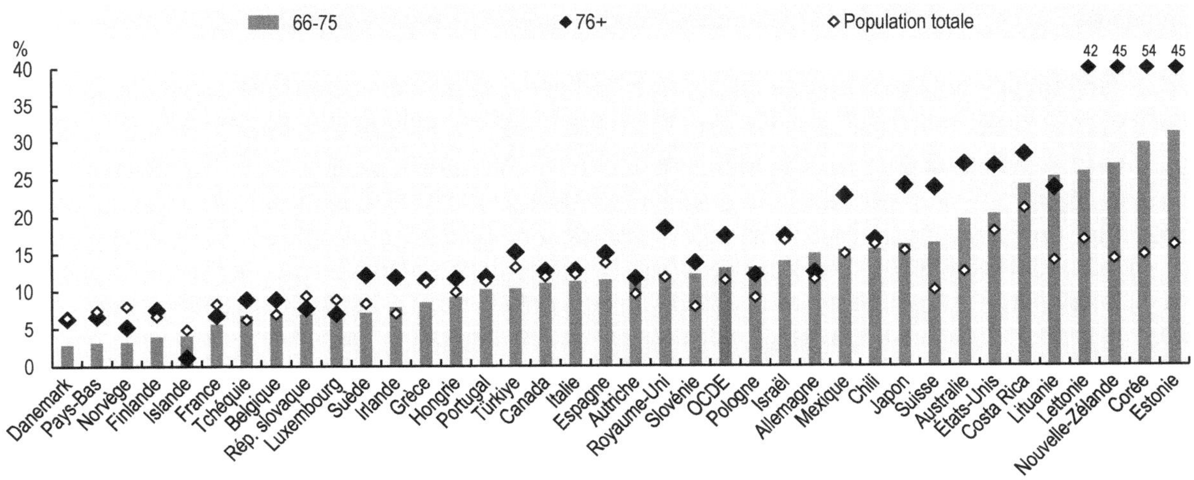

Note : Les données les plus récentes portent sur 2022, sauf pour les pays suivants: Canada, Costa Rica, États-Unis, Finlande, Lettonie, Pays-Bas, Royaume-Uni et Suède (2023), Allemagne et Japon (2021), Australie (2020) et Islande (2017). On ne dispose pas de données pour la Colombie.
Source : Voir le tableau 7.2 au chapitre 7, https://stat.link/j8ukzm.

L'Australie, le Chili, l'Islande et la Norvège, ont augmenté leurs prestations ciblées. De plus, le Mexique a quant à lui adopté un nouveau type de pension de base soumise à condition de résidence, destiné spécifiquement aux femmes avant l'âge légal de la retraite. Les pensions du premier pilier jouent un rôle essentiel dans la protection des personnes âgées contre la pauvreté. En particulier, les pensions non contributives du premier pilier (prestations ciblées et pensions de base soumises à condition de résidence) sont un outil fondamental pour lutter contre la pauvreté des personnes âgées. Les pensions contributives du premier pilier (pensions de base contributives et pensions minimales) sont également redistributives étant donné que l'ouverture du droit à pension est conditionnée au paiement de cotisations, mais pas au montant de cotisations payées. Le Chili a mis en place une pension contributive de base et la

République slovaque a rehaussé le niveau des pensions minimales contributives. À l'inverse, la Belgique et la Finlande ont restreint l'ouverture du droit à certaines prestations du premier pilier pour des raisons budgétaires.

Plus précisément, la réforme structurelle adoptée au Chili et décrite ci-dessus comprend une augmentation du niveau des prestations ciblées de 11.6 % en sus de l'indexation régulière sur les prix. En Australie, l'allocation de logement pour la location sur le marché privé, destinée aux bénéficiaires de la pension de vieillesse, a augmenté de 15 % en septembre 2023 et de 10 % en septembre 2024. L'Islande a porté de 2.5 % à 3.7 % du salaire brut moyen le seuil au-dessus duquel la pension ciblée et le supplément pour retraités célibataires sont calculés sur la pension liée à la rémunération antérieure. En Norvège, les prestations ciblées destinées aux célibataires nés avant 1954 qui perçoivent les prestations de pension de vieillesse ont été augmentées de 2.3 % en sus de l'indexation en 2025[29]. Les autorités finlandaises, à l'inverse, ont gelé l'allocation de logement destinée aux retraités à son niveau de 2023 pour la période 2024-2027 et durci les conditions de ressources à satisfaire pour en bénéficier[30]. Le seuil de patrimoine à partir duquel cette prestation diminue a été revu à la baisse et son taux de dégressivité a été porté de 8 % à 15 %[31].

Le Mexique a adopté un nouveau type de pension de base soumise à condition de résidence, destiné spécifiquement aux femmes et ouvert avant l'âge légal de la retraite (65 ans). La prestation de 3 000 MXN, versée tous les deux mois, est l'équivalent annuel de 9 % du salaire annuel brut moyen ou environ la moitié de la pension de base soumise à condition de résidence versée à toutes les personnes de 65 ans et plus. Initialement versée aux femmes âgées de 63 et 64 ans, elle est étendue en 2025 à toutes les femmes âgées de 60 à 64 ans. Les femmes issues des communautés autochtones ou afro-mexicaines âgées de 60 à 64 ans y ont droit dès son entrée en vigueur. Elle n'est plus perçue à partir de 65 ans, âge auquel les femmes ont droit à la même pension de base que les hommes. Cette prestation est censée reconnaître le travail non rémunéré des femmes et renforcer leur autonomie économique.

Les autorités slovaques ont revu à la hausse la prestation de retraite minimale, liée au minimum vital : la prestation après 30 années de cotisations est passée de 136 % à 145 % du minimum vital et, pour chaque année supplémentaire de cotisations, le taux augmente encore de 2.5 au lieu de 2.0 points de pourcentage du minimum vital jusqu'à 39 années de cotisations[32]. Pour une personne partant à la retraite à l'âge normal actuel, la prestation est portée de 28 % à 30 % du salaire brut moyen. La Belgique a ajouté une condition d'admissibilité à la pension minimale : outre les 30 années travaillées ou validées requises, 5 000 jours (environ 16 années) d'emploi effectif[33] sont désormais exigés. Il est probable que cette condition d'admissibilité supplémentaire retentira plus particulièrement sur les femmes. En effet, chez les personnes âgées de 65 ans en 2019, les périodes validées constituent en moyenne 39 % de la carrière des femmes et 30 % de celle des hommes ; la période totale moyenne d'emploi effectif en équivalent temps plein était de 14.6 années pour les femmes et de 19.4 années pour les hommes (Schols et al., 2022[29])[34].

Améliorer la viabilité financière

Pour améliorer la viabilité financière des régimes de retraite publics, les pays ont principalement revu les taux de cotisation à la hausse. Dans les pays où les prestations du régime de retraite public sont relativement peu élevées, la hausse du taux de cotisation peut éviter que les pensions soient encore réduites à l'avenir pour faire face aux pressions financières. Avec des taux de remplacement bruts plus proches de la moyenne de l'OCDE avant la réforme (OCDE, 2023[30]), la Tchéquie a amélioré les finances de la retraite en réduisant les pensions futures. Le Japon a relevé le plafond de cotisation, mesure qui atténuera la pression financière à court terme, mais qui sera neutralisée par une augmentation correspondante de la rémunération ouvrant droit à pension à long terme. Enfin, la Slovénie a adopté une réforme globale des retraites qui modifie plusieurs paramètres, dont les âges de départ à la retraite (voir ci-dessus) en septembre 2025, et qui devrait améliorer à la fois la viabilité financière et l'équité du système.

Les autorités irlandaises ont décidé de revoir à la hausse le taux de cotisation pour la retraite contributive de base : le taux appliqué aux salariés et aux travailleurs indépendants passera de 4.1 % à 4.7 % entre 2025 et 2028, et celui appliqué aux employeurs, de 11.15 % à 11.75 % sur la même période. Cette mesure est censée permettre à l'Irlande de maintenir l'âge légal de la retraite à 66 ans dans les années à venir au vu de l'annulation d'une proposition du gouvernement précédent de relever l'âge de la retraite à 68 ans d'ici à 2039. Les autorités coréennes ont décidé de porter le taux de cotisation global actuel de 9 %, réparti entre les employeurs et les salariés, à 13 % en 2033, à raison de 0.5 p.p. par an. Cette réforme est prévue comme un premier pas vers une plus grande viabilité financière du système de retraite et d'autres réformes devraient suivre.

La Tchéquie a décidé de revoir le salaire de référence et le taux d'acquisition à la baisse pour la période 2026-2035. Actuellement, le calcul de la retraite repose sur l'intégralité du salaire, dans la limite d'un seuil de 42 % du salaire brut moyen, au-delà duquel une partie seulement du salaire est prize en compte. À compter de 2026, à raison d'1 p.p. par an, 90 % seulement du salaire en deçà de ce seuil seront pris en compte (à partir de 2036). Sur la même période, le taux d'acquisition baissera et passera de 1.5 % à 1.45 % par an, à raison de 0.005 p.p. par an.

Le Japon relèvera progressivement le plafond de cotisation sur les salaires entre 2027 et 2029. De 650 000 JPY en 2027 (144 % du salaire brut moyen en 2024) il descendra graduellement à 750 000 JPY en 2029. Cette mesure augmente à la fois les cotisations et les droits à la retraite liée à la rémunération antérieure (la rémunération ouvrant droit à pension). À court terme, elle augmente les ressources pour le système de retraite, tandis que la hausse des dépenses due à l'augmentation des droits à la retraite sera progressive. Face à la hausse rapide des dépenses de retraite, une telle mesure peut aider à soulager la pression financière causée par la vieillissement démographique à court terme, mais pas dans la durée.

La réforme globale engagée en Slovénie se traduira par une hausse des taux de remplacement au moment de la retraite, mais aussi par une plus faible indexation des pensions servies. Les pensions initiales sont revalorisées en relevant les taux d'acquisition, d'un côté et, de l'autre, en réduisant le salaire de référence pris en compte dans le calcul de la retraite. De 2028 à 2035, les taux d'acquisitions sont portés de 29.5 % pour les 15 premières années de carrière et de 1.36 % pour chaque année supplémentaire, à 30 % et 1.6 % respectivement. Par conséquent, le taux d'acquisition total pour une carrière de 40 années passe de 63.5 % à 70.0 %. Parallèlement, la période prize en compte pour déterminer le salaire de référence est allongée, aux 35 meilleures années de la carrière au lieu de 24, ce qui se rapproche de la rémunération sur l'ensemble de la carrière[35]. Cet allongement améliore l'équité du système de retraite du fait que les pensions calculées en fonction du salaire pendant une partie seulement de la carrière sont plus avantageuses pour les personnes dont le salaire a rapidement augmenté tout au long de leur carrière que pour celles dont le salaire est resté stable. Les personnes à faibles revenus ayant des carrières irrégulières ne seront probablement pas sensiblement affectées par ce changement, car les périodes sans emploi sont exclues du calcul du salaire de référence, et le salaire de référence minimum est fixé à 76.5 % du salaire moyen. La Colombie, le Costa Rica, l'Espagne et la France sont dorénavant les seuls pays de l'OCDE à calculer le salaire de référence pour le régime de retraite à prestations définies à partir de moins de 35 années de carrière. L'indexation des pensions servies a également été revue, ce qui ralentirait l'augmentation des pensions au fil du temps. Les pensions servies sont actuellement revalorisées à 60 % de la croissance des salaires et 40 % de la hausse des prix. À partir de 2026, ces pourcentages sont progressivement revus chaque année jusqu'à ce que les pensions soient indexées à 20 % de la croissance des salaires et 80 % de la hausse des prix d'ici à 2045. L'effet conjugué de ces réformes devrait réduire le total des droits à pension[36].

Aux États-Unis, la date d'épuisement du fonds affecté à l'assurance vieillesse et survivants (OASI, *Old-Age and Survivors Insurance*) a avancé de trois trimestres, au premier trimestre de 2033 (Board of Trustees of the Federal Old-Age and Survivors Insurance and Federal Disability Insurance Trust Funds, 2025[31]). Trois facteurs ont contribué à cet avancement. Premièrement, l'abrogation par une réforme de 2025 de deux dispositions qui avaient réduit les prestations de certains pensionnés dont les emplois n'étaient pas couverts par la sécurité sociale. Elle a pour effet d'augmenter les prestations de personnes touchant une pension de certains systèmes de retraite publics, locaux ou fédéraux, et par des personnes touchant une pension pour un travail en dehors des États-Unis. Deuxièmement, la période actuelle de faible fécondité est désormais censée durer 10 années de plus que précédemment anticipé. Enfin, la part du travail en pourcentage du PIB est maintenant censée se stabiliser à un niveau plus bas que prévu, ce qui se traduit par la réduction des cotisations de retraite en part du PIB. En Espagne, l'écart entre les dépenses de retraite et les cotisations de sécurité sociale se creusera dans les décennies à venir sans autres réformes, et ce malgré le niveau élevé des cotisations. Selon les projections de l'Autorité indépendante de responsabilité budgétaire (AIReF; *Autoridad Independiente de Responsabilidad Fiscal*) (2025[32]), les règles actuelles étant appliquées, les dépenses de retraite augmenteront de 3.2 points de pourcentage du PIB entre 2023 et 2050, pour atteindre 16.1 % du PIB en 2050. Cette évolution se traduira par un déficit de financement et un stock croissant d'engagements implicites, qui ne sont pas provisionnés (OCDE, 2025[33]). Compte tenu de l'écart grandissant entre les dépenses de retraite et les cotisations de sécurité sociale dans les projections de l'AIReF, le FMI insiste sur de nouvelles réformes des retraites (Fonds monétaire international European Dept., 2025[34]).

Autres évolutions des prestations liées à la rémunération antérieure et de la fiscalité

Les revenus des retraités peuvent être revalorisés en révisant les taux de remplacement, l'indexation des pensions servies, les taux de cotisation dans les régimes à cotisations définies ou les taux d'imposition. Outre les révisions des retraites en Tchéquie (voir plus haut), la Corée, la Nouvelle-Zélande, la République slovaque, la Slovénie et la Suisse ont augmenté dans une certaine mesure les prestations des retraites liées à la rémunération antérieure. La Lettonie a par ailleurs doublé le revenu des retraités exonéré d'impôt, ce qui s'est traduit par l'exemption de l'impôt d'une grande majorité de pensionnés.

La Corée, la Nouvelle-Zélande, la République slovaque et la Suisse ont augmenté les retraites liées à la rémunération antérieure. La Corée a inversé la baisse programmée du taux de remplacement cible d'un salaire moyen avec 40 années de carrière : il est désormais fixé à 43 % à partir de 2026, contre 41.5 % en 2025, alors qu'il devait diminuer progressivement pour atteindre 40 % en 2028. Cette mesure est financée en partie par l'augmentation du taux de cotisation (voir plus haut). Les autorités néo-zélandaises ont décidé d'augmenter le taux de cotisation des salariés et des employeurs au régime par capitalisation à cotisations définies à affiliation automatique, qui passera de 3.0 % à 3.5 % en 2026 et à 4.0 % en 2028. La contribution de l'État est réduite de moitié, passant de 50 % à 25 %, et supprimée pour les hauts salaires[37]. La République slovaque et la Suisse ont instauré un 13e mois de pension. En République slovaque, il s'agit d'une prestation forfaitaire égale à la pension mensuelle moyenne de l'année précédente assortie d'un plancher de 300 EUR[38]. Pour avoir droit au 13e mois à taux plein, les retraités doivent avoir acquitté au moins 10 années de cotisations ; le taux est ajusté au prorata pour les plus courtes périodes de cotisation. Le taux de cotisation au régime public slovaque de retraite par points a été augmenté de 1.5 p.p. et les cotisations au régime par capitalisation à cotisations définies à affiliation automatique ont été réduites, passant de 5.5 % à 4.0 %[39]. L'augmentation prévue du taux de cotisation au régime à affiliation automatique, à 6 % d'ici à 2027, a été annulée. La Suisse a instauré un 13e mois de pension dans le régime public de retraite liée à la rémunération antérieure à la suite d'un référendum. Ce 13e mois pourrait être financé par une augmentation de la TVA. Le Portugal a pour sa part décidé d'indexer les pensions servies à partir de la première année après le départ à la retraite, au lieu de la deuxième année[40].

La Lettonie a modifié le nombre de paramètres dans son système de retraite et notamment revu le taux d'imposition des prestations de retraite à la baisse. À compter de 2025, elle a doublé le revenu exonéré d'impôt des bénéficiaires de diverses pensions, notamment des pensions de vieillesse, d'invalidité et de réversion, le portant de 500 à 1 000 EUR par mois. En conséquence, les pensions sont exonérées d'impôt à hauteur de 58 % du salaire brut moyen. En 2024, environ 40 % des pensions de vieillesse étaient inférieures à 500 EUR et environ 90 % inférieures à 1 000 EUR (Bureau central des statistiques de Lettonie, 2025[35]). Les autorités lettonnes ont rétabli le supplément de pension pour les années travaillées avant 1996, lequel avait été aboli pour les nouveaux retraités en 2012. Il s'agit d'une somme mensuelle forfaitaire égale à 1.62 EUR par année travaillée avant 1996 en 2025, ou 1 % du salaire brut moyen pour 10 années travaillées[41]. D'autre part, les cotisations ont été temporairement rééquilibrées entre le régime notionnel à cotisations définies et le régime par capitalisation à cotisations définies. Depuis 2016, une cotisation de 14 % finançait le premier et 6 % étaient dirigés vers le second (OCDE, 2018[36]) ; ces pourcentages passeront à 15 % et 5 % respectivement entre 2025 et 2028.

Taux de remplacement futurs

Selon les mesures déjà votées, en 2024, un salarié moyen devrait toucher une pension nette au titre des régimes obligatoires équivalente à 63 % de sa rémunération nette après une carrière complète depuis l'âge de 22 ans, en moyenne dans les pays de l'OCDE. Les taux de remplacement nets futurs seront inférieurs à 40 % en Corée, en Estonie, en Irlande et en Lituanie (Graphique 1.14). Ils seront à l'inverse supérieurs à 85 % en Autriche, en Espagne, en Grèce, au Luxembourg et au Portugal, et plus de 95 % aux Pays-Bas et en Türkiye.

Le taux de remplacement net futur des travailleurs faiblement rémunérés (50 % du salaire moyen) ayant mené une carrière complète s'établit en moyenne à 76 % dans les pays de l'OCDE, ou à 12 points de pourcentage de plus pour les salaires moyens. Les taux de remplacement sont généralement plus élevés pour les bas salaires en raison des éléments redistributifs intégrés dans les systèmes de retraite. En Lituanie et en Pologne, le taux de remplacement net pour les bas salaires est très faible, aux alentours de 40 %. Il dépasse en revanche 100 % au Danemark, au Mexique et en Slovénie, ce qui se traduit par un revenu net plus élevé au passage de la vie active à la retraite ; le taux de remplacement est proche de 100 % en Grèce, au Luxembourg et aux Pays-Bas.

Les mesures adoptées au cours des deux dernières années et décrites plus haut ont la plus forte incidence positive sur les taux de remplacement nets futurs au Mexique ainsi qu'en Chine et en République slovaque. Les taux de remplacement futurs au Mexique pour les salaires moyens et bas, auparavant proches de la moyenne de l'OCDE, ont augmenté de 18 et 47 points de pourcentage respectivement. Cette hausse est la conséquence de la création du supplément public au régime obligatoire par capitalisation à cotisations définies dont il est question plus haut. Au Chili, l'augmentation des cotisations patronales qui alimentent les comptes individuels par capitalisation à cotisations définies ainsi que les obligations garanties élèvent de 17 points de pourcentage le taux de remplacement net pour les hommes rémunérés au salaire moyen, le portant à 6 1 %. Le taux de remplacement pour les femmes, à rémunération égale, augmente de 19 points de pourcentage en raison de la mise en œuvre de la prestation compensatrice de l'effet négatif de leur plus longue espérance de vie sur la rente du régime par capitalisation à cotisations définies, portant ainsi leur pension au même niveau que celle des hommes dans ce cas. L'instauration du 13e mois de pension en République slovaque relève le taux de remplacement net de 6 points de pourcentage pour un salaire moyen et de 7 points pour un bas salaire, le portant à 79 % et 86 % respectivement. La réforme slovène augmente de 6 et de 8 points de pourcentage respectivement les taux de remplacement d'un salaire moyen et d'un bas salaire, lesquels passent à 71 %, et 100 %. Ces chiffres reposent sur des cas dans lesquels les travailleurs perçoivent le même salaire relatif tout au long de leur carrière, sachant cependant que bon nombre de personnes voient leur profil salarial progresser tout au long de leur carrière. Par conséquent, pour un grand nombre d'individus, l'augmentation des droits à pension sera moindre étant donné que le taux d'acquisition plus élevé compensera dans une certaine mesure l'allongement de la période de référence, en sus de la baisse de l'indexation pour tous.

Les réformes ont engendré une évolution plus mesurée du taux de remplacement en Corée, en Lettonie et en Suisse. En Corée, l'augmentation du taux de remplacement cible du régime de retraite se traduit par une augmentation du taux de remplacement net de 3 points de pourcentage pour un salaire moyen et de

4.5 points de pourcentage pour un bas salaire. En Lettonie, les effets du redéploiement temporaire des cotisations, du régime par capitalisation à cotisations définies vers le régime notionnel à cotisations définies, et ceux de la réforme de la fiscalité des retraites se neutralisent pour le salaire moyen. La création d'un 13e mois de pension dans le régime public de retraite liée à la rémunération antérieure en Suisse a élevé les taux de remplacement de 2 et 3 points de pourcentage pour les moyens et bas salaires, respectivement. Compte tenu des hypothèses relatives à la durée de carrière et à l'appartenance au régime qui sous-tendent le scénario de base, la réforme structurelle des retraites en Colombie n'a aucun effet sur les taux de remplacement ici : avant comme après la réforme, moyens et bas salaires, à l'issue d'une carrière complète, touchent une pension à taux plein au titre du régime à prestations définies, dont les règles restent inchangées.

Graphique 1.14. Taux de remplacement nets pour les moyens et bas salaires

Taux de remplacement net futur des régimes obligatoires à l'issue d'une carrière complète à partir de l'âge de 22 ans, en 2024

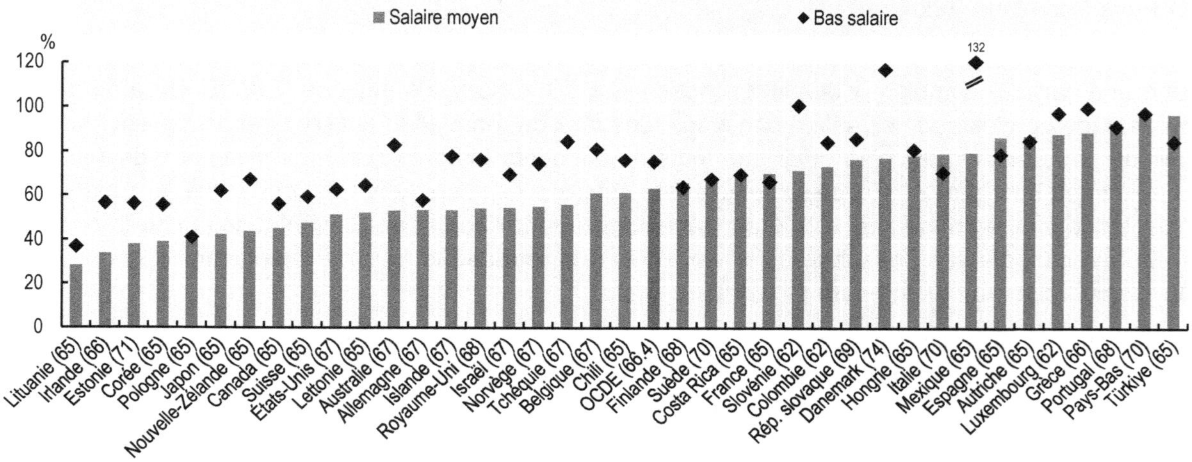

Note : L'âge normal de la retraite est indiqué entre parenthèses. Les bas salaires correspondent à 50 % du salaire moyen. Les bas salaires en Colombie, Nouvelle-Zélande et Slovénie correspondent à 64 %, 63 % et 56 % du revenu d'activité moyen, respectivement, pour prendre en compte du minimum salarial.
Source : Voir le tableau 4.4 au chapitre 4, https://stat.link/iyv4nl.

Évolution des options de retrait des pensions par capitalisation

Les autorités lituaniennes et turques ont ouvert la possibilité d'effectuer des retraits forfaitaires sur les pensions par capitalisation. En Lituanie, un retrait de 25 % du solde du compte de la pension par capitalisation à cotisations définies est autorisé, à un moment quelconque une fois dans la vie. Le solde total du compte peut dorénavant être retiré dans les cinq années précédant l'âge légal de la retraite si le montant ne dépasse pas un certain seuil[42]. En cas de problème de santé grave empêchant d'autres cotisations à l'avenir, l'intégralité du compte peut être retirée sans impôt ni décote, à tout moment. En Türkiye, des retraits sont désormais possibles en cas de mariage, d'achat d'un logement, de catastrophe naturelle ou d'études universitaires. Chaque motif de retrait ne peut être évoqué qu'une seule fois et le montant ne peut jamais dépasser la moitié du solde du compte[43]. Ces options vont à l'encontre de la Recommandation de l'OCDE en la matière, à savoir que l'accès anticipé à l'épargne-retraite doit être une mesure de dernier recours et dépendre des difficultés individuelles rencontrées (OCDE, 2022[37]). En 2021, les Pays-Bas ont adopté une loi prévoyant la possibilité de retirer jusqu'à 10 % de la pension sous forme de capital au moment du départ à la retraite. Elle devait initialement prendre effet en 2022, mais le texte a été révisé et son entrée en vigueur reportée. Une communication ministérielle fixe sa plus proche date de mise en œuvre en juillet 2026.

Autres légères modifications des cotisations

La Pologne et la Türkiye ont pris des mesures de petite envergure qui modifient les subventions aux cotisations des entreprises. Dans le cas de la Pologne, il s'agit de la mise en place de fait d'une réduction de 8.5 % des cotisations sociales (qui comprennent les cotisations aux régimes de retraite) pour tous les propriétaires de petites entreprises : ces cotisations sont entièrement couvertes par l'État pour un mois par an afin de réduire le coût de la gestion d'une entreprise. Pendant ce « congé de cotisations », les propriétaires d'entreprises qui emploient moins de 10 personnes ne paient pas de cotisations sociales pour eux-mêmes, ce qui est sans effet sur leurs droits à sécurité sociale. Dans le cas de la Türkiye, la subvention aux cotisations sociales patronales a été revue à la baisse, passant de 5 à 4 points de pourcentage, à l'exception de l'industrie manufacturière pour laquelle les 5 points de pourcentage sont maintenus.

Réformes de la couverture

Modifications de la couverture

L'Irlande va adopter l'affiliation automatique à son régime de retraite professionnel, tandis que la Lituanie a décidé d'abolir sa politique d'affiliation automatique. Après plusieurs atermoiements, l'Irlande a voté l'affiliation automatique en 2024 et devrait commencer à affilier automatiquement aux régimes de retraite par capitalisation à cotisations définies professionnels les nouveaux salariés et les salariés actuels âgés de 23 à 60 ans, à compter de janvier 2026. Les salariés seront affiliés si leur rémunération brute dépasse 20 000 EUR par an ou 30 % du salaire moyen, sauf s'ils sont déjà affiliés à un régime de retraite professionnel. Les cotisations sont versées sur la part de la rémunération inférieure à 80 000 EUR par an. Ceux qui sont automatiquement affiliés peuvent se retirer du régime ou suspendre leurs cotisations après six mois de participation obligatoire. L'affiliation est totalement facultative pour les salariés qui ne remplissent pas les conditions d'affiliation automatique. Le taux de cotisation global passera de 3.5 % en 2026 à 14 % d'ici à 2036. Les cotisations patronales sont fixées au même niveau que celles des salariés, et l'État contribue un tiers de ce montant : d'ici à 2036, le salarié et l'employeur contribueront chacun 6 % et l'État 2 %. Il n'est pas possible de cotiser plus que le taux fixé. La Lituanie a en revanche décidé d'abolir l'affiliation automatique à son régime de retraite par capitalisation à cotisations définies et de revenir à la couverture entièrement facultative. Il sera possible de retirer les cotisations et le rendement de ces cotisations, exemptés de l'impôt sur le revenu des personnes physiques, en 2026-2027. La part du compte individuel subventionnée alimenterait le fonds de l'assurance sociale et serait convertie en points de retraite supplémentaires dans le régime de retraite à points.

La Corée, le Japon, le Mexique et la Suisse ont pris des mesures pour étendre la couverture des régimes de retraite en place à de nouvelles catégories professionnelles. Le Japon a augmenté la couverture des personnes travaillant à temps partiel ainsi que des travailleurs de secteurs particuliers. Précédemment, certaines conditions devaient être remplies pour pouvoir acquérir une pension : travailler au moins 20 heures par semaine, percevoir un salaire correspondant à environ 20 % du salaire brut moyen, et travailler dans une entreprise comptant plus de 50 salariés. Les 20 heures travaillées sont maintenues, mais la limite de rémunération est abolie d'ici à 2028 et, entre 2027 et 2035, le critère de la taille d'entreprise sera progressivement supprimé. D'autre part, bien que la couverture soit obligatoire pour les entreprises comptant au moins cinq salariés à temps complet, des exceptions sont prévues pour les entreprises des secteurs de l'agriculture, de la sylviculture, de la pêche, des bars, restaurants et hôtels. Ces exemptions sont éliminées à compter de 2029, mais seulement pour les nouvelles entreprises entrant dans ces secteurs. La Corée a étendu les subventions au titre de son régime de retraite facultatif aux personnes faiblement rémunérées qui ne sont pas obligatoirement couvertes par l'assurance retraite (ex. les travailleurs indépendants ou les salariés de petites entreprises)[44]. Le Mexique, qui a étendu la couverture obligatoire aux travailleurs domestiques en 2022, l'a de nouveau étendue aux employés des plateformes numériques à compter de juin 2025. En Suisse, les cotisations versées après l'âge légal de la retraite ouvrent désormais des droits à pension supplémentaires jusqu'à l'âge de 70 ans. En cas de cumul emploi-retraite, la pension peut être recalculée une fois de manière à tenir compte des années travaillées supplémentaires.

Couverture des périodes de responsabilités familiales, du mariage et pension de réversion

Plusieurs pays de l'OCDE ont amélioré la pension de retraite des parents au cours des deux dernières années. L'Australie a mis en place des crédits de retraite liés aux responsabilités parentales, tandis que la Tchéquie et la Corée ont élargi cette offre. En Colombie, la réforme des retraites, actuellement suspendue, prévoit l'introduction de crédits de cotisations de retraite pour enfants. L'Australie a instauré des crédits de responsabilité parentale dans le régime de retraite par capitalisation à cotisations définies pour le congé parental financé par l'État applicable aux enfants nés ou adoptés à compter de juillet 2025. Pour la durée du congé parental (jusqu'à 120 et 130 jours ouvrés pour les enfants nés à compter de juillet 2025 et juillet 2026 respectivement), l'État a maintenant commencé à payer les cotisations d'épargne-retraite. Le montant des cotisations correspond à la retraite garantie (*Superannuation Guarantee*), à 12 % de la prestation de congé parental. L'effet sur le total des droits à pension est cependant limité, car l'augmentation de la pension au titre du régime par capitalisation à cotisations définies est dans une large mesure neutralisée par une réduction de la prestation ciblée. La réforme des retraites en Colombie, actuellement soumise à l'examen de la Cour constitutionnelle, rendrait la composante à prestations définies de son système de retraite nouvellement réformé plus accessible aux mères en leur accordant 50 semaines de cotisations par enfant, dans la limite de trois enfants, pour satisfaire à la condition de durée de carrière requise pour bénéficier de la pension à prestations définies. Cette mesure aurait pour effet d'abaisser le seuil d'ouverture du droit à la pension à prestations définies, de 1 000 à 850 semaines pour une mère de trois enfants.

En Tchéquie, les droits à pension des parents changeront pour les deux premiers enfants à partir de 2027. Un parent reçoit dorénavant un crédit de retraite de trois ans par enfant, qu'il ou elle travaille ou non, tandis que le supplément parental forfaitaire par enfant reste en place pour les enfants suivants. Étant donné que la même période ne peut pas être prize en compte deux fois pour les personnes qui ont deux enfants de moins de 3 ans, un parent rémunéré au salaire moyen acquiert la même pension qu'une personne sans enfant en cas d'interruption de carrière de cinq ans pour s'occuper de deux enfants nés à deux ans d'intervalle[45]. En Corée, les crédits pour responsabilité parentale, à hauteur de 12 mois par enfant, étaient précédemment accordés à partir du deuxième enfant seulement. À compter de 2026, ces crédits seront accordés dès le premier enfant[46].

La Tchéquie a instauré le partage des droits à pension pour les conjoints mariés ou les partenaires enregistrés, à compter de 2027. Pour les périodes pendant lesquelles les deux partenaires sont en emploi, les couples pourront demander que les droits à la retraite de chacun soient calculés en fonction de la rémunération moyenne des deux. Compte tenu des éléments fortement redistributifs de la retraite liée à la rémunération antérieure en Tchéquie, notamment les seuils de rémunération relativement bas à partir desquels la rémunération n'est que partiellement ou pas du tout prize en compte dans le calcul de la retraite, le partage de la retraite par le partage de la rémunération dans le calcul de la pension pourrait permettre aux couples d'accroître la pension totale perçue en tant que couple lorsque la différence de revenus entre les deux est importante. Le partage facultatif de la retraite pourrait également être adopté en Belgique. En effet, dans l'accord de gouvernement de janvier 2025, les autorités belges s'engagent à ouvrir l'option du partage facultatif des pensions et, s'il est voté, le taux de remplacement supérieur pour les individus avec un conjoint à charge n'ayant que peu ou pas de droits à retraite serait limité à quelques cas particuliers.

Le Canada, le Japon, la Pologne et la Slovénie ont apporté des modifications aux pensions de réversion. Le Canada ne verse plus de pension de réversion au survivant d'un couple séparé si le couple avait demandé le partage de leurs droits à la pension de retraite du régime de pensions du Canada. Le Japon a réformé la pension de réversion pour qu'elle soit neutre à l'égard du genre à partir de 2028. Précédemment, les femmes touchaient une pension de réversion au décès de leur mari ou une prestation de transition de cinq ans en cas de veuvage avant l'âge de 30 ans, tandis que les hommes pouvaient bénéficier de la prestation de transition en cas de veuvage uniquement à partir de 55 ans ou d'une pension de réversion permanente à partir de 60 ans. En vertu des nouvelles règles, les hommes comme les femmes ont droit à la prestation de transition de cinq ans au décès du conjoint avant l'âge de 60 ans et à la pension de réversion par la suite. La réforme ne réduira pas les droits à retraite des personnes qui sont déjà bénéficiaires de la pension de réversion, de celles qui sont âgées de plus de 60 ans, des femmes de plus de 40 ans en 2028 et des personnes avec enfants de moins de 18 ans. Le Japon a également mis en place une nouvelle composante de sa pension de réversion : si les revenus du conjoint décédé sont supérieurs à ceux du conjoint survivant, une part du compte de pension liée à la rémunération antérieure du conjoint décédé est ajouté celui du conjoint survivant. Les conditions de ressources applicables au conjoint survivant sont également abolies[47]. La Pologne n'autorisait pas le cumul de la pension de réversion et de la pension de vieillesse, désormais possible dans une certaine mesure. Les veufs et les veuves peuvent dorénavant choisir de toucher leur pension individuelle à taux plein, plus 15 % de la pension de réversion, ou de toucher la pension de réversion à taux plein plus 15 % de leur pension individuelle. À partir de 2027, le montant de la seconde pension passera de 15 % à 25 %. En Slovénie, l'âge d'admissibilité à la pension de réversion sera relevé de deux ans pour égaliser les seuils d'âge du système de pensions (voir plus haut). Entre 2028 et 2035, l'âge d'admissibilité passera de 58 à 60 ans par tranches de trois mois par an. Parallèlement, les pensions de réversion seront portées à 75 % au lieu de 70 % de la retraite du conjoint décédé en 2026, et à 80 % en 2027. La Suisse devrait également réformer sa pension de réversion[48].

Réformes des pensions en cours

L'Autriche et la Norvège prévoient de modifier l'âge de départ à la retraite et les options de retraite anticipée. L'Autriche prévoit de restreindre l'accès au régime de retraite anticipée appelé *Korridorpension*, l'un de quatre régimes de retraite anticipée, ainsi que trois régimes couvrant les assurés de longue durée et les métiers pénibles. Pour le régime *Korridorpension*, l'âge légal de la retraite est fixé à 65 ans (pour les hommes et, à partir de 2033, pour les femmes également), mais l'âge minimum de la retraite serait progressivement relevé, passant de 62 à 63 ans ; le nombre d'années d'assurance requis pour avoir droit à la pension serait de 42 au lieu de 40. Après un accord parlementaire en 2024, la Norvège légifère sur l'ajout de deux tiers des gains de longévité à l'âge de la retraite et prévoit de réduire en même temps la décote effective en cas de retraite anticipée. L'âge de la retraite serait automatiquement ajusté chaque année, par tranches mensuelles. Dans le cadre de l'accord politique, l'effet de la décote en cas de retraite anticipée serait réduit par la mise en place d'un supplément forfaitaire. Cette mesure fournirait un supplément aux personnes qui partent à la retraite entre 62 et 65 ans, ces limites d'âge augmentant parallèlement à l'âge normal de la retraite. Le supplément à taux plein, soit environ 4 % du salaire brut moyen national, serait versé aux personnes qui prennent leur retraite à 62 ans et le montant serait progressivement réduit plus l'âge du départ à la retraite se rapprocherait de l'âge normal. La prestation, appelée « dispositif de solidarité », n'est pas ciblée sur les emplois ou les métiers considérés pénibles ou dangereux. Elle repose plutôt sur l'hypothèse fondamentale que les personnes qui ne travaillent pas plus longtemps lorsque l'âge de la retraite est relevé n'en ont probablement pas la capacité. Les personnes qui choisissent ce régime ne pourront cumuler emploi et retraite que dans une mesure très limitée. La prestation, conçue pour atténuer quelque peu l'effet négatif de la décote de retraite anticipée, en particulier pour les personnes faiblement rémunérées, est estimée trop modeste pour avoir un effet substantiel sur les incitations à la retraite anticipée.

En Belgique, le nouvel accord de gouvernement comporte un large éventail de mesures en rapport avec la retraite qui devraient être votées en 2025. Elles visent principalement à maîtriser la hausse des dépenses de retraite causée par le vieillissement démographique. Parmi elles : le plafonnement des périodes validées pouvant constituer la carrière d'une personne ; la mise en place d'un régime de surcote-décote ainsi qu'une nouvelle option de retraite anticipée à partir de 60 ans avec au moins 42 années travaillées ; l'harmonisation plus poussée du régime de retraite des fonctionnaires et de celui des salariés du secteur privé ; la suppression des options de retraite anticipée pour certaines catégories professionnelles, dont les militaires et le personnel des chemins de fer qui peuvent actuellement prendre leur retraite à 56 et 55 ans respectivement ; et le durcissement des critères de résidence pour avoir droit à l'assistance sociale aux personnes âgées.

Depuis l'édition 2023 du *Panorama des pensions*, les taux de remplacement aux Pays-Bas reposent sur les retraites professionnelles par capitalisation à cotisations définies. Les règles entrées en vigueur en 2023, qui obligent les fonds de pension à passer des régimes à prestations définies aux régimes par capitalisation à cotisations définies d'ici à 2028, s'appliquent encore aujourd'hui. Pourtant, les mesures de transition demeurent un sujet de débat politique porteur d'incertitude. Les fonds sont encouragés à transférer les droits à retraite au titre du régime à prestations définies vers le nouveau système de retraite, et la question de forcer ou non les fonds de pension à consulter leurs affiliés sur le transfert de droits déjà acquis demeure un sujet de débat intense. Une proposition de modification pour forcer ce type de consultations a été rejetée par le parlement en mai 2025 par un seul vote.

Références

AIReF (2025), *Opinion on the long-term sustainability of the general government: Demographic and climate change, Opinion 2/25*, https://www.airef.es/wp-content/uploads/2025/03/Opini%C3%B3n_sobre_la_sostenibilidad_de_las_AAPP_largo_plazo/AIReF.-Opinion-on-the-Long-term-Sustainability-of-General-Government.-Demography-and-Climate-Change.pdf. [32]

BBVA (2022), *Qué pensión cobraré si retraso mi jubilación más allá de la edad de jubilación ordinaria [What pension will I receive if I delay my retirement beyond the ordinary retirement age]*, https://www.jubilaciondefuturo.es/es/blog/que-pension-cobrare-si-retraso-mi-jubilacion-mas-alla-de-la-edad-de-jubilacion-ordinaria.html. [14]

Blöndal, S. et S. Scarpetta (1999), *The Retirement Decision in OECD Countries*, Éditions OCDE, Paris, https://doi.org/10.1787/565174210530. [11]

Board of Trustees of the Federal Old-Age and Survivors Insurance and Federal Disability Insurance Trust Funds (2025), *The 2025 Annual Report of the Board of Trustees of the Federal Old-Age and Survivors Insurance and Federal Disability Insurance Trust Funds*, https://www.ssa.gov/oact/TR/2025/index.html. [31]

Bureau central des statistiques de Lettonie (2025), *Number of pension recipients by average size of pension granted (PPP050)*, https://stat.gov.lv/en/statistics-themes/social/benefits-allowances-pensions/tables/ppp050-number-pension-recipients. [35]

Dewhurst, E. (2016), « Proportionality Assessments of Mandatory Retirement Measures: Uncovering Guidance for National Courts in Age Discrimination Cases », *Industrial Law Journal*, vol. 45/1, pp. 60-88, https://doi.org/10.1093/indlaw/dww004. [23]

Eurostat (2023), *Persons receiving an old-age pension and continued working at the beginning of pension receipt by reason (lfso_23pens08)*. [16]

Fonds monétaire international European Dept. (2025), « Espagne », *IMF Staff Country Reports*, vol. 2025/121, p. 1, https://doi.org/10.5089/9798229012782.002. [34]

Human Mortality Database (2025), *Human Mortality Database, supported by the Max Planck Institute for Demographic Research (Germany), the University of California, Berkeley (USA), et l'Institut national d'étude démographiques (France) - données consultées le 10 juin 2025*, http://www.mortality.org. [8]

Lazear, E. (1979), « Why Is There Mandatory Retirement? », *Journal of Political Economy*, vol. 87/6, pp. 1261-1284, https://www.jstor.org/stable/1833332. [24]

Lee, R. et Y. Zhou (2017), « Does Fertility or Mortality Drive Contemporary Population Aging? The Revisionist View Revisited », *Population and Development Review*, vol. 43/2, pp. 285-301, https://doi.org/10.1111/padr.12062. [9]

Levine, M. et E. Crimmins (2018), « Is 60 the New 50? Examining Changes in Biological Age Over the Past Two Decades », *Demography*, vol. 55/2, pp. 387-402, https://doi.org/10.1007/s13524-017-0644-5. [6]

Ministerio de Inclusión, Seguridad Social y Migraciones (2021), *Memoria del análisis de impacto normativo del anteproyecto de ley de garantía del poder adquisitivo de las pensiones y de otras medidas de refuerzo de la sostenibilidad financiera y social del sistema público de pensiones*, https://tinyurl.com/z8u7nfk2. [13]

OCDE (2025), *OECD Economic Surveys: Spain 2025*, Éditions OCDE, Paris. [33]

OCDE (2025), *Perspectives de l'emploi de l'OCDE 2025 : Pouvons-nous surmonter la crise démographique ?*, Éditions OCDE, Paris, https://doi.org/10.1787/79445578-fr. [2]

OCDE (2024), *Études économiques de l'OCDE : Japon 2024 (version abrégée)*, Éditions OCDE, Paris, https://doi.org/10.1787/b62e3087-fr. [21]

OCDE (2024), *Panorama de la société 2024 : Les indicateurs sociaux de l'OCDE*, Éditions OCDE, Paris, https://doi.org/10.1787/6af21682-fr. [1]

OCDE (2024), *Strengthening the Hungarian Pension System*, Éditions OCDE, Paris, https://www.oecd.org/content/dam/oecd/en/topics/policy-sub-issues/structural-reforms/country-tailored-policy-reforms/Strengthening-the-Hungarian-Pension-System.pdf. [15]

OCDE (2023), *Au-delà des applaudissements ? Améliorer les conditions de travail dans le secteur des soins de longue durée (version abrégée)*, Éditions OCDE, Paris, https://doi.org/10.1787/27d33ab3-en. [5]

OCDE (2023), *Pensions at a Glance 2023: OECD and G20 Indicators*, Éditions OCDE, Paris, https://doi.org/10.1787/678055dd-en. [30]

OCDE (2022), *OECD Reviews of Pension Systems: Korea*, OECD Reviews of Pension Systems, Éditions OCDE, Paris, https://doi.org/10.1787/2f1643f9-en. [20]

OCDE (2022), *OECD Reviews of Pension Systems: Slovenia*, OECD Reviews of Pension Systems, Éditions OCDE, Paris, https://doi.org/10.1787/f629a09a-en. [4]

OCDE (2022), *Recommandation du Conseil pour la bonne conception des plans de retraite à cotisations définies*, https://legalinstruments.oecd.org/fr/instruments/OECD-LEGAL-0467. [37]

OCDE (2021), *Pensions at a Glance 2021: OECD and G20 Indicators*, Éditions OCDE, Paris, https://doi.org/10.1787/878b2235-fr. [3]

OCDE (2019), *Working Better with Age*, Vieillissement et politiques de l'emploi, Éditions OCDE, Paris, https://doi.org/10.1787/c4d4f66a-en. [25]

OCDE (2018), *OECD Reviews of Pension Systems: Latvia*, OECD Reviews of Pension Systems, Éditions OCDE, Paris, https://doi.org/10.1787/9789264289390-en. [36]

OCDE (2018), *Panorama des pensions 2017 : Les indicateurs de l'OCDE et du G20*, Éditions OCDE, Paris, https://doi.org/10.1787/pension_glance-2017-fr. [12]

OCDE (2018), *Policy Brief on Ageing and Employment: Council Recommendation on Ageing and Employment*, Éditions OCDE, Paris, https://www.oecd.org/els/emp/Flyer_AE_Council%20Recommendation.pdf. [17]

OCDE (2018), *Working Better with Age: Korea*, Vieillissement et politiques de l'emploi, Éditions OCDE, Paris, https://doi.org/10.1787/9789264208261-en. [19]

OCDE (2017), *Preventing Ageing Unequally*, Éditions OCDE, Paris, https://doi.org/10.1787/9789264279087-en. [18]

OCDE (2017), *Preventing Ageing Unequally*, Éditions OCDE, Paris, https://doi.org/10.1787/9789264279087-en. [27]

OCDE (2013), *Perspectives de l'emploi de l'OCDE 2013*, Éditions OCDE, Paris, https://doi.org/10.1787/empl_outlook-2013-fr. [28]

Oliveira, A. (2016), « A Freedom Under Supervision: The EU Court and Mandatory Retirement Age », dans *Challenges of Active Ageing*, Palgrave Macmillan UK, Londres, https://doi.org/10.1057/978-1-137-53251-0_2. [22]

Rabaté, S. (2019), « Can I stay or should I go? Mandatory retirement and the labor-force participation of older workers », *Journal of Public Economics*, vol. 180, p. 104078, https://doi.org/10.1016/j.jpubeco.2019.104078. [26]

Schokkaert, E. et P. Van Parijs (2003), « Debate on Social Justice and Pension Reform », *Journal of European Social Policy*, vol. 13/3, pp. 245-263, https://doi.org/10.1177/09589287030133003. [10]

Schols, J. et al. (2022), *De loopbaansamenstelling van (toekomstig) gepensioneerde werknemers*, https://www.plan.be/sites/default/files/documents/REP_Pension_202201_NL.pdf. [29]

Scott, T. et V. Canudas-Romo (2024), « Decomposing the Drivers of Population Aging: A Research Note », *Demography*, vol. 61/4, pp. 1011-1021, https://doi.org/10.1215/00703370-11481955. [7]

Superintendencia de Pensiones (2025), *Número y monto promedio, en U.F., de las pensiones pagadas en el mes por modalidad, según tipo de pensión (Al 31 de marzo de 2025)*, https://www.spensiones.cl//inf_estadistica/afipen/mensual/2025/03/m00.html. [38]

Annexe 1.A. Vue d'ensemble des réformes récentes des pensions

Tableau d'annexe 1.A.1. Réformes des pensions décidées entre septembre 2023 et septembre 2025

	Âge de départ à la retraite	Couverture	Pensions	Cotisations	Retraites minimale et de base, revenu et conditions de ressources	Impôts et frais	Autres
Allemagne						Décembre 2024 Le taux de cotisation des retraités à l'assurance dépendance obligatoire passe de 3.4 % à 3.6 % à compter de janvier 2025, l'ajustement étant appliqué rétroactivement en juillet 2025.	Janvier 2024 Pour inciter les bénéficiaires de prestations d'invalidité à essayer de reprendre le travail, les bénéficiaires de pensions en raison d'une capacité de revenu réduite peuvent prendre un emploi dépassant leur capacité de travail résiduelle estimée pendant une période pouvant aller jusqu'à six mois sans perdre leurs droits.
Australie		Octobre 2024 La loi modifiant le congé parental rémunéré (Parental Leave Amendment Act) a instauré des cotisations de retraite financées par l'État sur les prestations de congé parental pour les enfants nés ou adoptés	Septembre 2023, 2024 Le taux maximum de l'aide locative fédérale (CRA, Commonwealth Rent Assistance), qui permet aux bénéficiaires de la pension de vieillesse de louer plus facilement sur le marché privé, a été relevé de 15 % en septembre 2023,		Janvier 2024 Les ajustements temporaires de la prime au travail, qui ont réduit le montant du revenu éligible pris en compte dans le critère de revenu appliqué à la pension de vieillesse en 2022 et 2023, ont été pérennisés. Les nouveaux bénéficiaires de la pension de vieillesse perçoivent une prime au travail		Décembre 2024 La loi relative à l'objectif de la pension de retraite (Superannuation [Objective] Act) dispose que l'objectif de la pension de retraite est de « préserver l'épargne afin de générer un revenu pour une retraite digne, parallèlement à

	Âge de départ à la retraite	Couverture	Pensions	Cotisations	Retraites minimale et de base, revenu et conditions de ressources	Impôts et frais	Autres
		à partir de juillet 2025. Le montant des cotisations correspond à la retraite garantie (Superannuation Guarantee), soit 12 % de la prestation de congé parental. Des versements seront effectués aux caisses de retraite des personnes remplissant les conditions requises à compter du 1er juillet 2026.	puis de 10 % en septembre 2024.		dont le solde de départ s'élève à 4 000 AUD et dont le solde maximal passe à 11 800 AUD.		l'aide publique, de manière équitable et durable » et exige que les propositions de modification du système de retraite soient accompagnées d'une déclaration de compatibilité avec cet objectif.
Autriche	Janvier 2024 La surcote appliquée en cas de report de la liquidation de la pension de vieillesse est portée de 4.2 % à 5.1 % par année complète de report, le maximum étant fixé à 15.3 % au bout de trois ans. Les règles de cumul emploi-retraite anticipée ont été assouplies pour 2024 et 2025. Normalement, la pension est suspendue si la rémunération dépasse le seuil de revenus pour les personnes exerçant une activité minimale		Janvier 2024 La suspension de l'indexation au prorata des retraités de première année en fonction du mois de leur départ à la retraite (Aliquotierung) est prolongée, de sorte que toutes les personnes prenant leur retraite en 2024 bénéficient de l'indexation intégrale en janvier 2025. La revalorisation exceptionnelle des revenus d'activité antérieurs au cours de l'année de la retraite (Schutzklausel) est également appliquée, les revenus d'activité antérieurs ayant été				

	Âge de départ à la retraite	Couverture	Pensions	Cotisations	Retraites minimale et de base, revenu et conditions de ressources	Impôts et frais	Autres
	(Geringfügigkeitsgrenze), fixé à 551 EUR par mois en 2025. En 2024 et 2025, une personne peut être rémunérée à hauteur de 40 % de ce seuil dans une année (c'est-à-dire jusqu'à 220 EUR pour l'année complète en 2025) avant que la pension soit suspendue.		revalorisés de 6.2 % pour les personnes ayant pris leur retraite en 2024 et de 4.5 % pour celles ayant pris leur retraite en 2025. Juin 2025 Les retraites sont indexées à hauteur de 50 % du taux normal d'indexation la première année. Cette mesure s'appliquera pour la première fois en janvier 2026 à la cohorte partie à la retraite en 2025.				
Belgique	Juillet 2024 À compter de juillet 2024, les personnes qui continuent de travailler après la date d'ouverture des droits à une pension de vieillesse bénéficient d'une prestation de retraite différée appelée « prime de retraite ». Il s'agit d'une prestation forfaitaire non imposée qui augmente chaque jour de report, le plafond étant atteint après trois ans de report.		Avril 2024 Les pensions des fonctionnaires sont ajustées en sus de l'indexation sur les prix en fonction de la croissance des salaires dans le secteur public. À compter de janvier 2025, les revalorisations des pensions des fonctionnaires, en sus de l'indexation sur les prix, sont plafonnées à 0.6 % par période de deux ans.		Avril 2024 À compter de janvier 2025, une condition d'éligibilité supplémentaire s'appliquera pour bénéficier de la pension minimale. Une personne devra encore avoir travaillé ou validé 30 années, mais elle devra également comptabiliser 5 000 jours d'emploi effectif pour la pension minimale à taux plein, ou 3 120 jours pour la pension minimale calculée au prorata pour un emploi à temps partiel (certaines périodes non travaillées, en particulier celles liées aux responsabilités familiales, seront également prises en	Avril 2024 Pour les pensions professionnelles versées sous forme de capital, ce capital est fictivement annualisé pour calculer la cotisation maladie et invalidité (3.55 %) retenue. Alors que la cotisation était précédemment calculée à partir	

	Âge de départ à la retraite	Couverture	Pensions	Cotisations	Retraites minimale et de base, revenu et conditions de ressources	Impôts et frais	Autres
	Pour les personnes ayant effectué une carrière d'au moins 43 années au moment de l'ouverture de leur droit à une pension de vieillesse, la prestation est égale à 12 018 EUR par année de report en 2025 si elle est versée sous forme de capital, ou à 50 EUR par mois pour un versement mensuel. Pour les personnes ayant effectué moins de 43 années, la prestation représente un tiers de ces montants pour la première année de report, deux tiers pour la deuxième année et le montant total pour la troisième année de report. Dans le cas d'un travail à temps partiel, la prestation est ajustée en fonction de l'ampleur de l'emploi. Le montant total de la pension, prestation de retraite différée comprise, ne peut dépasser un certain plafond, fixé à 8 292 EUR par mois en 2025.				compte dans le nouveau critère d'emploi). Le nombre de jours requis dépend du régime de retraite minimale et du type d'emploi.	de la rente fictive à taux plein, 53.22 % seulement de la rente fictive sont pris en compte dans le calcul de la cotisation à compter de janvier 2024. La cotisation de sécurité sociale liée à la constitution de pensions professionnelles très élevées, qui aboutirait à une pension totale supérieure à la pension maximale des fonctionnaires (cotisation « Wijninckx »), passe de 3 % à 6 % en janvier 2028.	

	Âge de départ à la retraite	Couverture	Pensions	Cotisations	Retraites minimale et de base, revenu et conditions de ressources	Impôts et frais	Autres
Canada		Juin 2024 Depuis janvier 2025, les pensions de réversion ne sont plus versées au conjoint survivant d'un couple séparé s'il a demandé un fractionnement des droits à pension au titre du Régime de pensions du Canada (RPC). L'admissibilité à la prestation pour enfant à charge dans le cas de cotisants au RPC en situation de handicap ou décédés a été élargie.					
Chili	Janvier 2025 Les droits à la prestation contributive nouvellement créée et à la prestation compensatrice de la plus longue espérance de vie des femmes (voir Pensions) sont ouverts à partir de 65 ans. L'obligation garantie est accessible à partir de l'âge légal de la retraite dans le régime à cotisations définies (65 ans pour les hommes et 60 ans pour les femmes).		Janvier 2025 Trois nouvelles prestations de retraite sont mises en place : - La pension contributive. À partir de 2026 et jusqu'à 2055, les retraités actuels et futurs peuvent percevoir cette pension à condition d'être âgés d'au moins 65 ans et d'avoir cotisé au moins 20 années pour les hommes ou 10 années pour les femmes (ce qui portera à 15 années la durée de cotisation pour les nouveaux retraités à compter de 2036). La	Janvier 2025 Les cotisations patronales sont progressivement portées de 1.5 % à 8.5 % d'ici à 2034. Il s'agit notamment d'une cotisation de 4.5 % aux comptes de retraite par capitalisation à cotisations définies des salariés ; d'une cotisation de 1.5 % à l'obligation garantie jusqu'en 2054, convertie en cotisation aux comptes de retraite par capitalisation à cotisations définies des salariés à compter de 2056 ; et d'une cotisation de 2.5 %	Janvier 2025 La pension universelle garantie (PGU) ciblée est augmentée de 11.6 % pour atteindre 250 000 CLP. Cette révision à la hausse concerne les personnes âgées de 82 ans et plus à compter de septembre 2025, de 75 ans et plus à compter de septembre 2026, et de 65 ans et plus (c'est-à-dire toutes les autres) à compter de septembre 2027. La PGU est étendue aux bénéficiaires de pension de réversion des systèmes de retraite par répartition des forces armées et de police,		Janvier 2025 Pour réduire les frais de gestion, les adhérents peuvent changer d'administrateur à tout moment et un mécanisme d'enchères est mis en place. Tous les deux ans à partir de 2027, 10 % des comptes individuels seront vendus aux enchères à l'administrateur qui proposera les frais de gestion les plus bas. Seuls les administrateurs dont la part de marché est inférieure à 25 %

	Âge de départ à la retraite	Couverture	Pensions	Cotisations	Retraites minimale et de base, revenu et conditions de ressources	Impôts et frais	Autres
			prestation est égale à 0.1 UF par année de cotisation, avec un maximum de 2.5 UF atteint après 25 années de cotisation. - L'obligation garantie. Pour les contributions versées d'août 2025 à 2055, les obligations sont émises avec un taux d'intérêt verrouillé lié au taux d'intérêt des obligations d'État. Une fois atteint l'âge légal de la retraite dans le régime par capitalisation à cotisations définies (65 ans pour les hommes, 60 ans pour les femmes), cette obligation peut être utilisée pour augmenter la rente viagère ou la pension de retraite programmée ; elle peut également être retirée en 240 versements mensuels (au plus tôt en septembre 2026). - La prestation compensatrice liée à l'espérance de vie des femmes. En raison de leur espérance de vie plus longue, les femmes perçoivent une rente inférieure à celle des	au financement de l'assurance invalidité et survivant et de la prestation compensatrice liée à l'espérance de vie des femmes.	ainsi qu'aux bénéficiaires de pension d'État pour les victimes de violations des droits de l'homme et pour les personnes méritantes.		peuvent participer. Les adhérents auront la possibilité de se retirer. Les fonds à date cible remplaceront le dispositif multi-fonds à compter d'avril 2027. Les adhérents resteront affiliés au même fonds tout au long de leur vie active, l'horizon d'investissement étant lié à l'âge de la retraite. Les cinq fonds actuels seront remplacés par au moins dix fonds, dont un fonds spécial pour les retraités. À compter d'avril 2029, les administrateurs seront récompensés par le fonds à date cible si sa performance au cours des 36 derniers mois dépasse la performance relative d'un indice de référence, ou devront payer une pénalité si la performance est inférieure à l'indice de référence. En août 2025, le Fonds autonome de protection des retraites (FAPP, Fondo Autónomo de Protección Previsional) a été créé pour gérer les cotisations au titre de la

	Âge de départ à la retraite	Couverture	Pensions	Cotisations	Retraites minimale et de base, revenu et conditions de ressources	Impôts et frais	Autres
			hommes qui prennent leur retraite au même âge et disposent du même montant d'épargne au titre du régime par capitalisation à cotisations définies. À compter de janvier 2026, une prestation compensatrice complète la rente des femmes par rapport à celle des hommes du même âge disposant d'une épargne par capitalisation à cotisations définies, à condition qu'elles prennent leur retraite à 65 ans ; la prestation est moindre pour un départ à la retraite avant 65 ans.				prestation contributive et de l'obligation garantie, de l'assurance invalidité et survivant, et de la prestation compensatrice liée à l'espérance de vie des femmes. Le FAPP sera un organisme indépendant, et les fonds seront investis par des entreprises externes.
Colombie	La mise en œuvre de la réforme de juillet 2024 décrite ci-dessous est incertaine après que la Cour constitutionnelle l'a suspendue en juin 2025, en attendant un examen approfondi. Les pensions de solidarité et semi-contributives nouvellement créées (voir Pensions) seraient accessibles à partir de 65 ans pour les hommes et de 60 ans	La mise en œuvre de la réforme de juillet 2024 décrite ci-dessous est incertaine après que la Cour constitutionnelle l'a suspendue en juin 2025, en attendant un examen approfondi. Pour les femmes, les cotisations requises pour ouvrir droit à une pension contributive à taux plein seraient progressivement réduites, de 1 300 à 1 000 semaines.	La mise en œuvre de la réforme de juillet 2024 décrite ci-dessous est incertaine après que la Cour constitutionnelle l'a suspendue en juin 2025, en attendant un examen approfondi. Le système de retraite constitué d'un régime ciblé avec possibilité de choisir entre un régime de pension liée à la rémunération public ou privé serait remplacé par un système à plusieurs	La mise en œuvre de la réforme de juillet 2024 décrite ci-dessous est incertaine après que la Cour constitutionnelle l'a suspendue en juin 2025, en attendant un examen approfondi. Les cotisations seraient versées au régime public de retraite pour la fraction des revenus d'activité correspondant à un maximum de 2.3 fois le salaire minimum, et sur un compte	La mise en œuvre de la réforme de juillet 2024 décrite ci-dessous est incertaine après que la Cour constitutionnelle l'a suspendue en juin 2025, en attendant un examen approfondi. Les personnes sans autres prestations de retraite (c'est-à-dire moins de 300 semaines de cotisations) dont le revenu est inférieur au seuil d'extrême pauvreté (223 000 COP en 2024) auraient droit à la nouvelle prestation de solidarité ciblée, qui complète	La mise en œuvre de la réforme de juillet 2024 décrite ci-dessous est incertaine après que la Cour constitutionnelle l'a suspendue en juin 2025, en attendant un examen approfondi. Pour les pensions dont le	

	Âge de départ à la retraite	Couverture	Pensions	Cotisations	Retraites minimale et de base, revenu et conditions de ressources	Impôts et frais	Autres
	pour les femmes, en fonction de l'âge d'ouverture des droits aux prestations ciblées.	Des crédits de cotisations pour responsabilité parentale seraient mis en place afin de faciliter l'accès à la partie à prestations définies de la pension de vieillesse contributive à taux plein. Les mères de famille auraient droit à 50 semaines de cotisations par enfant, pour un maximum de trois enfants (maximum 150 semaines). Les habitants des zones rurales qui cotisent au régime d'épargne-retraite subventionné ad hoc BEPS seraient couverts par la nouvelle prestation semi-contributive.	niveaux et plusieurs composantes. Les hommes et les femmes ayant acquis respectivement moins de 900 et 750 semaines de cotisations au moment de l'entrée en vigueur commenceraient à acquérir de nouveaux droits en vertu des nouvelles règles. La composante à laquelle une personne a droit dépenderait du nombre total de semaines de cotisation : - < 300 semaines : capital constitué du total des cotisations ajustées acquittées, majoré d'intérêts annuels à 3 % ; les personnes peuvent avoir droit à une prestation de solidarité ciblée. - 300 à 999 semaines : prestation semi-contributive, c'est-à-dire une rente viagère calculée sur le total des cotisations versées, avec un complément de l'État de 20 % pour les hommes et de 30 % pour les femmes. Cette prestation est plafonnée à 80 % du	d'épargne-retraite individuel géré par un fonds de pension privé pour la fraction des revenus comprise entre 2.3 et 25 fois le salaire minimum. Une cotisation supplémentaire au fonds de solidarité retraite serait prélevée sur les revenus d'activité supérieurs à quatre fois le salaire minimum : - 4 à 7 fois le salaire minimum : 1.5 % - 7 à 11 fois le salaire minimum : 1.8 % - 11à 19 fois le salaire minimum : 2.5 % - 19 à 20 fois le salaire minimum : 2.8 % - > 20 fois le salaire minimum : 3.0 %	leur revenu jusqu'au seuil d'extrême pauvreté. Cette prestation serait nettement plus élevée que la précédente prestation de vieillesse ciblée de 80 000 COP.	montant total est compris entre 10 et 20 fois le salaire minimum, une cotisation de 1 % serait versée au fonds de solidarité retraite ; pour les pensions dont le montant total est supérieur à 20 fois le salaire minimum, cette cotisation serait de 2 %.	

	Âge de départ à la retraite	Couverture	Pensions	Cotisations	Retraites minimale et de base, revenu et conditions de ressources	Impôts et frais	Autres
			salaire minimum. - >= 1 000 semaines : régime de retraite à prestations définies, à taux plein pour au moins 1 300 semaines de cotisations (condition ramenée progressivement à 1 000 semaines pour les femmes, voir Couverture).				
Corée		Avril 2025 À compter de 2026, des crédits de retraite pour responsabilité parentale peuvent être acquis (max. 12 mois) pour le premier enfant et le plafond de 50 mois de crédits pour responsabilité parentale est supprimé. Les crédits pour service militaire sont portés de 6 à 12 mois. À compter de janvier 2026, des subventions aux cotisations sont mises en place pour les personnes à faible revenu qui souscrivent individuellement (principalement des travailleurs indépendants). Ces subventions doivent	Avril 2025 Le taux de remplacement du régime national de retraite, qui s'établit à 41.5 % en 2025 et devait diminuer progressivement pour atteindre 40 % en 2028, sera fixé à 43 % à partir de 2026.	Avril 2025 À compter de 2026, le taux de cotisation au régime national de retraite de 9 % (réparti à parts égales entre les employeurs et les salariés) sera relevé de 0.5 points de pourcentage (p.p.) par an jusqu'à atteindre 13 % en 2033.			

	Âge de départ à la retraite	Couverture	Pensions	Cotisations	Retraites minimale et de base, revenu et conditions de ressources	Impôts et frais	Autres
		couvrir la moitié des cotisations de retraite jusqu'à 12 mois. Le montant maximal de subvention n'a pas encore été déterminé. Cette mesure vient compléter les subventions aux cotisations déjà en place, destinées à inciter les personnes à faible revenu qui souscrivent individuellement et ont cessé de verser leurs cotisations à reprendre ces paiements.					
Costa Rica							Décembre 2023 Des stratégies d'investissement sur le cycle de vie seront établies pour le régime par capitalisation à cotisations définies (ROP, Régimen Obligatorio de Pensiones Complementarias). Dans un premier temps, les adhérents seraient répartis en quatre groupes en fonction de la cohorte de naissance : personnes nées avant 1970, 1970-1979, 1980-1989, 1990 ou plus tard. À l'avenir, de

	Âge de départ à la retraite	Couverture	Pensions	Cotisations	Retraites minimale et de base, revenu et conditions de ressources	Impôts et frais	Autres
							nouveaux groupes seront créés pour de nouvelles cohortes, et des groupes de générations plus âgées seront fusionnés. La mise en œuvre, initialement prévue pour avril 2025, est reportée à mars 2026.
Danemark	Mai 2025 Le Parlement a confirmé le relèvement de l'âge légal de la retraite à 70 ans en 2040, conformément à l'indexation de l'âge de la retraite sur l'espérance de vie, actuellement prévue par la loi. Décembre 2023 La seniorpræmie, une prestation forfaitaire versée chaque année aux personnes travaillant en moyenne au moins 30 heures par semaine au cours des deux premières années suivant l'âge légal de la retraite (indépendamment de la liquidation de la pension), est revue à la hausse. Actuellement fixée à 9.2 % du salaire						

	Âge de départ à la retraite	Couverture	Pensions	Cotisations	Retraites minimale et de base, revenu et conditions de ressources	Impôts et frais	Autres
	brut moyen national (48 555 DKK) pour la première année et à 5.5 % (28 902 DKK) pour la seconde, elle devrait augmenter de 30 % en sus de l'indexation régulière entre 2026 et 2029.						
Espagne	Décembre 2024 Jusqu'à présent, la surcote de 4 % par an était acquise uniquement par année complète de report. Depuis 2025, pour une personne qui diffère sa retraite d'au moins 18 mois, la surcote est de 2 % par semestre. À compter de 2025, les conditions de cumul emploi-retraite (« retraite active ») sont assouplies. Une carrière complète n'est plus requise et le cumul peut être combiné avec une prime de report (un report d'une année est encore exigé), et la décote de 50 % de la pension est remplacée par une décote en fonction de la durée du report : après un an de report, 45 % de la						

	Âge de départ à la retraite	Couverture	Pensions	Cotisations	Retraites minimale et de base, revenu et conditions de ressources	Impôts et frais	Autres
	pension peuvent être combinés avec un emploi ; 55 % après deux ans de report ; 65 % après trois ans ; 80 % après quatre ans ; et 100 % après cinq ans de report. Chaque année de cumul emploi-retraite, 5 % supplémentaires de la pension peuvent être liquidés, dans la limite de 100 %. À compter de 2025, la retraite progressive est possible à partir de l'âge normal de la retraite, avec une réduction du temps de travail comprise entre 25 % et 75 %, au lieu de 50 % précédemment. Dans le cas d'un « contrat de relève », elle est désormais possible à partir de trois ans au lieu de deux avant l'âge normal de la retraite, mais dans ce cas, seule une réduction comprise entre 20 % et 33 % du temps de travail est possible la première année. À partir de deux ans						

	Âge de départ à la retraite	Couverture	Pensions	Cotisations	Retraites minimale et de base, revenu et conditions de ressources	Impôts et frais	Autres
	avant l'âge normal de la retraite, le temps de travail peut être réduit de 25 % à 75 %, comme auparavant. Une procédure standardisée a été mise en place pour déterminer les taux de réduction des départs en retraite anticipée pour les emplois pénibles ou dangereux dans le cas où l'emploi ne peut pas être adapté. Les coefficients de pénibilité ou de dangerosité par profession sont révisés tous les dix ans et calculés en fonction des critères suivants : - le taux d'accidents du travail par genre et par âge - le taux d'accidents graves - le nombre de congés de maladie ou d'accident - la durée des congés.						
Estonie							
États-Unis			Janvier 2025 Certaines règles réduisant les prestations de sécurité sociale pour				

	Âge de départ à la retraite	Couverture	Pensions	Cotisations	Retraites minimale et de base, revenu et conditions de ressources	Impôts et frais	Autres
			les bénéficiaires à la fois d'une prestation de sécurité sociale et d'une pension pour un travail non couvert par la sécurité sociale ont été abrogées. Cette mesure a pour effet d'augmenter les prestations de personnes touchant une pension de certains systèmes de retraite publics, locaux ou fédéraux, et de personnes touchant une pension pour un travail en dehors des États-Unis. Les modifications s'appliquent rétroactivement aux prestations versées à compter de février 2024.				
Finlande				Janvier 2024 Pour les grandes entreprises, le taux de cotisation aux prestations d'invalidité est fondé sur l'incidence des pensions d'invalidité dans l'entreprise au cours des deux dernières années. Certains changements ont été apportés aux modalités de détermination de l'incidence des pensions d'invalidité : les pensions d'invalidité à durée déterminée de plus de	Janvier 2024 L'allocation de logement versée aux retraités est gelée au niveau de 2023 pour la période 2024-2027. L'indexation reprendra plus tôt si l'indice dépasse le niveau de 2023, soit 10.2 %. Janvier 2025 Le taux de dégressivité de l'allocation de logement pour les retraités est porté de 41.3 % à 43.5 %. Par ailleurs, les conditions de ressources à satisfaire pour pouvoir	Janvier 2024 La déduction fiscale plus élevée au titre des revenus d'activité s'applique aux salariés âgés de 65 ans et plus, au lieu de 60 ans et plus précédemment.	

	Âge de départ à la retraite	Couverture	Pensions	Cotisations	Retraites minimale et de base, revenu et conditions de ressources	Impôts et frais	Autres
				deux ans sont désormais également prises en compte, et l'incidence d'invalidité des travailleurs âgés de 55 ans ou plus au moment de l'embauche ne sera plus prise en compte.	bénéficier de l'allocation ont été durcies : le taux de dégressivité est passé de 8 % à 15 % et le seuil de patrimoine à partir duquel cette prestation diminue a été revu à la baisse, passant de 18 306 EUR à 15 000 EUR pour les célibataires et de 29 290 EUR à 24 000 EUR pour les couples. L'âge limite pour la pension nationale et la pension garantie passe de 16 à 18 ans. Février 2025 La pension nationale n'est plus versée aux personnes résidant dans un autre pays de l'UE ou de l'EEE, en Suisse ou au Royaume-Uni.		
France	Juillet 2025 La France a fixé l'âge minimum de la retraite progressive à 60 ans en 2025. Précédemment possible deux ans avant l'âge minimum de départ à la retraite, l'âge de la retraite progressive serait passé de 60 à 62 ans en raison du relèvement de l'âge						

	Âge de départ à la retraite	Couverture	Pensions	Cotisations	Retraites minimale et de base, revenu et conditions de ressources	Impôts et frais	Autres
	minimum de départ à la retraite de 62 à 64 ans décidé en 2023.						
Grèce	Décembre 2023 Les conditions d'accès aux pensions auxiliaires dans le cadre du régime notionnel à cotisations définies (e-EFKA) ont été harmonisées avec celles du régime par capitalisation (TEKA). La prestation est désormais ouverte aux personnes ayant au moins 15 années d'assurance complémentaire et qui bénéficiaient précédemment de la pension de vieillesse principale. Auparavant, l'accès à la prestation était lié à l'accès à la pension de vieillesse principale. Janvier 2024 La réduction de 30 % de la pension pour les personnes qui cumulent emploi et retraite est abrogée. En revanche, les bénéficiaires de la pension de vieillesse						Mai 2024 Les plafonds d'endettement des pensionnés auprès de l'e-EFKA sont revus à la hausse. En règle générale, les personnes ayant cotisé au moins 20 années peuvent être endettées de 30 000 EUR au maximum au lieu de 20 000 EUR. Leur pension est alors réduite de 60 % jusqu'à ce que le montant total de l'endettement atteigne 20 000 EUR, après quoi la dette est remboursée en un maximum de 60 versements égaux. Décembre 2023 Depuis janvier 2025, la Banque de Grèce est la seule autorité chargée de superviser les fonds d'assurance professionnelle. De nouvelles procédures simplifiées ont été mises en place pour créer des fonds d'assurance

	Âge de départ à la retraite	Couverture	Pensions	Cotisations	Retraites minimale et de base, revenu et conditions de ressources	Impôts et frais	Autres
	versent une cotisation sociale complémentaire de 10 % sur leur rémunération en plus des cotisations sociales normales. Cette cotisation complémentaire n'est pas versée par les bénéficiaires d'une pension d'invalidité qui cumulent emploi et retraite.						professionnelle. Les fonds peuvent proposer plusieurs régimes de retraite pour les différentes professions ou les différents secteurs d'activité, ce qui devrait permettre aux petites entreprises de proposer plus facilement des plans de retraite professionnels à leurs salariés. La réglementation applicable aux différents types de pensions professionnelles est unifiée, avec notamment un plafond de cotisation unique et un traitement fiscal identique.
Hongrie							
Irlande	Septembre 2023 À compter de janvier 2024, la pension de base contributive peut être différée de quatre années au maximum, de 66 ans à 70 ans. La prime de report est régulièrement réévaluée selon les principes actuariels et est plus élevée en cas de report plus long : en 2025, elle est de	Juillet 2024 Depuis janvier 2026, les salariés en activité et les nouveaux salariés âgés de 23 à 60 ans sont automatiquement affiliés au nouveau système d'épargne-retraite si leur rémunération est d'au moins 20 000 EUR par an et s'ils ne sont pas encore affiliés à un régime de retraite		Juillet 2024 En ce qui concerne le régime d'affiliation automatique (voir Couverture), les employeurs et les salariés cotisent chacun 1.5 % du salaire à compter de janvier 2026, cotisation qui augmente de 1.5 % tous les trois ans jusqu'à atteindre 6 % en 2036. La contribution de l'État s'élève dans un premier			

	Âge de départ à la retraite	Couverture	Pensions	Cotisations	Retraites minimale et de base, revenu et conditions de ressources	Impôts et frais	Autres
	4.7 % pour la première année de report, de 4.9 % pour la deuxième, de 5.1 % pour la troisième et de 5.3 % pour la quatrième.	complémentaire. Ceux qui sont automatiquement affiliés peuvent se retirer du régime ou suspendre leurs cotisations après six mois de participation obligatoire. D'autres salariés pourront adhérer volontairement au nouveau système d'épargne-retraite.		temps à 0.5 %, puis elle augmente de 0.5 p.p. tous les trois ans jusqu'à atteindre 2 % à partir de 2036. Le total des contributions est donc passé de 3.5 % en 2026 à 14 % en 2036. Les cotisations sont versées sur la part de la rémunération inférieure à 80 000 EUR par an. S'agissant de la retraite publique contributive, le taux de cotisation des salariés et des indépendants ainsi que celui des employeurs augmenteront progressivement, passant respectivement de 4.1 % et 8.9 % ou 11.15 %, à 4.7 % et 9.5 % ou 11.75 %, entre octobre 2025 et 2028.			
Islande	Novembre 2024 À compter de janvier 2025, la liquidation de la pension de base et du complément de retraite peut désormais être reportée jusqu'à l'âge de 80 ans, au lieu de 72 ans. Au lieu d'une surcote fixe de 6.0 % par année				Décembre 2024 À compter de janvier 2025, le seuil au-delà duquel la pension nationale et le supplément aux ménages diminuent en fonction du revenu de retraite liée à la rémunération a été relevé de 46 %, passant de 300 000 ISK à 438 000 ISK.		

	Âge de départ à la retraite	Couverture	Pensions	Cotisations	Retraites minimale et de base, revenu et conditions de ressources	Impôts et frais	Autres
	de report et d'une décote de 6.6 % par année de liquidation anticipée, la surcote et la décote sont désormais calculées de manière à être actuariellement neutres pour chaque combinaison d'âge et de cohorte de naissance. Pour bénéficier de la surcote, la retraite par capitalisation à cotisations définies doit également être différée.						
Israël		Septembre 2023 Pour les nouveaux épargnants, les cotisations à des polices d'assurance épargne à long terme ne peuvent être versées que sur la partie des revenus excédant deux fois le salaire moyen. Les cotisations versées à hauteur de ce seuil doivent désormais être versées à un fonds de pension.					Août 2024 Depuis novembre 2024, la procédure d'affectation à un fonds particulier des salariés qui n'ont pas choisi de fonds de pension a été modifiée, avec notamment une sélection de fonds de pension par défaut tous les quatre ans au lieu de trois.
Italie	Certains programmes temporaires de retraite anticipée ont été prolongés : – Retraite				Janvier 2025 : La pension minimale est temporairement relevée de		

	Âge de départ à la retraite	Couverture	Pensions	Cotisations	Retraites minimale et de base, revenu et conditions de ressources	Impôts et frais	Autres
	anticipée pour les femmes (Opzione Donna) : l'âge d'ouverture des droits passe de 60 à 61 ans (60 ans avec un enfant ou 59 ans avec 2 enfants et plus) pour la période 2024-2026. - Dispositifs Quota : le dispositif Quota 103 (retraite anticipée à 62 ans avec 41 années de cotisations) est reconduit pour la période 2024-2025. À compter de 2024, les prestations sont calculées selon les règles du régime notionnel à cotisations définies pour les personnes qui prennent leur retraite au titre du dispositif Quota 103. Le dispositif Quota 102 est supprimé. - Retraite anticipée pour les chômeurs ou les personnes en situation de handicap, les aidants ou les personnes exerçant des professions pénibles (APE Sociale, Anticipo Pensionistico Sociale) : l'âge				2.2 % en plus de l'indexation régulière en 2025, puis de 1.3 % supplémentaire en 2026.		

	Âge de départ à la retraite	Couverture	Pensions	Cotisations	Retraites minimale et de base, revenu et conditions de ressources	Impôts et frais	Autres
	d'ouverture des droits passe de 63 ans à 63 ans et cinq mois pour la période 2024-2025 - Retraite anticipée pour restructuration : avec 35 années de cotisations, les salariés des entreprises en crise peuvent prendre leur retraite à 58 ans. Les conditions de départ à la retraite anticipée à 64 ans pour les personnes relevant intégralement du régime notionnel à cotisations définies (c'est-à-dire n'ayant pas cotisé avant 1996) sont durcies. Au lieu de 20 années, 25 années de cotisations sont désormais exigées pour ouvrir le droit à la retraite anticipée à partir de 2025, et 30 années à partir de 2030. La condition de revenu est modifiée : à compter de 2025, non seulement le régime notionnel à cotisations définies, mais aussi la pension						

	Âge de départ à la retraite	Couverture	Pensions	Cotisations	Retraites minimale et de base, revenu et conditions de ressources	Impôts et frais	Autres
	professionnelle, sont pris en compte pour déterminer si le revenu après la retraite est au moins égal à 3 fois l'allocation sociale, la limite passant à 3.2 fois l'allocation en 2030.						
Japon		Juin 2025 La couverture des travailleurs à temps partiel travaillant au moins 20 heures par semaine sera étendue en supprimant l'obligation de revenu d'activité minimum (qui s'élevait auparavant à 1 060 000 JPY par an) et en éliminant progressivement les critères de taille des entreprises (actuellement, seuls sont couverts les travailleurs à temps partiel d'entreprises de plus de 50 salariés) entre octobre 2027 et octobre 2035. Alors que certains secteurs (agriculture, sylviculture, pêche, bars, restaurants et hôtels) étaient auparavant exemptés de la couverture	Juin 2025 À compter d'avril 2026, le seuil de revenu mensuel au-delà duquel la pension est réduite est relevé de 500 000 JPY à 620 000 JPY pour les personnes qui cumulent activité et retraite. À compter d'avril 2028, le supplément forfaitaire pour les retraités vivant avec des enfants de moins de 18 ans est augmenté. Actuellement fixée à 234 800 JPY pour un maximum de deux enfants et 78 300 JPY pour les enfants suivants, la prestation passe à 281 700 JPY par enfant. Le supplément forfaitaire pour les pensionnés ayant un conjoint à charge de moins de 65 ans passe de 408 100 JPY à 367 200 JPY.	Juin 2025 Le plafond de cotisation au salaire de base (c'est-à-dire le salaire contractuel sans primes, heures supplémentaires, etc.) est progressivement relevé, passant de 650 000 JPY en 2027 à 750 000 JPY en 2029. Cette mesure augmente à la fois les cotisations et les droits à la retraite liée à la rémunération antérieure (la rémunération ouvrant droit à pension).			

	Âge de départ à la retraite	Couverture	Pensions	Cotisations	Retraites minimale et de base, revenu et conditions de ressources	Impôts et frais	Autres
		obligatoire dans les entreprises comptant au moins cinq salariés à temps plein, ces exemptions sont supprimées pour les nouvelles entreprises à compter d'octobre 2029. À compter d'avril 2028, la pension de réversion sera versée sans distinction de genre. Auparavant, les femmes recevaient une pension de réversion au décès de leur mari ou une prestation de transition de cinq ans en cas de veuvage avant l'âge de 30 ans, tandis que les hommes ne pouvaient bénéficier de la prestation de transition qu'en cas de veuvage à partir de 55 ans ou d'une pension de réversion permanente à partir de 60 ans. Selon les nouvelles règles, les hommes comme les femmes ont droit à la prestation de transition de cinq ans au décès du conjoint avant l'âge de 60 ans et à la					

	Âge de départ à la retraite	Couverture	Pensions	Cotisations	Retraites minimale et de base, revenu et conditions de ressources	Impôts et frais	Autres
		pension de réversion par la suite. La réforme ne réduira pas les droits à retraite pour les personnes qui sont déjà bénéficiaires de la pension de réversion, celles qui sont âgées de plus de 60 ans, les femmes de plus de 40 ans en 2028 et les personnes avec enfants de moins de 18 ans. Le Japon a également mis en place une nouvelle composante de sa pension de réversion, laquelle transfère la part de la pension liée à la rémunération antérieure du conjoint décédé au conjoint survivant. Les conditions de ressources applicables au conjoint survivant sont également abolies. À compter de 2028, l'âge d'ouverture des droits au régime de retraite privé facultatif à cotisations définies (iDeCo) est porté de 65 à 70 ans.					

	Âge de départ à la retraite	Couverture	Pensions	Cotisations	Retraites minimale et de base, revenu et conditions de ressources	Impôts et frais	Autres
Lettonie			Décembre 2023 Les compléments de retraite pour les années travaillées avant 1996 seront progressivement réintroduits entre 2024 et 2029. Ces suppléments avaient été supprimés pour les personnes parties à la retraite depuis 2012, ce qui a entraîné une baisse des droits à pension pour les années travaillées avant 1996 parmi les nouveaux retraités. Les suppléments sont progressivement réintroduits dans les cohortes de retraités tous les trois ans (par exemple, en 2024, les personnes qui ont pris leur retraite en 2012-2014 ont commencé à recevoir le supplément ; en 2029, celles qui prendront leur retraite entre 2027 et 2029 commenceront à le recevoir). En 2025, le supplément s'élève à 1.62 EUR par année travaillée avant 1996.	Décembre 2024 Les taux de cotisation aux régimes de retraite liés à la rémunération antérieure ont été temporairement modifiés entre janvier 2025 et décembre 2028. Au lieu de 6 % (régime par capitalisation à cotisations définies) et 14 % (régime notionnel à cotisations définies), ces taux sont temporairement de 5 % et 15 %, respectivement.	Janvier 2025 Le calcul de la pension minimale est ajusté pour tenir compte du relèvement de 15 à 20 du nombre minimum d'années de carrière requis pour pouvoir prétendre à une pension de vieillesse. Auparavant, la pension minimale correspondait à 1.1 fois l'assiette minimale après 15 années de travail, plus 2 % par année travaillée supplémentaire. Aujourd'hui, elle est fixée à 1.2 fois l'assiette minimale après 20 années de travail, plus 2 % par année travaillée supplémentaire.	Janvier 2025 Le montant de revenu exonéré d'impôt pour les bénéficiaires des pensions de vieillesse, d'invalidité, d'ancienneté, de réversion et des pensions publiques spéciales a doublé, passant de 500 EUR à 1 000 EUR par mois à compter de 2025.	
Lituanie	Juin 2024 À compter de septembre 2024, la pension de vieillesse de	Juin 2025 L'affiliation automatique sera supprimée à compter de 2026, et le					Juin 2025 À partir de 2026, il sera possible de prélever 25 % du solde du

	Âge de départ à la retraite	Couverture	Pensions	Cotisations	Retraites minimale et de base, revenu et conditions de ressources	Impôts et frais	Autres
	l'aide sociale, dont peuvent bénéficier les personnes qui n'ont pas les 15 années de carrière requises pour bénéficier de la pension de vieillesse contributive, peut être cumulée avec un revenu d'activité.	régime de retraite par capitalisation à cotisations définies redeviendra facultatif. Il sera possible de retirer ses cotisations et le rendement de ces cotisations, exemptés de l'impôt sur le revenu des personnes physiques, en 2026-2027. La part du compte individuel subventionné alimentera le fonds de l'assurance sociale et sera convertie en points de retraite supplémentaires dans le régime de retraite à points.					compte de la pension par capitalisation à cotisations définies à tout moment et de prélever le solde total du compte dans les cinq années précédant l'âge légal de la retraite, à condition que le montant soit inférieur à un certain seuil. Une décote de 3 % s'applique aux retraits avant l'âge normal de départ à la retraite, mais ces retraits sont exonérés d'impôt sur le revenu des personnes physiques. En cas de problème de santé grave empêchant d'autres cotisations à l'avenir, l'intégralité du compte peut être retirée sans impôt ni décote, à tout moment.
Luxembourg							
Mexique		Décembre 2024 La couverture de sécurité sociale, y compris le régime obligatoire par capitalisation à cotisations définies, est étendue aux travailleurs des plateformes numériques à compter			Mai 2024 Le Fonds de pension pour le bien-être (Fondo de Pensiones para el Bienestar), créé récemment, garantit aux retraités de recevoir 100 % de leur dernier salaire mensuel, à concurrence du salaire mensuel moyen des cotisants à la sécurité sociale en 2023,		Octobre 2024 L'âge d'ouverture des droits à la pension nationale de base, fixé à 65 ans, est inscrit dans la Constitution. En outre, une disposition de financement garanti a été ajoutée à la Constitution, interdisant

	Âge de départ à la retraite	Couverture	Pensions	Cotisations	Retraites minimale et de base, revenu et conditions de ressources	Impôts et frais	Autres
		de juin 2025.			indexé sur les prix (17 365 MXN en 2025). Cette nouvelle garantie s'applique à compter de juillet 2024 à toute personne âgée de 65 ans ou plus percevant une pension au titre du régime obligatoire par capitalisation à cotisations définies. Janvier 2025 Une pension de base « bien-être » est mise en place pour les femmes âgées de 60 à 64 ans (Pensión Mujeres Bienestar). Initialement versée aux femmes âgées de 63 et 64 ans, elle est étendue en 2025 à toutes les femmes âgées de 60 à 64 ans. Les femmes issues des communautés autochtones ou afro-mexicaines âgées de 60 à 64 ans y ont droit dès son entrée en vigueur. La prestation de 3 000 MXN est versée tous les deux mois, ou environ la moitié de la pension de base nationale à laquelle ont droit les personnes de 65 ans et plus.		de réduire le budget de la pension de base nationale.
Norvège	Mai 2025 Dans les secteurs public et privé, l'âge de la retraite obligatoire est porté de 70 à				Mai 2025 Dans l'ancien système, la pension minimale des célibataires, qui s'élevait à 264 134 NOK par an au début		

	Âge de départ à la retraite	Couverture	Pensions	Cotisations	Retraites minimale et de base, revenu et conditions de ressources	Impôts et frais	Autres
	72 ans à compter de janvier 2026.				de 2025, est majorée de 6 000 NOK par an en sus de l'indexation ordinaire.		
Nouvelle-Zélande		Juin 2025 À compter de juillet 2025, les personnes âgées de 16 et 17 ans pourront choisir de cotiser à KiwiSaver et recevoir la contribution de l'État. À partir d'avril 2026, les employeurs devront verser des cotisations de contrepartie pour les personnes âgées de 16 à 17 ans.		Juin 2025 À compter de juillet 2025, la contribution de l'État est ramenée de 0.50 NZD à 0.25 NZD par 1 NZD pour les personnes cotisant à KiwiSaver. Les personnes dont le revenu annuel est supérieur à 180 000 NZD ne reçoivent plus de contribution de l'État. Le taux de cotisation par défaut passe de 3.0 % à 3.5 % en avril 2026 et à 4.0 % en avril 2028 pour les salariés comme pour les employeurs.			
Pays-Bas							
Pologne				Novembre 2024 L'État subventionne désormais les cotisations sociales des propriétaires de petites entreprises un mois par an. Pendant ce « congé de cotisations », les propriétaires d'entreprises qui emploient moins de dix personnes ne paient pas de cotisations sociales pour eux-mêmes, même si les			Janvier 2025 Il est désormais possible de cumuler une pension de réversion et une pension de vieillesse. Les veufs et les veuves peuvent choisir de toucher leur pension individuelle à taux plein, plus 15 % de la pension de réversion, ou bien la pension de réversion à taux plein plus 15 % de leur pension individuelle.

	Âge de départ à la retraite	Couverture	Pensions	Cotisations	Retraites minimale et de base, revenu et conditions de ressources	Impôts et frais	Autres
				activités de l'entreprise ne sont pas réduites ou suspendues pendant ce mois. Cette mesure n'a aucune incidence sur les droits à la sécurité sociale.			À partir de 2027, le montant de la seconde pension passera de 15 % à 25 %.
Portugal			Janvier 2025 Les pensions sont désormais indexées pour la première fois dans l'année qui suit le départ à la retraite, et non plus la deuxième année comme précédemment.			Octobre 2024 Un versement unique a été effectué : - 200 EUR pour les pensionnés dont la pension est inférieure à l'indice d'aide sociale (IAS, Indexante dos Apoios Sociais) fixé à 509.26 EUR en 2024) - 150 EUR pour les pensionnés dont la pension est inférieure à deux fois l'IAS - 100 EUR pour les pensionnés dont la pension est inférieure à trois fois l'IAS	

	Âge de départ à la retraite	Couverture	Pensions	Cotisations	Retraites minimale et de base, revenu et conditions de ressources	Impôts et frais	Autres
République slovaque	Mai 2024 La condition de durée de carrière pour prendre une retraite anticipée après 40 années travaillées augmente désormais au même rythme que l'âge légal de la retraite. Pour chaque cohorte, la durée de carrière exigée pour ouvrir le droit à la retraite anticipée est égale à l'âge légal de la retraite pour la cohorte diminué de 23, c'est-à-dire à la différence entre l'âge légal de la retraite (63 ans) et la durée de carrière exigée (40 années) pour la cohorte de 1960 qui a atteint l'âge légal de départ à la retraite en 2023. La décote applicable en cas de retraite anticipée est relevée, passant de 0.3 % à 0.5 % par mois, soit l'équivalent de la décote pour un départ à la retraite deux ans avant l'âge légal.		Décembre 2024 Un 13e mois de pension est instauré. Il s'agit d'une prestation forfaitaire égale au versement mensuel moyen de la catégorie de pension concernée l'année précédente (le 13e mois de 2024 correspond à la pension moyenne de 2023). Le versement ne peut être inférieur à 300 EUR, et si une personne perçoit plusieurs types de pension, seul le 13e mois de versement le plus élevé auquel elle a droit est versé. En décembre 2024, un retraité percevait 606 EUR, une veuve 339 EUR, un veuf 300 EUR, un orphelin 300 EUR, une personne en situation de handicap à plus de 70 % 494 EUR et une personne en situation de handicap jusqu'à 70 % 300 EUR. Pour les bénéficiaires d'une pension de vieillesse, le droit à la totalité du 13e mois est conditionné à un minimum de moins de dix années de cotisations en	Janvier 2024 Le paiement des cotisations sociales est suspendu pendant les périodes de congé de maternité ou de congé parental. L'État prend désormais en charge les cotisations de retraite pendant ces périodes. Le taux de cotisation obligatoire au régime d'affiliation automatique est ramené de 5.5 % à 4.0 %, et le relèvement précédemment prévu à 6 % d'ici à 2027 est annulé. La baisse des cotisations au régime est compensée par une hausse des cotisations au régime de retraite public, de sorte que le taux de cotisation total reste à 18 %. Janvier 2025 Le plafond de rémunération à partir duquel des cotisations doivent être versées, tant pour les salariés que pour les travailleurs indépendants, est porté de 7 fois à 11 fois le salaire moyen il y a	Octobre 2023 La pension minimale, liée au minimum vital depuis juillet 2023, a été relevée : - La pension minimale après 30 années de cotisation est passée de 136 % à 145 % du minimum vital. - Pour chaque année supplémentaire de cotisation, le taux augmente encore de 2.5 points de pourcentage, au lieu de 2.0 points auparavant, jusqu'à 39 années de cotisation. L'augmentation pour 40 à 49 années de cotisations (3.0 points de pourcentage) et 50 à 59 années (5.0 points de pourcentage) est inchangée, mais l'augmentation à partir de la 60e année de cotisations passe de 7.0 à 7.5 points de pourcentage. Janvier 2025 La pension minimale est désormais indexée chaque année en janvier, sur le minimum vital en vigueur à ce moment-là (le minimum vital est ajusté en juillet de chaque année).		

	Âge de départ à la retraite	Couverture	Pensions	Cotisations	Retraites minimale et de base, revenu et conditions de ressources	Impôts et frais	Autres
			République slovaque – le versement est ajusté au prorata pour les périodes d'assurance plus courtes. Octobre 2024 La pension parentale, mise en œuvre en 2023, est supprimée à compter de 2025 et remplacée par une nouvelle prestation à compter de 2026. Au lieu d'accorder à chaque parent un complément de retraite égal à 1.5 % de l'assiette annuelle des cotisations de retraite de l'enfant il y a deux ans, les enfants peuvent désormais attribuer à chaque parent 2 % de l'impôt sur le revenu qu'ils ont payé l'année précédente. La nouvelle pension parentale sera versée pour la première fois en 2026, calculée en fonction de l'impôt sur le revenu des personnes physiques pour 2025.	deux ans.			
Royaume-Uni							
Slovénie	Septembre 2025 L'âge légal de la retraite, qui donne droit à une pension de	Septembre 2025 L'âge d'ouverture des droits à pension de réversion passera	Septembre 2025 À compter de 2026, l'indexation des pensions servies passera				

	Âge de départ à la retraite	Couverture	Pensions	Cotisations	Retraites minimale et de base, revenu et conditions de ressources	Impôts et frais	Autres
	vieillesse conditionnée à un minimum de 15 années de cotisations, passera progressivement de 65 à 67 ans entre 2028 et 2035. L'âge de la retraite des personnes ayant cotisé pendant au moins 40 années passera de 60 à 62 ans au cours de la même période. L'âge d'ouverture des droits à la retraite pour les personnes ayant commencé à cotiser avant l'âge de 18 ans et pendant au moins 40 années passera de 58 à 60 ans.	de 58 à 60 ans entre 2028 et 2035 (par tranches de trois mois par an).	progressivement de 60 % de la croissance des salaires et 40 % de l'inflation mesurée par l'IPC, à 20 % de la croissance des salaires et 80 % de l'inflation d'ici à 2045. En ce qui concerne les salaires de référence ouvrant droit à pension, la période utilisée pour calculer l'assiette des pensions passera des 24 meilleures années consécutives aux 40 meilleures années consécutives. À compter de 2028, la période de référence augmentera de deux ans chaque année, pour atteindre 40 années en 2035. Pour une personne ayant effectué une carrière complète, les cinq années les plus faiblement rémunérées des 40 sont exclues, de sorte que la pension sera calculée sur 35 années. À compter de 2028, le taux d'acquisition des droits à pension passera à 30.0 % pour les 15 premières années d'évaluation des pensions. Pour chaque				

	Âge de départ à la retraite	Couverture	Pensions	Cotisations	Retraites minimale et de base, revenu et conditions de ressources	Impôts et frais	Autres
			année suivante, il augmentera progressivement de 1.6 % d'ici à 2035. Avant la réforme, ces taux étaient de 29.5 % et 1.36 %, respectivement. Par conséquent, le taux d'acquisition total après une carrière de 40 années passera de 63.5 % à 70.0 %. Le taux de remplacement des pensions de réversion passera de 70 % en 2025 à 75 % en 2026, puis à 80 % en 2028.				
Suède						Le taux d'imposition des revenus des personnes âgées de 66 ans et plus a été revu à la baisse en 2024, puis de nouveau en 2025. En augmentant l'abattement de base, une plus faible proportion du revenu des personnes âgées est imposée. Étant donné que	

	Âge de départ à la retraite	Couverture	Pensions	Cotisations	Retraites minimale et de base, revenu et conditions de ressources	Impôts et frais	Autres
						l'abattement de base dépend du niveau de revenu, l'incidence sur l'imposition varie selon le niveau de revenu. La réforme ne modifie pas l'imposition des personnes dont la rémunération est inférieure à 200 000 SEK ; la baisse de l'impôt est la plus importante pour les personnes dont le revenu annuel se situe aux alentours de 400 000 à 500 000 SEK, pour qui l'impôt diminue d'environ 5 % sur une période de deux ans.	
Suisse	Janvier 2024 La retraite progressive (liquidation de 20 % à 80 % de la pension) est désormais possible au titre du régime public à partir de deux ans avant l'âge légal de la	Janvier 2024 Les cotisations versées après l'âge légal de la retraite ouvrent désormais des droits à pension supplémentaires jusqu'à l'âge de 70 ans.	Septembre 2024 La réduction du taux utilisé pour convertir le patrimoine retraite de la partie obligatoire du régime de retraite professionnel en pensions annuelles, de 6.8 % à				

	Âge de départ à la retraite	Couverture	Pensions	Cotisations	Retraites minimale et de base, revenu et conditions de ressources	Impôts et frais	Autres
	retraite et jusqu'à l'âge de 70 ans. Le taux de liquidation peut être progressivement augmenté en un maximum de trois phases. La décote habituelle s'applique à la part de pension perçue plus tôt, ou la surcote à la part de pension différée.	En cas de cumul emploi-retraite, la pension peut être recalculée une fois de manière à tenir compte des années travaillées supplémentaires.	6 %, votée par le Parlement en mars 2023, a été rejetée par référendum. Mars 2024 À l'issue d'un référendum, un treizième mois de pension sera mis en œuvre dans le régime public lié à la rémunération antérieure. Il sera versé chaque année en même temps que la pension de décembre, à compter de 2026. Cette augmentation pourrait être financée par une hausse de TVA de 0.7 p.p.				
Tchéquie	Décembre 2024 L'âge légal de la retraite, relevé de deux mois par an jusqu'à atteindre 65 ans en 2030 (cohorte de naissance de 1965), augmentera par la suite d'un mois par an jusqu'à atteindre 67 ans en 2056 (cohorte de naissance de 1989). À compter de 2025, les personnes ayant cotisé au moins 20 années,	Décembre 2024 À compter de 2027, les droits à pension pour les deux premiers enfants changent. Le supplément de 500 CZK par enfant reste en vigueur pour les enfants suivants, mais pour les deux premiers enfants, un parent reçoit désormais des crédits pour trois ans par enfant, même si le parent	Décembre 2024 Entre 2026 et 2035, le salaire de référence pris en compte dans le calcul des retraites sera progressivement réduit. À compter de 2035, 90 % au lieu de 100 % des revenus inférieurs à un certain seuil (20 486 CZK) seront pris en compte dans le calcul des pensions ; la diminution sera progressive, soit 1 p.p. par an. Sur la	Décembre 2024 À compter de 2025, les retraités actifs n'ont plus à payer le taux de cotisation de retraite de 6.5 % appliqué aux salariés. Dans le cas des travailleurs indépendants, le taux de cotisation est réduit de 6.5 points de pourcentage, passant de 28 % à 21.5 %. Les cotisations patronales restent au même niveau. Cette mesure remplace	Décembre 2024 À compter de 2026, la pension minimale (le total de la pension de base et de la pension liée à la rémunération) est fixée à 20 % du salaire moyen, soit près du double du montant de la pension minimale. Comme auparavant, les personnes doivent avoir travaillé 35 années pour toucher la retraite minimale.		

	Âge de départ à la retraite	Couverture	Pensions	Cotisations	Retraites minimale et de base, revenu et conditions de ressources	Impôts et frais	Autres
	mais moins de 35, peuvent prendre leur retraite deux ans après l'âge légal de la retraite, au lieu de cinq ans précédemment. Depuis 2025, les personnes occupant des emplois pénibles ou dangereux peuvent prendre leur retraite plus tôt. Le départ à la retraite est possible sans décote 15 mois avant l'âge légal de la retraite à condition de comptabiliser au moins 2 200 équipes (environ 10 années travaillées) dans des emplois jugés pénibles ou dangereux (risques de catégorie 4 en vertu de la loi sur la protection de la santé publique), ou 30 mois avant si elles comptabilisent 4 400 équipes (environ 20 années travaillées). À compter de 2026, la décote est divisée par deux (0.75 % au lieu de 1.5 % pour 90 jours de liquidation anticipée) dans le cas des travailleurs prenant une retraite anticipée après	reprend le travail avant la fin de la période de trois ans (la même période ne peut pas être validée deux fois dans le cas de deux enfants nés à moins de trois ans d'intervalle). Ces périodes sont validées en fonction de la rémunération moyenne des personnes dont le salaire est inférieur au salaire moyen, et sur la rémunération antérieure pour les personnes dont le salaire est supérieur au salaire moyen. À compter de 2026, les périodes d'études doctorales sont validées.	même période, le taux d'acquisition sera revu à la baisse et passera de 1.5 % à 1.45 % par an, à raison de 0.005 p.p. par an. À compter de 2027, les couples auront la possibilité de partager leurs droits à pension. Pour les périodes pendant lesquelles les deux partenaires sont occupés, les couples pourront demander que les droits à la retraite de chacun des partenaires soient calculés en fonction de la rémunération moyenne des deux.	l'augmentation de 0.4 % des pensions pour chaque année de cumul emploi-retraite.			

	Âge de départ à la retraite	Couverture	Pensions	Cotisations	Retraites minimale et de base, revenu et conditions de ressources	Impôts et frais	Autres
	45 années de cotisation.						
Türkiye				Janvier 2025 Pour les employeurs du secteur privé, les subventions aux cotisations sociales d'invalidité, de vieillesse et de réversion ont été réduites, passant de 5 à 4 points de pourcentage. Cette baisse ne concerne pas les employeurs du secteur manufacturier dont la subvention est maintenue à 5 points de pourcentage au moins jusqu'à la fin de 2026.	La pension minimale, précédemment fixée à 7 500 TRY, a été relevée à plusieurs reprises : - Janvier 2024 : 10 000 TRY - Juillet 2024 : 12 500 TRY En 2025, les indexations ont suivi la règle générale de l'indexation sur les prix.		Juillet 2024 Il est dorénavant possible d'effectuer des retraits sur des comptes individuels de retraite avant d'atteindre l'âge minimum de la retraite. Ces retraits peuvent être effectués en cas de mariage, d'achat d'un logement, de catastrophe naturelle ou d'études universitaires. Chaque motif de retrait ne peut être évoqué qu'une seule fois et les retraits doivent être espacés d'au moins cinq ans, à l'exception de ceux dus à des catastrophes naturelles. Jusqu'à 50 % du solde du compte peut être retiré en une fois. Les retraits destinés aux études sont versés sous forme de rente pour quatre ans ; tous les autres sont sous forme de capital.

Notes

[1] En raison de la pandémie de COVID-19, les taux de solde migratoire enregistrés en 2020 et 2021 ont été bien inférieurs aux taux des années précédentes. L'année 2019 constitue par conséquent une meilleure année de référence pour évaluer l'augmentation du solde migratoire de 2022.

[2] L'incidence des migrations sur l'évolution du taux de dépendance démographique peut être minime, même si le solde migratoire a augmenté ces dernières années. La décomposition ne prend pas en compte l'évolution des flux migratoires au cours des 10 dernières années uniquement, mais plutôt sur toute la durée de la vie des cohortes concernées, depuis la naissance. Avant de pouvoir commencer à peser réellement sur la composition de la population totale d'âge actif par rapport à la population âgée, les taux de solde migratoire devraient être maintenus à un niveau élevé pendant un certain temps.

[3] Les personnes nées en 2002 qui n'auraient pas atteint 40 ans de cotisation pourront bénéficier d'un départ à la retraite anticipée à partir de l'âge de 66 ans (soit l'âge normal de la retraite pour les travailleurs ayant effectué une carrière complète). Une décote permanente de 6 % par année d'anticipation sera en outre appliquée.

[4] La surcote est calculée différemment selon que la durée de cotisation est inférieure ou supérieure à 44 ans et 6 mois. Les estimations sont établies à partir du modèle de retraite de l'OCDE.

[5] Les estimations sont établies à partir du modèle de retraite de l'OCDE.

[6] La surcote ou décote s'élèvera d'abord à 2 % par an en cas de départ anticipé ou de report à partir de 2026, puis à 4 % à partir de 2030. Toutes deux dépendront de la durée de cotisation : la décote s'appliquera ainsi uniquement aux personnes ayant travaillé moins de 35 ans, tandis que la surcote s'appliquera uniquement à celles affichant au moins 35 ans d'activité. Les périodes de congé de maternité et de soutien familial seront prizes en compte dans le calcul des 35 années de cotisation afin de déterminer si une décote ou une surcote doit s'appliquer. Ces conditions de durée de cotisation nuisent à l'efficacité des systèmes de décote/surcote dans la suppression des obstacles à l'allongement de la vie active, dans la mesure où elles contreviennent au principe de la neutralité actuarielle et excluent des groupes importants de personnes.

[7] Le cumul emploi-retraite est la forme prépondérante de travail au-delà de l'âge de départ à la retraite, dans la mesure où le report de la retraite n'est pas une pratique courante. Dans le chapitre consacré aux retraites modulées de l'édition 2017 du *Panorama des pensions*, il est indiqué que dans l'Union européenne seuls 2 % des 65-69 ans poursuivent une activité professionnelle sans demander à bénéficier de leur retraite (contre 22 % des 60-64 ans) (OCDE, 2018$_{[12]}$).

[8] Si aucune surcote n'est prévue pour le report des 60 % ou 80 % restants, la Slovénie applique néanmoins un taux d'acquisition de droits particulièrement élevé pour les années travaillées après l'âge légal de la retraite. L'association, d'une part, de l'absence d'une surcote sur les 60 % de prestations de retraite différées et, d'autre part, d'un très fort taux d'acquisition des droits, permet d'atteindre un niveau de pension proche de la neutralité actuarielle, bien que de manière relativement complexe (OCDE, 2022$_{[4]}$).

[9] En Allemagne, les salariés sont exemptés du paiement des cotisations de retraite en cas de cumul emploi-retraite après l'âge normal de départ, même si les employeurs restent redevables des cotisations

patronales, sans que cela donne lieu à l'ouverture de droits à pension supplémentaires. Les salariés peuvent renoncer à cette exemption et payer les cotisations correspondantes, auquel cas ils continuent d'acquérir de nouveaux droits. De la même manière, en Türkiye, les cotisations sociales payées par les retraités actifs sont minorées et n'octroient aucun droit supplémentaire ; les employeurs continuent quant à eux de payer les cotisations dues. Les employés ont la possibilité d'acquérir des droits à pension supplémentaires s'ils suspendent le versement de leur pension et s'acquittent régulièrement de leurs cotisations.

[10] Au Luxembourg, si les employés peuvent demander le remboursement de leurs cotisations salariales, les cotisations patronales ne peuvent quant à elles pas être restituées. Dans la mesure où ce remboursement n'est possible que sur demande expresse, cette pratique constitue de fait un impôt sur la méconnaissance des procédures.

[11] Après un an de report, il est possible de travailler tout en percevant jusqu'à 45 % de sa pension complète. Pour bénéficier d'une retraite complète, la période de report doit être d'au moins 5 ans. Pour chaque année de cumul emploi-retraite, la part de la pension versée augmente de 5 points supplémentaires, jusqu'à atteindre 100 %. Par conséquent, une personne qui reporterait la liquidation de sa pension d'une année puis cumulerait emploi et retraite, recevrait 45 % de sa pension la première année, 50 % l'année suivante et 55 % la troisième année.

[12] Le plafond de revenus ne s'applique pas aux personnes justifiant de 45 années de cotisation.

[13] Tous les pays ayant instauré la retraite obligatoire pour les fonctionnaires (à l'exception de la Colombie, de l'Irlande, de l'Italie et de la Türkiye) prévoient la possibilité de prolonger l'emploi dans la fonction publique au-delà de l'âge de départ obligatoire à la retraite sous certaines conditions, comme des obligations de résultat ou si un départ à la retraite entraînerait une perte de capacités pour le service public. Que ce soit par le renouvellement d'un contrat ou l'extension de sa durée, il est possible de prolonger un emploi dans la fonction publique, généralement pour une période de trois à cinq ans, le plus souvent sous la forme de contrats individuels ou de prolongations reconductibles d'un an.

[14] Au Chili, le salaire minimum est minoré pour les personnes recrutées après l'âge légal de la retraite (65 ans), et ce, afin d'encourager l'embauche de retraités. Il ne s'agit toutefois pas d'une forme de retraite obligatoire, car les employés sous contrat atteignant l'âge légal de la retraite ne sont pas concernés. Cette mesure s'applique en effet uniquement aux personnes recrutées après l'âge légal de la retraite.

[15] Après l'élimination de l'âge du départ à la retraite en mars 2023 pour les personnes entrées sur le marché du travail avant le 8 septembre 1999, l'âge normal de la retraite en Türkiye est même descendu à 47 ans pour les hommes et 46 ans pour les femmes.

[16] Si la Türkiye fait figure d'aberration pour les personnes qui partent à la retraite maintenant, l'âge normal de la retraite devrait augmenter rapidement puisqu'il sera fixé à 65 ans pour les hommes entrés dans la vie active en 2024.

[17] Au Danemark, le relèvement de l'âge légal de la retraite doit être approuvé par le parlement. Selon les règles actuelles, les révisions de l'âge de la retraite ont lieu tous les cinq ans et entrent en vigueur 15 ans après leur approbation (OCDE, 2021[3]).

[18] Pour chaque cohorte, la durée de carrière exigée pour ouvrir le droit à la retraite anticipée est égale à l'âge légal de la retraite pour la cohorte diminué de 23, c'est-à-dire à la différence entre l'âge légal de la

retraite (63 ans) et la durée de carrière exigée (40 ans) pour la cohorte de 1960 qui a atteint l'âge légal de départ à la retraite en 2023.

[19] Les déductions d'un an pour un seul enfant et de deux ans pour plus d'un enfant restent en place.

[20] Normalement, la pension est suspendue si la rémunération dépasse le seuil de revenus pour les personnes exerçant une activité minimale (*Geringfügigkeitsgrenze*), fixé à 551 EUR par mois en 2025. En 2024 et 2025, une personne peut être rémunérée à hauteur de 40 % de ce seuil mensuel en plus de cette limite sur l'année complète (c'est-à-dire jusqu'à 220 EUR pour l'année complète en 2025) avant que la pension ne soit suspendue.

[21] Une réduction du temps de travail de 25 % et de 75 % était déjà possible deux ans avant l'âge normal de la retraite dans le cas d'un « contrat de relève » (*contrato de relevo*), selon lequel un retraité est progressivement remplacé par une personne au chômage ou précédemment employée sous contrat temporaire. Depuis 2025, la retraite progressive sous ce type de contrat est autorisée à partir de trois ans avant l'âge normal de départ à la retraite, sachant toutefois que dans ce cas, le temps de travail ne peut pas être réduit de plus de 20 % à 33 % la première année.

[22] La compensation est inférieure dans le cas d'un départ à la retraite avant 65 ans.

[23] La pension contributive de base augmente de 0.1 UF par année de cotisation. L'UF (*Unidad de Fomento*) est une unité de compte monétaire utilisée au Chili. La pension de vieillesse moyenne au titre du régime par capitalisation à cotisations définies servie en mars 2025 était de 6.73 UF, ou environ 264 000 CLP (Superintendencia de Pensiones, 2025[38]).

[24] Au Chili, la prestation ciblée est augmentée, mais les seuils minimum et maximum entre lesquels la prestation est progressivement réduite restent inchangés, respectivement à 64 % et 102 % du salaire brut moyen. Étant donné qu'une prestation plus élevée doit être entièrement supprimée entre les deux mêmes limites, le taux de dégressivité est plus important.

[25] Les comptes individuels seraient en outre renforcée par la suppression progressive des frais administratifs de 0.8 p.p., de sorte que les cotisations au compte individuel passeraient de 13.2 % à 14.0 %.

[26] Les personnes qui ont acquis 300 à 999 semaines de cotisations perceveraient à la place une rente assortie d'un complément financé par l'impôt, plafonnée à 80 % du salaire minimum. La prestation ciblée, le capital et la rente seraient perçus trois ans après l'âge normal de la retraite, à partir de 65 ans pour les hommes et de 60 ans pour les femmes, ce qui correspond aux âges de la prestation ciblée précédente.

[27] Sur la part du salaire dépassant 4 fois le salaire minimum, une cotisation de 1.5 % à 3.0 % (sur la part dépassant 20 fois le salaire minimum) serait prélevée. Les cotisations prélevées des pensions seraient inférieures, soit 1 % sur la part des pensions totales entre 10 et 20 fois le salaire minimum, et une cotisation de 2 % sur la part des pensions totales au-delà de ce seuil.

[28] Un fonds a été créé pour financer le complément. Outre les fonds dormants des personnes âgées de plus de 70 ans (il reste possible de recouvrer sa pension du fonds), le fonds est financé par diverses sources dont, entre autres, les actifs saisis par l'État et les bénéfices des entreprises publiques.

[29] L'augmentation s'applique aussi partiellement aux célibataires nés entre 1954 et 1963.

[30] L'indexation reprendra plus tôt si l'indice dépasse le niveau de 2023 (10.2 %).

[31] Le seuil passe de 18 306 EUR à 15 000 EUR pour les célibataires et de 29 290 EUR à 24 000 EUR pour les couples. Le taux de dégressivité appliqué aux revenus a lui aussi relativement augmenté, passant de 41.3 % à 43.5 %.

[32] L'augmentation pour 40 à 49 années de cotisations (3.0 points de pourcentage) et 50 à 59 années (5.0 points de pourcentage) est inchangée, mais l'augmentation à partir de la 60e année de cotisations est passée de 7.0 à 7.5 points de pourcentage.

[33] Seulement 3 120 jours d'emploi effectif sont requis pour ouvrir le droit à la pension minimale pour l'emploi à temps partiel, auquel cas la prestation de retraite minimale est calculée au prorata du nombre de jours effectivement travaillés relativement au nombre de jours travaillés par une personne ayant effectué une carrière de 45 ans à temps plein. Certaines périodes non travaillées, en particulier en raison de responsabilités familiales, sont néanmoins incluses pour déterminer si une personne a atteint le nombre requis de jours d'emploi effectif.

[34] Concerne uniquement les périodes pendant lesquelles des droits à pension sont acquis en tant que salarié en Belgique. Il est également possible d'acquérir des droits en tant que travailleurs indépendants ou à l'étranger.

[35] En vertu des nouvelles règles adoptées par les autorités slovènes, les 40 meilleures années consécutives sont prizes en compte dans le calcul de la retraite, mais les cinq années les moins bien rémunérées sont exclues ; pour les personnes avec au moins 28 années de cotisations, une année peut être exclue du calcul de la retraite, chiffre qui passe à cinq années avec 40 années de carrière et de cotisations. Cette période sera allongée de deux ans chaque année entre 2028 et 2035.

[36] Dans le cas d'un travailleur dont la rémunération passe de 60 % à 123 % du salaire moyen pendant sa carrière, la réforme a réduit le taux réel de rendement annuel effectif, c'est-à-dire le taux de rendement implicite sur les cotisations acquittées par un individu pour financer sa retraite, de 2.7 % à 2.3 %. Ces chiffres restent nettement supérieurs au taux de rendement interne réel de 1.6 %, lequel correspond au niveau qui financerait de manière viable les promesses de pension tirée des cotisations dans ce cas.

[37] L'âge d'affiliation automatique demeure 18 ans, mais il est dorénavant possible d'être affilié à partir de 16 ans et de recevoir les contributions de l'État. Les contributions de contrepartie de l'employeur sont obligatoires à partir de 2028 seulement.

[38] Le 13e mois de pension est propre au type de pension perçue ; par exemple, les retraités touchent la pension de vieillesse moyenne, tandis que les bénéficiaires d'une pension de réversion ou d'invalidité touchent la moyenne de leurs types de prestations respectifs.

[39] La République slovaque a également augmenté le plafond de rémunération à partir duquel les cotisations sont exigibles ; il correspond dorénavant à 11 au lieu de 7 fois le salaire brut moyen, pour les salariés comme pour les travailleurs indépendants.

[40] Le Portugal a versé une prestation exceptionnelle aux personnes dont la pension était inférieure à trois fois l'indice de soutien social (IAS, *Indexante dos Apoios Sociais*) en 2024, d'un montant de 100 à 200 EUR selon le niveau de pension.

[41] Le supplément est progressivement rétabli, en commençant par les personnes parties à la retraite après son abolition en 2012 et 2013, de telle sorte que tous les retraités qui travaillaient avant 1996 bénéficieront d'un supplément d'ici à 2029.

[42] Une décote de 3 % s'applique aux retraits avant l'âge normal de départ à la retraite, mais ces retraits sont exonérés d'impôt sur le revenu des personnes physiques. Au moment du départ à la retraite, une partie de la pension devrait être touchée sous forme de rente si le solde du compte dépasse un certain seuil.

[43] Les retraits destinés aux études sont versés sous forme de rente pour quatre ans ; tous les autres sont sous forme de capital.

[44] Les subventions couvraient auparavant les personnes affiliées au régime qui avaient cessé d'acquitter leurs cotisations, tandis que les nouvelles subventions couvrent toutes les personnes affiliées au régime. Les subventions sont destinées à couvrir la moitié des cotisations de retraite pour une période ne dépassant pas 12 mois ; la subvention maximale n'a pas encore été déterminée. La subvention qui encourage les travailleurs à s'affilier de manière volontaire a été augmentée pour les 12 premiers mois de versement des cotisations.

[45] Les nouvelles périodes validées reposent sur la rémunération moyenne des personnes dont le salaire est inférieur au salaire moyen, et sur la rémunération antérieure pour les personnes dont le salaire est supérieur au salaire moyen.

[46] La Corée avait également plafonné le total des crédits pour responsabilité parentale à 50 mois sur toute la durée de la carrière. Ce plafond est également aboli à compter de 2026.

[47] Le Japon a par ailleurs augmenté le supplément forfaitaire pour les pensionnés vivant avec des enfants de moins de 18 ans.

[48] Dans le contexte de la décision de la Cour européenne des droits de l'Homme de 2022 selon laquelle la législation suisse en vigueur traite les hommes et les femmes à égalité. Les veuves reçoivent actuellement une rente à vie indépendamment de leur âge si elles ont des enfants ou, en l'absence d'enfants, à partir de 45 ans à condition d'avoir été mariées pendant au moins cinq ans. Les veufs, en revanche, ne peuvent toucher une pension de réversion qu'à condition d'avoir des enfants. Il est proposé de mettre en place une rente jusqu'à ce que le plus jeune enfant atteigne l'âge de 25 ans, indépendamment du sexe du bénéficiaire ou de la situation maritale du couple. Pour les personnes sans enfant de moins de 25 ans au moment du décès du conjoint, une prestation de transition de deux ans serait versée, sauf si le partenaire survivant a 58 ans ou plus au moment du décès et si la perte du conjoint entraînerait sa précarité. Des personnes qui touchent déjà une pension de réversion, celles de moins de 55 ans sans enfants à charge passeraient à la prestation de transition de deux ans.

2 Écart de pension entre les genres

Le présent chapitre s'ouvre sur une analyse comparative de l'évolution récente et des projections des pensions des femmes et les hommes dans les pays de l'OCDE, et examine les disparités entre les genres à travers les différentes composantes des régimes de pensions. La deuxième section analyse les principaux déterminants de l'écart de pension entre les genres, qui s'explique avant tout par les disparités de revenus entre les femmes et les hommes sur l'ensemble de la vie. Ces inégalités salariales trouvent leur origine dans des trajectoires professionnelles marquées par des différences s'agissant de l'emploi, des heures travaillées et de la rémunération horaire. Ce chapitre soulève ensuite des questions normatives quant à la façon dont la politique en matière de retraite peut contribuer à réduire les écarts de pension. La section suivante analyse en détail les règles des régimes de retraite qui ont une incidence directe ou indirecte sur ces disparités, en prenant appui sur le modèle des retraites de l'OCDE. La section d'après porte sur les inégalités de genre observées dans les systèmes de retraite par capitalisation. Pour conclure, ce chapitre examine les conséquences pour l'action publique.

Introduction

Les femmes perçoivent des pensions nettement inférieures à celles des hommes, ce qui soulève de vives préoccupations sur le plan social et de l'action publique. Les écarts de pension entre les femmes et les hommes découlent en grande partie des inégalités de genre sur le marché du travail, ainsi que de la charge disproportionnée de travail familial et domestique non rémunéré assumée par les femmes, et contribuent à perpétuer ces inégalités. La plus grande longévité des femmes, conjuguée à ces écarts de pension, se traduit par un risque accru de pauvreté chez les femmes âgées.

Certains mécanismes intégrés aux systèmes de retraite atténuent les effets des inégalités professionnelles sur les revenus de retraite, contribuant ainsi à réduire les écarts de pension entre les genres. En particulier, les pensions du premier pilier sont plus élevées pour les personnes moins actives sur le marché du travail, et compensent partiellement le faible niveau de pension imputable à des revenus modestes sur l'ensemble de la vie active. Les systèmes de retraite visent souvent à réduire les inégalités de revenus et à lutter contre la pauvreté, tout en limitant la baisse du niveau de vie à la retraite et en offrant une protection contre l'incertitude liée à la durée de vie, c'est-à-dire les risques de longévité.

Les politiques de retraite sont influencées par les choix normatifs orientant les politiques familiales plus générales, qui se reflètent notamment dans la conception des instruments ci-après. Les majorations de pension pour enfants visent spécifiquement à compenser l'impact indirect de l'éducation des enfants su le développement de la carrière. Les bonifications de pension accordées aux personnes ayant eu des enfants, indépendamment de toute interruption d'activité, peuvent compenser partiellement les effets indirects de la parentalité sur le déroulement de la carrière. Les pensions de réversion profitent principalement aux femmes, en raison de leur espérance de vie plus élevée et de leurs droits à pension généralement inférieurs à ceux des hommes. Bien qu'il existe depuis quelques décennies dans certains pays, le partage de pension ne rencontre pas un franc succès.

Le présent chapitre s'ouvre sur une analyse comparative de l'évolution récente et des projections des pensions des femmes et les hommes dans les pays de l'OCDE, et examine les disparités entre les genres à travers les différentes composantes des régimes de pensions. La deuxième section analyse les principaux déterminants de l'écart de pension entre les genres, qui s'explique avant tout par les disparités de rémunération entre les hommes et les femmes tout au long de la vie professionnelle. Ces inégalités salariales trouvent leur origine dans des trajectoires professionnelles marquées par des différences s'agissant de l'emploi, des heures travaillées et de la rémunération horaire. Ce chapitre soulève ensuite des questions normatives quant à la façon dont la politique en matière de retraite peut contribuer à réduire les écarts de pension. La section suivante analyse en détail les règles des régimes de retraite qui ont une incidence directe ou indirecte sur ces disparités, en prenant appui sur le modèle des retraites de l'OCDE. La section d'après porte sur les inégalités de genre observées dans les systèmes de retraite par capitalisation. Pour conclure, ce chapitre examine les conséquences pour l'action publique.

Principales conclusions et conséquences pour l'action publique

Niveaux de pension

- Dans les pays de l'OCDE, les femmes perçoivent des pensions mensuelles inférieures d'environ un quart en moyenne à celles des hommes. Cet écart varie considérablement d'un pays à l'autre : alors qu'il est inférieur à 10 % en Estonie, en Islande, en République slovaque, en Slovénie et en Tchéquie, il dépasse 35 % en Autriche, au Mexique, aux Pays-Bas et au Royaume-Uni, atteignant même 47 % au Japon.

- L'écart moyen important entre les pensions des femmes et des hommes dans les pays de l'OCDE s'est réduit, passant de 28 % en 2007 à 23 % en 2024. Selon les projections, il devrait continuer à se resserrer dans tous les pays pour lesquels de telles projections sont disponibles.
- L'écart de pension entre les genres constitue l'indicateur de référence pour mesurer les différences moyennes de niveaux de pension entre les femmes et les hommes. Toutefois, il ne rend pas compte des différences de niveau de vie entre les femmes et les hommes âgés, lesquelles dépendent également des autres sources de revenus, de la composition des ménages, et des modalités de partage des ressources au sein de ces derniers. De plus, les personnes âgées sans pension individuelle ne sont pas prises en compte dans le calcul de l'écart de pension. Il n'existe en réalité aucune corrélation dans les pays de l'OCDE entre l'écart de pension entre les genres et l'écart de revenu disponible moyen entre les femmes et les hommes âgés de 66 ans ou plus. En moyenne, dans la zone OCDE, les écarts de revenu disponible entre les femmes et les hommes âgés de 66 ans et plus sont nettement inférieurs aux écarts de pension entre les genres : ils s'élevaient à 10% en 2023, soit moins de la moitié de l'écart de pension moyen.
- En 2024, l'espérance de vie des femmes après la sortie effective du marché du travail se montait à 22.8 ans en moyenne dans les pays de l'OCDE, contre 18.6 ans pour les hommes, soit 4.1 ans ou environ 25 % de plus. Dans de nombreux pays de l'OCDE, les femmes et les hommes commencent à percevoir leur pension de vieillesse liée à la rémunération à des âges comparables. Toutefois, des écarts importants sont observés dans les pays où les femmes peuvent partir à la retraite plus tôt : 4.3 ans en Pologne, 3.0 ans au Chili, 2.8 ans en Hongrie et 2.0 ans en Autriche.
- Dans les pays de l'OCDE, les femmes représentent plus de trois cinquièmes des bénéficiaires des pensions du premier pilier, contre seulement la moitié des bénéficiaires des pensions obligatoires liées à la rémunération. Les femmes sont nettement sous-représentées parmi les bénéficiaires de pensions de droit direct liées à la rémunération (hors pensions de réversion) en Belgique, en Corée, au Costa Rica, en Espagne, en Grèce, en Italie, au Japon, au Luxembourg et en République slovaque.
- Les disparités de revenus entre les genres sur l'ensemble de la vie sont la principale cause de l'écart de pension entre les genres, une grande partie des prestations de retraite étant directement liée aux revenus d'activité. Les écarts entre les femmes et les hommes pour ce qui est de la durée de carrière prévue, des heures travaillées et de la rémunération horaire contribuent de manière comparable aux importantes disparités de revenus entre les genres sur l'ensemble de la vie, qui s'établissaient à 35 % en moyenne en 2023 dans les pays de l'OCDE.
- La durée de carrière prévue des femmes âgées était de 34 ans en 2023, inférieure de près de six ans en moyenne (soit 15 %) à celle des hommes dans la zone OCDE. L'écart entre les genres pour ce qui est de la durée de carrière prévue a fortement diminué, passant en moyenne de 18 ans en 1980 à 6 ans en 2023, principalement sous l'effet de l'allongement de la vie professionnelle des femmes. Malgré une baisse de 1.5 heure depuis 2008, l'écart observé entre les femmes et les hommes en emploi pour ce qui est de la durée hebdomadaire de travail demeure relativement important. Il s'établissait à 5.1 heures en moyenne dans les pays de l'OCDE en 2023, soit environ 13 %. L'écart de rémunération horaire entre les femmes et les hommes est également notable, s'établissant à quelque 11 % en moyenne dans les pays de l'OCDE. Il a diminué d'environ 4 points de pourcentage depuis 2008.

Règles des régimes de retraite

- Bien que l'écart se soit progressivement réduit au cours des 30 dernières années, les femmes peuvent toujours accéder à une retraite sans décote plus tôt que les hommes dans neuf pays de l'OCDE. Selon la législation en vigueur, cette différence d'âge normal de la retraite sera supprimée en Autriche, en Lituanie et en Suisse. En revanche, elle perdurera en Colombie, au Costa Rica, en Hongrie, en Israël, en Pologne et en Türkiye, ce qui aura une incidence négative sur le niveau des pensions des femmes.

- En France, en Italie, en République slovaque, en Slovénie et en Tchéquie, les mères peuvent partir à la retraite plus tôt que les femmes sans enfant, l'écart variant de quatre mois à quatre ans en fonction du pays et du nombre d'enfants. En revanche, pour éviter une décote, elles n'ont d'autre choix que de retarder leur départ à la retraite lorsqu'elles ont interrompu leur carrière pour élever leurs enfants pendant cinq ans en Grèce et au Portugal, ou dix ans en Espagne et en France.
- En moyenne dans les pays de l'OCDE, les systèmes de retraite obligatoires compensent environ pour moitié les effets d'une interruption de carrière de cinq ans consacrée à l'éducation des enfants sur les droits à pension des mères de deux enfants. Neuf pays de l'OCDE accordent des crédits de pension simplement pour le fait d'avoir eu des enfants ou accordent des bonifications aux parents, qu'il y ait eu interruption de carrière ou pas.
- L'Allemagne, l'Autriche, la Belgique, le Danemark, l'Espagne, l'Estonie, la Finlande, la France, la Hongrie, l'Irlande, la Lituanie, la Norvège et le Royaume-Uni prennent également en compte les périodes consacrées la prise en charge informelle d'adultes au sein du cercle familial, une responsabilité assumée en grande majorité par les femmes.
- La Corée et les États-Unis octroient des majorations pour conjoint à charge, le Japon prend en compte les périodes de non-activité des conjoints dans son régime de base fondé sur les cotisations, et la Belgique applique des taux d'acquisition plus avantageux aux couples dans le cadre de son régime contributif. Ces dispositifs octroient des prestations spécifiques aux couples dont l'un des membres ne bénéficie pas de sa propre pension de retraite ou ne perçoit qu'une pension très faible.
- Dans l'ensemble des pays de l'OCDE, les régimes publics obligatoires ne tiennent pas compte des écarts de longévité entre les femmes et les hommes dans le calcul des prestations, ce qui est cohérent avec le principe de mutualisation des risques de longévité à l'échelle de toute la population. Étant donné que les femmes touchent des pensions plus faibles, on évite de réduire encore davantage leur pension mensuelle en ignorant les écarts de longévité entre les genres. Dans l'Union européenne, les régimes de retraite privés ne sont légalement pas autorisés à prendre en compte les écarts de longévité entre les femmes et les hommes dans le calcul des prestations, y compris dans les régimes par capitalisation à cotisations définies.
- Dans les régimes à cotisations définies des pays non membres de l'Union européenne dont les prestations dépendent de l'espérance de vie des femmes et des hommes, les femmes se trouvent désavantagées : à niveau égal d'actifs accumulés, elles perçoivent des pensions mensuelles inférieures à celles des hommes, en raison de leur espérance de vie plus élevée. Une réforme récente du système de retraite au Chili vise à neutraliser l'impact négatif de la plus grande longévité des femmes sur les pensions servies par le régime par capitalisation à cotisations définies. Pour ce faire, une bonification compensatoire est accordée aux femmes, comme si leur pension était calculée sur la base des tables de mortalité applicables aux hommes.
- Bien qu'il existe depuis plusieurs décennies dans certains pays, le partage de pension, c'est-à-dire le mécanisme de partage des droits à pension entre conjoints, ne rencontre pas un franc succès.

Conséquences pour l'action publique

- Les mesures les plus efficientes pour réduire durablement l'écart de pension entre les genres doivent cibler les différences entre genres en matière d'emploi, d'heures travaillées et de rémunération. Le partage inégal du travail familial et domestique non rémunéré entre les femmes et les hommes, ainsi que les disparités persistantes en matière de parcours éducatifs et professionnels, sont particulièrement lourds de conséquences.

- Même si les retraites ne peuvent corriger l'ensemble des inégalités accumulées au fil des parcours éducatifs et professionnels, la réduction des disparités de revenu à l'âge de la vieillesse demeure un objectif fréquent des systèmes de retraite. Les dispositifs visant à atténuer l'impact des inégalités professionnelles sur les revenus à la retraite contribuent également à réduire les écarts de pension entre les genres. Ces dispositifs incluent notamment les formules progressives du calcul de la pension, le minimum contributif et les pensions de base, auxquels s'ajoutent les majorations de pension accordées au titre des interruptions de carrière.
- Les pays souhaitant promouvoir l'égalité des genres dans l'emploi et réduire l'écart de pension entre les femmes et les hommes devraient aligner l'âge légal de départ à la retraite des femmes sur celui des hommes.
- Des prestations du premier pilier généreuses, en particulier lorsqu'elles sont soumises à des conditions de ressources, atténuent considérablement les inégalités de pension et, par conséquent, l'écart de pension entre les genres.
- Les majorations pour enfants sont un instrument efficace pour atténuer l'impact des interruptions de carrière relativement courtes, notamment pour les bas salaires. Elles profitent principalement aux femmes, compte tenu de la répartition très inégale des responsabilités parentales entre les femmes et les hommes.
- Protéger le niveau de vie des survivants en cas de perte de revenus après le décès du partenaire reste un objectif d'action politique important. Dans les régimes obligatoires liés à la rémunération, les pensions de réversion réduisent d'environ un tiers en moyenne l'écart de pension entre les genres. Dans tous les pays de l'OCDE où un tel dispositif existe, les femmes sont nettement plus nombreuses que les hommes à percevoir une pension de réversion. Elles représentent 88 % des bénéficiaires en moyenne. Pour favoriser l'allongement de la carrière des femmes, les bénéficiaires ne devraient pas pouvoir prétendre à une pension de réversion permanente avant l'âge légal de la retraite.
- Un effort de communication s'impose pour informer les femmes sur la possibilité et sur l'importance de partager les droits à pension au moment du divorce. Cela étant, le partage des droits à pension s'avère relativement facile à mettre en œuvre dans les régimes à cotisations définies, les systèmes par points ou les régimes à prestations définies reposant sur des taux d'acquisition simples. En revanche, il pose davantage de difficultés dans les systèmes de retraite complexes et fragmentés, notamment lorsque les liens entre cotisations et droits à pension sont moins directs.
- L'abaissement des seuils de revenus et d'heures travaillées requis pour bénéficier de la couverture des régimes de pension, conjugué à un assouplissement des conditions d'accès liées à la durée minimale de cotisation, contribuerait également à réduire les écarts de revenus entre les femmes et les hommes à l'âge de la retraite.

Disparités entre les genres en matière de pensions

Les écarts de pension entre les genres sont importants, mais se réduisent progressivement

Dans les pays de l'OCDE, les pensions des femmes sont inférieures d'un quart en moyenne à celles des hommes. En 2024, l'écart de pension entre les genres, qui mesure la différence entre la pension moyenne des hommes et celle des femmes, exprimée en pourcentage de la pension des hommes, était inférieur ou égal à 10 % en Estonie, en Islande, en République slovaque, en Slovénie et en Tchéquie, mais supérieur à 35 % en Autriche, au Mexique, aux Pays-Bas et au Royaume-Uni, et s'établissait même à 47 % au Japon (Graphique 2.1). Ces écarts notables s'expliquent principalement par des trajectoires d'emploi et de salaire divergentes entre les femmes et les hommes, comme analysé dans la section suivante. Étant donné la faiblesse actuelle des pensions perçues par les femmes retraitées, les femmes en âge de travailler sont moins confiantes que les hommes quant à la possibilité de toucher des prestations de vieillesse adéquates (Frey, Alajääskö et Thomas, 2024[1]).

Graphique 2.1. L'écart de pension entre les genres se resserre progressivement dans l'ensemble des pays

Écart entre la pension moyenne des hommes et celle des femmes, en pourcentage de la pension moyenne des hommes

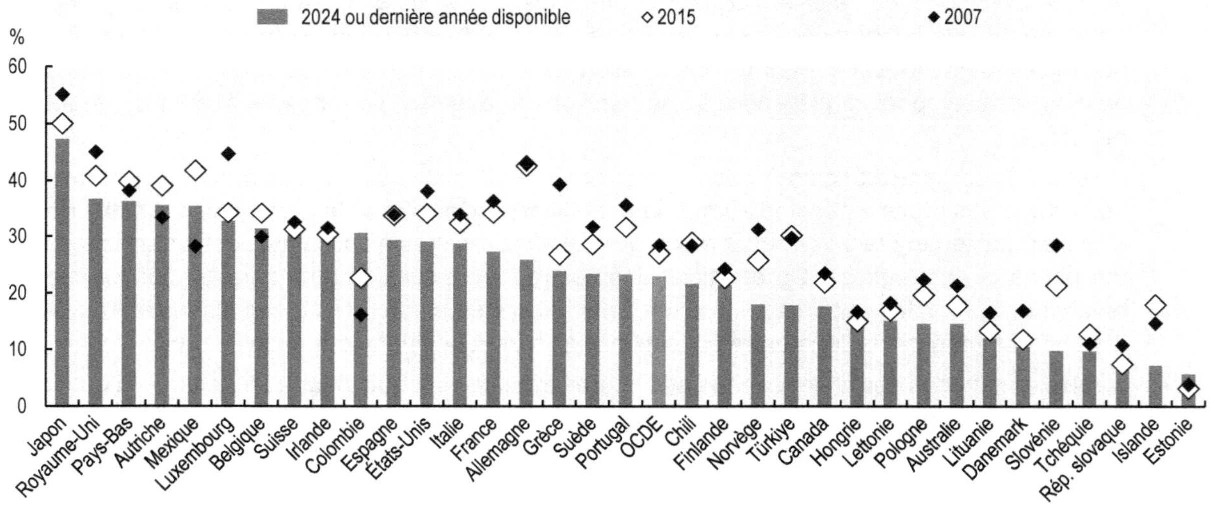

Note : L'écart de pension entre les genres correspond à la différence entre le montant moyen des pensions perçues par les femmes et par les hommes (âgés de 65 ans et plus), exprimée en pourcentage de la pension moyenne des hommes (65 ans et plus), parmi l'ensemble des bénéficiaires. Les personnes ne percevant aucune pension sont exclues du calcul, certaines d'entre elles ayant choisi de différer l'ouverture de leurs droits au-delà de 65 ans pour diverses raisons. Les données se rapportent à 2024, 2015 et 2007 pour l'ensemble des pays membres de l'UE, la Norvège et la Türkiye ; à 2023, 2015 et 2007 pour le Canada, la Colombie, la Suisse et les États-Unis ; à 2022, 2015 et 2007 pour le Mexique ; à 2021, 2015 et 2007 pour le Royaume-Uni ; à 2020, 2015 et 2008 pour l'Australie et le Japon ; à 2020, 2015 et 2007 pour l'Islande ; et à 2017, 2015 et 2006 pour le Chili. On ne dispose d'aucune donnée pour la Corée, le Costa Rica, Israël et la Nouvelle-Zélande. Pour ce qui est du Danemark, la valeur de 15.6 % enregistrée en 2024 apparaît étonnamment élevée au regard des niveaux observés au cours de la décennie précédente, et marque une nette augmentation par rapport au taux de 5.2 % relevé en 2023 ; le taux indiqué de 10.4 % correspond à la moyenne sur la période 2023-2024.
Source : Eurostat (2025[2]) ; Statistique Canada (2024[3]) ; OCDE (2023[4]) ; LIS (2025[5]).

StatLink https://stat.link/yjt5mb

L'écart moyen observé entre les pensions des hommes et celles des femmes dans les pays de l'OCDE s'est resserré, passant de 28 % en 2007 à 23 % en 2024. Les baisses les plus marquées ont été enregistrées en Allemagne, en Grèce et en Slovénie, où l'écart de pension a diminué de plus de 15 points de pourcentage (p.p.) entre 2007 et 2024, ainsi qu'au Luxembourg, en Norvège, au Portugal et en Türkiye, où il a diminué de plus de 10 p.p. Dans de nombreux pays de l'OCDE, la nette réduction des disparités entre les femmes et les hommes sur le marché du travail (voir section suivante) contribue au resserrement de l'écart de pension entre les genres. Toutefois, ces évolutions mettent du temps à se traduire par une baisse des inégalités en matière de pensions[1].

En outre, certaines réformes des retraites ont contribué à réduire l'écart de pension entre les genres. La Slovénie, par exemple, a davantage relevé l'âge de la retraite des femmes que celui des hommes depuis 1999, réduisant ainsi les écarts entre les genres ; en 2012, elle a par ailleurs introduit des majorations de pension pour le cumul d'un travail à temps partiel et de l'éducation des enfants (OCDE, 2022[6]). En Grèce, les mesures d'austérité adoptées pendant la crise financière mondiale visaient à réduire les pensions les plus élevées, généralement perçues par les hommes, ce qui a réduit l'écart (Danchev et al., 2024[7]). Au Royaume-Uni, la part de la composante liée aux revenus dans les pensions publiques a progressivement diminué depuis 2002, et l'âge légal de départ à la retraite des femmes est passé de 60 à 65 ans entre 2010 et 2018, convergeant avec celui des hommes. Ces mesures se sont traduites par une diminution de l'écart de pension entre les genres dans le régime public, qui est passé de 25 % pour les personnes nées dans les années 1940 à 5 % pour les personnes nées dans les années 1950 (Cribb, Karjalainen et O'Brien, 2023[8]) ; néanmoins, l'écart total demeure considérable au Royaume-Uni (36 %), car les pensions privées, qui occupent une place importante, accentuent les inégalités. En France, les majorations pour enfants introduites dans les années 70 ont légèrement contribué à la forte réduction de cet écart entre les personnes nées en 1930 et celles nées en 1955 (DREES, 2024[9]).

Selon les projections effectuées pour plusieurs pays, l'écart de pension entre les genres va sensiblement diminuer avec le temps. Barslund et al. estiment, à l'aide de modèles de microsimulation relatifs à cinq pays européens (2021[10]), que l'évolution à la baisse des disparités d'emploi et de rémunération entre les femmes et les hommes effacera presque totalement cet écart d'ici à 2050 au Portugal et en Slovénie, et le réduira fortement, à 10 % ou moins, en Belgique et au Luxembourg, et ce malgré la persistance d'écarts de genre importants en matière de travail à temps partiel dans ces quatre pays. En Suisse, la diminution de l'écart de pension devrait être moindre, de 29 % à 22 % entre 2018 et 2070. Dans les pays nordiques, il devrait également régresser (Andersson, 2023[11]) : au Danemark, l'écart de patrimoine-retraite professionnel et privé entre les genres devrait disparaître pour les cohortes prenant leur retraite après 2050, alors qu'il atteignait 22 % en 2021 ; en Finlande, l'écart en matière de pensions publiques devrait passer de 26 % à 19 % entre 2017 et 2045, et s'établir à 15 % en 2085 ; en Norvège, il devrait reculer pour atteindre 10 % en 2033 ; et en Suède, il devrait être ramené à 19 % dans les régimes publics et à 35 % dans les régimes professionnels vers 2050. En France, il devrait décroître régulièrement pour s'établir à 7 % en 2060, et se stabiliser à ce niveau par la suite (COR, 2024[12]).

L'écart de pension entre les genres ne rend pas compte des différences de niveau de vie entre les femmes et les hommes. En revanche, le revenu disponible, qui constitue un indicateur du niveau de vie, est calculé au niveau du ménage : il est, par définition, identique pour chaque membre d'un couple. À l'inverse, les pensions utilisées pour mesurer l'écart de pension entre les genres sont propres à chaque individu. En outre, bien que le revenu disponible prenne en compte l'ensemble des sources de revenus, l'écart de pension entre les genres exclut les revenus d'activité, lesquels représentent en moyenne un quart des revenus des ménages parmi les personnes âgées de 65 ans et plus (chapitre 7). Par ailleurs, les personnes âgées ne percevant pas de pension individuelle ne sont pas prises en compte dans le calcul de l'écart de pension entre les genres.

L'écart de revenu disponible entre les genres est nettement inférieur à l'écart observé pour les pensions. En 2023, l'écart moyen de revenu disponible entre les femmes et les hommes âgés de 65 ans et plus s'élevait à 10% dans les pays de l'OCDE. Il était supérieur à 15 % en Lettonie et en Lituanie, mais inférieur à 5 % au Chili et en République slovaque (Graphique 2.2). En outre, aucune corrélation n'est observée entre l'écart de pension entre les genres et l'écart de revenu disponible entre les genres dans les différents pays. Par exemple, le Chili et la Suède affichent des écarts de pension entre les genres très similaires, de l'ordre de 20 %. Toutefois, l'écart de revenu disponible entre les genres est plus de quatre trois plus élevé en Suède qu'au Chili. Cette différence pourrait s'expliquer par le fait que le Chili compte moins de femmes âgées vivant seules, les grands-parents, en particulier les veuves, habitant généralement chez leurs enfants (Scroope, 2017[13]).

Graphique 2.2. Les écarts de revenu disponible et de pension entre les genres ne sont pas corrélés dans les pays de l'OCDE

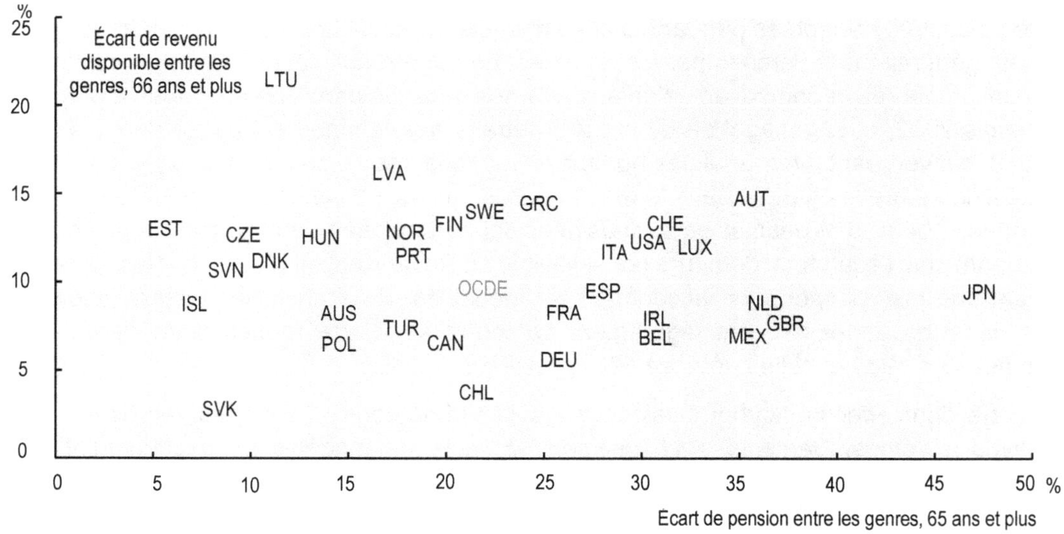

Note : Le coefficient de corrélation linéaire entre les deux séries est de -0.1.
Source : OCDE (2025[14]), Income Distribution Database, https://www.oecd.org/en/data/datasets/income-and-wealth-distribution-database.html.

StatLink https://stat.link/7jepki

Outre qu'elles perçoivent des revenus *moyens* plus faibles, les femmes âgées sont également davantage exposées au risque de pauvreté que les hommes âgés. Les femmes de plus de 65 ans affichent des taux de pauvreté monétaire plus élevés que les hommes dans tous les pays de l'OCDE (Graphique 2.3), sauf au Costa Rica et en Islande. Le taux de pauvreté monétaire des personnes âgées – qui correspond au pourcentage de personnes vivant dans des ménages dont le revenu disponible équivalent est inférieur à 50 % de la médiane de l'ensemble de la population – se monte en moyenne à 17 % chez les femmes et 12 % chez les hommes dans les pays de l'OCDE.

Graphique 2.3. Les femmes âgées sont plus susceptibles de se retrouver en situation de pauvreté monétaire que les hommes âgés

Part des personnes âgées de 66 ans et plus dont le revenu est inférieur à 50 % du revenu disponible équivalent médian des ménages, 2022 ou dernière année disponible

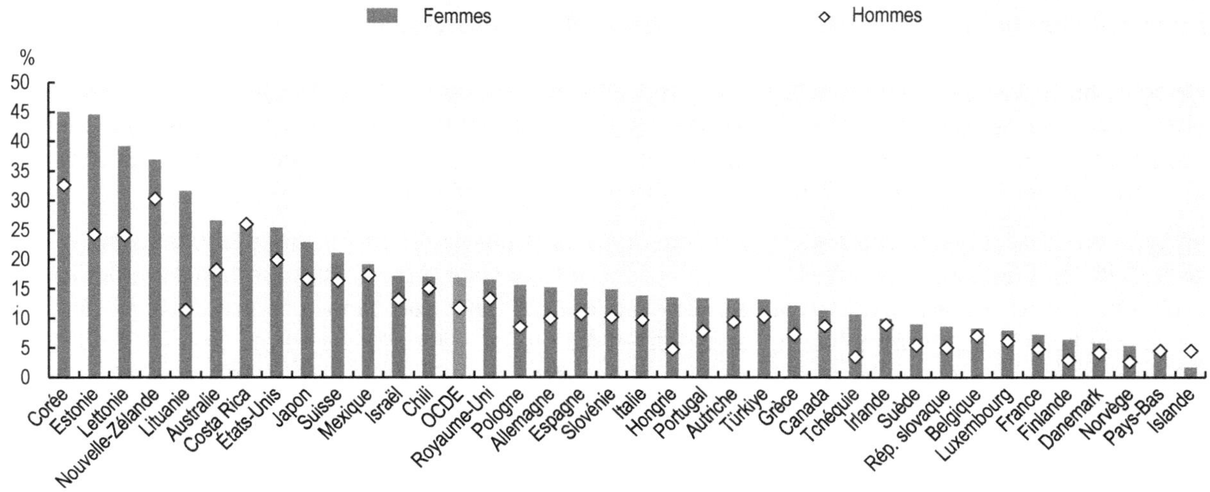

Source : Chapitre 7.

StatLink https://stat.link/1j34bv

Les inégalités entre les genres en matière de couverture retraite sont importantes

Les pensions des femmes sont inférieures à celles des hommes, ce qui tient en partie à la composition par genre des bénéficiaires des différents régimes de retraite. En effet, les régimes du premier pilier et de réversion, dans lesquels les femmes sont surreprésentées, versent des prestations inférieures à celles des régimes liés à la rémunération, dans lesquels elles sont sous-représentées.

Les femmes dépendent plus souvent des régimes du premier pilier que les hommes. Dans les pays de l'OCDE, plus des trois cinquièmes des bénéficiaires de ces régimes – minimum contributif, pensions de base sous condition de résidence ou fondées sur les cotisations, et prestations de vieillesse relevant du filet de protection sociale (chapitre 3) – sont des femmes, alors qu'elles ne représentent que la moitié des bénéficiaires des régimes obligatoires liés à la rémunération (deuxième pilier). À titre de comparaison, elles représentent en moyenne 56 % des personnes âgées de 65 ans ou plus dans les pays de l'OCDE (Graphique 2.4). La proportion de femmes bénéficiant d'une pension du premier pilier est proche de 70 % (ou plus) en Autriche, en Finlande, en Lettonie, en Lituanie, en Norvège, au Portugal et en Suède. En Autriche, en Finlande, en Norvège et en Suède, ce résultat s'explique par le rôle complémentaire des prestations du premier pilier, qui viennent renforcer les droits acquis sur la base de la rémunération, tandis qu'en Lettonie et en Lituanie, il est principalement lié à la forte proportion de femmes parmi les personnes âgées, conséquence directe de taux de mortalité masculins particulièrement élevés.

Dans les 29 pays de l'OCDE pour lesquels des données sont disponibles, la proportion de femmes parmi les bénéficiaires de pensions liées à la rémunération (hors pensions de réversion) est nettement inférieure à leur part dans la population âgée, l'écart moyen s'établissant à environ 6 points de pourcentage. L'Allemagne, le Canada, le Danemark, la Finlande, la Hongrie, la Lettonie, la Lituanie, la Norvège, la Pologne, la Suède et la Suisse font figure d'exception : dans ces pays, la répartition hommes-femmes des bénéficiaires de pensions obligatoires liées à la rémunération reflète assez fidèlement la composition hommes-femmes de la population âgée de 65 ans et plus. L'écart entre la proportion de femmes parmi les bénéficiaires de pensions liées à la rémunération et leur part dans la population âgée est important : il s'établit à environ 10 p.p. en Grèce, en Italie, et en République slovaque, environ 15 p.p. en Belgique, en Espagne et au Luxembourg, et 20 p.p. en Corée ; il est encore plus prononcé au Costa Rica et au Japon, où il s'établit à environ 25 p.p. Les écarts considérables observés dans certains pays s'expliquent non seulement par les faibles taux d'emploi des femmes, mais aussi par des caractéristiques spécifiques des régimes de retraite. Au Japon, par exemple, les salariés travaillant moins de 20 heures par semaine (majoritairement des femmes, comme dans les autres pays) ne cotisent pas aux régimes de retraite liés à la rémunération et ne peuvent donc acquérir de droits à pension dans le cadre de ces régimes. En Belgique, certaines femmes disposant de droits à pension très limités renoncent à leur pension pour que leur conjoint puisse bénéficier d'un taux majoré (75 % au lieu de 60 % du salaire de référence), ce qui permet d'augmenter le revenu total du ménage. La Tchéquie, par exemple, exige 35 années de cotisation pour accéder à une pension de vieillesse, contre 20 années en Italie et 15 années au Costa Rica et en Espagne, des conditions que les femmes remplissent moins fréquemment.

Les femmes sont également sous-représentées parmi les bénéficiaires de pensions facultatives (troisième pilier). Dans six des sept pays pour lesquels des données sont disponibles, la proportion de femmes parmi les bénéficiaires de pensions du troisième pilier est inférieure à leur part dans la population âgée de 65 ans et plus : seuls 40 % de ces bénéficiaires sont des femmes en Norvège, 41 % en Belgique, 43 % en Suisse, 45 % en Irlande, 46 % au Costa Rica et 48 % en Allemagne. En Nouvelle-Zélande, en revanche, le pourcentage de femmes parmi les bénéficiaires de pensions du troisième pilier ne diffère pas de leur proportion dans la population âgée de 65 ans et plus, laquelle est légèrement supérieure à 50 %[2]. Dans la population d'âge actif, la proportion de femmes affiliées à des régimes facultatifs est ordinairement inférieure à celle des hommes (OCDE, 2021[15]). Les femmes travaillent généralement dans des secteurs tels que l'éducation, la santé ou l'action sociale, qui sont moins susceptibles de proposer des régimes professionnels que les secteurs à prédominance masculine, tels que l'industrie manufacturière. En outre, lorsque les critères d'ouverture des droits reposent sur un nombre minimum d'heures travaillées ou un seuil de revenu minimum, l'accès aux plans d'épargne retraite par capitalisation est généralement plus difficile pour les femmes que pour les hommes, car les femmes sont surreprésentées parmi les travailleurs à temps partiel, et gagnent moins que les hommes. De tels critères s'appliquent dans les régimes de retraite professionnels du Canada, du Japon, du Royaume-Uni et de la Suisse (seuils de revenu minimum), ainsi qu'en Corée et au Japon (nombre minimum d'heures travaillées) (OCDE, 2021[15]).

Les femmes sont nettement plus nombreuses que les hommes à bénéficier d'une pension de réversion dans les pays où un tel dispositif existe. Dans les 27 pays de l'OCDE figurant dans le Graphique 2.4, elles représentent plus de 70 % des bénéficiaires de pensions de réversion, la moyenne s'établissant à 88 % pour l'ensemble des pays. Au Chili et au Japon, la quasi-totalité des bénéficiaires (97 % et 98%) sont des femmes. A contrario, la Lettonie enregistre la proportion la plus faible de femmes bénéficiaires (73 %), ce qui s'explique probablement par le fait que les prestations de réversion sont limitées à une seule année et ne sont soumises à aucune condition de ressources.

Graphique 2.4. Les femmes sont plus souvent bénéficiaires de pensions du premier pilier et de pensions de réversion que les hommes, mais sont moins couvertes par les pensions liées à la rémunération

Proportion de femmes parmi les bénéficiaires de pensions par type de régime (en %) et parmi la population âgée de 65 ans et plus (en %), 2024 ou dernière année disponible

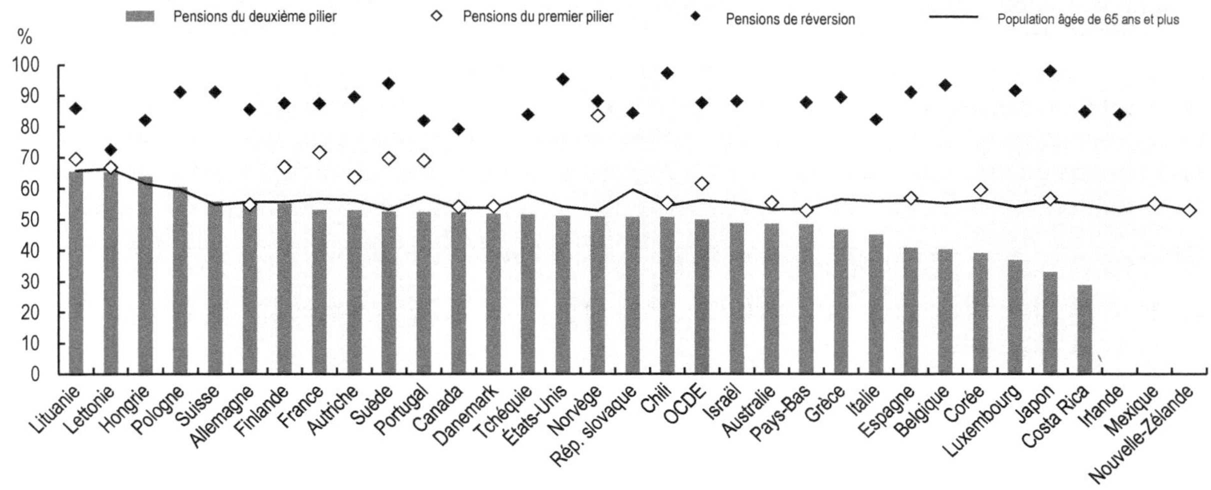

Note : le premier pilier correspond aux pensions de base, aux filets de sécurité vieillesse et au minimum contributif ; le deuxième pilier comprend les pensions obligatoires liées à la rémunération, comme les régimes de retraite par répartition des salariés et des travailleurs indépendants. Les données se rapportent à 2024 pour le Chili, la Corée, la République slovaque, la Suède et la Tchéquie ; à 2024 pour les pensions du premier pilier et à 2021-2022 pour celles du deuxième pilier en Australie ; à 2023 pour la plupart des États membres de l'UE (à savoir l'Allemagne, l'Autriche, la Belgique, l'Espagne, la Finlande, la Grèce, la Hongrie, l'Italie, la Lettonie, la Lituanie, le Luxembourg, la Pologne et le Portugal), ainsi que pour le Canada, le Costa Rica, les États-Unis et la Norvège ; à 2022-2023 pour la Suisse ; à 2020-2022 pour la France ; et à 2022 pour le Danemark, le Japon et les Pays-Bas. Au Danemark, les pensions du deuxième pilier comprennent également les régimes de retraite privés facultatifs. En Allemagne, les données sur les pensions du premier pilier englobent l'aide au revenu de base pour les personnes âgées. Les données concernant Israël se rapportent uniquement aux régimes à prestations définies, qui ont été fermés aux nouveaux affiliés en 1995. Aux Pays-Bas, les pensions du deuxième pilier comprennent à la fois les régimes professionnels et les régimes privés facultatifs.

Source : Réponses des pays au questionnaire envoyé en vue de l'élaboration de l'édition 2025 Panorama des pensions, Nations Unies (2024[16]), SSA (2024[17]), Statistique Canada (2024[3]), ZUS (2024[18]).

StatLink https://stat.link/cngj0h

Les pensions du premier pilier et les pensions de réversion atténuent les disparités entre les genres en matière de revenus de retraite

Les écarts entre les pensions de retraite moyennes des hommes et des femmes varient considérablement selon les composantes du système de retraite. Tout d'abord, les pensions du premier pilier compensent généralement le faible montant des pensions liées à la rémunération, ou versent des prestations forfaitaires proportionnellement plus avantageuses pour les personnes à faible revenu. Lorsqu'elles complètent des petites retraites, les prestations du premier pilier sont plus élevées pour les personnes moins actives sur le marché du travail[3]. En deuxième lieu, les pensions obligatoires liées à la rémunération (deuxième pilier) sont plus étroitement liées à l'historique des revenus, même si l'importance de ce lien varie selon la conception des différents régimes. Enfin, les pensions complémentaires facultatives (troisième pilier) sont étroitement liées aux cotisations facultatives et accordent généralement des droits plus importants aux travailleurs à revenu élevé, souvent des hommes.

S'agissant des retraites obligatoires liées à la rémunération, l'écart entre les genres s'établissait à 27 % en moyenne dans les 28 pays de l'OCDE en 2023. Il se situait aux alentours de 12 % en Lettonie et en Tchéquie, et était quasiment nul au Costa Rica, où le régime à prestations définies lié à la rémunération est fortement redistributif (Graphique 2.5). À l'inverse, il dépassait 40 % au Chili, aux Pays-Bas et au Portugal.

Comme les régimes de retraite du premier pilier sont les plus redistributifs de tous, et complètent parfois les prestations du deuxième pilier, les pensions du premier pilier perçues par les femmes sont souvent plus élevées que celles des hommes. C'est le cas en Lettonie, en Norvège, au Portugal et en Suède, où l'écart entre les pensions du premier pilier perçues par les hommes et par les femmes était fortement défavorable aux hommes, s'établissant à environ -20 %, en 2023 (Graphique 2.5); en Autriche, cet écart était positif et élevé (18 %), tout en demeurant nettement inférieur à celui observé entre les pensions liées à la rémunération (38 %). Cela tient probablement au fait que le taux de l'allocation de vieillesse accordée aux couples est majoré, mais que ce taux n'est transféré qu'à une seule personne au sein du ménage, le plus souvent un homme. Des écarts positifs sont également observés en Espagne et au Japon, mais leur ampleur demeure nettement inférieure à celle observée pour les régimes de retraite liés à la rémunération.

Graphique 2.5. Les pensions du premier pilier réduisent l'écart de pension total entre les genres

Écart de pension entre les genres, par régime, dans certains pays de l'OCDE, hors pensions de réversion, 2024 ou dernière année disponible

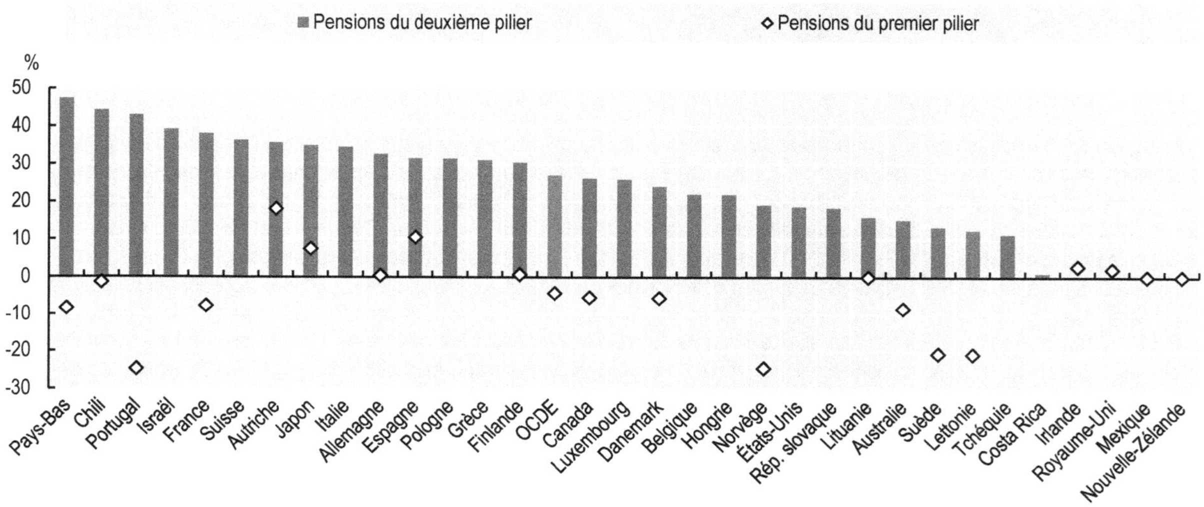

Source : Réponses des pays au questionnaire envoyé en vue de l'élaboration de l'édition 2025 du Panorama des pensions, SSA (2024[17]), Statistique Canada (2024[3]), DREES (2024[9]).

StatLink https://stat.link/764etm

Les écarts de pension entre les genres sont plus importants dans les régimes facultatifs, qu'ils soient professionnels ou individuels, que dans les régimes obligatoires liés à la rémunération. En effet, les régimes facultatifs intègrent rarement des mécanismes redistributifs, et les cotisations sont généralement plus importantes pour les personnes à revenu élevé, qui sont le plus souvent des hommes. Parmi les bénéficiaires de pensions facultatives, cet écart est supérieur à 40 % en Allemagne, en Belgique, au Costa Rica et en Suisse ; il s'élève à 24 % en Irlande et à 15 % en Nouvelle-Zélande[4]. En Irlande, l'écart de pension entre les genres est presque entièrement imputable aux régimes facultatifs, car le seul régime de retraite contributif obligatoire n'est pas lié aux revenus d'activité et peut comptabiliser comme des périodes de travail jusqu'à 20 années consacrées aux soins familiaux[5]. Au Canada, l'écart observé entre les femmes et les hommes dans les régimes de retraite privés s'établissait à 25 % en 2021. Il est donc nettement supérieur à celui observé dans les régimes obligatoires liés à la rémunération (RPC/RRQ), qui s'établissait à 16 % (Bureau de l'équité salariale, 2024[19])[6]. En général, parmi la population d'âge actif dans les pays de l'OCDE, les femmes cotisent moins que les hommes aux régimes par capitalisation, et acquièrent donc moins de droits (OCDE, 2021[15]). En outre, dans de nombreux régimes de retraite par capitalisation à cotisations définies, elles doivent, compte tenu de leur espérance de vie moyenne plus longue, s'appuyer plus longtemps sur les actifs qu'elles ont accumulés au cours de leur vie active.

Dans les régimes obligatoires, les pensions de réversion réduisent d'environ un tiers en moyenne l'écart de pension entre les genres. En moyenne, dans les 24 pays de l'OCDE pour lesquels des données sont disponibles, l'écart de pension entre les genres dans les régimes obligatoires liés à la rémunération atteindrait 37 % si les pensions de réversion étaient exclues. Leur inclusion a toutefois permis de ramener cet écart à 23 % en 2023 (Graphique 2.6). Les pensions de réversion ont réduit l'écart entre les genres d'environ 20 p.p. ou plus en Allemagne, au Chili, au Costa Rica, en Espagne, en Grèce, en Israël, au Japon, au Luxembourg et au Portugal. Leur impact demeure marginal en Norvège, en Lettonie, en République slovaque, en Suède et en Tchéquie, en raison de leur faible montant (Lettonie, Norvège, République slovaque et Tchéquie), ou de leur couverture limitée (Suède).

Graphique 2.6. Dans de nombreux pays, les pensions de réversion réduisent considérablement l'écart de pension entre les genres

Écart de pension entre les genres dans les régimes de retraite du deuxième pilier (obligatoires et liés à la rémunération), avec et sans pensions de réversion, 2023 ou dernière année disponible

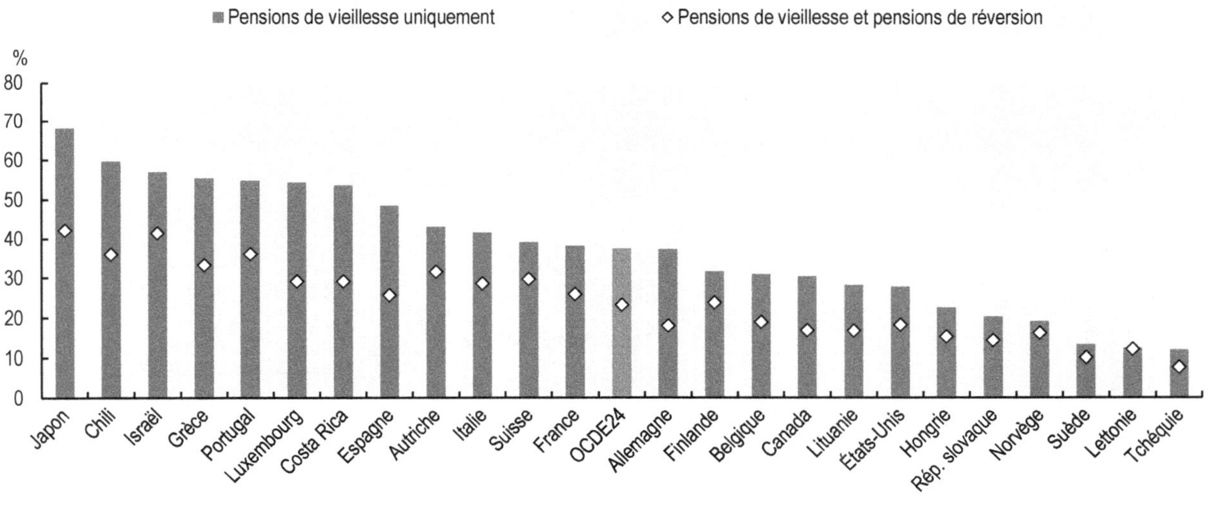

Note : Les niveaux de prestations des deux séries présentées dans ce graphique sont calculés pour les bénéficiaires de pensions de vieillesse ou pensions de réversion. La série « Pensions de vieillesse » exclut les pensions de réversion. En revanche, la série « Pensions du deuxième pilier » du Graphique 2.5 n'inclut pas les personnes qui perçoivent uniquement des pensions de réversion (mais elle ne tient pas non plus compte du montant des pensions de réversion). Par conséquent, les valeurs moyennes des deux séries présentées dans les graphiques peuvent différer. Les données se rapportent aux pensions du deuxième pilier, sauf pour le Chili, la Grèce, la Norvège et la Suède, où elles se rapportent aux pensions des premier et deuxième piliers. Elles se rapportent à l'année 2024 pour le Chili, la République slovaque et la Tchéquie ; à l'année 2022 pour la France et le Japon ; et à l'année 2023 pour tous les autres pays. Pour la Grèce, les chiffres sont calculés sur la base du nombre de pensions, contrairement au nombre de bénéficiaires de pensions pour les autres pays, ce qui ne devrait toutefois pas entraîner de résultats sensiblement différents.
Source : Réponses des pays au questionnaire envoyé en vue de l'élaboration de l'édition 2025 du Panorama des pensions, DREES (2024[9]), Les retraités et les retraites, https://drees.solidarites-sante.gouv.fr/sites/default/files/2024-10/RR24.pdf.

StatLink https://stat.link/d7ijs6

Les femmes vivent plus longtemps à la retraite que les hommes

Les femmes vivent généralement plus longtemps que les hommes après avoir quitté le marché du travail. Dans les pays de l'OCDE, elles vivent en moyenne 22.8 ans à la retraite, contre 18.6 ans pour les hommes, soit 4.1 ans ou 22 % de plus qu'eux, d'après les taux de mortalité de 2024 (chapitre 6). Leur espérance de vie après la cessation d'activité est plus élevée que celle des hommes dans l'ensemble des pays de l'OCDE, avec des écarts supérieurs à 6 ans en Colombie, au Costa Rica et en Pologne (Graphique 2.7). C'est en Nouvelle-Zélande que l'écart est le plus faible (2 ans). Fait intéressant, cet écart de 22 % en faveur des femmes en termes d'espérance de vie après la sortie du marché du travail est presque identique à l'écart moyen entre les pensions mensuelles des hommes et des femmes (23 %) évoqué plus haut. Par conséquent, le montant total des pensions versées aux hommes et aux femmes au cours de leur retraite est au bout du compte globalement similaire dans les pays de l'OCDE.

Les disparités d'espérance de vie entre les femmes et les hommes expliquent en moyenne les trois quarts de l'écart d'espérance de vie à l'âge moyen de sortie du marché du travail. En effet, en 2024, l'espérance de vie restante des femmes âgées de 65 ans s'élevait à 21.6 ans, contre 18.5 ans pour les hommes[7]. Le dernier quart tient au fait que les femmes quittent le marché du travail 1.1 an plus tôt en moyenne que les hommes dans les pays de l'OCDE (voir ci-dessous)[8]. Toutefois, les femmes ne vivent pas toutes ces années supplémentaires en bonne santé, comme nous le verrons plus loin dans ce chapitre.

Graphique 2.7. Écarts entre les genres pour ce qui est de l'espérance de vie restante à l'âge moyen de sortie du marché du travail

Contribution des différences de mortalité et d'âge de sortie du marché du travail entre les femmes et les hommes dans les pays de l'OCDE, en nombre d'années, 2024 ou dernière année disponible

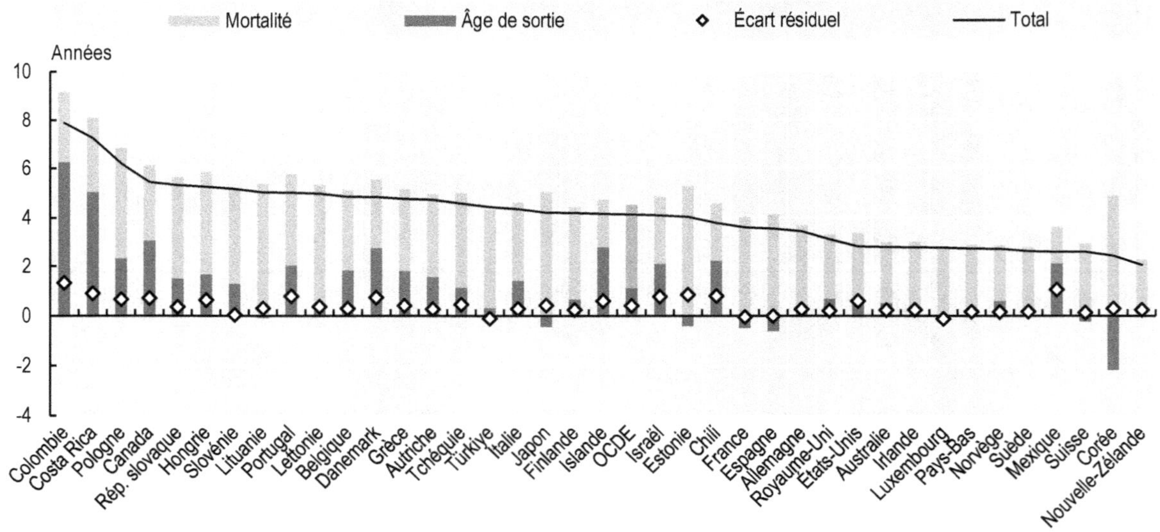

Note de lecture : Dans les pays de l'OCDE, les femmes vivent en moyenne 4.1 ans de plus que les hommes après leur sortie du marché du travail. Sur ces 4.1 années, 3.4 s'expliquent par des taux de mortalité plus faibles chez les femmes, et 1.1 par une sortie plus précoce du marché du travail.

Note : Toutes les mesures présentées dans ce graphique correspondent à la différence entre les valeurs observées chez les femmes et les hommes. La composante « mortalité » correspond à l'écart d'espérance de vie entre les femmes et les hommes à l'âge de 62 ans. Le *total* correspond au nombre d'années de vie attendues après la sortie du marché du travail. L'écart résiduel correspond à la différence entre la somme de la composante mortalité et de l'âge effectif de sortie du marché du travail, et le *total.* Les données relatives à l'espérance de vie à l'âge de 62 ans.

Source : Calculs de l'OCDE fondés sur les réponses des pays au questionnaire envoyé en vue de l'élaboration de l'édition 2025 du Panorama des pensions, le chapitre 6, et Nations Unies (2024[16]).

StatLink https://stat.link/qznbjo

Dans de nombreux pays de l'OCDE, hommes et femmes commencent à percevoir des pensions de retraite liées à la rémunération à des âges relativement proches, à savoir 64.2 ans pour les hommes et 63.6 ans pour les femmes, en moyenne[9]. L'écart est nettement plus marqué dans les pays où les femmes ont le droit de partir à la retraite à un âge inférieur à celui des hommes : 4.3 ans en Pologne, 3.0 ans au Chili, 2.8 ans en Hongrie et 2.0 ans en Autriche (Graphique 2.8). À l'inverse, en Espagne, en France, en Italie et en Norvège, les femmes prennent leur retraite environ un an plus tard que les hommes. La France, l'Italie et l'Espagne permettent un départ anticipé à la retraite à taux plein aux personnes ayant effectué une longue carrière, et à celles relevant de régimes spéciaux en raison d'emplois dangereux ou pénibles, des situations qui concernent plus fréquemment les hommes (OCDE, 2023[4]). En Norvège, les femmes perçoivent plus souvent que les hommes des pensions d'invalidité, lesquelles ne sont converties en pensions de vieillesse qu'à partir de 67 ans. En raison de carrières d'assurance plus courtes, elles remplissent moins fréquemment les conditions requises pour un départ anticipé à la retraite, et combinent également plus rarement emploi et retraite.

Graphique 2.8. Dans un petit nombre de pays de l'OCDE, les femmes commencent à percevoir des pensions de vieillesse liées à la rémunération à un âge nettement inférieur à celui des hommes

Âge moyen des nouveaux bénéficiaires de pensions de vieillesse liées à la rémunération (hors pensions de réversion), par genre, dans les pays de l'OCDE, 2023 ou dernière année disponible

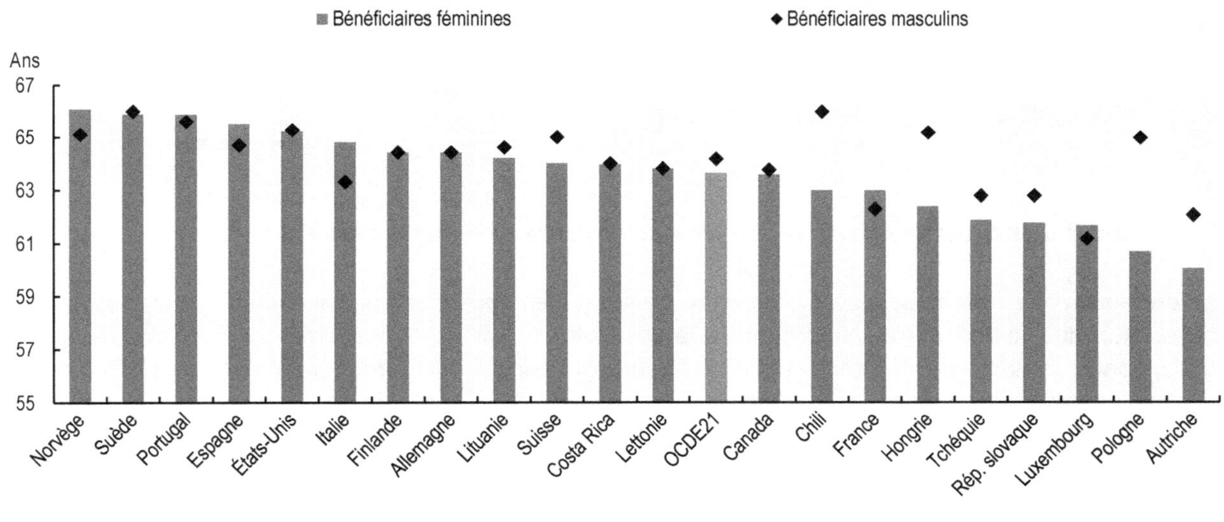

Note : Les données se rapportent à 2023, sauf pour la France (2022) et le Chili (2024).
Source : Calculs de l'OCDE fondés sur les réponses des pays au questionnaire envoyé en vue de l'élaboration de l'édition 2025 du Panorama des pensions, SSA (2024[17]), ZUS (2024[18]), DREES (2024[9]).

StatLink https://stat.link/bgri05

L'écart entre les genres pour ce qui est de l'âge moyen de sortie du marché du travail s'est creusé entre 1970 et 2000, mais il a diminué de près de moitié depuis, s'établissant à 1.1 an en 2024 (Graphique 2.9). Ces évolutions semblent liées à une légère différence de calendrier des réformes des retraites affectant les femmes et les hommes. Entre les années 1970 et 1990, l'âge de sortie du marché du travail a diminué tant pour les hommes que pour les femmes, sous l'effet de mesures encourageant le départ anticipé à la retraite dans un contexte de hausse du chômage. Depuis le milieu des années 1990, ces mesures ont été progressivement supprimées, et les réformes des retraites ont durci les dispositifs de départ anticipé (Boulhol, Lis et Queisser, 2023[20]). L'âge moyen de sortie du marché du travail a cessé de diminuer dans les pays de l'OCDE, d'abord pour les hommes vers le milieu des années 1990, puis pour les femmes au tournant du siècle. Les réformes récentes visant à uniformiser les conditions d'accès des hommes et des femmes à la retraite dans de nombreux pays devraient contribuer à réduire encore plus les disparités observées entre les genres pour ce qui est des modalités de départ à la retraite.

Graphique 2.9. L'écart entre les genres pour ce qui est de l'âge moyen de sortie du marché du travail s'est creusé entre 1970 et 2000, mais il a diminué quasiment de moitié depuis

Moyenne OCDE de l'âge de sortie du marché du travail des hommes et des femmes, 1970-2024, en nombre d'années

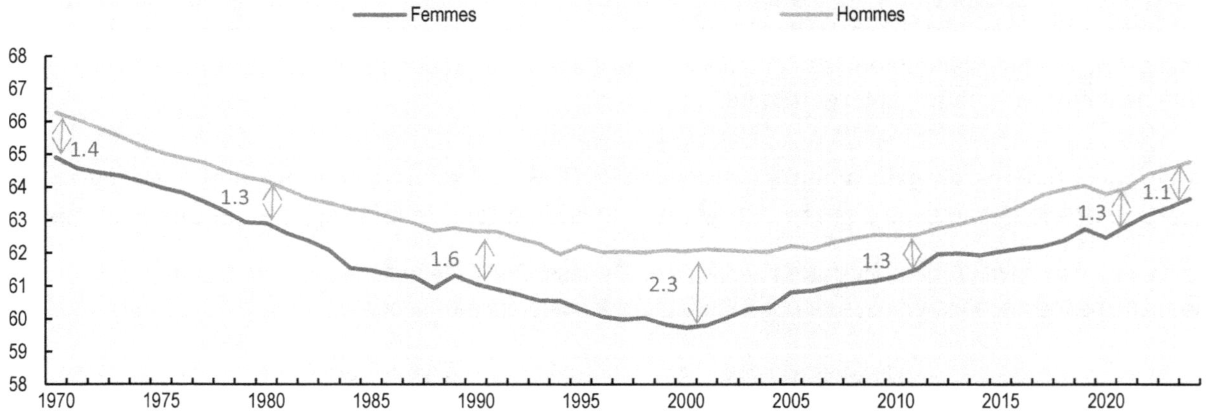

Source : Calculs de l'OCDE fondés sur la Base de données de l'OCDE sur l'emploi.

StatLink https://stat.link/hpzekt

Évolution à long terme des inégalités de genre sur le marché du travail

Les prestations de retraite reposent en grande partie sur les cotisations versées sur l'ensemble de la vie active, bien que le lien entre le montant de la pension et celui des cotisations varie en fonction de la conception du système de retraite. L'emploi, les heures travaillées et la rémunération horaire perçue durant la carrière déterminent les cotisations versées sur l'ensemble de la vie, les revenus perçus sur l'ensemble de la vie étant le produit de trois composantes :

revenus sur l'ensemble de la vie = durée de la carrière en nombre d'années x nombre moyen d'heures travaillées par an x rémunération horaire.

Cette section examine successivement l'évolution à long terme de chacune des composantes de cette ventilation, à savoir la durée de carrière, le nombre moyen d'heures travaillées et la rémunération horaire, avant de les combiner pour dresser un panorama complet des disparités de revenus entre les genres sur l'ensemble de la vie dans les pays de l'OCDE.

Les carrières des femmes sont plus courtes que celles des hommes

Les taux d'emploi des femmes sont inférieurs à ceux des hommes dans toutes les tranches d'âge, ce qui se traduit par des carrières beaucoup plus courtes dans la plupart des pays de l'OCDE. En 2023, le taux d'emploi moyen des femmes âgées de 20 à 64 ans s'élevait à 67 % dans les pays de l'OCDE, contre 82 % pour les hommes. D'après la structure par âge des taux d'emploi, la durée de carrière prévue des femmes (34.3 ans) y était en moyenne inférieure de près de 6 ans à celle des hommes en 2023 (Encadré 2.1). La durée de carrière prévue des femmes varie considérablement d'un pays à l'autre, s'échelonnant de moins de 25 ans au Costa Rica et en Türkiye à plus de 40 ans en Islande, en Nouvelle-Zélande et aux Pays-

Bas ; chez les hommes, elle oscille entre 35 ans environ en Espagne, en France, en Grèce, en Italie et au Luxembourg, et plus de 45 ans en Islande, au Japon, au Mexique, en Nouvelle-Zélande et aux Pays-Bas (Graphique 2.10). Aux Pays-Bas, ces longues carrières sont assorties d'un recours fréquent au travail à temps partiel, tant pour les hommes que pour les femmes. Par construction, à l'instar de l'indicateur standard de l'espérance de vie, la durée de carrière prévue repose exclusivement sur les taux d'emploi observés à un moment donné par âge et par genre, et ne prend en compte aucune donnée antérieure ni projection (Encadré 2.1).

Encadré 2.1. Mesurer la durée de carrière prévue

La durée de carrière prévue est estimée en multipliant par 60 ans le taux d'emploi moyen observé par tranche d'âge quinquennale entre 15 et 74 ans. Elle représente la durée moyenne théorique d'emploi au cours d'une année donnée si les taux d'emploi observés cette année-là étaient appliqués à l'ensemble de la carrière. Cette mesure est comparable à l'indicateur standard de l'espérance de vie, qui estime l'espérance de vie au cours d'une année donnée pour une cohorte donnée, en supposant que cette cohorte enregistrera par la suite les mêmes taux de mortalité par âge que ceux observés cette année-là (dans l'ensemble de la population, laquelle est composée de différentes cohortes et donc d'individus d'âge varié). Autrement dit, cette mesure de l'espérance de vie ne repose sur aucune projection de l'évolution de la situation sanitaire, laquelle pourrait influer sur les taux de mortalité. De même, la durée de carrière prévue ne repose sur aucune projection de l'évolution des taux d'emploi. Eurostat propose une mesure comparable de la durée escomptée de la vie active (Eurostat, 2024[21]), qui comporte toutefois deux différences majeures. La première différence tient au fait que cette mesure est fondée sur les taux d'activité, alors que celle de l'OCDE utilise les taux d'emploi, jugés plus adaptés au calcul des revenus perçus sur l'ensemble de la vie, qui prend appui sur la moyenne des heures travaillées et des salaires horaires. Ensuite, la mesure d'Eurostat intègre également les taux de mortalité jusqu'à la retraite, contrairement à celle de l'OCDE, qui les exclut au motif que la mortalité avant la liquidation des droits n'a pas d'incidence directe sur les pensions individuelles.

Graphique 2.10. La durée de carrière prévue des hommes et des femmes diffère sensiblement

Durée de carrière prévue dans les pays de l'OCDE en 2023

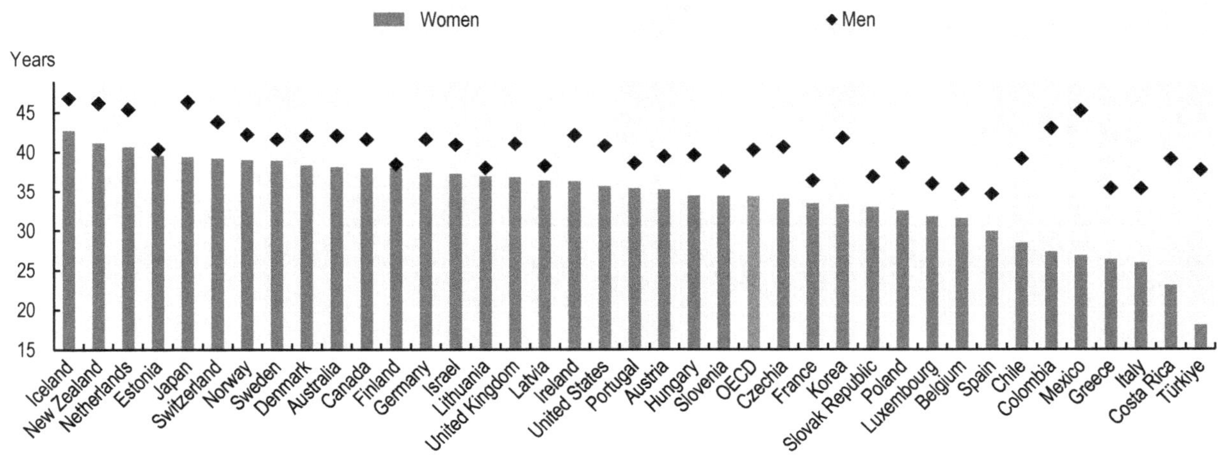

Source : Calculs de l'OCDE fondés sur OCDE (2025[22]), *Employment and unemployment by five-year age group and sex – levels* (indicateur), http://data-explorer.oecd.org/s/1a3. Voir l'encadré 2.1 pour une description de la méthodologie.

StatLink https://stat.link/mac7t8

L'écart entre les genres pour ce qui est de la durée de carrière prévue est inférieur à 2 ans en Estonie, en Finlande, en Lettonie et en Lituanie, mais supérieur à 15 ans en Colombie, au Costa Rica, au Mexique et en Türkiye (Graphique 2.11). Les écarts très importants observés en Colombie et au Mexique s'expliquent à la fois par les carrières exceptionnellement longues des hommes, et celles remarquablement courtes des femmes. La durée de carrière prévue des femmes est inférieure de plus de 5 ans à celle des hommes dans dix autres pays, avec des écarts allant de 5.1 ans aux États-Unis à 8.4 ans en Corée, 9.0 ans en Grèce, 9.4 ans en Italie et 10.6 ans au Chili.

Depuis 1980, l'écart de durée de carrière prévue entre les genres a diminué, en moyenne, d'environ 40 % tous les 20 ans dans les différents pays. Plus précisément, cet écart a considérablement diminué, passant de 17.9 ans en 1980 à 10.2 ans en 2000, puis à 6.4 ans en 2020 et 5.9 ans en 2023, en moyenne, dans les pays de l'OCDE (Graphique 2.11). Cette évolution s'explique principalement par la forte progression de la durée de vie active des femmes, qui est passée de 27.9 ans à 33.3 ans entre 2000 et 2023, soit plus du double de l'augmentation observée chez les hommes (37.8 ans à 40.2 ans). Outre les réformes économiques, des changements structurels, tels que l'amélioration de la santé et de l'éducation et l'adoption de modalités de travail plus souples, ont également favorisé la hausse des taux d'emploi, tant chez les hommes que chez les femmes (OCDE, 2025[23]). L'écart s'est globalement resserré sur l'ensemble de la période, tant dans les pays où il était initialement très marqué que dans ceux où il était relativement faible. Néanmoins, depuis 2000, les baisses les plus marquées (supérieures à 8 ans) ont été observées dans les pays où les écarts initiaux étaient particulièrement importants : le Chili, le Costa Rica, l'Espagne, l'Irlande et le Mexique.

Graphique 2.11. Forte réduction des écarts entre les genres pour ce qui est de la durée de carrière moyenne dans l'ensemble des pays de l'OCDE

Écart observé entre les femmes et les hommes pour ce qui est de la durée escomptée de la vie active, en nombre d'années

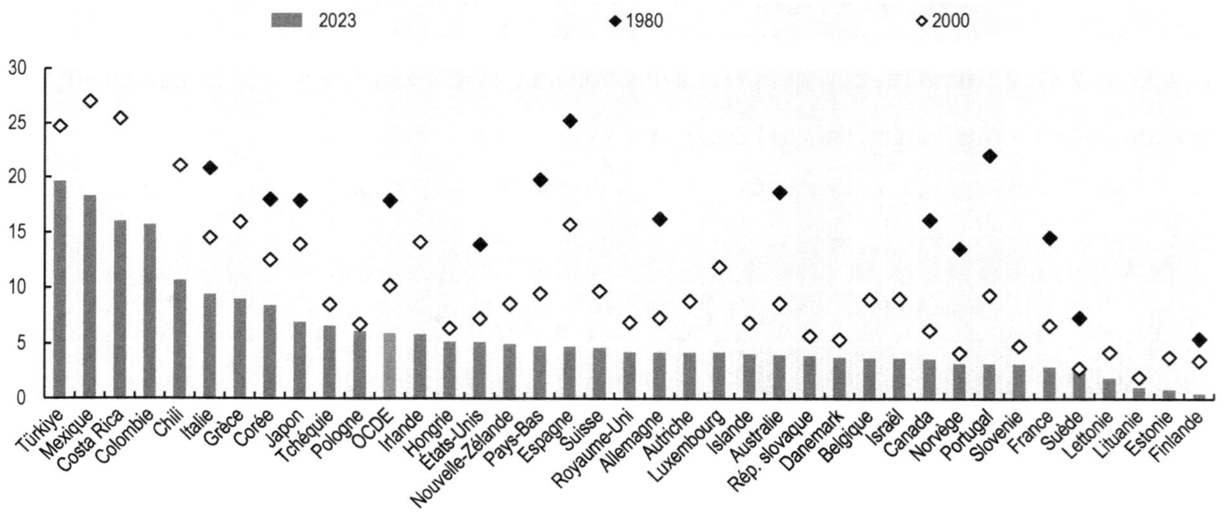

Source : Calculs de l'OCDE à partir des données d'OCDE (2025[22]), *Employment and unemployment by five-year age group and sex – levels* (indicateur), http://data-explorer.oecd.org/s/1a3.

StatLink https://stat.link/ae9vio

Si les tendances récentes se poursuivent, l'écart entre les genres pour ce qui est de la durée de vie active sera beaucoup plus réduit pour les cohortes qui entrent aujourd'hui sur le marché du travail. Pour les personnes nées entre 1950 et 1954, qui ont donc atteint un âge compris entre 70 et 74 ans entre 2020 et 2024, l'écart observé entre les genres s'établit à près de 11 ans en moyenne dans les pays de l'OCDE. Il est donc nettement supérieur à l'écart de durée de carrière prévue mesuré en 2023 (5.9 ans) sur la base des taux d'emploi observés cette même année dans différentes tranches d'âge (qui appartiennent donc à des cohortes de naissance différentes). Les taux d'emploi des femmes nées entre 1950 et 1954 suivent une trajectoire en M caractéristique, marquée par une baisse autour de l'âge du premier enfant, suivie d'une remontée progressive jusqu'à l'âge de 50 ans environ. Dans de nombreux pays de l'OCDE, cette trajectoire en M a disparu chez les cohortes les plus récentes et n'est plus observable pour la cohorte née entre 1963 et 1967. Entre ces deux cohortes, les taux d'emploi des femmes ont considérablement augmenté à partir de la tranche des 25-29 ans ; pour les hommes, en revanche, la hausse est marquée uniquement dans la tranche des 55-59 ans. Si les tendances passées se poursuivent, la cohorte entrant aujourd'hui sur le marché du travail connaîtra un écart de durée de carrière entre les genres d'environ trois ans, soit à peu près la moitié de celui observé en 2023.

Graphique 2.12. Les taux d'emploi des femmes sont inférieurs à ceux des hommes dans toutes les tranches d'âge

Taux d'emploi des hommes et des femmes nés en 1950-1954 et 1963-1967, moyenne de l'OCDE

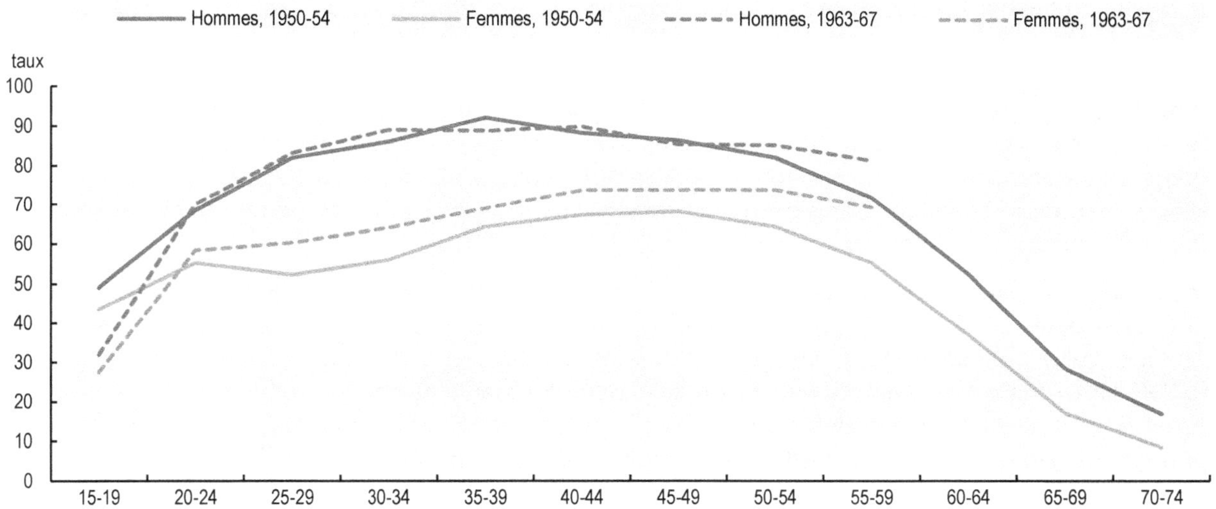

Source : Calculs de l'OCDE à partir des données d'OCDE (2025[22]), *Employment and unemployment by five-year age group and sex – levels* (indicator), http://data-explorer.oecd.org/s/1a3.

StatLink https://stat.link/t6zwon

De manière générale, la durée de carrière plus courte des femmes est due à un taux d'emploi inférieur dans toutes les tranches d'âge, des écarts importants (de 15 points de pourcentage ou plus) étant observés entre les âges de 25 et 44 ans en moyenne dans l'ensemble des pays de l'OCDE. Les femmes entrent sur le marché du travail six mois plus tard que les hommes en moyenne[10], et le quittent plus d'un an avant eux.

Bien qu'en diminution constante, les écarts entre les genres pour ce qui est de la durée de carrière prévue vont vraisemblablement perdurer. La vie active plus courte des femmes s'explique principalement par les rôles traditionnellement dévolus aux hommes et aux femmes, profondément ancrés dans de nombreux pays, par le poids des responsabilités familiales et professionnelles assumées simultanément par les femmes, et par le manque de solutions de garde d'enfants financièrement abordables (OCDE, 2023[24]). En particulier, le taux d'emploi des mères ayant des enfants à charge demeure faible (OCDE, 2024[25]). Trois facteurs contribuent en outre à ce que les femmes quittent le marché du travail plus tôt que les hommes. Premièrement, dans les couples hétérosexuels, elles sont généralement plus jeunes que leur conjoint, et les couples coordonnent leurs décisions en matière de retraite, même si c'est moins le cas aujourd'hui que par le passé (Moghadam, Puhani et Tyrowicz, 2024[26]). Ensuite, les femmes continuent de prendre en charge une part disproportionnée des tâches familiales par rapport aux hommes, notamment en s'occupant des membres âgés de leur entourage, ce qui constitue souvent un frein à l'exercice d'une activité professionnelle à un âge plus avancé. Enfin, l'âgisme peut davantage porter préjudice aux femmes qu'aux hommes ; en Australie, par exemple, les femmes âgées sont plus susceptibles d'être perçues par leurs pairs comme des personnes dont les compétences sont obsolètes, qui sont lentes à acquérir de nouvelles connaissances, ou qui obtiennent des résultats insatisfaisants au travail (CGEPS, 2023[27]).

Les femmes actives consacrent moins d'heures au travail rémunéré que les hommes actifs

L'écart de durée hebdomadaire de travail entre les femmes et les hommes demeure relativement important, s'établissant à 5.1 heures en moyenne dans les pays de l'OCDE, soit 13 % environ en termes relatifs. En 2023, il s'échelonnait de 1 heure environ en Hongrie, en Lettonie et en Lituanie, où l'emploi à temps partiel est rare, à plus de 7 heures en Allemagne, en Autriche, au Costa Rica, en Irlande, en Islande, au Japon, au Mexique, en Nouvelle-Zélande, aux Pays-Bas et en Suisse, où l'emploi à temps partiel est plus fréquent, en particulier chez les femmes (Graphique 2.13). Cet écart de temps de travail va de pair avec une répartition inéquitable du travail non rémunéré, dont les femmes assument la plus grande part, notamment pour ce qui est des responsabilités familiales. Dans certains pays, comme la Corée et le Mexique, les longues heures de travail des employés à temps plein sont parfois incompatibles avec la charge disproportionnée de travail non rémunéré qui incombe aux femmes (OCDE, 2023[24]). Dans de nombreux pays, lorsque les mères exercent une activité rémunérée, leur temps de travail est inférieur à celui des femmes sans enfant à charge et des pères (OCDE, 2019[28]).

L'écart entre les genres pour ce qui est du temps de travail a considérablement diminué, passant de 6.6 à 5.1 heures entre 2008 et 2023, en moyenne. Ce recul est dû à la réduction du temps de travail des hommes, qui est passé de 42.4 heures en 2005 à 40.0 heures en 2023, en moyenne, dans les pays de l'OCDE. Celui des femmes est en revanche resté à peu près stable au cours de cette période. La réduction de cet écart a été nettement plus faible au cours des 15 années précédentes, puisqu'il a diminué de 0.4 heure seulement entre 1993 et 2008, en moyenne, dans les pays de l'OCDE[11].

Graphique 2.13. Les écarts de temps de travail entre les genres se réduisent

Écart entre la durée hebdomadaire moyenne du travail des hommes et des femmes, 1993-2023, en nombre d'heures

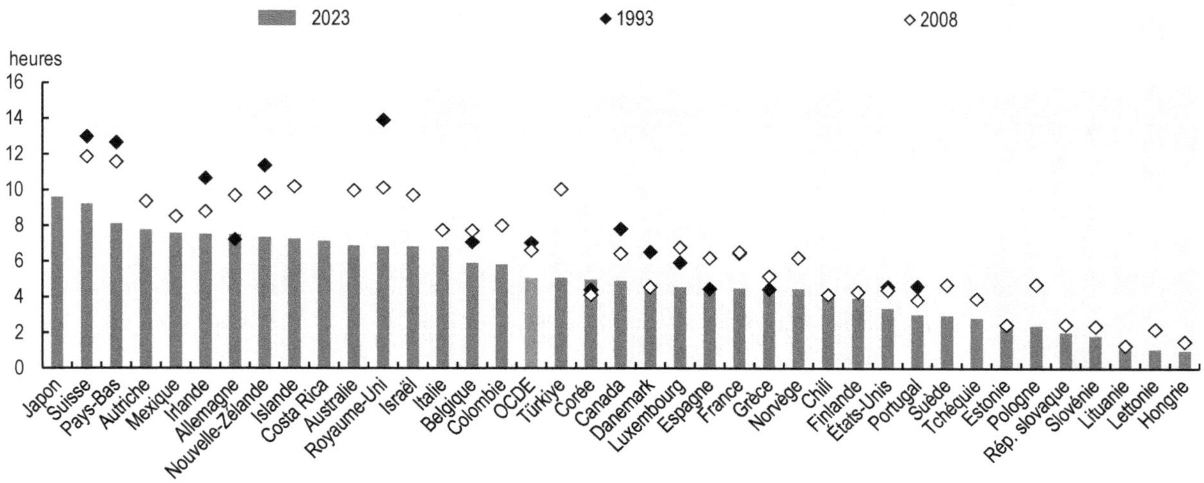

Source : Calculs de l'OCDE fondés sur la Base de données de l'OCDE sur l'emploi.

StatLink https://stat.link/d30ozl

La rémunération horaire des femmes demeure sensiblement inférieure à celle des hommes

L'écart de rémunération horaire entre les genres est important, s'établissant à 11.4 % en moyenne dans les pays de l'OCDE. Cet écart mesure la différence entre le salaire horaire moyen des hommes et celui des femmes parmi l'ensemble des salariés, exprimée en pourcentage du salaire moyen des hommes[12]. L'écart moyen de salaire horaire est généralement plus faible dans les pays où le taux d'emploi des femmes est bas, probablement parce qu'elles sont peu nombreuses à occuper des emplois faiblement rémunérés. Cet écart s'échelonne de moins de 5 % en Colombie, au Costa Rica, en Grèce, en Italie, au Luxembourg, au Mexique et en Türkiye, à plus de 20 % en Allemagne, en Corée, en Estonie, en Israël et au Japon (Graphique 2.14).

Graphique 2.14. L'écart de rémunération horaire entre les genres est très important dans certains pays

Écart moyen de rémunération horaire entre les genres parmi l'ensemble des salariés, 2023 ou dernière année disponible, en nombre d'heures

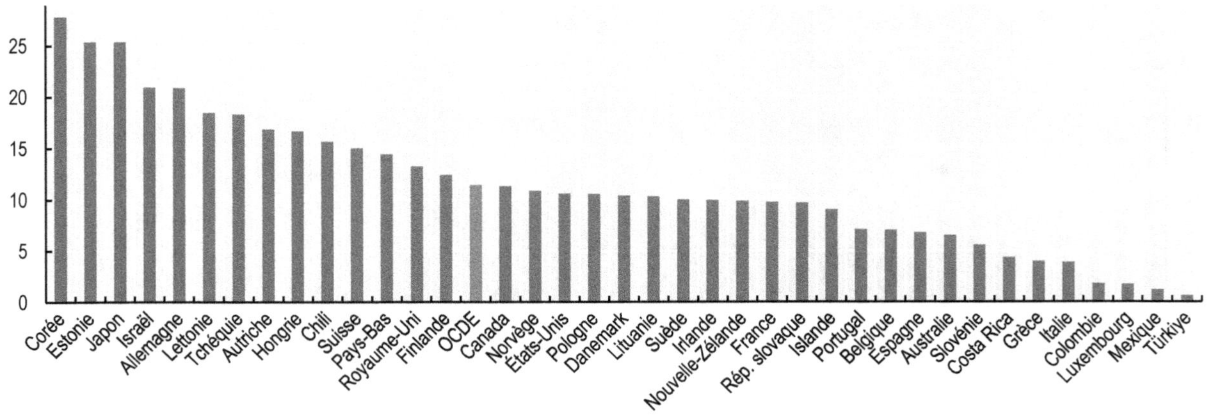

Note : L'écart moyen de rémunération horaire entre les genres parmi l'ensemble des salariés diffère de l'écart de rémunération généralement publié, qui prend uniquement en compte la rémunération des salariés à temps plein.
Source : Données non publiées de l'OCDE.

StatLink https://stat.link/m1qb25

Au cours des 15 dernières années, l'écart de rémunération entre les genres parmi les travailleurs à temps plein a nettement diminué dans de nombreux pays de l'OCDE, de 3.9 points de pourcentage en moyenne. Ces baisses ont atteint 10 points de pourcentage ou plus en Islande et en Irlande, tandis que l'écart s'est accru de plus de 5 points de pourcentage au Chili, en Hongrie, en Lettonie et en Türkiye (Graphique 2.17)[13].

Graphique 2.15. L'écart de rémunération entre les genres a diminué dans la plupart des pays de l'OCDE depuis 2008

Évolution de l'écart de rémunération entre les genres parmi les travailleurs à temps plein entre 2008 et 2022, en points de pourcentage

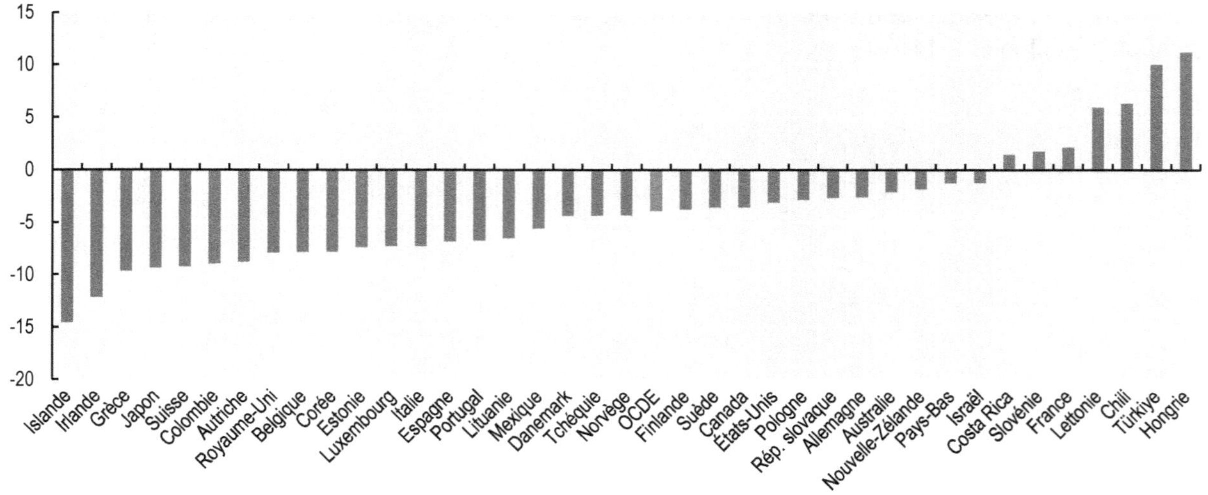

Note : L'écart de rémunération entre les genres correspond à la différence relative entre les salaires mensuels médians des hommes et des femmes employés à temps plein dans le secteur privé. Toutefois, les méthodes de mesure des salaires varient selon les pays et évoluent dans le temps, notamment au regard de l'inclusion de certains secteurs d'activité.
Source : OCDE (2025[29]), *Gender wage gap* (dataset), https://data-explorer.oecd.org/s/31i.

StatLink https://stat.link/vchnrl

Le rôle prédominant des femmes en tant que principales aidantes explique une part importante de l'écart de rémunération horaire entre les genres. Une fois les autres caractéristiques similaires prises en compte, la rémunération horaire des mères est inférieure à celle des femmes sans enfant (OCDE, 2024[25]). De nombreux travaux empiriques mettent en évidence une incidence négative de la maternité sur les trajectoires salariales, alors qu'aucune pénalité liée à la paternité n'est observée (Bertrand, Goldin et Katz, 2010[30] ; Ciminelli, Schwellnus et Stadler, 2021[31]). Dans leur méta-analyse générale, Cukrowska-Torzewska et Matysiak (2020[32]) constatent que les salaires inférieurs des mères s'expliquent principalement par l'impact négatif des interruptions d'activité liées à l'éducation des enfants sur le capital humain, ainsi que par les choix professionnels des femmes, qui privilégient des emplois et des secteurs moins rémunérateurs afin de mieux concilier vie familiale et vie active[14]. Par ailleurs, aux États-Unis, Wilde, Batchelder et Ellwood (2010[33]) constatent que les trajectoires salariales des femmes très qualifiées divergent fortement selon qu'elles sont mères ou non, mais uniquement après la naissance des enfants (pas avant). En revanche, les écarts restent minimes entre les femmes peu qualifiées. En France, toutefois, la maternité entraîne une baisse plus marquée des revenus du travail des mères situées dans le bas de la distribution des salaires (Pora et Wilner, 2019[34]). De fait, dans de nombreux pays, les choix d'orientation scolaire et les parcours professionnels des femmes et des hommes divergent souvent sensiblement bien avant la naissance des enfants, au Royaume-Uni notamment (Strauss et Borrett, 2025[35]). Bien qu'elles soient en moyenne plus diplômées, les femmes s'orientent moins souvent vers les filières STEM (sciences, technologies, ingénierie et mathématiques), généralement associées à des niveaux de rémunération plus élevés. Elles privilégient plus fréquemment les services publics, l'enseignement et les métiers liés aux soins, qui sont souvent moins bien rémunérés, mais permettent de mieux concilier vie active et vie privée, par exemple grâce à des horaires compatibles avec les responsabilités familiales (OCDE, 2023[36])[15]. Des choix d'orientation plus égalitaires ont contribué, au fil du temps, à réduire l'écart de rémunération entre les genres aux États-Unis (Altonji et al., 2025[37]). L'écart de rémunération horaire entre les genres s'explique en partie par le fait que les femmes occupent plus souvent des emplois à temps partiel et travaillent moins souvent sur de longues plages horaires que les hommes. Un certain nombre d'études mettent en évidence une corrélation positive entre le volume total d'heures travaillées et le niveau du salaire horaire[16].

Il est très difficile de distinguer et de quantifier précisément l'impact des préférences, par opposition à celui de la discrimination, sur les niveaux de salaire. Le « choix » de privilégier le travail à temps partiel ou des formes d'emploi flexibles plutôt que de longues plages horaires, de demander moins souvent des augmentations de salaire ou des promotions[17], et de s'orienter vers des professions moins rémunératrices, dans le secteur des soins par exemple, peut refléter en réalité des normes sociales profondément enracinées ou des stéréotypes de genre, plutôt que des préférences innées (Ciminelli, Schwellnus et Stadler, 2021[31])[18]. En outre, une partie de l'écart salarial entre les genres est probablement le reflet d'attitudes négatives à l'égard des femmes dans le monde du travail. L'impact considérable des préférences, des normes sociales, des stéréotypes, des stratégies de négociation salariale et des attitudes négatives envers les femmes peut contribuer à expliquer pourquoi une part significative de l'écart de rémunération entre les genres demeure inexpliquée par les caractéristiques individuelles et professionnelles, tant au sein des entreprises qu'entre elles. Par exemple, les différences entre les caractéristiques des emplois et entre les caractéristiques observables des travailleurs et travailleuses (âge, niveau d'études, etc.) n'expliquent qu'environ un cinquième de l'écart salarial entre les genres dans les pays de l'UE (Leythienne et Pérez-Julián, 2022[38]). On estime que les pratiques discriminatoires et les stratégies de négociation salariale contribuent à hauteur de 10 % à l'écart de rémunération entre les genres en France et en Suède, de 15 % au Danemark et au Portugal, et de 20 % en Hongrie (Palladino et al., 2024[39]). Enfin, aux États-Unis, Maloney et Neumar (2025[40]) constatent, sur la base d'un nouvel indice de misogynie élaboré à partir des données de Google Trends, qu'une part importante de l'écart de rémunération entre les genres résulte d'attitudes négatives à l'égard des femmes.

Malgré des progrès notables, l'écart de revenus entre les genres sur l'ensemble de la vie reste très prononcé

Les écarts observés entre les femmes et les hommes pour ce qui est de la durée prévue de la carrière, des heures travaillées et de la rémunération horaire génèrent tous ensemble de fortes disparités entre les genres pour ce qui est des revenus escomptés sur l'ensemble de la vie, qui atteignent en moyenne 35 % dans les pays de l'OCDE (Encadré 2.2). Cet écart total s'échelonne de 14 % en Lituanie, 17 % en Slovénie et moins de 25 % en Finlande, en Lettonie, au Luxembourg, au Portugal, en République slovaque et en Suède, à environ 50 % ou plus en Corée, au Costa Rica, au Japon, au Mexique et en Türkiye (Graphique 2.16). En moyenne, dans les pays de l'OCDE, ces trois facteurs contribuent de manière relativement équivalente à l'écart de revenus escomptés sur l'ensemble de la vie, soit environ un tiers chacun. La durée de carrière y contribue toutefois un peu plus (14 points de pourcentage) que les heures travaillées (11 p.p.) et les salaires (10 p.p.).

Encadré 2.2. Écart entre les genres pour ce qui est des revenus escomptés sur l'ensemble de la vie

Cet écart correspond approximativement à la somme des écarts observés dans les trois dimensions. La formule exacte est la suivante :

$$r_{écart} = \frac{r_m - r_w}{r_m} = 1 - \frac{r_w}{r_m} = 1 - \frac{l_w}{l_m}\frac{h_w}{h_m}\frac{w_w}{w_m} = 1 - (1 - l_{écart})(1 - h_{écart})(1 - w_{écart}) \sim l_{écart} + h_{écart} + w_{écart}$$

Équation 2.1

où r, l, h et w correspondent respectivement à l'écart entre les genres pour ce qui est des revenus perçus sur l'ensemble de la vie, de la durée de carrière, des heures travaillées et de la rémunération horaire.

Outre les moyennes, les principaux facteurs explicatifs varient d'un pays à l'autre. Dans les pays d'Amérique latine, ainsi qu'en Grèce, en Italie, en Pologne, en Tchéquie et en Türkiye, l'important écart observé pour ce qui est de la durée prévue de la carrière constitue le principal facteur explicatif. Dans ces pays, à l'exception du Chili, de la Pologne et de la Tchéquie, cette situation coïncide avec de très faibles écarts de salaire horaire, probablement révélateurs d'obstacles importants à l'entrée des femmes sur le marché du travail. À l'inverse, en Corée, où l'écart de durée de carrière est également important, c'est la forte disparité de rémunération horaire entre les femmes et les hommes qui constitue le principal facteur explicatif. En Estonie, en Finlande, en Hongrie et en Lettonie, l'écart de rémunération horaire entre les genres, qui est supérieur à la moyenne, constitue le principal facteur explicatif des disparités de revenus escomptés sur l'ensemble de la vie, tandis qu'en Allemagne, en Autriche, en Israël et au Japon, les inégalités de revenus s'expliquent en grande partie par les écarts d'heures travaillées conjugués aux écarts de rémunération horaire. En Australie, en Islande, en Irlande, aux Pays-Bas, en Nouvelle-Zélande, en Suisse et au Royaume-Uni, l'écart d'heures travaillées entre les genres contribue fortement aux disparités de revenus sur l'ensemble de la vie.

Graphique 2.16. En moyenne, les femmes gagnent un tiers de moins que les hommes au cours de leur vie dans les pays de l'OCDE

Contribution de la durée de carrière prévue, des heures travaillées et du salaire horaire à l'écart observé entre les genres pour ce qui est des revenus escomptés sur l'ensemble de la vie, en points de pourcentage, 2022

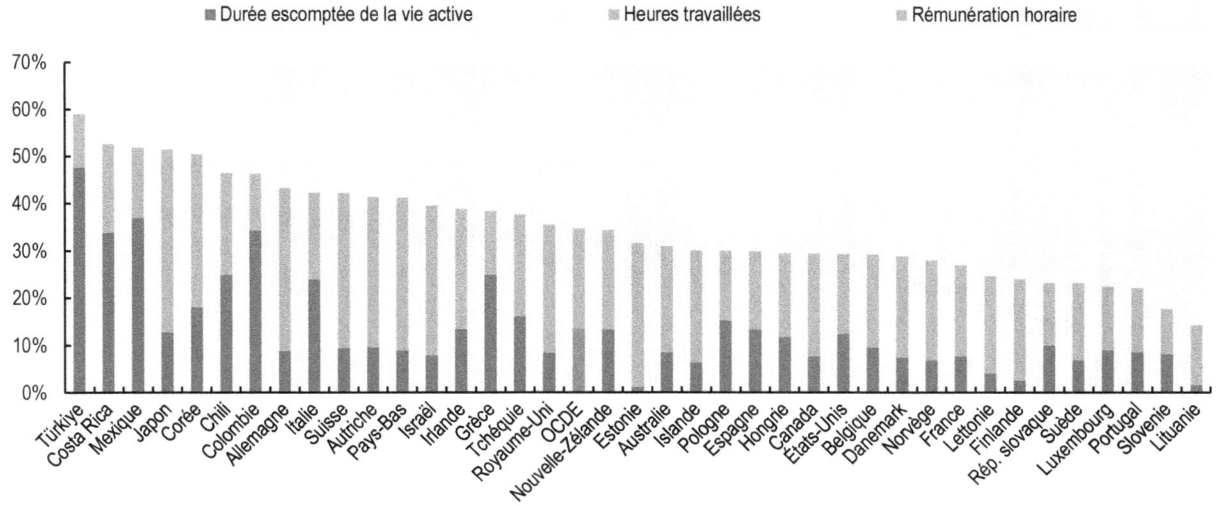

Note : Les facteurs contributifs sont ajustés pour correspondre au total.
Source : Calculs de l'OCDE.

StatLink https://stat.link/48ebmq

Au cours des 20 dernières années, l'écart de revenus entre les genres sur l'ensemble de la vie s'est très fortement réduit, en moyenne, dans tous les pays de l'OCDE. De 49 % en 2002, il est passé à 35 % en 2022, soit une baisse de 14 points de pourcentage. Les plus fortes baisses (plus de 20 points de pourcentage) ont été observées dans les pays qui affichaient des écarts initiaux importants, à savoir la Belgique, l'Espagne, la Grèce, l'Islande, le Luxembourg et le Portugal. En revanche, les pays qui affichaient les écarts initiaux les plus élevés (Corée, Mexique et Türkiye) n'ont enregistré qu'une baisse moyenne ou modérée (Graphique 2.17). Au cours des vingt dernières années, tous les pays de l'OCDE sont parvenus à améliorer l'emploi des femmes et à réduire l'écart de durée de carrière prévue entre les genres. Dans l'ensemble, l'évolution de l'emploi explique plus de la moitié de la réduction de 14 points de pourcentage des revenus escomptés sur l'ensemble de la vie, suivie par la rémunération horaire (environ un tiers) et les heures travaillées (légèrement plus d'un dixième). Dans la plupart des pays de l'OCDE, les écarts ont diminué dans les trois dimensions. Une importante marge de réduction subsiste néanmoins. Le maintien du rythme actuel de progression nécessite une action résolue des pouvoirs publics, notamment pour remédier à la sous-représentation des femmes dans les emplois mieux rémunérés et pour limiter les pertes de revenu d'activité des mères après la naissance d'un enfant (Bertrand, 2020[41]).

Graphique 2.17. L'évolution de la durée de carrière et des salaires horaires a fortement réduit les écarts entre les genres

Variation de l'écart escompté entre les genres pour ce qui est des revenus perçus sur l'ensemble de la vie, en points de pourcentage, 2002-2022

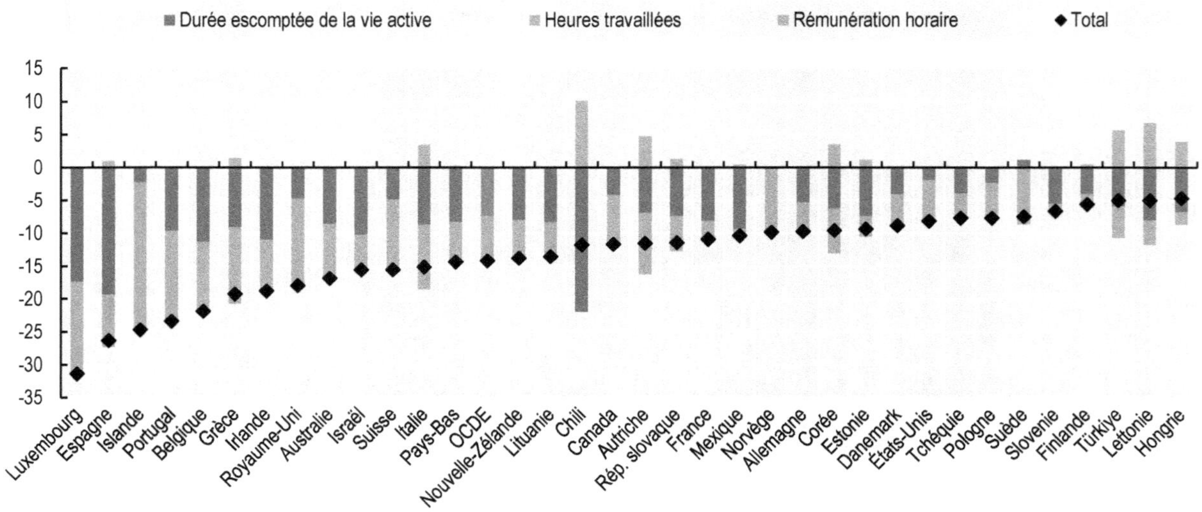

Note : La Colombie, le Costa Rica et le Japon ne figurent pas dans le graphique, faute de données. Les évolutions des salaires mensuels des travailleurs à temps plein ont été prises en compte pour calculer la contribution des salaires à l'évolution des revenus perçus sur l'ensemble de la vie.
Source : Calculs de l'OCDE.

StatLink https://stat.link/n5843i

Quatre questions normatives sur le rôle des politiques de retraite dans la réduction des écarts de pension entre les genres

Les politiques de retraite sont façonnées par des dilemmes normatifs complexes. Certains de ces dilemmes orientent les décisions quant au degré auquel les retraites doivent compenser les inégalités sur le marché du travail. Ils influencent également le choix des instruments permettant de remédier à ces inégalités, comme le ciblage des parents, des aidants, des femmes ou des couples. Un autre sujet de débat porte sur la manière de prendre en compte les différences de longévité entre les genres. La présente section examine ces dilemmes normatifs.

Les systèmes de retraite doivent-ils atténuer les effets des inégalités de genre sur le marché du travail ?

La réduction des inégalités de revenus et la lutte contre la pauvreté figurent souvent parmi les objectifs des systèmes de retraite, avec le lissage de la consommation et l'assurance contre les risques de longévité. Les systèmes de retraite cherchent donc fréquemment à atténuer l'impact des inégalités face à l'emploi sur les écarts de revenu à la retraite, contribuant ainsi à réduire les écarts de pension entre les genres. Cela n'est toutefois possible que dans une certaine limite seulement, notamment en raison des autres objectifs poursuivis par les systèmes de retraite. Par exemple, les liens étroits entre les revenus d'activité et les droits à pension accentuent la répercussion des inégalités salariales sur les retraites, mais s'inscrivent dans une logique de lissage de la consommation, c'est-à-dire de limitation des pertes de revenu au moment du départ à la retraite. Le poids accordé par les pays aux objectifs de redistribution et de lissage de la consommation relève d'un choix politique, qui dépend des préférences sociétales. Dans les pays de l'OCDE, les systèmes de retraite répercutent en moyenne environ deux tiers des inégalités de revenus tout au long de la vie sur les inégalités de pension (OCDE, 2017[42])[19].

Les instruments d'action qui limitent les inégalités de pension contribuent généralement à atténuer les écarts de pension entre les genres. Ces instruments atténuent les effets des salaires modestes, des heures de travail réduites et des carrières écourtées sur les droits à pension. Ils comprennent des formules de calcul des pensions progressives, du minimum contributif et des pensions de base, ainsi que des majorations pour interruption d'activité, notamment pour enfants, lesquelles bénéficient principalement aux femmes compte tenu de la répartition très inégale des tâches parentales entre les femmes et les hommes. Le Graphique 2.18 donne un aperçu des instruments de retraite qui ciblent plus ou moins directement les femmes, les mères de famille, les épouses et les aidantes. Un moyen simple de limiter la transmission des inégalités de revenu à l'âge de la retraite consiste à garantir un niveau élevé de prestations du premier pilier (minimum contributif, pensions de base fondées sur les cotisations ou sous condition de résidence, ou prestations ciblées), qui ne sont pas liées aux revenus d'activité antérieurs.

Graphique 2.18. Mesures ayant une incidence sur les pensions des femmes

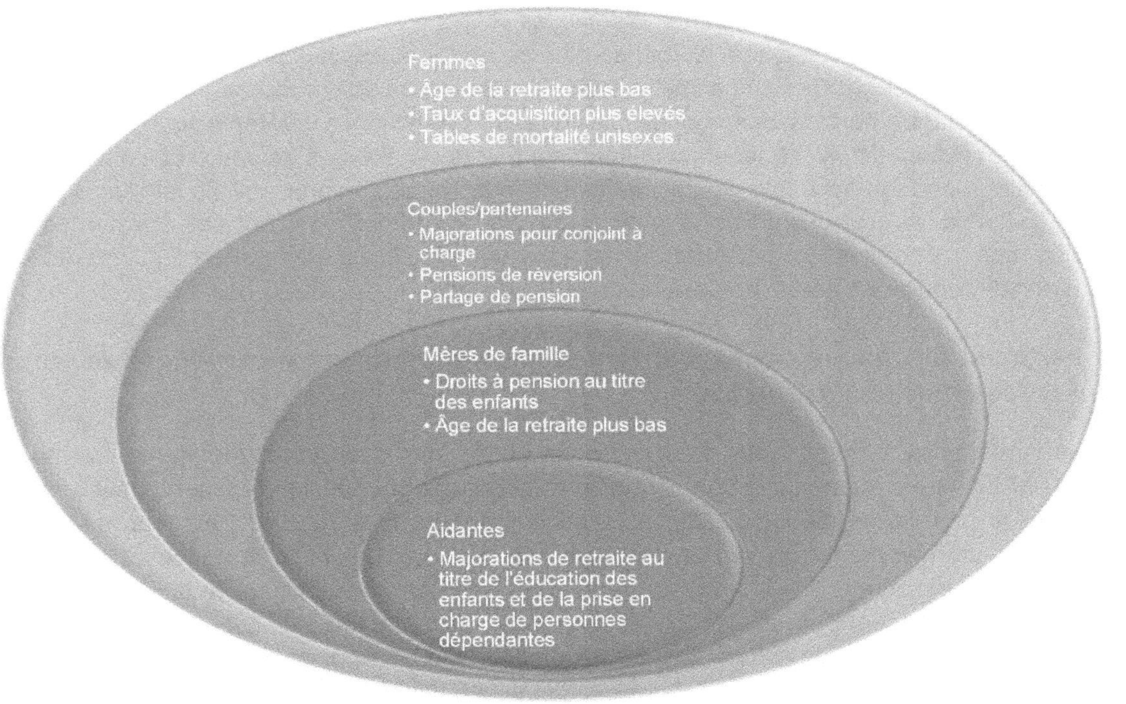

Note : Dans la plupart des pays, les pensions de réversion, le partage de pension et les majorations pour enfants s'appliquent de la même manière aux hommes et aux femmes, mais ces dernières en bénéficient beaucoup plus souvent.

Faut-il mettre en place des mesures *supplémentaires* en matière de retraite pour remédier spécifiquement aux écarts de rémunération et d'emploi entre les genres ? La réponse n'est pas évidente, compte tenu de la difficulté à dissocier les sources des inégalités de genre sur le marché du travail. Par exemple, le recours plus fréquent des femmes au travail à temps partiel peut résulter de préférences individuelles, de choix au sein des couples ou de normes sociales liées au genre. Bien que ces explications conduisent toutes à une répartition inégale des tâches domestiques et du travail non rémunéré au sein des couples, ainsi qu'à des choix professionnels différenciés (voir plus haut), elles peuvent avoir des implications différentes sur l'action publique. La réponse à la question de savoir si les instruments d'action en matière de retraite doivent corriger les inégalités résultant de la répartition des tâches dans les couples hétérosexuels ne va pas de soi. En outre, ces instruments supplémentaires contribuent à perpétuer les normes sociales genrées, comme le soulignent depuis plusieurs décennies les débats engagés à ce sujet dans les pays nordiques (Andersson, 2023[11] ; Schmauk et Kridahl, 2024[43]).

La volonté de compenser les effets de la discrimination fondée sur le genre semble justifier plus explicitement l'adoption de mesures supplémentaires en matière de retraite, mais elle soulève également des questions complexes. D'un côté, la lutte contre les discriminations apparaît plus légitime que celle contre le recours au travail à temps partiel, dans la mesure où les individus ne choisissent pas de subir des discriminations, tandis que le temps partiel peut découler de choix personnels assumés. D'un autre côté, comme évoqué dans la section précédente, il est difficile de dissocier les effets de la discrimination de ceux d'autres facteurs influençant les résultats sur le marché du travail, lesquels peuvent être corrigés par des instruments généraux de redistribution. L'application du principe d'équité horizontale soulève une autre difficulté : le recours à des mesures de retraite pour compenser les discriminations subies par les femmes nécessiterait la mise en place de mécanismes équivalents en faveur d'autres groupes de population victimes d'autres formes de discrimination, telles que celles liées à l'origine ethnique, au statut migratoire ou au handicap.

D'après un principe normatif communément admis, les politiques les plus efficaces doivent être mises en œuvre dès l'apparition des inégalités, plutôt que de faire porter aux systèmes de retraite la responsabilité de les corriger a posteriori. Ces inégalités se creusent progressivement tout au long de la vie active et même avant, pendant la période de formation, bien qu'elles s'atténuent à différents égards, comme évoqué plus haut. Ces politiques doivent notamment lutter contre les stéréotypes de genre et les discriminations, et promouvoir un partage équitable des tâches domestiques et des responsabilités familiales au sein des couples. Toutefois, si elles n'ont pas été mises en place à temps ou n'ont pas produit les résultats escomptés, faut-il, par exemple, accorder aux femmes une bonification de pension ? Ce serait le moyen le plus direct de réduire les écarts de pension entre les genres.

Est-il pertinent de concevoir des instruments d'action spéciaux en matière de retraite, ciblant les femmes et les couples ?

Les âges de départ à la retraite plus précoces pour les femmes que pour les hommes, les majorations pour conjoint à charge, les pensions de réversion et le partage de pension reposent, dans une certaine mesure, sur le modèle de ménage à revenu unique. Dans sa forme la plus extrême, les femmes ne participent pas au marché du travail, assurent des tâches domestiques non rémunérées à leur domicile, et dépendent financièrement des hommes. Dans ce cas, les choix initiaux relatifs au partage des responsabilités deviennent permanents, l'inversion des rôles devenant plus coûteuse avec le temps, ce qui perpétue la répartition genrée des tâches. Ce modèle semble appartenir au passé, car l'emploi des femmes a considérablement augmenté. Bien que l'emploi féminin ait fortement progressé au cours des dernières décennies, les dispositifs de retraite qui reposent sur le modèle de couple à un revenu unique peuvent encore induire des comportements qui perpétuent la dépendance financière des femmes vis-à-vis de leur conjoint.

Dans certains pays, les femmes peuvent prendre leur retraite plus tôt que les hommes, mais avec une pension plus faible. Cette situation engendre des inégalités entre les retraités et creuse l'écart de pension entre les genres, dans la mesure où un départ anticipé à la retraite entraîne une diminution des droits à pension. Depuis la fin des années 1970, les pays s'attachent à rendre les systèmes de retraite plus neutres du point de vue du genre (Boulhol, Lis et Queisser, 2023[20]). Le fait de permettre aux femmes de partir à la retraite plus tôt que les hommes contribue à perpétuer les normes sociales genrées, et se justifie difficilement compte tenu de leur espérance de vie plus longue. Cet accès anticipé à la retraite s'inscrit dans une conception traditionnelle du rôle des femmes, selon laquelle elles doivent avant tout se consacrer à leur famille, notamment à leurs petits-enfants et à leurs parents âgés, ne sont pas censées travailler au-delà d'un certain âge, et devraient idéalement partir à la retraite en même temps que leur conjoint, généralement plus âgé.

Les majorations pour conjoint à charge ou les taux d'acquisition plus élevés pour les couples dans certains régimes contributifs donnent lieu à des pensions plus élevées pour les ménages à revenu unique que pour les célibataires en activité. C'est le cas par exemple en Belgique, en Corée, aux États-Unis et au Japon. Au cours des dernières décennies, certains pays européens ont supprimé les prestations destinées aux conjoints financièrement dépendants, du moins pour les nouveaux retraités, en réponse à la hausse du nombre de ménages à deux revenus ; c'est notamment le cas du Royaume-Uni en 2010, de la France en 2011 et des Pays-Bas en 2015 (Brown et Fraikin, 2022[44]).

La quasi-totalité des pays de l'OCDE couvrent les risques des survivants, pour au moins une partie de la population. Toutefois, les critères d'octroi et la couverture des pensions de réversion varient considérablement d'un pays à l'autre (OCDE, 2018[45]). Les pensions de réversion poursuivent deux objectifs principaux au moment du décès d'un conjoint. Premièrement, elles protègent les veufs et les veuves contre les risques de pauvreté en atténuant les fortes baisses de revenu disponible les exposant à des conditions matérielles précaires. Cela est moins pertinent aujourd'hui que par le passé, car tous les pays de l'OCDE disposent désormais d'instruments visant directement à réduire la pauvreté. Deuxièmement, ce qui est plus pertinent aujourd'hui, elles contribuent à atténuer la baisse du revenu disponible et du niveau de vie consécutive au décès du conjoint, de la même manière que les pensions de vieillesse permettent d'éviter une chute brutale des revenus lors du passage de la vie active à la retraite. Dans la mesure où les femmes vivent plus longtemps, sont souvent plus jeunes que leur conjoint et perçoivent des revenus inférieurs, elles bénéficient généralement davantage des pensions de réversion, même si les règles qui encadrent ces dernières sont formellement neutres du point de vue du genre.

Certains systèmes de retraite ont instauré la possibilité de partager les droits à pension au sein des ménages, mais cette option reste peu utilisée. Alors que les pensions de réversion offrent une protection aux personnes moins attachées au marché du travail en cas de décès de leur partenaire, le partage des droits à pension offre une protection du revenu au partenaire moins attaché au marché du travail également en cas de divorce/séparation. Le partage des droits est relativement facile à mettre en œuvre dans les régimes à cotisations définies, les systèmes par points ou les régimes à prestations définies reposant sur des taux d'acquisition simples. En revanche, il pose davantage de difficultés dans les systèmes de retraite complexes et fragmentés, notamment lorsque les liens entre cotisations et droits à pension sont moins directs. Le partage de certains droits à pension contribue généralement à renforcer la sécurité financière des femmes, notamment en cas de divorce. Du fait de la plus grande espérance de vie des femmes, la transmission des droits à pension des hommes aux femmes au travers du partage de pension entraîne une hausse des dépenses totales liées aux pensions, ce qui pèse sur le financement des systèmes de retraite. À l'inverse, le partage de pension tendrait souvent à réduire les dépenses liées aux pensions de réversion ainsi qu'aux pensions du premier pilier, lorsque celles-ci sont soumises à conditions de ressources. Bien qu'il constitue un moyen efficace de répartir plus équitablement les droits à pension au sein des couples, il ne saurait se substituer aux pensions de réversion pour lisser les revenus au décès du conjoint.

Les pensions de retraite doivent-elles prendre en compte les différences de longévité entre les femmes et les hommes ?

Dans l'ensemble des pays de l'OCDE, les régimes publics obligatoires ne tiennent pas compte des écarts de longévité entre les femmes et les hommes dans le calcul des prestations. Les prestations des régimes publics de retraite, qu'il s'agisse de régimes à prestations définies, à points, de comptes notionnels ou par capitalisation à cotisations définies, ne tiennent pas compte du fait que les femmes vivent plus longtemps, ce qui est cohérent avec le principe de mutualisation des risques de longévité à l'échelle de toute la population. Qui plus est, étant donné que les pensions des femmes sont inférieures, on évite de réduire plus encore leur pension mensuelle en ignorant les différences de longévité entre les genres. Or, le fait d'ignorer largement ces écarts de longévité fait parfois l'objet de critiques, dans la mesure où cela compromet la progressivité des systèmes de retraite, tant pour les femmes comme pour les hommes, les personnes à revenus élevés ayant tendance à vivre plus longtemps que celles à faibles revenus.

Dans l'Union européenne, les régimes de retraite privés ne peuvent pas tenir compte des différences de longévité entre les femmes et les hommes pour calculer le montant des prestations, même lorsqu'il s'agit de régimes par capitalisation à cotisations définies. La loi interdit d'utiliser des données issues de tables de mortalité différenciées par genre pour fixer le montant des versements destinés à l'acquisition d'une rente annuelle et le montant des prestations, car une telle pratique serait considérée comme discriminatoire à l'égard des femmes (Conseil de l'Union européenne, 2004[46]). Cependant, une proportion plus élevée de femmes parmi les bénéficiaires d'un plan de retraite donné pousse généralement les prestataires de rentes à augmenter les primes. Par ricochet, des primes plus élevées découragent les hommes de souscrire une rente lorsque celle-ci n'est pas obligatoire, ce qui accentue encore la hausse des primes. Ce mécanisme bien connu de sélection adverse sur les marchés de l'assurance contribue, parmi d'autres facteurs, à la sous-utilisation des rentes viagères. En dehors de l'Union européenne, la plus grande espérance de vie des femmes entraîne une diminution de leur revenu mensuel de retraite dans les régimes à cotisations définies, comme en Australie, au Costa Rica et en Israël, les actifs accumulés devant financer les pensions sur une durée plus longue. Dans ces pays, toutefois, la conversion en rente n'est pas obligatoire et des sommes importantes sont versées sous forme de versements forfaitaires ou de retraits programmés. Les femmes doivent alors étaler ces paiements sur de plus longues périodes, ce qui réduit de fait leur pension mensuelle, ou les expose au risque d'épuiser leur capital avant la fin de leur vie.

Les écarts entre les genres en matière d'espérance de vie en bonne santé à un âge avancé sont plus faibles que les écarts d'espérance de vie restante, voire inexistants selon certaines mesures. D'après des données issues d'enquêtes subjectives, les femmes et les hommes peuvent s'attendre à vivre un nombre d'années similaire sans aucun problème de santé ou en bonne santé à partir de l'âge de 65 ans en moyenne dans les pays de l'UE (Di Lego, Di Giulio et Luy, 2020[47]). D'autres mesures subjectives, calculées par Di Lego, Di Giulio et Luy (2020[47]), montrent que les femmes vivent plus longtemps en bonne santé que les hommes, mais les écarts sont plus faibles que ceux observés pour l'espérance de vie totale ; en effet, dans l'ensemble des pays de l'UE, les femmes peuvent espérer vivre un plus grand nombre d'années sans problème de santé grave que les hommes à partir de l'âge de 65 ans. Selon des estimations fondées sur des modèles, établies à partir des taux actuels de morbidité et de mortalité, les écarts d'espérance de vie en bonne santé entre les genres sont également plus faibles que ceux observés pour l'espérance de vie totale : en moyenne, dans les pays de l'OCDE, les femmes peuvent espérer vivre 2.1 années de plus en bonne santé à 60 ans que les hommes, alors que l'écart d'espérance de vie totale atteint 3.4 ans (OMS, 2025[48]).

Les systèmes de retraite n'ont pas vocation à remédier aux disparités de santé entre les groupes de population pendant la retraite, et donc aux disparités d'espérance de vie en bonne santé, sauf peut-être lorsque ces disparités de santé résultent de conditions de travail pénibles ou dangereuses, comme le souligne l'édition 2023 du *Panorama des pensions*. En effet, les systèmes de retraite poursuivent différents objectifs qui influencent diversement la façon dont ils assurent un revenu de la retraite jusqu'au décès ; la question de savoir s'ils doivent prendre en compte l'état de santé durant la retraite, et le cas échéant comment, n'est pas simple. D'autres mesures, en dehors du cadre des retraites, sont mieux adaptées pour faire face aux enjeux de santé. Les systèmes de santé visent à prévenir, retarder et, à terme, prendre en charge directement la dégradation de l'état de santé liée au vieillissement, tandis que les prestations d'invalidité et les dispositifs de soins de longue durée compensent les conséquences d'une mauvaise santé.

Les systèmes de retraite doivent-ils indemniser ou récompenser les mères et les aidants ?

Les systèmes de retraite compensent généralement au moins une partie de la perte de droits à pension liée à l'éducation des enfants, au travers de majorations de pension notamment. Ces majorations pour enfants peuvent être calculées en fonction des revenus antérieurs, des prestations de congé maternité/paternité et parental (les majorations pour congé parental peuvent généralement être partagées entre les deux parents) ou être forfaitaires ; elles sont limitées dans le temps, soit pour une durée déterminée, soit jusqu'à un âge précis de l'enfant ; par ailleurs, elles peuvent compenser une réduction des heures de travail. Elles sont généralement moins généreuses en cas d'interruptions de carrière prolongées ou lorsque les enfants sont plus âgés (chapitre 5). Le parent qui assure effectivement la garde des enfants bénéficie de majorations de retraite ; ainsi, bien que les pères y aient droit, ils en bénéficient en pratique beaucoup moins souvent que les mères. De même, des majorations de pension peuvent être consenties au titre d'interruptions de carrière liées à la prise en charge de personnes âgées ou d'adultes en situation de handicap, une responsabilité assumée majoritairement par les femmes.

Les majorations de pension valorisent le rôle parental, tout en contribuant à réduire les inégalités de revenu entre les femmes et les hommes au moment de la retraite. Ce sont des instruments particulièrement utiles dans les pays où les mères rencontrent de sérieux obstacles à la reprise d'un emploi rémunéré, en raison de l'insuffisance de services d'accueil des jeunes enfants, de pratiques discriminatoires sur le marché du travail, ou d'autres facteurs. En permettant aux aidants de remplir les conditions d'accès à la retraite, les majorations de pension contribuent à réduire la pauvreté des personnes âgées et à renforcer l'adéquation des revenus de retraite. Les majorations de pension doivent compenser partiellement les droits à pension perdus pendant la période consacrée à l'éducation des enfants, sans prolonger inutilement les interruptions d'activité ni alourdir excessivement la charge budgétaire. En Estonie et en Suède, par exemple, les majorations sont calculées sur la base de 100 % et 75 % du revenu moyen national, respectivement, ce qui se traduit par des taux de remplacement plus élevés pour les personnes à faibles revenus. De même, en Pologne, les cotisations de retraite versées pendant le congé parental sont proportionnelles aux revenus antérieurs, dans la limite de 60 % du salaire moyen national.

En plus de compenser les interruptions d'activité, certains systèmes de retraite accordent des prestations plus élevées aux mères, généralement majorées en fonction du nombre d'enfants. Ces dispositifs ciblent les mères sans créer de désincitations à l'emploi ni encourager la réduction des heures de travail. Ils compensent par ailleurs l'écart de pension entre les genres sans se limiter aux interruptions de carrière, en prenant également en compte la pénalité salariale liée à la maternité, par exemple.

En plus de réduire les inégalités de revenu des personnes âgées, les prestations octroyées aux mères et les majorations pour enfants peuvent poursuivre d'autres objectifs de politique publique. Elles sont parfois considérées comme relevant d'un ensemble plus large de politiques familiales visant à compenser les coûts directs et indirects de l'éducation des enfants (Letablier et al., 2009[49]). Ces panoplies de mesures englobent souvent les services publics de garde d'enfants, les prestations familiales, ainsi qu'un traitement fiscal préférentiel pour les familles avec enfants. Étant donné que les majorations de retraite ne compensent pas les coûts directs et immédiats de la parentalité, elles ne peuvent se substituer efficacement à ces autres instruments de politique familiale. En comparaison avec les majorations pour conjoint à charge ou les règles de retraite différenciées selon le genre, les majorations pour enfants sont plus en adéquation avec les politiques familiales modernes. À l'inverse, l'octroi de bonifications aux mères et de majorations pour enfants est parfois justifié dans le cadre de politiques natalistes. La baisse de la fécondité accélère le vieillissement démographique et fragilise le financement des systèmes de retraite par répartition. Toutefois, l'argument selon lequel l'augmentation des droits à la retraite au titre des enfants favoriserait la natalité au travers d'incitations financières est contestable, et les données empiriques à l'appui de cette hypothèse demeurent insuffisantes.

Règles de retraite et inégalités de genre

Disparités entre les genres pour ce qui est de l'âge de départ à la retraite

L'âge normal de départ à la retraite des femmes demeure inférieur à celui des hommes dans neuf pays de l'OCDE. L'âge normal de départ à la retraite correspond à l'âge auquel une personne peut cesser son activité professionnelle après une carrière complète, sans subir de décote. Toutefois, selon la législation en vigueur, cette différence d'âge de départ à la retraite entre les genres sera supprimée en Autriche, en Lituanie et en Suisse. En revanche, elle perdurera pour la génération entrée sur le marché du travail en 2024 en Colombie, au Costa Rica, en Hongrie, en Israël, en Pologne et en Türkiye (Graphique 2.19, partie A)[20]. En outre, en Israël, l'écart entre les femmes et les hommes pour ce qui est de l'âge légal ou normal de départ à la retraite passera de cinq à deux ans entre 2022 et 2032, alors qu'il est inexistant depuis 2014 pour ce qui est de l'âge minimum d'accès aux pensions professionnelles. Au Chili, les critères d'accès à la pension de base sous condition de résidence sont identiques pour les femmes et les hommes. Toutefois, dans les régimes de retraite obligatoires à cotisations définies, les femmes peuvent partir à la retraite cinq ans plus tôt que les hommes. En Italie, l'âge légal de la retraite des hommes et des femmes a été aligné en 2019, mais des différences subsistent encore entre les genres pour ce qui est des critères d'accès[21].

Au cours des 30 dernières années, les conditions d'accès à la retraite des hommes et des femmes ont convergé dans certains pays, notamment en Allemagne, en Belgique, aux Pays-Bas, en République slovaque et en Tchéquie[22]. En outre, entre 1998 et 2009, la Belgique a progressivement supprimé les taux d'acquisition majorés dont bénéficiaient les femmes. En 2019, la Slovénie a décidé de supprimer, à compter de 2025, l'accès anticipé des femmes à la retraite et le taux d'accumulation plus élevé, qui y était associé. Ce mécanisme permettait d'atténuer l'impact du départ anticipé sur les droits à pension ; la Slovénie était le dernier pays de l'OCDE à accorder un tel avantage aux femmes. À l'inverse, en 2025, le Mexique a instauré un accès anticipé aux pensions de base sous condition de résidence pour les femmes dès l'âge de 63 ans, seuil qui sera abaissé à 60 ans en 2026. Les hommes, en revanche, doivent toujours attendre d'avoir 65 ans pour en bénéficier (chapitre 1). De plus, en 2024, la Colombie a commencé à réduire progressivement la période requise pour avoir droit à une pension contributive à prestations définies complète, la faisant passer de 1 300 à 1 000 semaines d'ici 2036, tout en maintenant l'exigence de 1 300 semaines pour les hommes.

Dans les pays où les femmes peuvent partir plus tôt à la retraite, ou dans lesquels les prestations tiennent compte de l'espérance de vie selon le genre, les femmes sont financièrement pénalisées au moment de la retraite. En raison de l'abaissement de l'âge normal de départ à la retraite, les femmes percevront des pensions moins élevées au Costa Rica, en Colombie, en Hongrie, en Israël, en Pologne et en Türkiye (Graphique 2.19, partie B). En Pologne, un écart de cinq ans entre les genres pour ce qui est de l'âge de départ à la retraite entraîne une baisse de 25 % des pensions des femmes ayant effectué une carrière complète par rapport à celles des hommes ayant le même salaire, contre seulement 6 % en Colombie. Cela s'explique par le fait qu'en Pologne, dans le cadre du régime de comptes notionnels à cotisations définies, les pensions sont automatiquement ajustées en fonction de l'âge de liquidation. Ce n'est pas le cas en Colombie, où le plafond de 80 % du taux de remplacement restreint l'acquisition de droits supplémentaires, même en cas de prolongation de la carrière[23]. En Australie, au Costa Rica et en Israël, l'espérance de vie plus élevée des femmes réduit également leurs futures pensions dans les régimes à cotisations définies, car ces régimes versent aux femmes des montants mensuels inférieurs à ceux des hommes pour un même niveau d'actifs accumulés, notamment parce que les rentes sont calculées à partir de tables de mortalité différenciées par genre. Une récente réforme des retraites au Chili (chapitre 1) supprimera l'impact négatif de la longévité plus élevée des femmes sur les pensions versées par le régime à cotisations définies, en leur accordant un bonus compensatoire calculé comme si elles étaient soumises aux tables de mortalité des hommes. Ce bonus sera financé par une cotisation supplémentaire, versée par l'ensemble des assurés. Avant cette réforme, l'écart entre les futures pensions théoriques des hommes et des femmes s'élevait à environ 6 % (à carrière et salaire équivalents). En 2024, la Colombie a supprimé la possibilité de transférer les cotisations entre le régime par capitalisation à cotisations définies et le régime par répartition à prestations définies, et à partir de 2025, les cotisations de retraite sur les revenus d'activité jusqu'à 2.3 fois le salaire minimum financeront exclusivement le régime à prestations définies (chapitre 1). La mise en œuvre de cette réforme est incertaine après que la Cour constitutionnelle l'a suspendue en juin 2025. Ainsi, lorsque les revenus des femmes sont inférieurs au seuil, leur longévité plus élevée n'a plus d'impact sur leurs prestations. La directive européenne de 2004 impose l'utilisation de tables de mortalité unisexes (Chen et Vigna, 2017[50])[24].

Graphique 2.19. L'âge de départ à la retraite des femmes est plus bas dans certains pays, ce qui réduit le montant de leur future pension

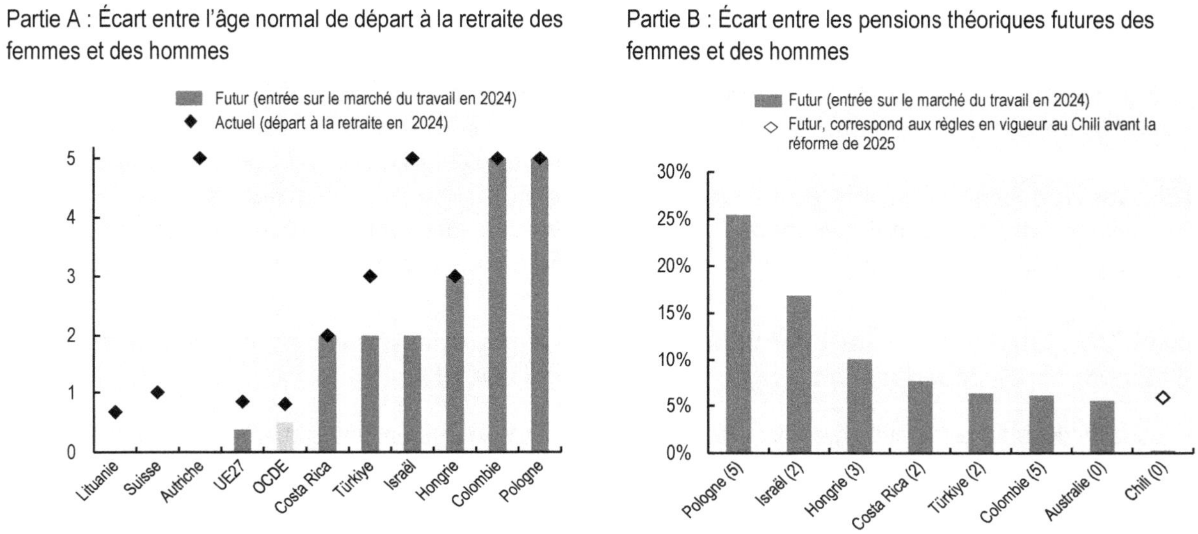

Note : L'âge normal de la retraite correspond à l'âge d'ouverture des droits à pension sans décote, tous régimes confondus, après une carrière complète commencée à l'âge de 22 ans. Dans la partie B, les pensions brutes sont comparées à l'âge normal de départ à la retraite des hommes, sur la base du salaire moyen national des hommes et des femmes, l'indexation étant appliquée aux pensions des femmes à partir de leur âge normal de départ à la retraite. Les chiffres entre parenthèses correspondent à l'écart entre les futurs âges normaux de départ à la retraite des hommes et des femmes.
Source : Chapitres 3 et 4.

StatLink https://stat.link/8b3dof

Dans certains pays, les mères peuvent prendre leur retraite plus tôt que les femmes sans enfant. En France, en Italie, en République slovaque, en Slovénie et en Tchéquie, les mères peuvent partir à la retraite entre quatre mois et quatre ans plus tôt que les femmes sans enfant, selon le pays et le nombre d'enfants. Par exemple, en France, chaque enfant ouvre droit à huit trimestres supplémentaires ; les mères peuvent ainsi accéder plus tôt à la retraite à taux plein que les femmes sans enfant[25]. En Tchéquie, la possibilité pour les mères de partir plus tôt à la retraite disparaîtra en 2037, selon la législation en vigueur. En République slovaque et en Slovénie, les pères peuvent également bénéficier de cette mesure[26]. La France et la République slovaque sont les seuls pays dans lesquels cet accès anticipé des mères à la retraite réduit l'âge normal de départ, soit l'âge auquel une personne ayant effectué une carrière complète entamée à 22 ans peut prendre sa retraite sans décote – cet âge étant abaissé d'un an pour les mères de deux enfants (Tableau 2.1)[27]. En Slovénie, l'âge normal de départ à la retraite des mères ayant effectué une carrière complète est identique à celui des femmes sans enfant. Dans ce cas, les mères bénéficient d'une bonification équivalente à une année de droits supplémentaires pour chacun des trois premiers enfants. Toutefois, une mère de deux enfants peut, dans certains cas, prendre sa retraite 16 mois plus tôt si elle justifie de 40 années de cotisations avant l'âge de 60 ans, à condition de renoncer à la bonification liée aux enfants. En Italie, l'âge normal de départ à la retraite est le même pour les mères et les femmes sans enfant, et correspond à l'âge légal. Toutefois, les pensions des mères sont revalorisées par l'application d'un coefficient de transformation plus favorable dans le cadre du régime notionnel à cotisations définies[28]. Les femmes pourront partir à la retraite trois ans avant l'âge légal si elles justifient d'une longue carrière de 41.8 années de cotisations ou perçoivent une pension suffisamment élevée (équivalente à 2.8 fois l'allocation sociale de vieillesse, laquelle représentait 55 % du salaire moyen en 2024). Les mères de deux enfants qui ne remplissent pas les conditions pour bénéficier d'un départ anticipé peuvent partir à la retraite huit mois avant l'âge légal, à condition de renoncer au coefficient de transformation plus favorable.

Pour éviter les décotes, il est nécessaire de retarder le départ à la retraite en cas d'interruption de carrière liée à l'éducation des enfants d'une durée de cinq ans en Grèce et au Portugal, et de dix ans en Espagne et en France. En outre, en Slovénie, les mères ayant interrompu leur carrière pendant cinq ans pour élever leurs enfants ne peuvent accéder à la retraite qu'à un âge plus tardif que celles ayant effectué une carrière complète, comme c'est le cas au Luxembourg en cas d'interruption de dix ans. Cela s'explique par le fait que les majorations pour enfant ne compensent qu'une partie des longues interruptions de carrière (Tableau 2.1). En Slovénie, par exemple, il faut totaliser 40 années de cotisations pour pouvoir partir à la retraite avant l'âge légal de 67 ans, et chaque enfant donne droit à une majoration équivalente à une année de cotisations. Par conséquent, une mère de deux enfants ayant interrompu sa carrière pendant cinq ans doit prendre sa retraite trois ans plus tard par rapport à une femme ayant effectué une carrière complète.

Tableau 2.1. La maternité ou les interruptions de carrière pour élever des enfants ont une incidence sur l'âge normal de départ à la retraite dans sept pays de l'OCDE

Âges futurs de départ à la retraite à taux plein des mères de 2 enfants effectuant une carrière complète commencée à 22 ans, ou interrompant leur carrière pendant 5 ou 10 ans pour s'occuper de leurs enfants, par rapport aux femmes sans enfant

Pays	Âge futur de départ à la retraite à taux plein, carrière complète sans enfant (A)	Ajustement de l'âge de la retraite pour une mère de deux enfants, par rapport à (A)		
		Carrière complète	Interruption de carrière pendant 5 ans suivie d'une reprise d'activité jusqu'à la retraite sans décote	Interruption de carrière pendant 10 ans suivie d'une reprise d'activité jusqu'à la retraite sans décote
Espagne	65			0.5
France	65	-1	-1	2
Grèce	66		1	5
Luxembourg	62			2
Portugal	68		1	2
Rép. slovaque	69	-1	-1	-1
Slovénie	62		3	3

Source : Modèle de retraite de l'OCDE.

Les règles d'indexation des pensions ont un faible impact sur l'écart de pension entre les genres

Une indexation plus généreuse des pensions servies bénéficie relativement davantage aux personnes ayant une espérance de vie plus longue, contribuant ainsi à réduire l'écart de pension entre les genres. L'effet de l'indexation sur cet écart s'explique par les différences d'espérance de vie entre les femmes et les hommes, ce qui implique qu'en moyenne, les femmes en bénéficient sur une période plus longue. Par conséquent, le passage d'une indexation sur les prix à une indexation sur les salaires, par exemple, réduit l'écart de pension entre les genres.

Toutefois, des arbitrages sont nécessaires. Par le même mécanisme, lié aux différences d'espérance de vie entre les groupes de population, une indexation plus généreuse des pensions bénéficie davantage, au sein de chaque genre, aux groupes socioéconomiques ayant une espérance de vie plus élevée, ce qui accentue les inégalités de revenus, les groupes les plus défavorisés vivant généralement moins longtemps. De plus, bien qu'une indexation plus généreuse profite à l'ensemble des bénéficiaires, elle entraîne une hausse des dépenses de retraite. Il est donc plus pertinent de comparer l'impact des différentes options d'indexation pour un niveau donné de dépenses de retraite. Bien que l'indexation sur les prix soit nécessaire pour préserver le pouvoir d'achat des pensions, une indexation supérieure aux prix, à niveau de dépenses globales constant, entraîne une réduction du montant des pensions versées au moment du départ à la retraite pour l'ensemble des bénéficiaires : ainsi, une indexation plus généreuse risque de se traduire par des prestations plus faibles en début de retraite, ce qui pénalise les groupes socioéconomiques dont l'espérance de vie est plus courte.

D'un point de vue quantitatif, l'indexation des pensions a un impact limité sur l'écart de pension entre les genres. Pour évaluer l'impact de l'indexation au regard des différences d'espérance de vie entre les genres, on suppose que les autres composantes clés, à savoir le montant initial des pensions et l'âge normal de la retraite, sont identiques pour les femmes et les hommes dans chaque pays. Sur la base de ces hypothèses, l'écart théorique de pension entre les genres serait supérieur de 1.3 % dans l'ensemble des pays si les pensions étaient indexées sur les prix plutôt que sur les salaires[29].

Les retraites atténuent la transmission des inégalités de revenus au moment de la vieillesse

En augmentant les revenus des personnes âgées situées au bas de l'échelle des revenus, les prestations du premier pilier réduisent l'écart de pension entre les genres. En moyenne dans les pays de l'OCDE, selon la législation en vigueur, une personne née en 2002 qui n'aura jamais travaillé ni cotisé pour sa retraite bénéficiera de prestations de vieillesse équivalentes à 16 % du salaire brut moyen (annexe 2.A). Les travailleurs ayant effectué une carrière complète commencée à l'âge de 22 ans en 2024 et percevant 25 % du salaire moyen (ce qui correspond approximativement à un emploi à mi-temps au salaire minimum dans de nombreux pays) peuvent s'attendre à percevoir en moyenne dans les pays de l'OCDE des prestations de vieillesse représentant 24 % du salaire moyen. Cela se traduit généralement par des taux de remplacement élevés.

Les cas suivants comparent les droits théoriques à pension futurs de femmes ayant accompli une carrière complète rémunérée au salaire moyen à ceux de femmes ayant soit perçu une rémunération inférieure, comme le laissent penser les écarts actuels en termes d'heures travaillées et de salaire horaire, soit exercé une carrière plus courte, comme décrit précédemment. Ces cas ne tiennent pas compte des pensions de réversion. Les résultats sont issus du modèle de retraite de l'OCDE.

Même pour des niveaux de rémunération proches du salaire moyen, de nombreux régimes de retraite obligatoires atténuent l'impact des écarts de rémunération entre les genres sur les pensions. Dans les pays de l'OCDE, l'écart de rémunération entre les femmes et les hommes (mesuré en salaire total, c'est-à-dire en nombre d'heures travaillées et en salaire horaire) s'élève à 23 % en moyenne. L'écart de pension qui en résulte atteint 15 % en moyenne parmi les travailleurs n'ayant pas interrompu leur carrière, soit une baisse de près d'un tiers. Cette baisse est supérieure à 20 points de pourcentage en Australie, en Estonie, en Irlande, en Israël, en Nouvelle-Zélande et en Corée, et avoisine 15 points de pourcentage au Canada, en Tchéquie, au Danemark, en Islande, au Mexique, au Royaume-Uni, en Suisse et au Japon (Graphique 2.20, partie A). Dans tous ces pays, les régimes liés à la rémunération ou les retraites de base sont fortement redistributifs. Dans d'autres pays de l'OCDE, les régimes de retraite obligatoires reflètent presque intégralement les écarts de rémunération entre les genres observés à des niveaux de rémunération proches du salaire moyen.

L'écart moyen de durée de carrière de 15 % observé entre les genres dans l'ensemble des pays devrait se traduire à l'avenir par un écart moyen de droits à pension de 12 %. Toutefois, cet exercice sous-estime la capacité des régimes de retraite à compenser les interruptions de carrière, dans la mesure où il ne tient pas compte des droits à pension accordés pour les périodes d'inactivité liées à l'éducation des enfants ou au chômage. Les retraites exercent un effet compensateur nettement moins marqué sur les écarts d'emploi que sur les écarts de rémunération dans les pays où les pensions de base reposent principalement sur les cotisations, comme la Corée, l'Irlande et la Tchéquie (Graphique 2.20, partie B). Les carrières plus courtes n'ont aucune incidence sur les futures retraites obligatoires aux États-Unis et au Mexique, dès lors que les périodes de cotisation sont d'au moins de 35 et 20 ans respectivement. Aux États-Unis, le droit à une pension complète est acquis après 35 années de cotisation, tandis qu'au Mexique, un complément de pension récemment introduit garantit un taux de remplacement de 100 % jusqu'au salaire moyen de 2024 pour les personnes ayant cotisé pendant au moins 20 ans. D'autres mécanismes, tels que des taux d'acquisition majorés ou réduits à des âges avancés, ou la revalorisation des revenus ou cotisations antérieurs à des niveaux supérieurs ou inférieurs à l'évolution des salaires, jouent un rôle secondaire[30]. Ni les bas salaires (à concurrence du salaire moyen) ni les carrières courtes n'entraînent de diminution des pensions en Australie dans le cas hypothétique, car la pension de base sous condition de résidence (Age pension) compense intégralement la baisse des pensions professionnelles (Superannuation).

Graphique 2.20. Les dispositifs de retraite limitent la conversion des écarts de rémunération en écarts de pension

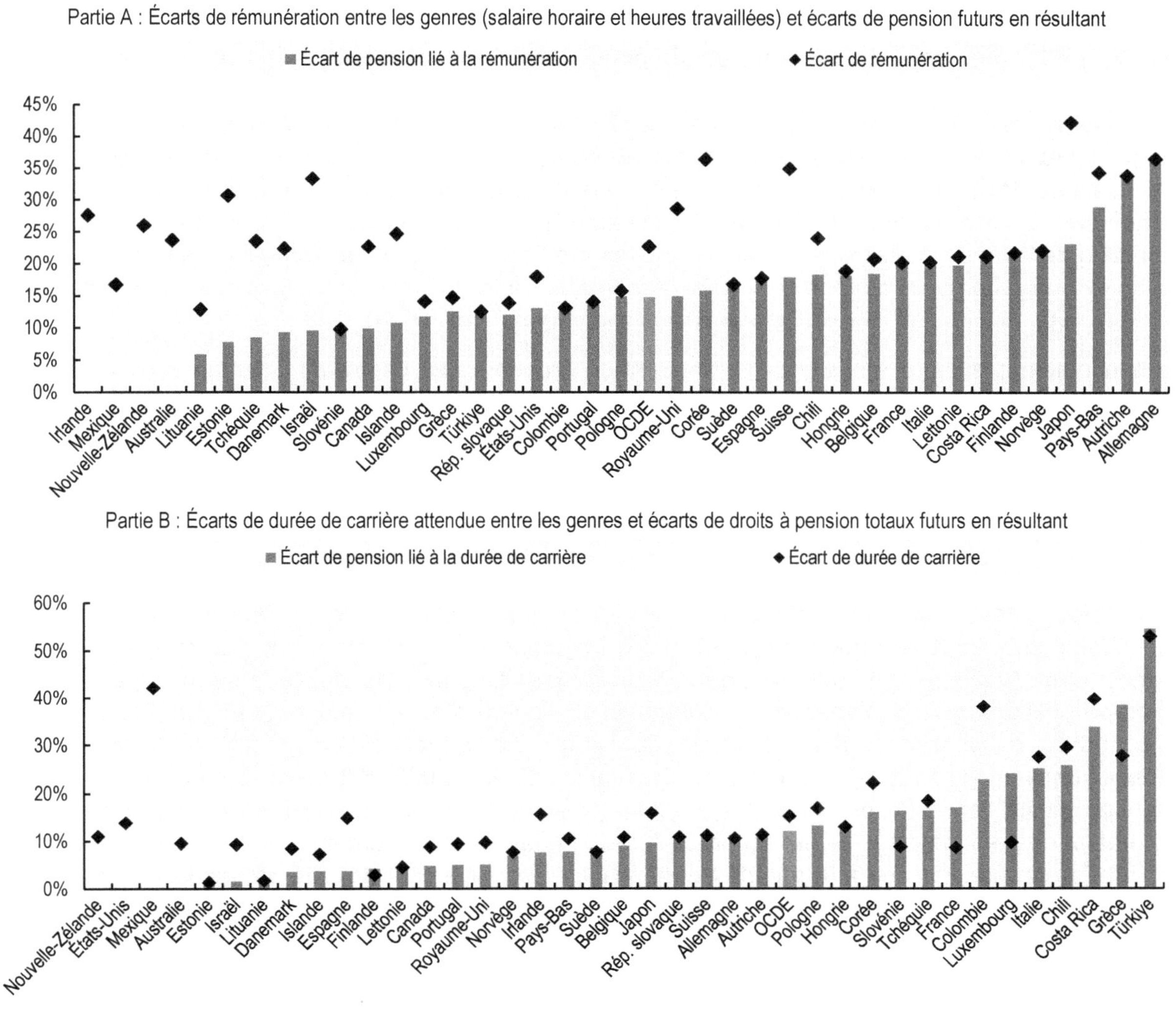

Note de lecture : Aux Pays-Bas, l'écart de rémunération, qui résulte des disparités entre les genres en matière d'heures travaillées et de salaires horaires, comme évoqué précédemment, s'élève à 34 %. Pour les personnes ayant effectué une carrière complète, cela se traduit par un écart de pension entre les genres de 29 %. Toujours aux Pays-Bas, l'écart de durée de carrière atteint 10 %, ce qui se traduit, en supposant un salaire moyen équivalent entre les femmes et les hommes, par un écart de pension entre les genres de 8 %.
Note : En France, en Grèce, au Luxembourg et en Slovénie, les carrières plus courtes entraînent un report de l'âge de départ à la retraite afin d'éviter une décote, ce qui réduit encore les droits à pension totaux (voir le graphique 5.3 pour plus de détails méthodologiques). Les écarts attendus entre les genres en matière de rémunération et de durée de carrière reposent sur les données actuelles du marché du travail, tandis que les pensions théoriques futures concernent une cohorte née en 2002.
Source : modèle de retraite de l'OCDE.

StatLink https://stat.link/a7vyfe

Les majorations pour enfants permettent d'acquérir des droits à pension au titre des périodes consacrées à l'éducation des enfants

Dans la plupart des pays de l'OCDE, l'impact des interruptions d'activité liées à l'éducation des enfants sur les pensions est mieux compensé que celui des périodes de chômage. Les majorations de pension ont pour objectif de neutraliser les effets des interruptions de carrière sur les droits à la retraite (Natali et al., 2024[51]). Les majorations pour enfants couvrent généralement les interruptions d'activité professionnelle jusqu'à ce que les enfants atteignent un certain âge. Elles sont généralement moins généreuses pour les interruptions de carrière plus longues et pour les enfants plus âgés[31]. Certains pays (Grèce, Hongrie, Luxembourg et Tchéquie) prennent en compte les périodes consacrées à l'éducation des enfants pour déterminer les droits à la retraite, mais les excluent du calcul du salaire de référence, ce qui en atténue l'impact négatif. Des majorations pour enfants ont été mises en place entre le milieu des années 1980 et le milieu des années 1990 en Allemagne, en Autriche, en Belgique, en Irlande, au Japon, en Norvège et en Suisse, et dans les années 2000 au Danemark, en Corée, en Finlande et au Portugal. En 2024, l'Australie a décidé de financer, sur fonds publics, les cotisations au régime de retraite obligatoire à cotisations définies (Superannuation) pendant les congés parentaux (dans la limite de six mois), les versements devant débuter en juillet 2026 (chapitre 1). Toujours en 2024, la Colombie a introduit une réduction de la durée de carrière requise pour avoir droit à une pension pouvant aller jusqu'à 50 semaines de congé parental pour chacun des trois premiers enfants. La mise en œuvre de cette réforme est incertaine depuis que la Cour constitutionnelle l'a suspendue en juin 2025.

La conception des majorations pour enfants est en grande partie neutre du point de vue du genre. En dehors du congé de maternité, les majorations de pension peuvent être accordées à l'un ou l'autre des parents, dès lors que celui-ci cesse effectivement de travailler pour s'occuper de ses enfants. Pourtant, en pratique, la majorité des interruptions de carrière concernent les mères : plus de neuf sur dix en Allemagne, en Hongrie, en Irlande, en République slovaque et en Tchéquie, les trois quarts en Italie et en Lituanie, et les deux tiers en Finlande.

Neuf pays de l'OCDE accordent des majorations de pension simplement pour le fait d'avoir eu des enfants, ou accordent des bonifications aux parents, qu'il y ait eu interruption de carrière ou pas. Des années supplémentaires sont accordées sous forme de majoration en Allemagne, en Autriche, en Corée, en France, et en Slovénie ; un coefficient de conversion plus favorable est appliqué en Italie ; et une prime de retraite est octroyée en Espagne, en Hongrie et en Tchéquie. En Allemagne, en Autriche, en Slovénie et en Tchéquie, ce sont les parents qui décident à qui sont attribuées les années supplémentaires, et celles-ci peuvent être réparties entre eux. En France, depuis 2023, 6 trimestres supplémentaires sont attribués exclusivement aux mères, 2 trimestres peuvent être répartis entre les deux parents, et une majoration de pension de 10 % est accordée à chacun dès lors qu'ils ont au moins 3 enfants. En Italie, la bonification de pension liée à la parentalité s'applique exclusivement aux mères, tandis qu'en Espagne, elle est accordée au parent percevant la pension la plus faible. Par conséquent, dans ces 9 pays, les mères de 2 enfants peuvent s'attendre à bénéficier de droits à pension supérieurs à ceux des femmes sans enfant ayant eu une carrière comparable, cet écart s'échelonnant d'environ 2.1 % en Espagne à 6.2 % en France (Graphique 2.21).

En moyenne, dans les pays de l'OCDE, les régimes de retraite obligatoires compensent environ la moitié des effets d'une interruption d'activité de 5 ans sur les droits à la retraite des mères de 2 enfants. De même, une interruption d'activité de 5 ans consacrée à l'éducation des enfants réduit de 5 % la pension des mères de 2 enfants au niveau du salaire moyen, alors qu'elle ne réduit la durée de carrière que de 11 % en moyenne [32]. Dans les pays dépourvus de mécanismes compensatoires ou dans lesquels ces derniers sont très rudimentaires, comme Israël et la Türkiye, une interruption d'activité de 5 ans consacrée à l'éducation des enfants entraîne effectivement une baisse de 11 % de la pension des personnes percevant un salaire moyen (Graphique 2.21). Dans huit pays de l'OCDE, l'impact d'une telle interruption de carrière est inférieur à 1 % : la Belgique, l'Irlande et le Japon accordent des majorations pour enfants substantielles ; en Colombie, en Espagne et aux États-Unis, les droits maximaux sont atteints après respectivement 30, 37 et 35 années de cotisation, respectivement ; au Mexique, un complément garantit un taux de remplacement de 100 % jusqu'au salaire moyen de 2024 (indexé sur les prix – chapitre 1) ; enfin, en Nouvelle-Zélande, seule la pension de base sous condition de résidence est obligatoire. En Espagne et en France, en tenant également compte des majorations de pension accordées aux mères, les droits à pension des mères de 2 enfants ayant interrompu leur carrière pendant 5 ans sont supérieurs de 2 à 3 % à ceux des femmes sans enfant ayant effectué une carrière complète, alors qu'ils sont en moyenne inférieurs de 4 % dans l'ensemble des pays de l'OCDE. En Hongrie et en Tchéquie, les majorations accordées aux mères de deux enfants compensent intégralement l'impact d'une interruption d'activité de cinq ans. En dehors de ces cas typiques, en France, les majorations et bonifications pour enfants accordées aux mères compensent presque entièrement l'impact de la maternité, y compris la baisse de la rémunération et du nombre d'heures travaillées, sur leurs droits à pension (Bonnet et Rapoport, 2019[52]). Dans l'ensemble, les crédits pour enfants et pour interruptions de carrière liées à la garde d'enfants font que les pensions des mères de deux enfants ayant connu une interruption de carrière de cinq ans ne sont en moyenne que 4 % inférieures à celles des femmes sans enfant ayant mené une carrière complète dans les pays de l'OCDE.

Graphique 2.21. Dans de nombreux pays de l'OCDE, les régimes de retraite atténuent sensiblement les effets d'une interruption de carrière de cinq ans liée à l'éducation des enfants

Effets de la naissance de deux enfants et d'une interruption de carrière de cinq ans liée à l'éducation des enfants sur les droits à pension bruts totaux d'une personne percevant le salaire moyen

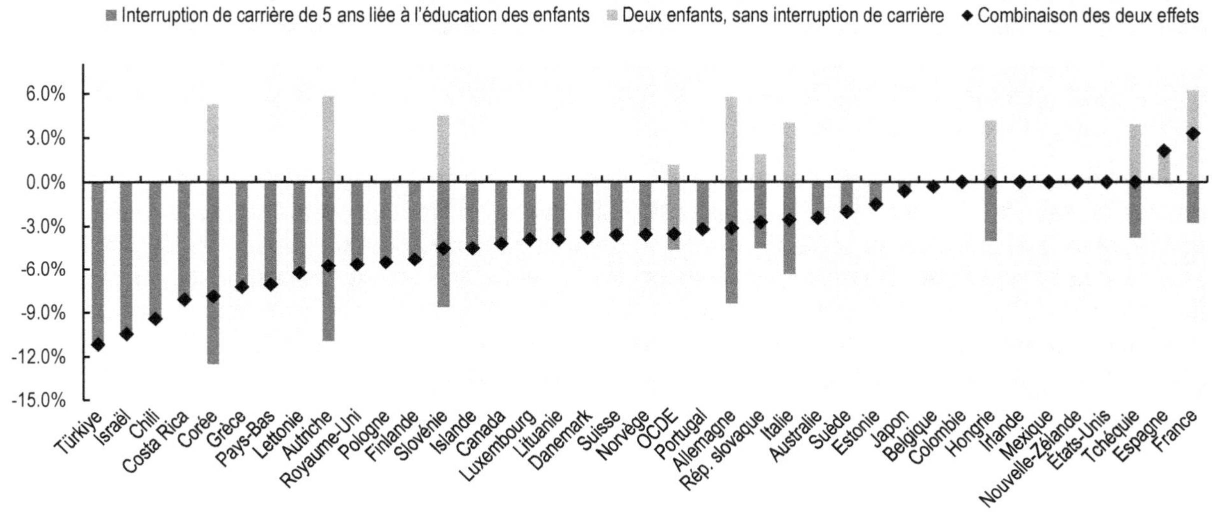

Note de lecture : En Autriche, dans l'hypothèse d'une carrière complète rémunérée au salaire moyen, une mère de 2 enfants bénéficie de droits à pension supérieurs de 6 % à ceux d'une femme sans enfant (barre bleu clair) ; en revanche, si cette mère interrompt sa carrière pendant 5 ans, ses droits à pension seront inférieurs de 11 % à ceux d'une mère ayant travaillé sans interruption (barre bleu foncé) ; en conséquence, une mère ayant interrompu sa carrière pendant 5 ans percevra des droits à pension inférieurs de 6 % à ceux d'une femme sans enfant ayant effectué une carrière complète (losange noir).

Note : Les femmes entrent sur le marché du travail à 22 ans en 2024 et prennent leur retraite à l'âge normal, ce qui leur donne droit à une retraite sans décote. Les mères ont deux enfants nés en 2032 et 2034, et l'interruption de cinq ans commence en 2032. Les barres bleu clair comparent les droits à la retraite d'une mère ayant effectué une carrière complète à ceux d'une femme sans enfant ayant également effectué une carrière complète. Les barres bleu foncé illustrent l'écart relatif entre les droits à la retraite de deux mères : l'une ayant interrompu son activité pendant cinq ans pour élever ses enfants, l'autre ayant poursuivi une carrière sans interruption. Les losanges noirs illustrent l'écart entre les droits à la retraite d'une mère ayant interrompu son activité pendant cinq ans pour élever ses enfants et ceux d'une femme sans enfant ayant effectué une carrière complète. Pour la Colombie, les résultats sont basés sur la réforme de 2025 qui a été adoptée par le Parlement, mais sa mise en œuvre est incertaine après que la Cour constitutionnelle a suspendu la réforme en juin 2025 (chapitre 1).

Source : Chapitre 5.

StatLink https://stat.link/u0m2nk

Dans certains pays de l'OCDE, les personnes à faibles revenus bénéficient d'une meilleure protection contre les effets des interruptions de carrière liées à l'éducation des enfants (chapitre 5). En Allemagne, la naissance d'un enfant ouvre droit, pour l'un des parents, à un point de retraite par an pendant trois ans, ce qui équivaut, pour le calcul des droits à pension, à percevoir le salaire moyen durant toute cette période.

En Estonie, les majorations sont calculées sur la base du revenu moyen national, et sur 75 % de ce revenu en Suède, ce qui se traduit par des prestations plus élevées pour les personnes à faibles revenus. L'Autriche et la République slovaque accordent des majorations forfaitaires pendant les interruptions de carrière liées à l'éducation des enfants, lesquelles sont plus avantageuses pour les personnes à faibles revenus. En Australie, en Colombie, en Islande et en Pologne, les dispositifs de sécurité sociale et les pensions minimales compensent les droits perdus pendant les périodes consacrées à l'éducation des enfants, en particulier pour les mères à faibles revenus.

Dans les régimes de retraite par capitalisation, les droits à pension peuvent continuer à s'acquérir durant les congés de maternité et parental. Ce n'est toutefois pas le cas dans certains pays, comme l'Autriche, les États-Unis et la Nouvelle-Zélande, où les employeurs cessent généralement de cotiser pour le compte des mères en congé de maternité (OCDE, 2021[15]). En Australie, 81 % des employeurs offrant un congé parental continuent de verser des cotisations aux régimes de retraite à cotisations définies pendant toute la durée de ce congé (WGEA, 2025[53]). En Estonie, en Islande, en Lettonie, en Pologne, en République slovaque et en Suède, les cotisations de retraite obligatoire des mères en congé de maternité ou parental sont prises en charge par l'État ou l'organisme de sécurité sociale, tandis qu'en Allemagne, au Chili et en Lituanie, les mères bénéficient de subventions publiques versées sur leur compte retraite, calculées en fonction du nombre d'enfants. Même lorsque les cotisations sont maintenues durant le congé, la base salariale utilisée pour leur calcul demeure inférieure aux revenus perçus antérieurement dans certains pays (comme l'Estonie, l'Islande et la Pologne), ce qui se traduit par un niveau de cotisations réduit par rapport à une période d'activité normale.

Certains pays tiennent également compte des périodes consacrées à la prise en charge informelle d'adultes au sein du cercle familial. Par exemple, l'Allemagne, la Norvège et le Royaume-Uni accordent des majorations de pension aux aidants informels, dans l'emploi ou non, qui assurent au moins 10, 22 et 20 heures de soins par semaine, respectivement. En Finlande, les aidants familiaux peuvent bénéficier d'une allocation de soins ouvrant des droits à la retraite, à condition de s'enregistrer auprès de la municipalité. Le montant de cette allocation augmente proportionnellement à l'intensité des soins requis (Euro carers, 2025[54]). De même, au Danemark, en Estonie et en Hongrie, l'allocation de soins permet aux aidants d'acquérir des droits à la retraite. En Autriche, les pouvoirs publics prennent en charge les cotisations de retraite des aidants informels depuis 2009. En outre, le congé de proche aidant permet d'acquérir des droits à pension en Belgique, en Espagne et en France. En Irlande, jusqu'à 20 années consacrées à la prise en charge de proches peuvent être intégrées dans le calcul de la pension de base contributive. En Lituanie, le parent ou le beau-parent assurant la prise en charge d'un enfant adulte en situation de handicap bénéficie d'une couverture au titre de l'assurance retraite.

Pensions de réversion, partage de pension et prestations de conjoint

La quasi-totalité des pays de l'OCDE prévoient une protection en cas de décès du conjoint ou partenaire, généralement sous la forme de pensions de réversion. Aujourd'hui, les pensions de réversion ont pour principal objectif de lisser la consommation, c'est-à-dire de limiter le risque de baisse du niveau de vie. De facto, ces pensions contribuent à réduire l'écart de pension entre les femmes et les hommes. Dans l'édition 2018 des *Perspectives sur les pensions*, l'OCDE a conduit une analyse approfondie des dispositifs de pensions de réversion en vigueur dans les pays membres (OCDE, 2018[45]). Les pensions de réversion permanentes font partie intégrante des régimes de retraite obligatoires contributifs de tous les pays, à l'exception de l'Australie, de la Lettonie, de la Norvège, de la Nouvelle-Zélande, des Pays-Bas, du Royaume-Uni et de la Suède. Autrefois réservées aux personnes mariées, les pensions de réversion sont aujourd'hui étendues, dans un nombre croissant de pays, aux unions civiles, voire aux cohabitations. La majorité des pays subordonnent l'accès aux pensions de réversion à une durée minimale de vie commune[33]. Au cours des dernières décennies, la plupart des pays ont uniformisé les conditions d'accès des hommes et des femmes aux pensions de réversion, bien que quelques exceptions subsistent. En Israël et au Japon, les conditions d'accès des hommes aux pensions de réversion sont plus restrictives que celles des femmes. Toutefois, le Japon mettra fin à cette disparité en 2028. En Suisse, jusqu'en 2022, seuls les hommes ayant un enfant à charge pouvaient prétendre à une pension de réversion, contrairement aux femmes, pour lesquelles cette condition n'a jamais été requise. Dans tous les pays de l'OCDE, à l'exception de huit, des pensions de réversion peuvent être accordées après un divorce, ce droit étant considéré comme acquis durant le mariage, bien que l'objectif de lissage de la consommation ne soit plus pertinent en cas de décès de l'ex-conjoint. En Finlande, l'octroi d'une pension de réversion après un divorce est subordonné à l'existence d'une pension alimentaire. Depuis 2024, au Canada, les couples séparés ne peuvent plus prétendre à une pension de réversion s'ils ont déjà procédé au partage de leurs droits à pension.

L'impact des pensions de réversion sur l'écart de pension entre les genres devrait s'atténuer, en raison de l'amélioration progressive de la situation des femmes sur le marché du travail et de la mise en place de critères de ressources encadrant leur octroi dans la plupart des pays de l'OCDE. Entre 2011 et 2021, les dépenses au titre des pensions de réversion ont diminué, passant de 1.0 % à 0.8 % du PIB en moyenne dans les pays de l'OCDE, tandis que les dépenses au titre des pensions de vieillesse ont augmenté, passant de 7.6 % à 8.5 % du PIB (OCDE, 2025[55]). En moyenne, dans les pays de l'OCDE, les pensions de réversion versées aux survivants n'ayant jamais exercé d'activité professionnelle correspondent à environ la moitié de la pension contributive obligatoire du défunt, et à plus de 80 % aux États-Unis, au Mexique et en Pologne (OCDE, 2018[45]). La plupart des pays réduisent le montant des pensions de réversion en fonction des droits à pension personnels du conjoint survivant. Lorsque les deux conjoints ont effectué une carrière complète rémunérée au salaire moyen, la pension de réversion représente en moyenne un quart de la pension obligatoire du défunt dans les pays de l'OCDE. En Autriche, au Canada, en Estonie, aux États-Unis, en Irlande, au Japon et en Slovénie, les pensions de réversion ciblent plus particulièrement les faibles revenus.

L'accès précoce aux pensions de réversion peut freiner l'activité professionnelle des femmes et, par ricochet, accentuer les écarts de pension entre les genres. Aucun critère d'âge minimum ne s'applique pour bénéficier d'une pension de réversion permanente en Autriche, au Canada, au Chili, au Costa Rica, en Colombie, en Corée, en Espagne, en Irlande, en Italie, au Luxembourg, au Mexique et en Türkiye. En revanche, dans 17 pays de l'OCDE, seules les personnes veuves (ne présentant ni handicap ni enfants à charge) peuvent y prétendre à partir d'un certain âge. Le seuil d'âge le plus bas pour accéder à une pension de réversion est de 35 ans au Portugal et de 40 ans en Israël. Ainsi, bien que les bénéficiaires ne soient pas censés pouvoir prétendre à une pension de réversion permanente avant l'âge de la retraite, ce dispositif permet d'atténuer la perte de revenu disponible consécutive au décès du conjoint, à l'instar des pensions de vieillesse qui visent à limiter la chute brutale des ressources au moment du départ à la retraite.

Le partage des droits à pension consiste à transférer les droits à pension de vieillesse d'un partenaire à l'autre. Le partage peut intervenir pendant la période de cotisation, au moment de la séparation ou lors du départ à la retraite. Dans les couples non séparés, le partage des droits à pension renforce l'autonomie financière et la sécurité économique du partenaire le moins actif sur le marché du travail. Cette autonomie revêt une importance d'autant plus grande en cas de séparation ou de décès du conjoint.

Bien qu'il existe depuis quelques décennies dans certains pays, le partage de pension ne rencontre pas un franc succès. En Allemagne, au Canada, au Japon et aux Pays-Bas, le partage des droits de pension est l'option par défaut en cas de dissolution du mariage. Le Canada a instauré le partage de pension en cas de divorce en 1978, et les pensions de survivant ne sont plus versées si les droits à pension ont été fractionnés dans le cadre du régime du RPC en 2025 ou après. L'Allemagne (de l'Ouest à l'époque) l'a instauré en 1977, puis a introduit en 2002 la possibilité de renoncer à la pension de réversion au profit d'un partage égalitaire (50-50) des droits au moment du départ à la retraite du conjoint le plus jeune (Schmauk et Kridahl, 2024[43]). Pour le couple dans son ensemble, les pensions de réversion sont généralement plus avantageuses que le partage à parts égales, et les taux d'adhésion au partage ont été très faibles. Au Japon, les pensions peuvent être partagées d'un commun accord lors d'une procédure de divorce. Le conjoint financièrement dépendant peut également présenter une demande de partage. En effet, le partage des pensions lors d'un divorce est relativement courant, avec près de 38 000 accords de partage en 2023, soit environ un cinquième du nombre de divorces. . Aux Pays-Bas, le partage des droits à pension dans les régimes professionnels est autorisé en cas de divorce (et proposé comme option par défaut) depuis 1995, et a été étendu aux périodes de mariage en 2007. Sans que ce soit l'option par défaut, le Chili a instauré le partage des droits à pension pour les couples divorcés en 2009, et les tribunaux peuvent partager les droits à pension, à un taux par défaut de 50-50, même sans accord mutuel. Depuis lors, seuls 7 530 hommes et 170 femmes ont transféré leurs droits à pension sur le compte de leur partenaire. Les pensions professionnelles et privées peuvent être partagées par décision judiciaire après un divorce en Allemagne, au Canada, au Danemark, en Irlande et en Suède. Au Royaume-Uni, les pensions professionnelles ne sont pas automatiquement partagées en cas de divorce, mais sont considérées comme faisant partie des biens matrimoniaux. En outre, en Allemagne, en Autriche, au Danemark, en Irlande, aux Pays-Bas et en Suède, les partenariats enregistrés ou autres unions légalement reconnues peuvent donner droit au partage des pensions en cas de séparation.

Au-delà des Pays-Bas, le partage des droits à pension peut s'appliquer aux partenariats en cours en Australie, en Autriche, au Canada, en Suède et en Suisse. La Suisse est le seul pays à avoir rendu obligatoire le partage des droits à pension. Depuis 1997, la moitié des revenus communs du couple pendant le mariage est utilisée pour calculer les prestations individuelles dans le régime public. En Australie, les conjoints peuvent, sur demande, partager jusqu'à 85 % des cotisations au régime de retraite à cotisations définies sans divorcer. L'Autriche autorise le transfert de jusqu'à la moitié des droits à pension publique du parent salarié vers le compte de pension du parent qui s'occupe des enfants au cours des 14 premières années suivant la naissance. En Suède, il est possible de transférer les droits à la partie capitalisée des pensions publiques (*premiepension*) entre conjoints époux (OCDE, 2021[15]). Le transfert des droits à pension aux partenaires ayant une espérance de vie plus longue, par exemple des hommes aux femmes, gonfle les dépenses totales. Pour compenser cela, le système de retraite suédois prélève une taxe de 6 % sur les actifs transférés.

La Corée et les États-Unis octroient des majorations pour conjoint à charge, le Japon prend en compte les périodes de non-activité des conjoints dans son régime de base fondé sur les cotisations, et la Belgique applique des taux d'acquisition plus avantageux aux couples dans le cadre de son régime contributif. Les majorations pour conjoint à charge offrent des prestations spécifiques aux conjoints ne disposant pas de leur propre pension, ou dont la pension est très faible. Les majorations pour conjoint à charge bénéficient aux personnes dépendant financièrement de leur partenaire, quelle qu'en soit la raison, les couples mariés étant traités plus favorablement que les couples informels ou les personnes seules. En Belgique, après une carrière complète, le taux de remplacement peut être porté à 75 % du revenu du conjoint le mieux rémunéré, si cette option s'avère plus avantageuse pour le couple que l'application individuelle du taux de 60 % à chacun des époux. Aux États-Unis, la majoration pour conjoint à charge équivaut à 50 % de la pension du conjoint ayant les droits les plus élevés. Toutefois, si l'autre conjoint perçoit déjà une pension, son montant est déduit de cette allocation complémentaire. En Corée, une allocation forfaitaire d'un petit montant est accordée au conjoint dont le partenaire ne perçoit pas de pension à titre personnel. Au Japon, certaines périodes d'inactivité des conjoints de travailleurs sont prises en compte dans le calcul de la pension de base contributive, même si aucune cotisation n'est versée. La Finlande a supprimé les prestations pour conjoint en 2001. Dans de nombreux pays de l'OCDE, les pensions de base sous condition de résidence ainsi que les prestations ciblées sont modulées en fonction de la situation familiale, des taux différenciés étant appliqués aux célibataires et aux couples. Cette différenciation vise à refléter les économies d'échelle réalisées au sein du ménage, notamment sur le plan des dépenses de logement (chapitre 5).

Considérations particulières influant sur l'écart de pension entre les genres dans les régimes de retraite par capitalisation

Outre les facteurs relatifs au marché du travail, des facteurs comportementaux et culturels peuvent influencer les décisions individuelles en matière de retraite et d'épargne retraite. Les femmes manifestent souvent une plus grande aversion pour le risque que les hommes, laquelle peut se traduire par une préférence pour des placements à moindre risque et donc à moindre rendement, en moyenne, pour leur épargne retraite. Cette plus grande aversion semble tenir à des différences d'attitudes face au risque et à la compétition, ainsi qu'à des différences de niveau d'éducation financière (OCDE, 2021[15] ; Buser, Ranehill et van Veldhuizen, 2021[56] ; Charness et Gneezy, 2012[57]). Les femmes ayant déjà tendance à privilégier des placements prudents, elles sont généralement moins disposées à se tourner vers des options d'investissement plus risquées lorsque l'option par défaut correspond déjà à leur profil de tolérance au risque. Par exemple, en Italie et en Lettonie, l'option de placement par défaut dans les plans d'épargne retraite par capitalisation est une stratégie prudente. Si cette approche permet de limiter les risques, elle réduit également le rendement que les femmes pourraient espérer tirer de leur épargne sur l'ensemble de la phase d'accumulation. Qui plus est, les conseillers financiers peuvent être influencés par des stéréotypes de genre et supposer une aversion pour le risque plus prononcée chez les femmes, ce qui ne fait que renforcer cette aversion (OCDE, 2021[15]). Les attitudes à l'égard de l'épargne diffèrent également entre les femmes et les hommes. En effet, les femmes peuvent retarder la constitution d'une épargne retraite, voire y renoncer, parce qu'elles se sentent plus vulnérables face aux difficultés financières à court terme, ou qu'elles sont plus susceptibles de faire passer les besoins immédiats de leur famille avant leur propre sécurité financière à long terme (OCDE, 2021[15]).

Un niveau de culture financière plus faible chez les femmes peut également expliquer leur moindre implication dans la planification de la retraite. En moyenne, les hommes possèdent un niveau de culture financière un peu plus élevé que celui des femmes (OCDE, 2023[24]). Les différences de connaissances financières entre les genres ont tendance à être prononcées en Estonie, en Finlande, en Grèce, au Luxembourg et en Suède (OCDE, 2023[58]). En raison de ce manque de culture financière par rapport aux hommes, les femmes maîtrisent moins bien certains concepts, comme la valeur temps de l'argent, les intérêts simples et composés ou encore la diversification des risques, pourtant essentiels pour prendre des décisions éclairées en matière d'épargne à long terme et de retraite.

Discussion d'action politique

Les écarts de pension entre les genres sont significatifs et constituent un enjeu majeur pour les politiques de retraite. Dans les pays de l'OCDE, les pensions des femmes sont inférieures d'un quart en moyenne à celles des hommes. D'autre part, dans la quasi-totalité des pays de l'OCDE, les femmes âgées font face à un risque de pauvreté nettement plus élevé par rapport aux hommes. Si les pensions ne peuvent corriger à elles seules les inégalités accumulées tout au long de la vie active, l'atténuation de leur impact sur les écarts de pension entre les femmes et les hommes demeure une priorité essentielle pour les décideurs en matière de retraite. La réduction de la répercussion des inégalités professionnelles sur les écarts de pension entre les femmes et les hommes s'inscrit également dans les objectifs plus généraux des politiques familiales, en particulier celles qui visent à soutenir les familles avec enfants. Les politiques de retraite redistributives varient sensiblement d'un pays à l'autre, car elles dépendent des préférences individuelles et des choix sociaux pour ce qui est, notamment, des inégalités liées à la vieillesse, de la reconnaissance du travail rémunéré et du rôle d'aidant, de la place accordée au mariage dans la société, ainsi que de l'importance accordée à la parentalité (Barr, 2019[59]).

Les disparités de revenus entre les genres sur l'ensemble de la vie sont la principale cause de l'écart de pension entre les genres, une grande partie des prestations de retraite étant directement liée aux revenus d'activité. Les inégalités de revenus sur l'ensemble de la vie ne se répercutent toutefois pas intégralement sur les pensions de retraite ; en particulier, l'écart de revenus entre les genres sur l'ensemble de la vie demeure nettement plus important que l'écart de pension. Les écarts d'emploi, d'heures travaillées et de rémunération horaire entre les femmes et les hommes contribuent chacun, en moyenne, à hauteur d'environ un tiers à l'écart de revenus sur l'ensemble de la vie dans les pays de l'OCDE. Les écarts de revenus entre les femmes et les hommes sur l'ensemble de la vie se réduisent progressivement au fil des générations, sous l'effet notamment de la montée en puissance de l'emploi féminin. Les disparités de trajectoires professionnelles entre les femmes et les hommes demeurent toutefois profondes et ont peu de chances de s'estomper dans un avenir proche. Par conséquent, les mesures les plus efficaces pour réduire durablement l'écart de pension entre les genres doivent cibler les disparités persistantes en matière d'emploi, d'heures travaillées et de rémunération. En particulier, le partage inégal du travail familial et domestique non rémunéré entre les femmes et les hommes, ainsi que les disparités de genre sur le plan des trajectoires éducatives et professionnelles, ont des répercussions profondes. Les priorités d'action dans ces domaines dépassent le cadre du présent rapport et sont abordées dans d'autres publications de l'OCDE (OCDE, 2023[24] ; OCDE, 2024[25] ; OCDE, 2025[60]).

Les pays souhaitant promouvoir l'égalité des genres dans l'emploi et réduire l'écart de pension entre les femmes et les hommes devraient aligner l'âge légal de départ à la retraite des femmes sur celui des hommes. L'accès anticipé des femmes à la retraite est un héritage du passé, issu du modèle du ménage à revenu unique. L'harmonisation des conditions d'accès à la retraite des femmes et des hommes contribuerait à réduire les écarts de durée de carrière entre les genres. À l'inverse, dans certains pays de l'OCDE, l'accès des femmes à la retraite à un âge plus précoce se traduit par des pensions moins élevées, ce qui contribue à creuser l'écart entre les genres. En vertu de la législation en vigueur, la Colombie, le Costa Rica, la Hongrie, Israël et la Pologne continueront d'appliquer un âge normal de départ à la retraite distinct pour les femmes et les hommes. Au Chili, les femmes et les hommes peuvent accéder aux pensions publiques à partir de 65 ans, mais seules les femmes peuvent bénéficier du régime obligatoire par capitalisation dès l'âge de 60 ans. Par ailleurs, l'accès anticipé à la retraite accordé aux mères en Italie, en République slovaque, en Slovénie et en Tchéquie notamment, est difficile à justifier.

Un assouplissement aussi important que possible des critères minimums d'accès à la retraite permettrait de réduire les écarts de revenus entre les genres à l'âge de la vieillesse, ces critères incluant notamment de longues durées de cotisation, des seuils minimums de revenus ou un nombre minimum d'heures travaillées. Par exemple, la Tchéquie impose 30 années de cotisation pour accéder à la retraite, tandis que le Japon et la Corée exigent respectivement 20 et 15 heures de travail hebdomadaire pour pouvoir bénéficier des régimes de retraite liés à la rémunération. Dans certains pays, seuls les revenus dépassant un certain seuil sont soumis à une couverture obligatoire. Ce seuil représente environ 10 % du salaire moyen brut en Allemagne, en Autriche et au Royaume-Uni, et environ 20 % en Italie, au Japon et en Suisse. Le Japon supprimera ce seuil en 2028. Au Canada, au Japon, au Royaume-Uni et en Suisse, des seuils minimums de revenus limitent l'accès aux régimes professionnels de retraite par capitalisation (OCDE, 2021[15]). De façon plus générale, ces critères ont pour effet de pénaliser les travailleurs qui effectuent des carrières courtes, ont des revenus modestes et ont fréquemment recours au travail à temps partiel ; ils affectent donc de manière disproportionnée les femmes.

Des niveaux élevés de prestations du premier pilier réduisent considérablement les inégalités de pension et, partant, l'écart de pension entre les genres. Les pensions du premier pilier offrent aux personnes âgées un premier niveau de protection sociale, dont le montant est indépendant des revenus d'activité antérieurs. Bien que ces prestations soient généralement neutres du point de vue du genre, elles bénéficient davantage aux femmes. Lorsque les prestations du premier pilier occupent une place prépondérante par rapport aux pensions liées à la rémunération, elles atténuent la répercussion des inégalités salariales sur les pensions. Toutefois, elles offrent aussi une moindre protection contre la baisse de revenus au moment de la retraite pour de nombreux travailleurs, ce qui réduit les incitations à cotiser. Des arbitrages comparables interviennent dans d'autres dimensions de la conception des pensions du premier pilier : les pensions de base sous condition de résidence s'avèrent plus efficaces que les dispositifs contributifs pour réduire les inégalités de genre, ces derniers étant directement liés aux trajectoires professionnelles individuelles. Au Danemark, en Islande, en Israël et en Nouvelle-Zélande, les prestations non contributives du premier pilier représentent plus de 30 % du salaire moyen, ce qui est également le cas des pensions de base contributives à taux plein en Belgique, en Colombie, au Luxembourg, en Slovénie, en Espagne et en Türkiye. Le débat normatif autour des compromis liés à la conception et au niveau des prestations du premier pilier devrait tenir compte de leurs effets sur les inégalités de genre.

Les majorations de pension liées à l'éducation des enfants constituent un instrument efficace pour atténuer les effets des interruptions de carrière de courte durée, notamment pour les personnes à faibles revenus. En moyenne dans les pays de l'OCDE, elles compensent environ la moitié des droits à pension perdus lors d'une interruption de carrière de cinq ans liée à l'éducation des enfants. Ces majorations pourraient également couvrir les réductions du temps de travail visant à concilier vie familiale et activité professionnelle, comme c'est le cas en Allemagne, au Portugal et en Slovénie. Toutefois, elles devraient limiter le risque d'enfermer durablement les personnes ayant interrompu leur carrière dans des emplois à temps partiel. Le montant des majorations peut être indexé sur celui des prestations liées à la parentalité, qu'il s'agisse du congé de maternité, de paternité ou du congé parental. Il peut également être indexé sur le revenu d'activité antérieur à l'interruption, dans la limite d'un certain plafond, sur le salaire moyen national, sur le salaire minimum ou sur tout autre montant forfaitaire. Parmi ces options, le revenu d'activité antérieur à l'interruption constitue le levier le plus puissant pour établir un lien direct entre revenus et droits à pension. En revanche, le recours à un plafond de revenus ou à des montants forfaitaires permet de renforcer les droits des travailleurs à faibles revenus, à coût budgétaire total équivalent. La durée des périodes donnant droit à des majorations de retraite pour enfant ne devrait pas être trop longue, afin de favoriser un retour plus rapide à l'emploi et de limiter les effets négatifs de l'interruption de carrière sur l'évolution professionnelle, sous réserve de la disponibilité de services de garde. Les majorations pour enfants subventionnés peuvent également s'appliquer aux régimes de retraite privés. Toutefois, ces subventions devraient être plafonnées ou calculées sur la base de montants forfaitaires afin d'atténuer les inégalités à la retraite.

Les droits à pension accordés aux mères indépendamment d'une interruption de carrière liée à l'éducation des enfants peuvent compenser la baisse du nombre d'heures travaillées et de la rémunération associée à la maternité, c'est-à-dire la pénalité de la maternité. Ils peuvent également compléter les mesures de soutien plus générales en faveur des familles avec enfants. Ces dispositifs profitent aux mères sans pour autant induire de désincitation à l'emploi. L'Allemagne et la France, par exemple, accordent certaines majorations de retraite aux mères, qu'elles aient ou non interrompu leur carrière. L'établissement d'un lien direct entre les droits à pension et la parentalité, plutôt qu'avec les interruptions d'activité liées à l'éducation des enfants, permet de simplifier le calcul des prestations et peut contribuer à atténuer la pénalité de la maternité – liée par exemple à une réduction du temps de travail et à un ralentissement de la progression professionnelle. Lorsqu'ils sont indexés sur les revenus individuels antérieurs, ces droits permettent de compenser plus efficacement les pertes de revenus, tandis que les droits forfaitaires offrent une meilleure protection aux personnes à faibles revenus.

En n'intégrant pas la différence de longévité dans le calcul des prestations de retraite des femmes, on évite de creuser davantage l'écart de pension entre les genres, une approche qui s'inscrit également dans une logique de mutualisation équitable des risques liés à la longévité au sein de l'ensemble de la population. Bien que les femmes vivent en moyenne trois ans de plus que les hommes après l'âge de 65 ans dans les pays de l'OCDE, cette différence n'a d'incidence sur les prestations de retraite obligatoires dans aucun d'entre eux. Le principe consistant à ne pas tenir compte des différences de longévité entre les genres s'applique également aux régimes de retraite privés dans l'Union européenne, à la différence d'autres régions du monde. Bien que l'utilisation de tables de mortalité unisexes pour le calcul des rentes dans les régimes à cotisations définies contribue à réduire l'écart de pension entre les genres, elle décourage les hommes d'opter pour une sortie en rente lorsque cette option est facultative. Par conséquent, les risques de longévité demeurent en grande partie non couverts dans les régimes de retraite facultatifs. En dehors de l'UE, les régimes à cotisations définies versent des montants mensuels inférieurs aux femmes à niveau égal d'actifs accumulés, en raison de leur espérance de vie plus longue à la retraite. Par ailleurs, les femmes, comme tous les groupes ayant une espérance de vie plus élevée à un âge avancé, tirent généralement un plus grand bénéfice d'une indexation généreuse des pensions[34]. Au moment d'arbitrer entre le niveau de générosité des pensions initiales et leur indexation dans le temps, pour un niveau de dépense donné, il convient évidemment de prendre en compte des enjeux plus généraux que ceux liés à l'écart de pension entre les genres.

Les pensions de réversion réduisent sensiblement l'écart de pension entre les genres et atténuent la pauvreté des femmes âgées dans la plupart des pays de l'OCDE. Les femmes bénéficient davantage des pensions de réversion que les hommes du fait que leurs droits à pension sont plus faibles et qu'elles survivent souvent à leur conjoint. Toutefois, en plus de réduire l'écart de pension entre les genres, les pensions de réversion poursuivent deux grands objectifs. Premièrement, elles protègent les veufs et les veuves contre les risques de pauvreté en atténuant les fortes baisses de revenu disponible les exposant à des conditions matérielles précaires. Cela est moins pertinent aujourd'hui que par le passé, car tous les pays de l'OCDE disposent désormais d'instruments visant directement à réduire la pauvreté. Deuxièmement, ce qui est plus pertinent aujourd'hui, elles contribuent à atténuer la perte de revenu disponible consécutive au décès du conjoint, à l'image des pensions de vieillesse qui visent à limiter la chute du niveau de vie lors du passage de la vie active à la retraite. Ce second objectif conserve toute sa pertinence, en dépit de la réduction notable des écarts d'emploi entre les femmes et les hommes. Pour encourager l'allongement des carrières féminines, l'attribution d'une pension de réversion permanente ne devrait être envisagée qu'à compter de l'âge de départ à la retraite (OCDE, 2018[45]). En revanche, à ces âges plus précoces, une prestation temporaire devrait être prévue après le décès du conjoint, afin de faciliter l'adaptation du survivant à sa nouvelle situation[35].

Un effort de communication s'impose pour informer les femmes sur la possibilité et sur l'importance de partager les droits à pension au moment du divorce. Cela étant, le partage des droits à pension s'avère relativement facile à mettre en œuvre dans les régimes à cotisations définies, les systèmes par points ou les régimes à prestations définies reposant sur des taux d'acquisition simples. En revanche, il pose davantage de difficultés dans les systèmes de retraite complexes et fragmentés, notamment lorsque les liens entre cotisations et droits à pension sont moins directs. Le partage des droits à pension, y compris dans les régimes publics, devrait se substituer aux pensions de réversion pour les couples séparés et pourrait être rendu obligatoire dans les procédures de divorce, à l'instar du partage des autres biens. Pour ce qui est des couples séparés, le décès de l'ex-conjoint n'a, en règle générale, pas d'incidence sur les ressources du survivant – sauf en cas de versement d'une pension alimentaire – de sorte que les pensions de réversion ne sont pas nécessaires pour lisser le revenu. Pour ce qui est des couples non séparés, le partage des droits à pension ne saurait se substituer aux pensions de réversion pour lisser les revenus au décès d'un des conjoints. Le partage des droits à pension au sein du couple renforce l'égalité de genre et s'inscrit dans une logique de mutualisation des ressources. Toutefois, certains pays privilégient un traitement individualisé des conjoints (OCDE, 2018[45]).

Les décideurs peuvent prendre des mesures pour réduire l'écart entre les genres dans les régimes de retraite par capitalisation. Ces régimes devraient certes viser une approche neutre du point de vue du genre, mais la réduction des écarts de patrimoine et de prestations suppose à la fois une révision des règles applicables aux plans de retraite et un renforcement des actions de communication (OCDE, 2021[15]). En renforçant l'offre de plans d'épargne retraite dans les secteurs d'activité à prédominance féminine et en assouplissant les critères d'adhésion, l'accès des femmes à ces dispositifs pourrait être amélioré. Plusieurs leviers peuvent être activés pour accroître la disponibilité des dispositifs d'épargne retraite dans les secteurs d'activité employant principalement des femmes : rendre les régimes professionnels obligatoires, inciter les employeurs à instaurer de tels dispositifs pour leurs salariés, ou renforcer l'offre de régimes individuels. Une fois que les femmes ont accès à un dispositif d'épargneretraite, il est possible d'encourager l'ensemble des individus (femmes et hommes) à y adhérer et à y cotiser, notamment par le recours à des mécanismes incitatifs, tels que l'adhésion automatique, l'octroi d'avantages financiers, ou encore des ateliers pédagogiques ou des campagnes de communication soulignant l'importance de disposer d'une épargne personnelle pour la retraite et de faire des versements réguliers.

Références

Afonso, A. et C. Blanco Arana (2024), « The Persistence of Gender Pay and Employment Gaps in European Countries », *SSRN Electronic Journal*, https://doi.org/10.2139/ssrn.4991813. [71]

Altonji, J. et al. (2025), *Decomposing Trends in the Gender Gap for Highly Educated Workers*, National Bureau of Economic Research, Cambridge, https://doi.org/10.3386/w34133. [37]

Andersson, J. (2023), *Gender-equal pensions in the Nordics*, Nordic Council of Ministers, http://pub.norden.org/temanord2023-506. [11]

Barslund, M. et al. (2021), *The future of Gender Pension Gaps*, DG JUST, https://www.migape.eu/pubs/MIGAPE%20The%20future%20of%20Gender%20Pension%20Gaps.pdf. [10]

Bertrand, M. (2020), « Gender in the Twenty-First Century », *AEA Papers and Proceedings*, vol. 110, pp. 1-24, https://doi.org/10.1257/pandp.20201126. [41]

Bertrand, M., C. Goldin et L. Katz (2010), « Dynamics of the Gender Gap for Young Professionals in the Financial and Corporate Sectors », *American Economic Journal: Applied Economics*, vol. 2/3, pp. 228-255, https://doi.org/10.1257/app.2.3.228. [30]

Bonnet, C. et B. Rapoport (2019), « Is There a Child Penalty in Pensions? The Role of Caregiver Credits in the French Retirement System », *European Journal of Population*, vol. 36/1, pp. 27-52, https://doi.org/10.1007/s10680-019-09517-0. [52]

Boulhol, H., M. Lis et M. Queisser (2023), *Trends in Pension Reforms in OECD Countries*, Routledge, Londres, https://doi.org/10.4324/9781003150398. [20]

Brown, A. et A. Fraikin (2022), « The old-age pension household replacement rate in Belgium », *The Journal of the Economics of Ageing*, vol. 23, p. 100402, https://doi.org/10.1016/j.jeoa.2022.100402. [44]

Bureau de l'équité salariale (2024), *Comprendre l'écart de pension entre les sexes au Canada*, https://payequity.gov.on.ca/wp-content/uploads/2024/06/PEO_Understanding-the-Gender-Pension-Gap-in-Canada-FR-1.pdf. [19]

Buser, T., E. Ranehill et R. van Veldhuizen (2021), « Gender differences in willingness to compete: The role of public observability », *Journal of Economic Psychology*, vol. 83, p. 102366, https://doi.org/10.1016/j.joep.2021.102366. [56]

Card, D. et al. (2025), *The gender gap in career trajectories: do firms matter?*, NBER, http://www.nber.org/papers/w33730. [70]

CGEPS (2023), *Intersectionality at work: building a baseline on compounded gender inequality in the Victorian public sector*, Commission for Gender Equality in the Public Sector, https://www.genderequalitycommission.vic.gov.au/sites/default/files/2023-10/Intersectionality-At-Work-Report.pdf. [27]

Charness, G. et U. Gneezy (2012), « Strong Evidence for Gender Differences in Risk Taking », *Journal of Economic Behavior & Organization*, vol. 83/1, pp. 50-58, https://doi.org/10.1016/j.jebo.2011.06.007. [57]

Chen, A. et E. Vigna (2017), « A unisex stochastic mortality model to comply with EU Gender Directive », *Insurance: Mathematics and Economics*, vol. 73, pp. 124-136, https://doi.org/10.1016/j.insmatheco.2017.01.007. [50]

Ciminelli, G., C. Schwellnus et B. Stadler (2021), *Sticky floors or glass ceilings? The role of human capital, working time flexibility and discrimination in the gender wage gap*, Éditions OCDE, Paris, https://doi.org/10.1787/02ef3235-en. [31]

Conseil de l'Union européenne (2004), *Directive 2004/113/CE du Conseil du 13 décembre 2004 mettant en œuvre le principe de l'égalité de traitement entre les femmes et les hommes dans l'accès ` des biens et services et la fourniture de biens et services*, https://eur-lex.europa.eu/legal-content/FR/TXT/HTML/?uri=CELEX:32004L0113. [46]

COR (2024), *Évolutions et perspectives des retraites en France*, https://www.cor-retraites.fr/sites/default/files/2024-12/RA_2024_finale_impression.pdf. [12]

Cribb, J., H. Karjalainen et L. O'Brien (2023), *The gender gap in pension saving*, Institute for Fiscal Studies, https://ifs.org.uk/publications/gender-gap-pension-saving. [8]

Cubas, G., C. Juhn et P. Silos (2019), *Coordinated Work Schedules and the Gender Wage Gap*, National Bureau of Economic Research, Cambridge, https://doi.org/10.3386/w26548. [69]

Cukrowska-Torzewska, E. et A. Matysiak (2020), « The motherhood wage penalty: A meta-analysis », *Social Science Research*, vol. 88-89, p. 102416, https://doi.org/10.1016/j.ssresearch.2020.102416. [32]

Danchev, S. et al. (2024), « Equally poorer: inequality and the Greek debt crisis », *Fiscal Studies*, vol. 45/3, pp. 359-375, https://doi.org/10.1111/1475-5890.12384. [7]

Di Lego, V., P. Di Giulio et M. Luy (2020), « Gender Differences in Healthy and Unhealthy Life Expectancy », dans *International Handbooks of Population, International Handbook of Health Expectancies*, Springer International Publishing, Cham, https://doi.org/10.1007/978-3-030-37668-0_11. [47]

DREES (2024), *Les retraités et les retraites*, https://drees.solidarites-sante.gouv.fr/sites/default/files/2024-10/RR24.pdf. [9]

Euro carers (2025), *Towards carere-friendly societies*, https://eurocarers.org/country-profiles. [54]

Eurostat (2025), *Ecart de pension entre hommes et femmes par groupe d'âge*, https://doi.org/10.2908/ILC_PNP13. [2]

Eurostat (2024), *Duration of working life averaged 36.9 years in 2023*, https://ec.europa.eu/eurostat/web/products-eurostat-news/w/ddn-20240725-1. [21]

Finsider (2025), *Veľký prehľad: Kedy pôjdete po novom do dôchodku? Na jeho získanie treba odpracovať viac*, https://www.finsider.sk/servis/novy-odchod-do-dochodku/. [72]

Frey, V., L. Alajääskö et J. Thomas (2024), *Gendered perceptions of social protection across OECD countries*, Éditions OCDE, Paris, https://doi.org/10.1787/f3e002c2-en. [1]

Goldin, C. (2014), « A Grand Gender Convergence: Its Last Chapter », *American Economic Review*, vol. 104/4, pp. 1091-1119, https://doi.org/10.1257/aer.104.4.1091. [68]

Holzmann, R. et al. (dir. pub.) (2019), *Chapter 17. Gender and Family: Conceptual Overview*, Washington, DC : Banque mondiale, https://doi.org/10.1596/978-1-4648-1455-6. [59]

Kiessling, L. et al. (2024), « Gender differences in wage expectations and negotiation », *Labour Economics*, vol. 87, p. 102505, https://doi.org/10.1016/j.labeco.2024.102505. [67]

Konle-Seidl, R. (2021), « Precarious but popular? The German mini-job scheme in comparative research on work and welfare », *Journal of International and Comparative Social Policy*, vol. 37/3, pp. 293-306, https://doi.org/10.1017/ics.2021.11. [66]

Langner, L. (2015), « Within-couple specialisation in paid work: A long-term pattern? A dual trajectory approach to linking lives », *Advances in Life Course Research*, vol. 24, pp. 47-65, https://doi.org/10.1016/j.alcr.2015.02.002. [65]

Letablier, M. et al. (2009), *The costs of raising children and the effectiveness of policies to support parenthood in European countries: a Literature Review*, Commission européenne, https://www.ined.fr/fichier/s_rubrique/19548/158bis.fr.pdf. [49]

Leythienne, D. et M. Pérez-Julián (2022), *Gender pay gaps in the European Union*, Union européenne, https://ec.europa.eu/eurostat/en/web/products-statistical-working-papers/-/ks-tc-22-002. [38]

LIS (2025), *Luxembourg Income Study Database*, https://www.lisdatacenter.org/our-data/lis-database/. [5]

Maloney, M. et D. Neumark (2025), *Does the Gender Wage Gap Actually Reflect Taste Discrimination Against Women?*, National Bureau of Economic Research, Cambridge, https://doi.org/10.3386/w33405. [40]

Moghadam, H., P. Puhani et J. Tyrowicz (2024), « Pension reforms and couples' labour supply decisions », *Labour Economics*, vol. 91, p. 102627, https://doi.org/10.1016/j.labeco.2024.102627. [26]

Natali, D. et al. (2024), *Study supporting the monitoring of care credits in occupational pension schemes.*, Office des publications de l'Union européenne. [51]

Nations Unies (2024), *World Population Prospects 2024: Dataset.*, https://population.un.org/wpp/. [16]

OCDE (2025), *Base de données sur la distribution des revenus*, https://www.oecd.org/en/data/datasets/income-and-wealth-distribution-database.html. [14]

OCDE (2025), *Écart salarial entre hommes et femmes*, OCDE, https://data-explorer.oecd.org/vis?df[ds]=dsDisseminateFinalDMZ&df[id]=DSD_EARNINGS%40GENDER_WAGE_GAP&df[ag]=OECD.ELS.SAE&df[vs]=&pd=2005%2C&dq=......_T&ly[rw]=REF_AREA%2CAGGREGATION_OPERATION&ly[cl]=TIME_PERIOD&to[TIME_PERIOD]=false&vw=tb&lc=fr&pg=0. [29]

OCDE (2025), *Emploi et chômage par groupe d'âge quinquennal et par sexe - niveaux*, http://data-explorer.oecd.org/s/1a3. [22]

OCDE (2025), *Gender Equality in a Changing World : Taking Stock and Moving Forward*, Gender Equality at Work, Éditions OCDE, Paris, https://doi.org/10.1787/e808086f-en. [60]

OCDE (2025), *Perspectives de l'emploi de l'OCDE 2025 : Pouvons-nous surmonter la crise démographique ?*, Éditions OCDE, Paris, https://doi.org/10.1787/79445578-fr. [23]

OCDE (2025), *Social expenditure aggregates*, https://data-viewer.oecd.org?chartId=da4a8a64-f57e-4ac5-b249-e48dbff6113f. [55]

OCDE (2024), *Megatrends and the Future of Social Protection*, Éditions OCDE, Paris, https://doi.org/10.1787/6c9202e8-en. [25]

OCDE (2024), *Taux de scolarisation par âge*, https://data-explorer.oecd.org/vis?df[ds]=dsDisseminateFinalDMZ&df[id]=DSD_EAG_UOE_NON_FIN_STUD%40DF_UOE_NF_ENRL_RATE&df[ag]=OECD.EDU.IMEP&df[vs]=1.0&dq=._T......A......F%2BM.Y_LT3%2BY3T5%2BY6T14%2BY15T19%2BY20T24%2BY25T29&pd=2022%2C2022&to[TIME_PERIOD]=false&lc=fr&pg=0. [73]

OCDE (2023), *Au-delà des applaudissements ? Améliorer les conditions de travail dans le secteur des soins de longue durée (version abrégée)*, Éditions OCDE, Paris, https://doi.org/10.1787/27d33ab3-en. [36]

OCDE (2023), *Joining Forces for Gender Equality: What is Holding us Back?*, Éditions OCDE, Paris, https://doi.org/10.1787/67d48024-en. [24]

OCDE (2023), « OECD/INFE 2023 International Survey of Adult Financial Literacy », *OECD Business and Finance Policy Papers*, n° 39, Éditions OCDE, Paris, https://doi.org/10.1787/56003a32-en. [58]

OCDE (2023), *Pensions at a Glance 2023: OECD and G20 Indicators*, Éditions OCDE, Paris, https://doi.org/10.1787/678055dd-en. [4]

OCDE (2022), *OECD Reviews of Pension Systems: Slovenia*, OECD Reviews of Pension Systems, Éditions OCDE, Paris, https://doi.org/10.1787/f629a09a-en. [6]

OCDE (2021), *Towards Improved Retirement Savings Outcomes for Women*, Éditions OCDE, Paris, https://doi.org/10.1787/f7b48808-en. [15]

OCDE (2019), *Part-time and Partly Equal: Gender and Work in the Netherlands*, Gender Equality at Work, Éditions OCDE, Paris, https://doi.org/10.1787/204235cf-en. [28]

OCDE (2018), « Chapter 7. Are survivor pensions still needed? », dans *OECD Pensions Outlook 2018*, Éditions OCDE, Paris, https://doi.org/10.1787/pens_outlook-2018-en. [45]

OCDE (2017), *Preventing Ageing Unequally*, Éditions OCDE, Paris, https://doi.org/10.1787/9789264279087-en. [42]

OMS (2025), *Healthy life expectancy (HALE)*, OMS, https://www.who.int/data/gho/data/indicators/indicator-details/GHO/gho-ghe-hale-healthy-life-expectancy-at-birth. [48]

Palladino, M. et al. (2024), *The role of bargaining and discrimination in the gender wage gap in France : A cross-country perspective*, Éditions OCDE, Paris, https://doi.org/10.1787/1fd68687-en. [39]

Pelley, E. et M. Carnes (2020), « When a Specialty Becomes “Women’s Work”: Trends in and Implications of Specialty Gender Segregation in Medicine », *Academic Medicine*, vol. 95/10, pp. 1499-1506, https://doi.org/10.1097/acm.0000000000003555. [64]

Pora, P. et L. Wilner (2019), *Les trajectoires professionnelles des femmes les moins bien rémunérées sont les plus affectées par l’arrivée d’un enfant*, https://www.insee.fr/fr/statistiques/4226475. [34]

Schmauk, S. et L. Kridahl (2024), « Who receives most? Gendered consequences of divorce on public pension income in West Germany and Sweden », *Ageing and Society*, pp. 1-24, https://doi.org/10.1017/s0144686x23000703. [43]

Scroope, C. (2017), *Chilean culture*, Cultural Atlas, https://culturalatlas.sbs.com.au/chilean-culture/chilean-culture-family. [13]

Sin, I., S. Stillman et R. Fabling (2022), « What Drives the Gender Wage Gap? Examining the Roles of Sorting, Productivity Differences, Bargaining, and Discrimination », *The Review of Economics and Statistics*, vol. 104/4, pp. 636-651, https://doi.org/10.1162/rest_a_01000. [63]

SSA (2024), *Annual statistical supplement, 2024*. [17]

Statistique Canada (2024), *Revenu des particuliers selon le groupe d’âge, le sexe et la source de revenu, Canada, provinces et certaines régions métropolitaines de recensement*, https://doi.org/10.25318/1110023901-fra. [3]

Strauss, A. et D. Borrett (2025), *UK gender pay gap begins at graduation as women are quickly out-earned*, Financial Times, https://www.ft.com/content/cb0e209c-0b08-4749-9d49-0ecfabe5a96e. [35]

Weinkopf, C. (2014), *Women’s Employment in Germany. Robust in Crisis but Vulnerable in Job Quality*, Revue de l’OFCE, Presses de Sciences-Po. [62]

WGEA (2025), *Australian employers paying up for mums and dads on parental leave*, https://www.wgea.gov.au/newsroom/parental-leave-scorecard. [53]

Wilde, E., L. Batchelder et D. Ellwood (2010), *The Mommy Track Divides: The Impact of Childbearing on Wages of Women of Differing Skill Levels*, National Bureau of Economic Research, Cambridge, https://doi.org/10.3386/w16582. [33]

Wiswall, M. et B. Zafar (2017), « Preference for the Workplace, Investment in Human Capital, and Gender* », *The Quarterly Journal of Economics*, vol. 133/1, pp. 457-507, https://doi.org/10.1093/qje/qjx035. [61]

ZUS (2024), *Struktura wysokości świadczeń wypłacanych przez ZUS po waloryzacji w marcu 2024 roku*. [18]

Annexe 2.A. Prestations versées aux personnes âgées peu ou pas couvertes par les régimes contributifs

Dans les pays de l'OCDE, une personne née en 2002 et n'ayant jamais exercé d'activité professionnelle percevra, en moyenne, des prestations de vieillesse équivalentes à 16 % du salaire moyen brut. Ce taux varie fortement selon les pays : il s'échelonne d'environ 5 % en Corée, en Hongrie, en Lituanie, en Tchéquie et en Türkiye à plus de 30 % au Danemark et en Nouvelle-Zélande (graphique 2.A.1.). Les travailleurs ayant effectué une carrière complète débutée en 2024 à l'âge de 22 ans avec une rémunération équivalente à 25 % du salaire moyen (ce qui correspond approximativement à un emploi à temps partiel rémunéré au salaire minimum dans de nombreux pays), peuvent espérer percevoir, en moyenne dans les pays de l'OCDE, des prestations de vieillesse équivalentes 24 % du salaire moyen. Cela représente moitié plus que les 16 % du salaire moyen versés aux personnes n'ayant jamais travaillé. Dans plusieurs pays, notamment le Chili, la Corée, le Costa Rica, l'Estonie, la Hongrie, la Grèce, la Lettonie, la République slovaque, la Tchéquie et la Türkiye, les travailleurs ayant effectué une carrière complète à un niveau de revenu très faible peuvent espérer percevoir des prestations de vieillesse supérieures de 10 points de pourcentage à celles versées aux personnes n'ayant jamais travaillé. Selon les projections, les pensions minimales à taux plein devraient s'élever respectivement à 52 % et 35 % du salaire moyen en Colombie et au Mexique, tandis que les prestations relevant du filet de protection sociale devraient se maintenir à un faible niveau. Il n'existe pas de régime de retraite contributif obligatoire en Nouvelle-Zélande, tandis qu'en Allemagne, en Autriche, en Espagne, en France, en Irlande, aux Pays-Bas, en Pologne, en Slovénie et en Suisse, les pensions contributives obligatoires versées aux travailleurs ayant effectué une carrière complète à un niveau de revenu équivalant à 25 % du salaire moyen ne dépassent les prestations non contributives que de 3 points de pourcentage.

Une carrière de 20 ans rémunérée à 50 % du salaire moyen donne droit à des prestations comparables à celles d'une carrière complète rémunérée à 25 % du salaire moyen, à quelques exceptions près (Graphique d'annexe 2.A.1). En Allemagne, au Danemark, en Lettonie, au Luxembourg, en République slovaque et au Royaume-Uni, certaines composantes des pensions sont calculées au prorata de la durée de la carrière, de sorte que les carrières plus longues donnent lieu à des pensions plus élevées que les carrières plus courtes avec des revenus similaires. À l'inverse, au Mexique, compte tenu de la récente réforme, les personnes à faibles revenus qui n'ont cotisé que pendant 20 ans percevront une prestation équivalente à 100 % de leur dernier salaire, soit le double de celle versée pour une carrière complète, qui est de 25 % du salaire moyen. Aux Pays-Bas, seuls les revenus d'activité dépassant un certain seuil ouvrent droit à une pension professionnelle, tandis que les bas salaires ne donnent accès qu'à la pension de base. En Hongrie, les travailleurs qui gagnent moins que le salaire mensuel minimum à temps plein voient leur taux d'accumulation calculé au prorata du salaire minimum. Cela se traduit par une double pénalité, car la pension est réduite à la fois par le salaire de référence inférieur et par le taux d'accumulation inférieur. En outre, le taux d'accumulation est nettement plus élevé pendant les 15 premières années de carrière que pendant les années suivantes, ce qui profite davantage aux travailleurs ayant une carrière plus courte.

Graphique d'annexe 2.A.1. Les retraites atténuent les inégalités à l'âge de la vieillesse pour les personnes à faibles revenus

Pensions futures exprimées en pourcentage du salaire moyen pour : 1) une personne n'ayant jamais exercé d'activité professionnelle, 2) un travailleur à temps partiel percevant 25 % du salaire moyen à temps plein tout au long de sa carrière, et 3) un salarié gagnant 50 % du salaire moyen et ayant travaillé pendant 20 ans avant de prendre sa retraite

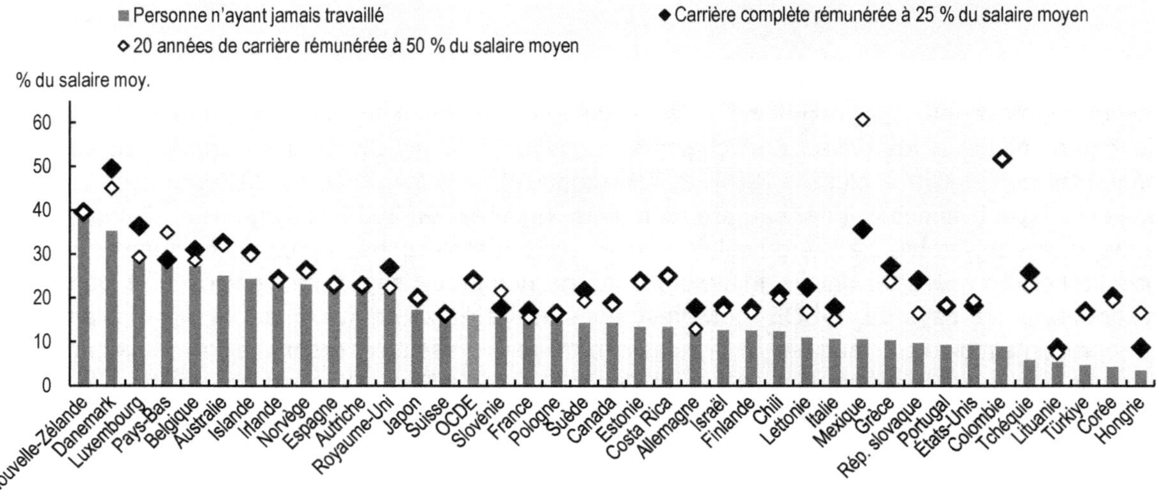

Note : En cas de carrière courte, le départ à la retraite intervient respectivement 2, 5, 3, 2, 5 et 3 ans plus tard que l'âge normal en France, en Grèce, au Luxembourg, au Portugal, en Slovénie et en Tchéquie. Les prestations versées à une personne n'ayant jamais travaillé sont calculées à cette date de départ différée, tandis que, dans le cas d'une carrière complète rémunérée à 25 % du salaire moyen, la pension est revalorisée entre l'âge normal de la retraite et cet âge plus avancé, afin de permettre la comparaison. Tous les autres cas sont évalués à l'âge normal de la retraite, en supposant une carrière complète débutée à l'âge de 22 ans.
Source : Calculs de l'OCDE.

StatLink https://stat.link/lx1q7p

Notes

[1] En Colombie et au Mexique, toutefois, l'écart de pension entre les genres à augmenté de 14 et 7 points de pourcentage respectivement, dans un contexte marqué par une forte augmentation de la couverture retraite des femmes.

[2] D'après les données fournies par les pays pour l'Allemagne, la Belgique, le Costa Rica, la Norvège, la Nouvelle-Zélande et la Suisse, et d'après les données figurant dans OCDE (2021[15]) pour l'Irlande.

[3] Les pensions de base ne sont pas liées à la rémunération, mais sont fondées sur les cotisations, ce qui les rattache, dans une certaine mesure, au parcours professionnel antérieur.

[4] D'après les données fournies par les pays pour l'Allemagne, la Belgique, le Costa Rica, la Nouvelle-Zélande et la Suisse, et d'après les données figurant dans OCDE (2021[15]) pour l'Irlande. Les données relatives aux écarts entre les genres dans les régimes facultatifs sont issues de sources administratives et peuvent différer des écarts observés dans les enquêtes.

[5] À partir de 2026, l'Irlande prévoit d'élargir la couverture des régimes facultatifs au moyen d'un système d'auto-adhésion, ce qui devrait améliorer les droits à retraite futurs d'un grand nombre d'hommes et de femmes. Toutefois, l'impact de cette réforme sur l'écart de pension entre les genres demeure incertain.

[6] La part des pensions privées dans le total des pensions perçues est passée de 48 à 58 % entre 1976 et 2021. Au cours de cette période, l'écart de pension entre les genres dans le RPC/RRQ s'est accru, passant de 8 à 16 %, tandis que l'écart total de pension entre les genres a légèrement augmenté, passant de 15 à 17 %. Toutefois, cette forte hausse s'est produite avant les années 1990. Depuis le milieu de cette décennie, l'écart de pension entre les genres dans les régimes liés à la rémunération, qu'ils soient facultatifs ou obligatoires, a régulièrement diminué, d'un tiers au total. L'essor des régimes de retraite privés a, à lui seul, entraîné une hausse de 3 points de pourcentage de l'écart de pension entre les genres. Toutefois, cette hausse a été compensée par une réduction de l'écart entre les genres dans les régimes privés, qui est passé de 30 à 25 %.

[7] La différence d'espérance de vie à 65 ans s'échelonne de 2 ans environ en Islande et au Royaume-Uni à 5 ans environ en Corée, au Japon et en Lituanie.

[8] L'écart entre les genres pour ce qui est de l'âge moyen de sortie du marché du travail est très important : il atteint six ans en Colombie et cinq ans au Costa Rica. En revanche, dans des pays comme l'Espagne, l'Estonie, la France et le Japon, les femmes quittent le marché du travail plus tard que les hommes en moyenne : six mois plus tard environ, et deux ans plus tard en Corée. Le facteur résiduel s'explique par le fait que l'espérance de vie est mesurée à des âges distincts chez les hommes et les femmes.

[9] Dans l'ensemble des pays, l'âge moyen de sortie du marché du travail est étroitement corrélé à l'âge moyen auquel les retraites commencent à être perçues, bien qu'il ne lui corresponde pas exactement. Pour les travailleurs, commencer à percevoir une pension n'est qu'un moyen parmi d'autres de quitter le marché du travail : ils peuvent en effet cesser de travailler et vivre de leur épargne, des revenus de leur conjoint, des prestations relevant du filet de protection sociale ou des pensions d'invalidité, ou bien combiner emploi et retraite.

[10] Les hommes entrent sur le marché du travail à 21.1 ans, soit environ un semestre plus tôt que les femmes en moyenne dans les pays de l'OCDE. L'âge moyen d'entrée sur le marché du travail est calculé à l'aide d'une méthode similaire à celle utilisée pour calculer l'âge moyen de sortie du marché du travail, présentée au chapitre 7. Les hommes y entrent plus de 1.5 an plus tôt que les femmes en Estonie, en Hongrie, au Mexique, en Pologne, en République slovaque et en Tchéquie, mais environ six mois plus tard en Irlande, en Israël et en Suisse, et même 1.7 an plus tard en Corée. En Corée, en Israël et en Suisse, le service militaire retarde l'entrée sur le marché du travail, en particulier pour les hommes, tandis qu'en Estonie, en Pologne, en République slovaque et en Tchéquie, les taux d'inscription des femmes dans l'enseignement supérieur sont nettement plus élevés que ceux des hommes (OCDE, 2024[73]) : le service militaire obligatoire pour les hommes est de 20 mois en Corée, 6 mois en Suisse et 32 mois en Israël. En Israël, le service militaire est également obligatoire pour les femmes et dure 24 mois, soit 8 mois de moins que pour les hommes.

[11]En 2023, il n'était pas plus réduit qu'il y a 30 ans en Allemagne, en Corée, en Espagne et en Grèce. En Allemagne, entre 1993 et 2023, l'écart de temps de travail entre les genres s'est d'abord creusé, avant de se resserrer sous l'effet de transformations plus générales du marché du travail. Entre 1993 et 2008, le nombre moyen d'heures travaillées a davantage diminué chez les femmes que chez les hommes, la hausse de l'emploi féminin étant principalement portée par le travail à temps partiel et les mini-jobs (Weinkopf, 2014[62]) Au cours de cette période, en 2003, les pouvoirs publics ont mis en place des « mini-

jobs », des contrats à horaires réduits exonérés des cotisations obligatoires de sécurité sociale jusqu'à un certain plafond de revenus, fixé à 556 EUR en 2025. Entre 2008 et 2023, la durée du travail a diminué plus nettement chez les hommes que chez les femmes. L'instauration du salaire horaire minimum légal en 2015 pourrait avoir contribué à réduire le nombre d'heures travaillées par les hommes (Konle-Seidl, 2021[66]).

[12] L'écart de rémunération horaire entre les genres est l'une des composantes de l'écart de rémunération sur l'ensemble de la vie active, nécessaire à l'application de la méthode utilisée dans ce chapitre (voir la formule exacte de la décomposition à la section suivante). Il diffère de l'écart de rémunération entre les genres mesuré sur une base mensuelle pour les travailleurs à temps plein au salaire médian, une statistique souvent publiée, par l'OCDE notamment (2023[24]).

[13] Bien que la tendance générale dans l'ensemble des pays soit nette, les évolutions propres à chacun d'entre eux doivent être interprétées avec prudence, car les secteurs pris en compte dans la mesure des salaires peuvent varier au fil du temps.

[14] Les auteurs estiment la pénalité liée à la maternité, définie comme l'écart de rémunération entre les mères et les femmes sans enfant présentant des caractéristiques similaires, à environ 3.7 % en moyenne, d'après l'ensemble des études disponibles. Ce constat est également cohérent avec l'observation selon laquelle l'écart salarial entre les genres se creuse avec l'âge, ce qui réduit l'incitation financière des femmes à rester dans l'emploi (OCDE, 2023[24] ; OCDE, 2025[23]).

[15] Cette forte ségrégation des femmes dans les emplois moins bien rémunérés est observée au sein même des professions ; c'est par exemple le cas dans les professions médicales (Pelley et Carnes, 2020[64]). En outre, la concentration des femmes dans les entreprises à faible croissance expliquerait environ un cinquième de l'écart de progression salariale entre les genres en Italie. Les femmes qui ont un enfant dans les cinq années suivant leur entrée sur le marché du travail connaissent une évolution salariale particulièrement lente (Card et al., 2025[70]).

[16] On peut supposer, en premier lieu, que le travail à temps partiel et les autres formes de travail flexible freinent l'accumulation de capital humain, contribuant ainsi à l'écart de rémunération horaire entre les genres (Wiswall et Zafar, 2017[61]). L'emploi à temps partiel limite également les possibilités d'avancement professionnel (OCDE, 2023[24]). À partir d'une analyse quantitative menée dans plusieurs pays européens, Afonso et Blanco Aran (2024[71]) estiment que la surreprésentation des femmes dans les emplois à temps partiel contribue de manière significative au creusement de l'écart de rémunération horaire entre les genres. Ensuite, les entreprises accordent généralement une rémunération horaire plus élevée aux personnes qui travaillent sur de longues plages horaires ou selon des horaires atypiques, lesquelles sont le plus souvent des hommes (Goldin, 2014[68] ; Cubas, Juhn et Silos, 2019[69]).

[17] En Nouvelle-Zélande, une part importante de l'écart salarial entre les genres s'explique par le fait que les femmes sont moins enclines à négocier pour capter une part des rentes spécifiques à leur entreprise, ou rencontrent davantage de difficultés à le faire (Sin, Stillman et Fabling, 2022[63]). En outre, des écarts importants entre les genres s'observent avant même l'entrée sur le marché du travail pour ce qui est des attentes salariales, ce qui met en lumière le rôle déterminant de la perception de soi et des stratégies de négociation, qui diffèrent entre les femmes et les hommes (Kiessling et al., 2024[67]).

[18] Ciminelli, Schwellnus et Stadler (2021[31]) observent qu'en moyenne, les « planchers collants » (c'est-à-dire les désavantages persistant sur l'ensemble de la vie active des femmes, de l'entrée dans la vie active à la retraite) liés aux préférences individuelles pour certains métiers, aux normes sociales, aux stéréotypes

de genre et aux discriminations, expliquent 40 % de l'écart salarial entre les genres. En revanche, le « plafond de verre » (c'est-à-dire les obstacles à la progression professionnelle) lié, par exemple, à la pénalisation de la maternité et aux préférences pour des horaires réduits dans des environnements plus flexibles, en explique environ 60 %. Le « plafond de verre » est particulièrement important dans la plupart des pays d'Europe du Nord et de l'Ouest. Les « planchers collants » expliquent quant à eux l'essentiel de l'écart salarial dans la plupart des pays d'Europe centrale et orientale.

[19] Des estimations récentes de l'OCDE confirment cet ordre de grandeur.

[20] En Hongrie, seules les femmes peuvent bénéficier d'un départ à la retraite à n'importe quel âge après 40 années de carrière. Pour le reste, les règles sont les mêmes pour les femmes et les hommes depuis 1997. En Türkiye, l'écart d'âge sera supprimé à partir de 2028 pour les personnes entrant sur le marché du travail. En Autriche, l'écart entre les âges de départ à la retraite des hommes et des femmes, de 5 ans initialement, est supprimé progressivement depuis 2024 et jusqu'en 2033, conformément à une législation adoptée dans les années 1990. En Lituanie, les âges de départ à la retraite des hommes et des femmes sont progressivement harmonisés sur la période 1995-2026. En Suisse, l'écart de trois ans entre les âges légaux de départ à la retraite des hommes et des femmes a été réduit en 2001 et sera entièrement supprimé en 2028.

[21] En Italie, les femmes peuvent partir plus tôt à la retraite que les hommes, après une carrière plus courte d'un an. À compter de 2025, les femmes en situation de handicap, jouant un rôle d'aidantes ou ayant été licenciées pourront prendre leur retraite dès l'âge de 61 ans, après 35 ans de cotisations, moyennant une décote liée à l'âge. Avant 2024, toutes les femmes avaient accès à ce dispositif.

[22] Les conditions d'accès à la retraite des hommes et des femmes ont été harmonisées entre 1997 et 2009 en Belgique, entre 1994 et 2000 au Portugal, entre 2004 et 2014 en République slovaque et entre 1995 et 2011 en Tchéquie (Finsider, 2025[72]).. En Allemagne, entre 1957 et 2009, l'âge légal de départ à la retraite des femmes était inférieur à celui des hommes. Aux Pays-Bas, l'égalité de traitement entre les femmes et les hommes en matière d'âge de départ à la retraite et de calcul des prestations a été instaurée en 1990.

[23] Ainsi, l'écart de 6 % entre les pensions des hommes et des femmes en Colombie s'explique uniquement par des projections selon lesquelles les pensions versées progresseront moins rapidement que les salaires. Dans ce pays, une partie de la retraite des personnes à revenus élevés proviendra du régime obligatoire par capitalisation à cotisations définies, dont les prestations tiennent compte à la fois de l'âge de départ à la retraite plus précoce des femmes et de leur espérance de vie plus longue.

[24] En 2011, la Cour de justice de l'Union européenne a également statué que les cotisations et frais de pension doivent être les mêmes pour les femmes et les hommes.

[25] En France, la maternité ouvre droit à des trimestres supplémentaires, mais n'abaisse pas l'âge légal de départ à la retraite, qui reste fixé à 64 ans. La retraite à taux plein nécessitant 43 années de cotisations, une mère ayant commencé sa carrière à 22 ans pourra partir à la retraite à 64 ans sans décote, tandis qu'une femme sans enfant devra attendre 65 ans pour bénéficier d'une pension à taux plein.

[26] En Tchéquie, une femme peut prendre sa retraite un an plus tôt si elle a un enfant, deux ans plus tôt si elle a deux enfants, trois ans plus tôt si elle a trois ou quatre enfants, et quatre ans plus tôt si elle a cinq enfants ou plus. En République slovaque, l'âge de départ à la retraite des femmes ayant élevé des enfants est réduit de six mois pour chacun des trois premiers enfants. Si la mère ne peut bénéficier de

cette possibilité de retraite anticipée, le droit est transféré au père. En Hongrie, seules les femmes peuvent partir à la retraite sans condition d'âge après 40 années de cotisations. En Italie, l'âge de départ anticipé à la retraite des femmes peut être réduit d'un an pour chacun de leurs deux premiers enfants, et l'âge légal de départ peut également être abaissé de quatre mois par enfant, dans la limite de 12 mois. En Slovénie, l'âge de départ à la retraite des mères peut être réduit jusqu'à quatre ans, en fonction du nombre d'enfants. Les mères peuvent également choisir de relever le montant de leur pension plutôt que de bénéficier d'un départ anticipé. Les pères peuvent aussi prétendre à abaissement de l'âge de départ à la retraite, dans la limite de deux ans.

[27] Compte tenu de l'âge supposé d'entrée dans la vie active (22 ans), le Tableau 2.1 n'inclut ni la Hongrie ni l'Italie, ni l'option de départ anticipé accordée aux mères en Slovénie, dont les conditions sont précisées dans le texte.

[28] Le coefficient de transformation est plus favorable pour les mères, car il est calculé sur la base de l'âge effectif de départ à la retraite majoré d'un an pour une mère d'un ou deux enfants, ou de deux ans pour une mère de trois enfants ou plus.

[29] Ces chiffres reposent sur des simulations approximatives fondées sur les hypothèses du modèle de retraite de l'OCDE et sur les taux de mortalité moyens des hommes et des femmes dans la zone OCDE. Dans l'hypothèse d'une croissance réelle des salaires de 3 %, au lieu de 1.25 % comme le prévoit le modèle de retraite de l'OCDE, l'écart de pension entre les genres serait supérieur de 2.8 % en cas d'indexation sur les prix plutôt que sur les salaires.

[30] En outre, des taux d'acquisition plus élevés en début de carrière atténuent l'impact des carrières plus courtes en Espagne, en Hongrie et en Slovénie. À l'inverse, en Grèce et au Luxembourg, le taux d'acquisition augmente avec l'ancienneté. En outre, les interruptions de carrière au début de la vie professionnelle ont un effet moins pénalisant sur les prestations de retraite que celles survenant à un âge plus avancé, lorsque les revenus antérieurs sont revalorisés à un rythme inférieur à la croissance moyenne des salaires. C'est le cas en Belgique, en Espagne, en France et au Portugal dans les régimes à prestations définies, ainsi qu'en Italie et en Pologne dans les régimes de comptes notionnels à cotisations définies. À l'inverse, les régimes par capitalisation à cotisations définies sont supposés offrir des taux de rendement supérieurs à la croissance des salaires. En Espagne, plusieurs mécanismes modulent l'impact des interruptions de carrière : i) travailler au-delà de 37 années n'ouvre pas de droits supplémentaires ; ii) le taux d'acquisition est plus élevé durant les premières années d'activité ; iii) le salaire de référence est calculé uniquement à partir des 27 meilleures années sur les 29 dernières ; et iv) inversement, les périodes non cotisées sont imputées sur la base de la pension minimale lors du calcul du salaire de référence.

[31] De nombreux pays de l'OCDE comptabilisent le temps consacré à l'éducation des jeunes enfants (généralement jusqu'à l'âge de 3 ou 4 ans) comme des périodes d'assurance et l'assimilent à une activité professionnelle rémunérée.

[32] En supposant une entrée sur le marché du travail à 22 ans et un futur âge de départ à la retraite fixé à 66 ans dans l'ensemble des pays, la durée moyenne d'une carrière complète s'élèverait à 44 ans. Une interruption de 5 ans réduit ainsi la durée de carrière de 11 %.

[33] En Espagne, par exemple, cinq années de cohabitation sont requises. Environ la moitié des pays de l'OCDE versent des pensions de réversion aux partenaires liés par une union civile. Par ailleurs, le Canada, la Corée, l'Espagne, la Hongrie, le Japon, le Mexique, la Norvège, le Portugal et la Slovénie

reconnaissent ce droit aux concubins respectant certaines conditions supplémentaires. Dans certains pays de l'OCDE, l'octroi d'une pension de réversion est subordonné à une durée minimale de mariage, qui varie de six mois à dix ans. En Estonie, un ex-conjoint divorcé peut prétendre à une pension de réversion s'il atteint l'âge légal de la retraite dans les trois années suivant le divorce, à condition que le mariage ait duré au moins 25 ans.

[34] Dans une logique de neutralité budgétaire, une indexation généreuse des pensions implique des montants initiaux plus modestes au moment du départ à la retraite, ce qui pénalise les personnes dont l'espérance de vie est plus courte.

[35] Les pensions de réversion étant réputées perpétuer le rôle secondaire traditionnellement dévolu aux femmes sur le marché du travail, la Norvège et la Suède ont supprimé ce dispositif et ne prévoient pas de prestations spécifiques pour compenser la perte de revenu consécutive au décès du conjoint.

3 La conception des systèmes de retraite

Les cinq indicateurs présentés dans cette section permettent une analyse approfondie de la conception des systèmes de retraite des pays de l'OCDE et d'autres grandes économies. Le premier correspond à la taxonomie des différents types de régimes existant dans le monde, qui est utilisée pour décrire l'architecture des systèmes de retraite des pays de l'OCDE et du G20.

Les quatre suivants portent sur les paramètres et les règles qui caractérisent ces systèmes. Le deuxième indicateur couvre les régimes du premier pilier ; il présente les montants et la couverture des pensions de base, des pensions ciblées et des pensions minimales contributives. Le troisième se rapporte aux régimes obligatoires liés à la rémunération ; il décrit le mode de calcul des prestations servies par ces régimes et la fourchette des rémunérations prises en compte. Les quatrième et cinquième présentent, respectivement, pour chaque type de régime, l'âge de départ à la retraite actuel et futur d'un individu entré sur le marché du travail à l'âge de 22 ans et ayant effectué une carrière complète et ininterrompue.

Architecture des systèmes de retraite nationaux

Principaux résultats

Les systèmes de retraite sont divers et comportent souvent différents régimes. La taxonomie utilisée ici comporte deux « piliers » obligatoires : le premier assure un revenu de retraite indépendant de la rémunération antérieure ; le second couvre les composantes obligatoires liées à cette dernière. Les régimes facultatifs, qui peuvent être individuels ou fournis par l'employeur, constituent le troisième « pilier ».

Le Graphique 3.1 illustre la fonction de chaque composante du système. Le premier pilier comprend les régimes qui procurent aux personnes âgées un premier niveau de protection sociale et pour lesquels le calcul du revenu de retraite ne tient pas compte de la rémunération antérieure. Ces régimes visent souvent à assurer un niveau de vie minimal aux retraités. Les composantes obligatoires liées à la rémunération (deuxième pilier) permettent de lisser la consommation, et donc le niveau de vie, entre la vie active et la retraite. C'est sur elles que porte principalement le *Panorama des pensions*, même s'il fournit également des informations sur certains régimes privés facultatifs largement répandus (troisième pilier, voir le chapitre 4).

Le Tableau 3.1 présente l'architecture des systèmes de retraite des pays de l'OCDE en fonction des règles qui déterminent l'éligibilité aux régimes et les niveaux de prestation, et classe les régimes obligatoires liés à la rémunération selon qu'ils sont publics ou privés, conformément à la comptabilité nationale. La partie A décrit la dernière législation en date applicable aux futurs retraités ; la partie B met en évidence les cas où les dispositions ont évolué par rapport à celles régissant les retraites actuelles.

Les pensions ***de base*** peuvent revêtir deux formes : une prestation fondée sur la résidence, ou une prestation servie uniquement à ceux qui ont cotisé durant leur carrière (retraites contributives). Le montant de cette prestation peut varier en fonction du nombre d'années de résidence ou de cotisation, mais il est indépendant de la rémunération perçue tout au long de la carrière. Huit pays de l'OCDE ont mis en place une pension de base fondée sur la résidence pour les futurs retraités ; la Norvège, en revanche, a entrepris de remplacer la sienne par un régime ciblé assorti d'une condition de ressources. Dix pays de l'OCDE ont introduit une pension de base contributive.

L'admissibilité aux régimes ***ciblés*** impose de satisfaire à des critères de résidence. Dans ces régimes, le montant des prestations dépend des revenus provenant d'autres sources, voire du patrimoine. En conséquence, les retraités pauvres perçoivent des prestations supérieures à celles des plus aisés. Tous les pays sont dotés de dispositifs de protection sociale généraux de cette nature, mais seuls figurent au Tableau 3.1 les pays où les salariés ayant effectué une carrière complète à 30 % du salaire moyen ont droit à ces prestations. C'est le cas de neuf pays de l'OCDE, aujourd'hui et à l'avenir.

Le ***minimum contributif*** peut désigner soit le niveau minimal de prestation d'un régime contributif donné, soit celui de tous les régimes confondus. Il en existe actuellement dans 19 pays de l'OCDE. Le Chili et l'Italie ont entrepris de supprimer le leur pour les futurs retraités. Dans la plupart des pays, le calcul des droits à prestations tient uniquement compte des pensions, et non des autres types de revenus.

Il existe trois catégories de ***régimes du deuxième pilier*** : les régimes à prestations définies, par points, et à cotisations définies. Pour les futurs retraités, les régimes publics par répartition suivent un modèle à ***prestations définies*** (PD) dans 19 pays de l'OCDE : les pensions sont fonction du nombre d'années de cotisation et des revenus individuels ouvrant droit à pension, et la formule de calcul utilise des **taux d'acquisition**. Cinq pays ont mis en place des régimes par **points**, en vertu desquels chaque année donne droit à un certain nombre de points correspondant au niveau de cotisation : il s'agit des régimes professionnels français gérés par les partenaires sociaux sous contrôle public et des régimes publics allemand, estonien, lituanien et slovaque. Lorsque l'assuré prend sa retraite, le total de ces points est multiplié par la valeur du point et converti en pension. En France existent à la fois un régime à prestations définies obligatoire et un régime par points.

Dans sept autres pays, les régimes PD s'appliquent aux retraités actuels, mais ont été ou seront fermés aux nouveaux travailleurs (Tableau 3.1, partiel B). Les régimes PD professionnels privés sont actuellement obligatoires ou quasi obligatoires (voir la définition au chapitre 4) dans deux pays de l'OCDE (la Suisse et les Pays-Bas, respectivement). Aux Pays-Bas, tous les nouveaux droits à pension devront être constitués sous forme de régimes à cotisations définies à partir de 2028. De plus, la plupart des caisses de retraite (mais pas toutes) convertiront également les droits existants en régimes à cotisations définies d'ici 2028 au plus tard..

Il existe deux formes de régimes CD : par capitalisation ou notionnels (par répartition). Dans les deux cas, les cotisations sont versées sur un compte individuel. Les régimes ***par capitalisation à cotisations définies*** (CCD) sont obligatoires pour les futurs retraités dans 11 pays de l'OCDE. Les cotisations sont investies dans des actifs financiers et le modèle de l'OCDE convertit le capital retraite ainsi constitué en une pension mensuelle à la retraite. Dans cinq de ces pays (Danemark, Islande, Pays-Bas, Royaume-Uni et Suède), des régimes CCD professionnels quasi obligatoires viennent s'ajouter au régime public obligatoire lié à la rémunération ou au régime de base.

Les régimes ***notionnels à cotisations définies*** (NCD) sont l'élément central du système de retraite dans cinq pays de l'OCDE (Italie, Lettonie, Norvège, Pologne et Suède). En Grèce, la composante complémentaire du système de retraite relève aussi de ce modèle pour les retraités actuels, mais sera un régime CCD pour les futurs retraités. Les régimes NCD sont des régimes publics par répartition. À l'instar des régimes CCD, les comptes individuels notionnels appliquent un taux de rendement notionnel aux cotisations versées. Ces comptes sont dits « notionnels » parce que leur solde n'existe que dans les comptes de l'organisme qui les gère. Au moment de la retraite, le capital notionnel constitué est converti en pension mensuelle au moyen d'une formule basée sur l'espérance de vie ou les taux de mortalité, des règles d'indexation et des taux d'actualisation.

Parmi les pays de l'OCDE, seules l'Irlande et la Nouvelle-Zélande n'ont pas mis en place de régime du deuxième pilier.

Pour en savoir plus

OCDE (2019), « Will future pensioners work for longer and retire on less? », Note de synthèse sur les pensions, OECD, Paris, https://www.oecd.org/en/publications/will-future-pensioners-work-for-longer-and-retire-on-less_0fa49b9b-en.html

Graphique 3.1. Taxonomie : les différents types de régime de retraite

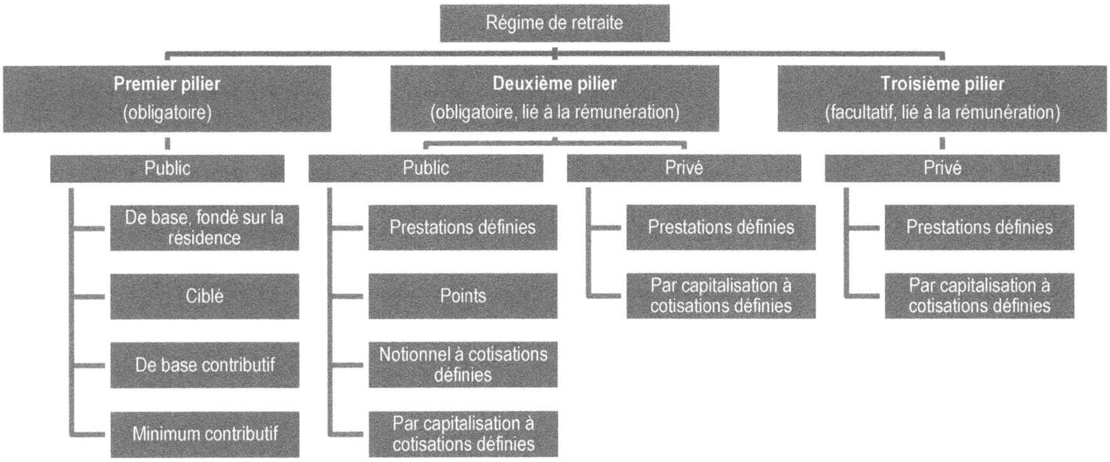

Tableau 3.1. Structure des revenus de retraite, par type de régime obligatoire

	Premier pilier				Deuxième pilier			Premier pilier				Deuxième pilier	
	Fondé sur le lieu de résidence		Contributif					Fondé sur le lieu de résidence		Contributif			
	De base	Ciblées	De base	Minimum contributif	Public	Privé		De base	Ciblées	De base	Minimum contributif	Public	Privé
Partie A. Dernière législation en date (s'appliquant aux futurs retraités entrés sur le marché du travail en 2024 à l'âge de 22 ans)													
Allemagne					Points		Lituanie			✓		Points	
Australie		✓				CCD	Luxembourg			✓	✓	PD	
Autriche				✓	PD		Mexique	✓			✓		CCD
Belgique				✓	PD		Norvège		✓			NCD	CCD
Canada	✓	✓			PD		Nouvelle--Zélande	✓					
Chili		✓	✓·			CCD	Pays-Bas	✓					CCD [q]
Colombie				✓	PD	CCD	Pologne				✓	NCD	
Corée					PD		Portugal				✓	PD	
Costa Rica				✓·	PD	CCD	Rép. Slovaque				✓	Points	
Danemark	✓	✓			CCD	CCD [q]	Royaume--Uni			✓			CCD [q]
Espagne				✓	PD		Slovénie				✓	PD	
Estonie			✓		Points		Suède		✓			NCD + CCD	CCD [q]
États--Unis					PD		Suisse				✓	PD	PD
Finlande		✓			PD		Tchéquie			✓	✓	PD	
France				✓	PD + Points		Türkiye				✓	PD	
Grèce	✓				PD + CCD								
Hongrie				✓	PD		Afrique du Sud		✓				
Irlande			✓				Arabie saoudite				✓	PD	
Islande	✓	✓				CCD [q]	Argentine			✓	✓	PD	
Israël	✓		✓			CCD	Brésil				✓	PD	
Italie					NCD		Chine				✓	NCD + CCD	
Japon			✓		PD		Inde				✓	PD + CCD	
Lettonie				✓	NCD + CCD		Indonésie				✓	PD + CCD	
Partie B. Législation en vigueur différente de celle de la partie A (s'appliquant aux nouveaux retraités en 2024)													
Chili		✓		✓	PD	CCD	Mexique				✓	PD	
Colombie				✓	PD	CCD	Norvège	✓	✓			PD	CCD

	Premier pilier				Deuxième pilier			Premier pilier				Deuxième pilier	
	Fondé sur le lieu de résidence		Contributif					Fondé sur le lieu de résidence		Contributif			
	De base	Ciblées	De base	Minimum contributif	Public	Privé		De base	Ciblées	De base	Minimum contributif	Public	Privé
Estonie			✓		PD / Points	CCD	Pays-Bas	✓					PD
Grèce	✓				PD + NCD		Royaume--Uni			✓		PD	
Italie				✓	PD + NCD								

Note : la colonne « ciblé » est cochée uniquement lorsqu'un travailleur ayant effectué une carrière complète à 30 % du salaire moyen est admissible au régime. [q] = pour les régimes quasi obligatoires fondés sur des conventions collectives et présentant un taux de couverture très élevé, voir le chapitre 8. PD = prestations définies, CCD = par capitalisation à cotisations définies, NCD = notionnel à cotisations définies. Au Canada, la pension de base (SV) est soumise à un critère de revenu, mais uniquement par le biais de la fiscalité (reprise partielle par l'impôt). La pension de base contributive servie en Israël correspond à un complément de retraite de 2 % (plafonné à 50 %) qui vient s'ajouter à la pension de base fondée sur la résidence pour chaque année de cotisation au-delà de 10 ans. Aux Pays-Bas, les salariés entrant sur le marché du travail en 2024 seraient normalement affiliés à un régime privé PD quasi obligatoire, mais tous ces régimes seront convertis en régimes CCD d'ici 2028. Au Mexique, l'État verse, chaque mois, une contribution sur le compte CCD individuel privé des salariés qui cotisent. En Suisse, les pouvoirs publics fixent le taux de cotisation, le taux de rendement minimal et le taux de rente auquel les droits accumulés sont convertis en pension dans les régimes professionnels obligatoires. Ces derniers sont donc implicitement à prestations définies.

Source : voir les « descriptifs pays » à l'adresse suivante : http://oe.cd/pag.

StatLink https://stat.link/3gh450

Pensions de base, pensions ciblées et pensions minimales contributives

Principaux résultats

Les pensions de base fondées sur la résidence existent dans neuf pays de l'OCDE et s'y élèvent, en moyenne, à 21 % du salaire moyen brut. Tous les pays de l'OCDE versent des prestations ciblées à leurs résidents afin de leur garantir un revenu minimal. Dans ces pays, les personnes n'ayant jamais cotisé pourraient percevoir en moyenne 16 % de la rémunération moyenne au titre des régimes ciblés, à condition de satisfaire aux critères de ressources établis, et 21 % si l'on inclut les pensions de base fondées sur la résidence. Dans les dix pays de l'OCDE dotés d'un régime de base contributif, la pension à taux plein représente en moyenne 14 % du salaire moyen brut. La moitié des pays de l'OCDE assurent, dans le cadre de leur régime contributif, une pension minimale dont le montant à taux plein représente globalement 24 % de la rémunération moyenne de ces pays.

Les pays de l'OCDE ont principalement recours à quatre dispositifs pour assurer aux personnes âgées un revenu leur garantissant un niveau de vie minimal (Tableau 3.2). Les montants des pensions servies dans chaque pays au titre de ces différents régimes figurent dans les colonnes de gauche du tableau. Ils sont exprimés en termes relatifs – en pourcentage du salaire moyen brut national – afin de faciliter les comparaisons entre pays (voir l'indicateur « Salaire moyen » au chapitre 7). Les colonnes de droite indiquent le nombre total de bénéficiaires, en pourcentage de la population âgée de 65 ans et plus.

Niveau des prestations

Les montants indiqués s'appliquent à une personne seule. Dans certains cas (pour les pensions minimales contributives notamment), chacun des membres d'un couple peut percevoir une prestation distincte. Dans d'autres (surtout dans les régimes ciblés), le ménage est considéré comme l'unité de base et perçoit généralement une pension inférieure au double de celle dont bénéficie un célibataire.

Dans la plupart des pays, le premier pilier comporte plusieurs dispositifs, ce qui complique l'analyse du niveau effectif de prestation. Dans certains cas, les prestations versées au titre de ces régimes sont cumulables. Dans d'autres, elles peuvent dans une certaine mesure se substituer les unes aux autres. Tous les pays de l'OCDE versent des prestations ciblées qui sont assujetties à des conditions de ressources ; en Allemagne, en Australie, aux États-Unis et en Finlande, ce sont les seuls régimes de premier pilier en place.

Le Graphique 3.2 présente succinctement le niveau des prestations non contributives fondées sur la résidence. Les pensions de base fondées sur ce critère existent dans neuf pays : la prestation moyenne se monte à 20 % du salaire moyen brut, et à un maximum de 39 % en Nouvelle-Zélande. La Norvège a entrepris de les supprimer, leur élimination totale étant prévue en 2030. En Grèce, en Nouvelle-Zélande et aux Pays-Bas, les personnes éligibles à ces pensions ne peuvent bénéficier de prestations ciblées en complément. Au Canada, au Danemark et en Islande, le versement d'une telle pension ne diminue pas le montant des prestations ciblées. En moyenne, dans l'ensemble des pays de l'OCDE, il est possible de percevoir 17 % du salaire brut moyen au titre de régimes ciblés soumis à conditions de ressources, mais ce pourcentage passe à 21 % si l'on tient également compte des pensions de base fondées sur la résidence des neuf pays.

S'agissant des composantes contributives des retraites du premier pilier, un tiers des pays de l'OCDE n'offrent ni pension de base contributive, ni minimum contributif (Graphique 3.3). Neuf pays membres prévoient des pensions de base contributives dont le taux plein correspond en moyenne à 14 % de la rémunération moyenne de ces pays. Elles varient de 5 % de la rémunération moyenne en Israël à 24 % en Irlande. Dans la moitié des pays de l'OCDE, les pensions contributives de faible montant sont complétées de manière à assurer une pension minimale qui peut atteindre en moyenne 26 % du salaire moyen dans les pays qui ont instauré un minimum contributif (13 % sur l'ensemble des 38 pays). Ces pensions minimales sont comprises dans une fourchette allant de 4 % du salaire moyen en Hongrie, où le montant de l'avantage soit non imposable, et 11 % en Tchéquie à environ 35 % en Belgique, en Espagne et au Luxembourg, voire 52 % en Colombie, où le minimum contributif correspond au salaire minimal.

Couverture

L'importance des prestations du premier pilier varie sensiblement d'un pays de l'OCDE à l'autre. Le pourcentage des 65 ans et plus qui en bénéficient apparaît pour chaque pays dans les quatre dernières colonnes du Tableau 3.2. L'adoption d'approches différentes pour comptabiliser le nombre de bénéficiaires, comme le versement des prestations aux couples, voire aux ménages, peut altérer la comparabilité des données entre les pays.

Les pensions de base fondées sur la résidence ont globalement la couverture la plus forte. Néanmoins, le nombre de bénéficiaires de pensions de base contributives est également très élevé dans la plupart des pays pourvus d'un tel dispositif. Il est parfois supérieur à celui des 65 ans et plus, ce qui donne à penser qu'il comprend des personnes âgées de moins de 65 ans ou vivant à l'étranger.

Le taux des plus de 65 ans bénéficiaires d'un minimum contributif varie considérablement selon les pays : il est de 40 % environ en Belgique et en Türkiye mais de 2 % ou moins en Hongrie, en Pologne, en République slovaque, en Slovénie et en Suisse.

La fourchette est tout aussi large dans les régimes ciblés. Leurs bénéficiaires sont particulièrement nombreux en Australie, au Chili, en Corée, au Danemark et en Suède, où ils représentent plus de 50 % des personnes âgées de 65 ans ou plus. À l'inverse, ce pourcentage est de 5 % ou moins dans 13 pays.

Tableau 3.2. Prestations du premier pilier : niveau actuel et bénéficiaires

	Montant des prestations en 2024 (% du salaire moyen brut)				Bénéficiaires en 2024 (% de la population âgée de 65 ans et plus)			
	Fondée sur la résidence	Ciblées	De base contributives	Minimum contributif	Fondée sur la résidence	Ciblées	De base contributives	Minimum contributif
Allemagne		19.0				3.7		
Australie		26.2				54.9		
Autriche		22.5		35.9		0.7		6.8
Belgique		30.4		34.7		4.8		41.3
Canada	9.8	14.6			90.7	30.7		
Chili		18.3		16.3		92.2		10.1
Colombie		8.9		51.6		32.8		22.9
Corée		7.3	13.0			70.3	59.1	
Costa Rica		13.4		22.8		24.3		31.0
Danemark	16.3	18.9			87.2	75.9		
Espagne		22.9		36.4		4.4		12.3
Estonie		18.7	17.8			1.1	111.8	
États-Unis		16.0				12.0		
Finlande		22.2				32.0		
France		27.0		23.8		4.4		31.2
Grèce	20.3	19.0			76.4			
Hongrie		6.0		4.5		0.3		0.0
Irlande		21.6	24.3			12.0	60.7	
Islande	33.9	8.6			71.1			
Israël	10.6	22.0	5.3		96.1			
Italie		19.5		21.8		6.1		13.5
Japon		17.2	15.8			2.8	92.7	
Lettonie		10.2		16.9				17.3

	Montant des prestations en 2024 (% du salaire moyen brut)				Bénéficiaires en 2024 (% de la population âgée de 65 ans et plus)			
	Fondée sur la résidence	Ciblées	De base contributives	Minimum contributif	Fondée sur la résidence	Ciblées	De base contributives	Minimum contributif
Lituanie		9.2	12.6			2.5	107.9	
Luxembourg		29.1	10.0	36.3			106.8	
Mexique	18.0			24.7	113.3			
Norvège	8.9	32.7			101.0	20.7		
Nouvelle-Zélande	39.4				103.5			
Pays-Bas	28.6				97.0			
Pologne		12.4		22.2		2.7		2.2
Portugal		16.6		28.7		8.1		29.9
République slovaque		17.3		30.2		0.5		8.2
Royaume-Uni		22.1	22.4			10.1	95.8	
Slovénie		15.3		32.2		5.0		0.0
Suède		25.9				55.8		
Suisse		21.2		14.8		12.8		0.9
Tchéquie		10.6	9.6	11.3		2.9	105.8	
Türkiye		8.1		25.9	0.0			41.1
Afrique du Sud		7.8						
Arabie saoudite				39.1				
Argentine		18.4	14.7	23.4		5.1	101.6	47.2
Brésil		41.4		44.9				
Chine								
Inde				4.7				
Indonésie				11.2				

Note : cellule vide = les données ne sont pas disponibles. Le niveau des prestations indiqué concerne les personnes ayant pris leur retraite en 2024. Les montants des pensions de base contributives correspondent au niveau de prestation pour une carrière complète. En Grèce, la pension de base est assujettie à une durée minimale de cotisation ainsi qu'à une condition de résidence. Les prestations ciblées ne sont pas cumulables avec une pension de base fondée sur la résidence à taux plein en Grèce, en Nouvelle-Zélande et aux Pays-Bas.

Source : informations communiquées par les pays et calculs de l'OCDE.

StatLink https://stat.link/37a9ie

Graphique 3.2. Prestations non contributives au titre du premier pilier

Pourcentage du salaire moyen brut, 2024

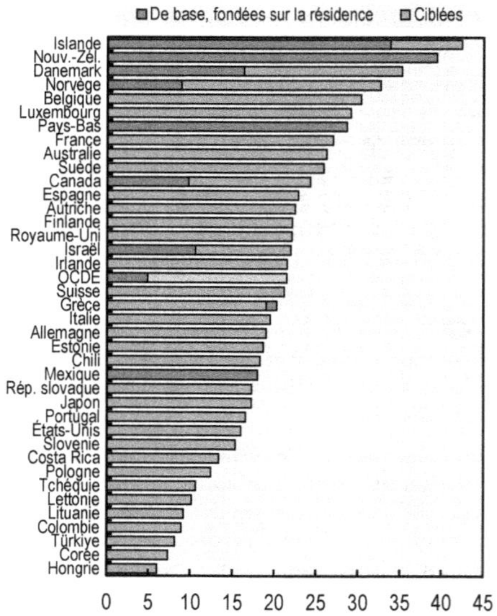

StatLink https://stat.link/1208be

Graphique 3.3. Prestations contributives au titre du premier pilier

Pourcentage du salaire moyen brut, 2024

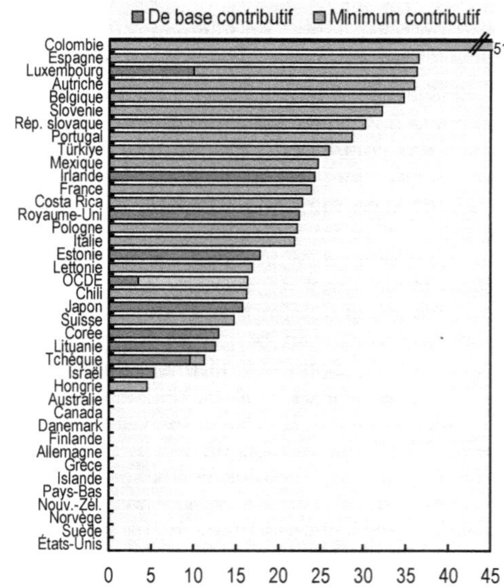

StatLink https://stat.link/drzg3u

Admissibilité aux prestations du premier pilier et indexation de leur montant

Principaux résultats

Dans six des neuf pays dotés d'une pension de base fondée sur la résidence il faut, pour bénéficier de cette prestation à taux plein, avoir résidé au moins 40 ans sur le territoire national. La plupart des pays qui ont mis en place un régime de base contributif exigent une durée minimale de cotisation de 10 ans pour avoir droit à une prestation. Pour bénéficier du minimum contributif à taux plein, il faut avoir cotisé 31 ans en moyenne. La France et la Suisse accordent des prestations à taux partiel dès lors que des cotisations ont été versées au système de retraite. Les autres pays de l'OCDE exigent au moins 15 ans de cotisation. L'indexation sur les prix est la méthode la plus couramment utilisée pour les prestations du premier pilier.

Pensions de base fondées sur la résidence

Le modèle repose sur l'hypothèse selon laquelle les personnes résident dans le pays pendant toute leur vie active. Cependant, dans les neuf pays où les pensions de base sont fondées sur la résidence, le montant des prestations futures est souvent calculé au prorata de la durée de résidence lorsque celle-ci est plus courte. Aux Pays-Bas, par exemple, la prestation de base est majorée de 2 % de son montant total pour chaque année vécue ou travaillée dans le pays. Au Canada, au Danemark, en Grèce, en Islande et en Norvège, 40 ans de résidence donnent droit à la prestation à taux plein. Des prestations réduites sont accordées à partir d'au moins un an de résidence au Danemark, trois ans en Islande, cinq ans en Norvège, dix ans au Canada et 15 ans en Grèce. En Israël et au Mexique, les ressortissants nationaux bénéficient d'une couverture complète, les étrangers devant en revanche justifier d'une période de résidence minimale de 5 et 25 ans respectivement.

Pensions de base contributives

Les taux pleins des pensions contributives présentés à l'indicateur précédent ne sont applicables qu'aux assurés pleinement admissibles au bénéfice de cette prestation. Dans la plupart des pays dotés de tels dispositifs, des carrières beaucoup plus courtes donnent droit à des prestations à taux partiel. Par exemple, alors qu'au Canada, au Japon et au Luxembourg, les assurés doivent avoir cotisé 40 ans pour avoir droit à la pension de base contributive à taux plein, 10 ans de cotisation seulement sont requis pour bénéficier d'une prestation réduite (Graphique 3.4). En moyenne, dans les dix pays de l'OCDE appliquant ce régime, 34 ans de cotisations sont requis pour une pension complète et 13 ans pour l'ouverture des droits à pension. Au Chili, 25 ans de cotisation sont exigés pour bénéficier de la nouvelle pension de base à taux plein, mais une année de cotisation donne droit à une pension à taux partiel. La Lituanie accroît actuellement la durée de cotisation nécessaire pour bénéficier d'une pension à taux plein. L'Argentine et la Tchéquie exigent respectivement 30 et 35 ans de cotisation pour avoir droit à cette pension. Aucun autre pays de l'OCDE ou du G20 n'exige plus de 15 ans de cotisation. Les régimes de base fondés sur la résidence prévoient également des prestations proportionnellement réduites dans de nombreux pays.

Pensions contributives minimales

Les pensions contributives minimales sont beaucoup plus répandues que les pensions de base contributives. Dans huit des 19 pays ayant mis ce dispositif en place, la prestation versée une fois les critères minimaux d'éligibilité remplis est d'un montant unique. Les neuf autres versent des pensions minimales plus élevées pour les périodes de cotisation plus longues. En moyenne, il faut avoir cotisé 18 ans pour avoir droit à cette prestation, 31 ans pour la pension à taux plein. En France et en Suisse, toute période de cotisation donne droit à une pension minimale contributive, plus de 40 ans étant exigés pour obtenir la pension à taux plein. En Lettonie et en République slovaque, 15 et 30 ans de cotisations ouvrent droit, respectivement, à cette pension mais, dans ces deux pays, il n'y a pas de durée maximale explicite car chaque année de cotisation augmente la prestation. Le Chili, la Colombie, le Costa Rica, la Hongrie, l'Italie, le Mexique, la Pologne, la Slovénie et la Türkiye accordent une pension complète après 25 ans de cotisation ou moins. Parmi les pays du G20, l'Inde et l'Indonésie versent une pension complète après seulement 10 ans et 15 ans de cotisation respectivement, mais la durée requise dans les autres pays est de 30 ans au moins.

Indexation

Outre l'admissibilité aux pensions de base, ciblées ou minimales contributives et le montant des prestations, le mode d'indexation des pensions du premier pilier joue un rôle essentiel car il influe sur leur efficacité à lutter contre la pauvreté des personnes âgées. Si les prestations sont indexées sur les salaires, comme les prestations de base et sociales au Danemark par exemple, leur montant restera le même par rapport au salaire moyen pendant toute la durée de la retraite, atténuant ainsi le risque de pauvreté future et préservant le niveau de vie relatif du retraité. Néanmoins, ce mode d'indexation est rare dans les pays de l'OCDE (Tableau 3.3). L'indexation sur les prix est beaucoup plus répandue, ce qui signifie que durant les périodes normales de croissance positive des salaires réels, alimentée par les gains de productivité, le montant relatif de la prestation diminue avec le temps. Outre les prestations déjà servies, l'indexation sur les prix abaisse aussi les seuils d'éligibilité futurs aux prestations ciblées par rapport aux salaires, ce qui devrait réduire le nombre de personnes ou de ménages pouvant en bénéficier.

Pour en savoir plus

OCDE (2023), *Pensions at a Glance 2023: OECD and G20 Indicators*, Éditions OCDE, Paris, https://doi.org/10.1787/678055dd-en.

Graphique 3.4. Nombre d'années requises pour bénéficier d'une pension de base contributive à taux partiel et à taux plein

Nombre d'années requises pour l'ouverture des droits à une pension de base contributive et pour une pension à taux plein

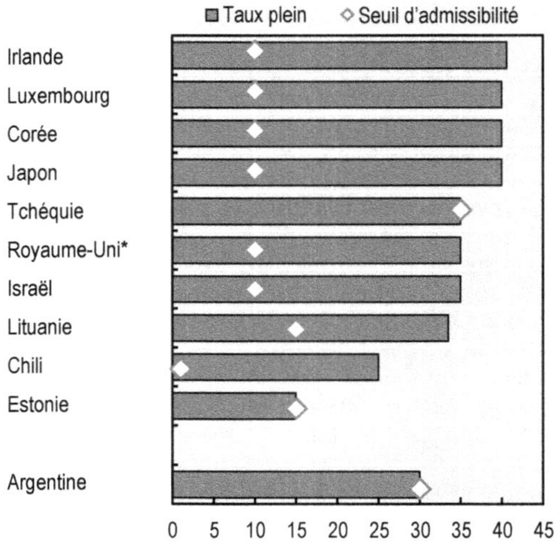

Note : *sous réserve des règles transitoires applicables aux retraités actuels, sur la base du relevé de carrière individuel.
Source : voir les « descriptifs pays » à l'adresse suivante : http://oe.cd/pag.

StatLink https://stat.link/sx06wp

Graphique 3.5. Nombre d'années requises pour bénéficier d'une pension minimale contributive à taux partiel et à taux plein

Nombre d'années requises pour l'ouverture des droits à une pension minimale contributive et pour une pension à taux plein

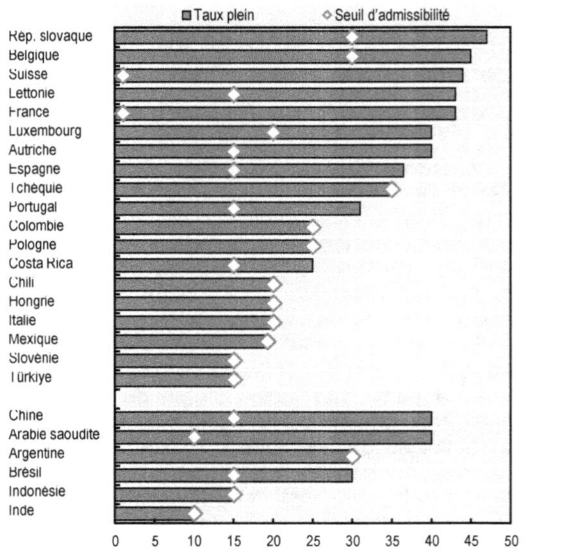

Note : en Lettonie et en République slovaque, il n'existe pas de durée maximale explicite ; c'est pourquoi le chiffre indiqué est celui de l'âge normal de la retraite. En France, les personnes parties à la retraite en 2024 ont pu bénéficier d'une pension à taux plein avec 41.75 années de cotisations seulement.
Source : voir les « descriptifs pays » à l'adresse suivante : http://oe.cd/pag.

StatLink https://stat.link/dhacfp

Tableau 3.3. Indexation des prestations du premier pilier

	De base	Minimum contributif	Filet de sécurité		De base	Minimum contributif	Filet de sécurité
Allemagne			70 % prix / 20 % salaires	Lituanie	Masse salariale (C)		Prix
Australie			Prix ou coût de la vie, le plus élevé étant retenu	Luxembourg	Coût de la vie et prise en compte annuelle des salaires (C)	Coût de la vie et prise en compte annuelle des salaires	Coût de la vie et prise en compte annuelle des salaires
Autriche		Prix	Discrétionnaire	Mexique	Prix (R)	Prix	Prix
Belgique		Prix	Prix	Norvège	Moyenne des salaires nominaux et des prix (R)		Moyenne des salaires nominaux et des prix
Canada	Prix (R)		Prix	Nouvelle--Zélande	IPC et, périodiquement, salaire moyen net (R)		IPC et, périodiquement, salaire moyen net
Chili	Prix [C)	Prix	Prix	Pays-Bas	Salaire minimum net (R)		Salaire minimum net
Colombie		Salaires		Pologne		Prix + 20 % salaires	Prix
Corée	Prix [C)		Prix	Portugal		PIB et IPC (hors logement)	PIB et IPC (hors logement)
Costa Rica		Salaires	Salaires	Rép. slovaque		Salaires	Prix
Danemark	Salaires (R)		Salaires	Royaume--Uni	Prix, salaires ou 2.5 %, le plus élevé étant retenu		Prix, salaires ou 2.5 %, le plus élevé étant retenu
Espagne		Prix	Au moins égal à la	Slovénie		20 % salaires / 80 %	Prix

	De base	Minimum contributif	Filet de sécurité		De base	Minimum contributif	Filet de sécurité
			hausse de la pension contributive			prix	
Estonie	80 % salaires / 20 % prix (C)		80 % salaires / 20 % prix	Suède			Prix
États--Unis			Prix	Suisse		50 % salaires / 50 % prix	50 % salaires / 50 % prix
Finlande			Prix	Tchéquie	Salaires (C)	Salaires	Discrétionnaire
France		50 % salaires / 50 % prix	Prix	Türkiye		Prix	Prix
Grèce	Prix (R/C)		Prix				
Hongrie		Prix	Prix	Afrique du Sud			Prix
Irlande	Discrétionnaire (C)		Discrétionnaire	Arabie saoudite		Discrétionnaire	
Islande	Salaires ou coût de la vie, le plus élevé étant retenu (R)		Prix	Argentine	Salaire moyen et masse salariale	Salaire moyen et masse salariale	Salaire moyen et masse salariale
Israël	Prix (R/C)		Prix	Brésil		Salaires	Salaires
Italie		Prix	Prix	Chine			
Japon	Salaires jusqu'à 67 ans, prix ensuite (C)		Coût de la vie et salaires	Inde		Discrétionnaire	
Lettonie		Salaires	Salaires	Indonésie		Prix	

Note : (C) pension de base contributive ; (R) pension de base fondée sur la résidence.

Source : voir les « descriptifs pays » à l'adresse suivante : http://oe.cd/pag.

Régimes de retraite obligatoires liés à la rémunération

Principaux résultats

Le deuxième pilier de la taxonomie des régimes de retraite définie par l'OCDE se compose des régimes de retraite obligatoires liés à la rémunération, qui comprennent les régimes à prestations définies, les régimes par points et les régimes à cotisations définies. Les principaux paramètres et règles de ces dispositifs déterminent le montant futur des droits à pension.

Il existe trois types de régimes liés à la rémunération, qui sont régis par des règles de calcul des prestations distinctes. Les régimes à **prestations définies** (PD) définissent généralement un taux d'acquisition, exprimé en pourcentage de la rémunération individuelle ouvrant droit à pension, auquel s'accumulent les droits à prestations tout au long de la carrière. Plus le taux de cotisation est important, plus le taux d'acquisition qui peut être maintenu est élevé. Ces régimes peuvent reposer sur la capitalisation ou sur la répartition, ou faire appel à une combinaison des deux. Dans les régimes par **points**, les prestations de retraite correspondent au nombre de points accumulés au cours de la carrière, multiplié par la valeur du point. Ceux actuellement en vigueur dans les pays de l'OCDE sont tous des régimes par répartition. Les régimes à **cotisations définies** (CD) sont des régimes fondés sur des comptes individuels où sont portées les cotisations versées pendant la vie active pour financer la retraite. Lorsque le capital ainsi accumulé l'est sous forme d'actifs financiers, le régime est dit **par capitalisation à cotisations définies** (CCD). Si le régime est fondé sur des comptes notionnels, il est qualifié de régime **notionnel à cotisations définies** (NCD). Dans les deux cas, pour la modélisation des taux de remplacement présentée au chapitre 4, un coefficient de rente est appliqué pour convertir les actifs financiers (réels ou notionnels) en pensions mensuelles. Le Tableau 3.4 présente les futurs paramètres et règles de calcul des prestations qui s'appliqueront aux personnes entrées sur le marché du travail en 2024, conformément à la dernière législation en date.

Dans le cadre des régimes à prestations définies par répartition, des ***taux d'acquisition*** d'au moins 2 % sont appliqués en Colombie, en Espagne, au Portugal et en Türkiye. Les plus bas (0.5 % environ) sont observés en Corée et au Japon. Dans la moitié des régimes PD, le taux d'acquisition est le même, quels que soient la durée de la carrière ou le niveau de rémunération. Néanmoins, aux États-Unis, au Portugal et en Tchéquie, et dans le cas du régime publique en Suisse, les droits à pension varient avec le montant des rémunérations, les bas salaires bénéficiant de taux d'acquisition plus élevés. Ces taux augmentent avec le nombre d'années de cotisation en Grèce et au Luxembourg. En Espagne, en Hongrie et en Slovénie, ils sont plus élevés pendant les premières années de couverture. Dans le régime professionnel suisse, ils augmentent avec l'âge, tout comme les taux de cotisation.

En Espagne et en Türkiye, le taux d'acquisition total est plafonné à 100 % et 90 % respectivement. Au Portugal, 40 années de cotisations au plus sont requises, ce qui limite de fait le taux d'acquisition à 92 %.

Dans la majorité des pays, la ***rémunération de référence ouvrant droit à pension*** utilisée pour calculer les prestations prend en compte les rémunérations perçues sur l'ensemble de la carrière. Les États-Unis, le Portugal et la Slovénie en sont proches, qui retiennent respectivement les 35, les 35 et les 40 meilleures années. Seuls les régimes publics en Costa Rica, en Espagne, et le régime général en France se fondent encore sur une fraction relativement faible de ces revenus à savoir, respectivement, les 25 dernières et les 25 dernières (les meilleures 27 années parmi les 29 dernières à compter de 2044. En Colombie, on utilise l'option la plus favorable entre l'ensemble de la carrière ou les 10 dernières années.

Tous les régimes appliquent un ***coefficient de revalorisation*** à la rémunération antérieure afin de prendre en compte les changements intervenus, en termes réels, entre le moment où les droits à pension ont été acquis et celui où ils sont liquidés. Le plus utilisé est la croissance du salaire moyen. Néanmoins, la Belgique, la Colombie, le Costa Rica, l'Espagne et le régime général en France ne revalorisent les rémunérations qu'en fonction de l'inflation ; le taux de croissance réel des salaires a en conséquence une incidence négative sur les taux de remplacement et influe davantage sur la situation financière du système (OCDE, 2019). Les États-Unis, la Finlande et le Portugal font appel à une formule associant la hausse des prix et celle des salaires, tandis que l'Estonie et la Türkiye utilisent à la fois l'inflation et, respectivement, la croissance de la masse salariale et celle du PIB.

Dans les régimes CD, la croissance du capital accumulé sur les comptes individuels est déterminée par les nouvelles cotisations versées, mais aussi par les taux de rendement. Ces taux sont les taux rendements des marchés de capitaux dans les régimes CDD, et les taux d'intérêt notionnels dans les régimes NCD. Ces derniers correspondent au taux de croissance du PIB en Italie, à la progression de la masse salariale en Lettonie et à une formule associant l'un et l'autre en Pologne. La Norvège et la Suède appliquent la hausse des salaires. Le ***taux de cotisation*** fixé pour les comptes individuels constitue l'un des paramètres essentiels des régimes à cotisations définies.

Les régimes de retraite de neuf pays ne fixent aucun plafond aux rémunérations utilisées pour calculer les pensions. Les plafonds les plus élevés sont appliqués en Colombie, en France et en République slovaque, et représentent 8 fois le salaire moyen. Les plus bas, compris entre 0.68 fois et 0.86 fois ce salaire, sont observés au Canada, en Israël et en Suisse.

L'***indexation*** se rapporte à la hausse des pensions servies, c'est à dire versées pendant la retraite. La méthode la plus courante est l'indexation sur les prix. Cependant, huit pays revalorisent les prestations au moyen d'une formule qui associe la hausse des prix et celle des salaires, et quatre pays ont opté pour une formule fondée sur le taux l'inflation et la croissance du PIB ou la masse salariale. La Suède indexe les pensions sur la hausse de la masse salariale moins 1.6 %.

Le ***taux d'acquisition effectif*** est le taux auquel les droits à prestations sont effectivement constitués pendant chaque année de couverture. Il est donc fonction des hypothèses de modélisation et étroitement lié aux taux de remplacement présentés au chapitre 4. Dans les régimes PD, il est égal au taux d'acquisition nominal corrigé de tous les éléments applicables à la rémunération ouvrant droit à pension (plafonds, revalorisation de la rémunération antérieure, coefficients de viabilité). Dans les régimes CCD et NCD, le taux d'acquisition effectif correspond au taux de remplacement divisé par le nombre d'années de cotisation. Le taux de remplacement dépend dans ce cas des taux de cotisation, des taux de rendement et des coefficients de rente.

D'après les législations en vigueur, les taux d'acquisition annuels effectifs futurs les plus élevés pour un salaire moyen sont observés en Colombie et en Espagne (1.9 %). Ils sont également supérieurs à 1.5 % en Autriche, en Italie, au Luxembourg, au Portugal et en Türkiye. Les taux les plus bas (moins de 0.2 %) sont ceux des régimes à points en Lituanie et des régimes CDD en Norvège et en Suède, en raison de la faiblesse des taux de cotisation.

Pour en savoir plus

OCDE (2019), *OECD Reviews of Pension Systems: Portugal,* OECD Reviews of Pension Systems, Éditions OCDE, Paris, https://doi.org/10.1787/9789264313736-en.

Tableau 3.4. Règles et paramètres futurs des régimes obligatoires de retraite liée à la rémunération antérieure, dernière législation en date

À l'âge normal de la retraite, pour un travailleur ayant effectué une carrière complète et entré sur le marché du travail à l'âge de 22 ans en 2024

	Type de régime	Régimes PD	Régimes PD, à points ou NCD			Régimes CCD ou NCD	Plafond de la rémunération ouvrant droit à pension (multiple de la rémunération moyenne)	Taux d'acquisition effectif pour un homme ayant effectué une carrière complète au salaire moyen (% de la rémunération)
		Taux d'acquisition nominal (% de la rémunération individuelle ouvrant droit à pension)	Rémunération de référence	Coefficient de revalorisation	Taux d'indexation	Taux de cotisation total (%)		
Allemagne	Points		L	w	w - x		1.43	0.94
Australie	CCD					12.0	2.51	0.59
Autriche	PD	1.78	L	w	p		1.42	1.72
Belgique	PD	1.33	L	p	p		1.20	0.94
Canada	PD	0.83	L	w	p [c]		0.78	0.70
Chili	CCD					16.0	2.76	0.87
Colombie	PD / CCD	2.00 [w]	F10 or L	p	p	14.0	12.90	1.87 / 0.00
Corée	PD	0.47	L	w	p		1.35	0.47
Costa Rica	PD / CCD	1.29 [w]	F25	p	p	4.3	Aucun	1.29 / 0.23
Danemark	CCD (prof..)					12.0	Aucun	0.84
Espagne	PD	2.70 [y]	B27 of F29	p	p		1.42	1.87
Estonie	Points		L	w	80%wb + 20%p		Aucun	0.30
États-Unis	PD	1.21 [w]	B35	w or p	p		2.39	0.88
Finlande	PD	1.50	L	80%w + 20%p	20%w + 80%p		Aucun	1.22
France	PD / points	1.16	B25 / L	p / w	p / p		1.01 / 8.11	0.99 / 0.32
Grèce	PD / CCD	1.14 [y]	L	p, w	50%p+50%g / p	6.0	4.07 / 4.07	1.14 / 0.4
Hongrie	PD	1.21 [y]	L	w	p		Aucun	1.21
Irlande	None							
Islande	CCD (prof..)					15.5	Aucun	0.96
Israël	CCD					12.5	0.76	0.75
Italie	NCD		L	g	p	33.0	1.83	1.42
Japon	PD	0.55	L	w	p or w [a]		2.27	0.50
Lettonie	NCD / CCD		L	wb	p + 50%wb	14.0 / 6.0	4.74 / aucun	0.52 / 0.38
Lituanie	Points		L	w	wb		4.43	0.18
Luxembourg	PD	1.57 [y]	L	w	p, w [c]		2.08	1.57
Mexique	CCD					15.0	2.90	0.96
Norvège	NCD / CCD		L	w	Moyenne (p,w)	18.1 / 2.0	1.14 / 1.92	0.83 / 0.11
Nouvelle-Zélande	Aucun							
Pays-Bas	CCD (prof..)					18.6	Aucun	0.96
Pologne	NCD		L	p, wb, g	p, w [c]	19.5	2.43	0.67
Portugal	PD	2.30 [w]	B40	min(25%w+75%p,p+0.5%)	p, d		Aucun	1.57
République slovaque	Points		L	95%w	p		10.31	1.23
Royaume-Uni	CCD					8	0.98	0.48
Slovénie	PD	1.13 [y]	B35	w, d	20%w + 80%p		2.08	1.13
Suède	NCD / CCD / CCD (prof..)		L	w	w - 1.6% [c]	14.9 / 2.3 / 4.5 [w]	1.14 / 1.14 / aucun	0.88 / 0.16 / 0.28
Suisse	PD / PD (prof..)	0.64 [w] / 0.68 [a]	L / L	f / r	50%w+50%p / 0%		0.68 / 0.68	0.54 / 0.44
Tchéquie	PD	0.77 [w]	L	w	33%w + 100%p		3.84	0.77
Türkiye	PD	2.00	L	p + 30%g	p		3.17	1.61
Afrique du Sud	Aucun							
Arabie saoudite	PD	2.25	F15	Aucun	p		1.21	1.76
Argentine	PD	1.22	F10	Aucun	50%w/50%wb		Aucun	1.11
Brésil	PD	2.47 [y]	L	p	p		1.34	2.06
Chine	PD / CCD	1.00	L	w	50%w+50%p	8.0	Aucun / 3.00	1 / 0.97
Inde	PD / CCD	1.43	F5	Aucun	p	15.7 [w]	1.42 / 1.42	0.65 / 0.44

	Type de régime	Régimes PD	Régimes PD, à points ou NCD			Régimes CCD ou NCD	Plafond de la rémunération ouvrant droit à pension (multiple de la rémunération moyenne)	Taux d'acquisition effectif pour un homme ayant effectué une carrière complète au salaire moyen (% de la rémunération)
		Taux d'acquisition nominal (% de la rémunération individuelle ouvrant droit à pension)	Rémunération de référence	Coefficient de revalorisation	Taux d'indexation	Taux de cotisation total (%)		
Indonésie	PD / CCD	1.00	L	p	p	5.7	1.68 / aucun	0.77 / 0.47

Note : une cellule vide indique que le paramètre n'est pas applicable. [a] = varie suivant l'âge ; [c] = revalorisation/indexation soumise à condition de viabilité financière ; [f/h] = varie suivant le genre, [w] = varie suivant la rémunération, [y] = varie suivant le nombre d'années de carrière, B = nombre de meilleures années, F = nombre des dernières années de carrière, L = moyenne sur l'ensemble de la carrière, d = revalorisation/indexation à discrétion, f = taux fixe, g = croissance du produit intérieur brut ; p = hausse des prix, w = hausse du salaire moyen, wb = croissance de la masse salariale. Colombie : un salarié moyen ne verse aucune contribution au régime CCD, d'où un taux d'acquisition effectif nul pour cette composante. Danemark : taux de cotisation habituel pour les régimes professionnels quasi obligatoires. Le régime ATP correspond uniquement à la dernière colonne. Allemagne : x dépend de la variation des coefficients de viabilité et de cotisation. Italie : indexation sur les prix pour les pensions modestes et sur 75 % de la hausse des prix pour les pensions élevées. Japon :'indexation sur les salaires jusqu'à l'âge de 67 ans, puis sur les prix à partir de 68 ans. Lettonie : 50 % pour les carrières inférieures à 30 ans, 60 % pour celles comprises entre 30 et 39 ans, 70 % pour celles comprises entre 40 et 44 ans, et 80 % pour celles de 45 ans au moins. Luxembourg : indexation sur l'inflation augmentée d'une fraction du taux de croissance réel des salaires, selon la situation financière du régime de retraite, supposée correspondre à la croissance totale des salaires jusqu'à 2027 et à 25 % par la suite. Pologne : indexation sur l'inflation augmentée du taux de croissance réel du salaire moyen au cours de l'année précédente (assorti d'un plancher de 20 %). Portugal : le coefficient d'indexation est plus élevé que la hausse des prix pour les pensions modestes et vice versa. Plus la croissance du PIB est forte, plus l'indexation est généreuse. Espagne : la rémunération de référence correspond aux 27 meilleures années parmi les 29 précédant immédiatement la retraite. Suisse : dans le régime public, un plafond s'applique à la rémunération de référence moyenne lors du départ en retraite, et non aux rémunérations annuelles perçues pendant les années de cotisation. États-Unis : revalorisation en fonction de la hausse des salaires jusqu'à 60 ans ; aucun ajustement entre 60 et 62 ans ; revalorisation en fonction de la hausse des prix entre 62 et 67 ans. Les taux d'acquisition s'appliquent à la rémunération de référence moyenne lors du départ en retraite, et non aux rémunérations annuelles perçues pendant les années de cotisation. Dans certains pays, l'acquisition des droits prend fin au bout d'un certain nombre d'années de cotisation ou lorsqu'un taux d'acquisition total déterminé est atteint. C'est le cas en Belgique (45 ans), au Canada (40 ans), en Espagne (100 %), aux États-Unis (35 ans), au Portugal (40 ans) et en Türkiye (90 %). Dans d'autres pays, le plafonnement du montant des retraites ou l'application d'un âge de départ en retraite différé peuvent aussi mettre un terme à l'accumulation des droits.
Source : voir les « descriptifs pays » à l'adresse suivante : http://oe.cd/pag.

StatLink https://stat.link/xuavk4

Âge de la retraite actuel

Principaux résultats

Les règles relatives aux conditions à satisfaire pour prendre sa retraite et faire valoir ses droits à pension sont complexes et reflètent souvent des objectifs contradictoires, ce dont témoignent les différents critères régissant chaque régime. En 2024, dans les pays de l'OCDE, l'âge normal de la retraite pour une personne ayant effectué une carrière complète commencée à 22 ans était en moyenne de 63.9 ans pour les femmes et de 64.7 ans pour les hommes. La Türkiye est un cas particulier, où l'âge normal de la retraite est de 49 ans pour les femmes et de 52 ans pour les hommes. Hormis ce pays, les âges les plus bas sont observés en Colombie pour les femmes (57 ans) et en Colombie, au Luxembourg et en Slovénie pour les hommes (62 ans). Le Danemark, l'Islande, la Norvège et, pour les hommes uniquement, Israël affichaient l'âge le plus élevé, à savoir 67 ans. L'âge normal de la retraite des femmes est inférieur à celui des hommes dans neuf pays de l'OCDE. C'est en Colombie, en Israël et en Pologne que l'écart entre les genres est le plus prononcé (cinq ans).

Dans de nombreux pays de l'OCDE, les règles diffèrent selon les composantes des régimes de retraite. Comme défini par l'OCDE, l'âge normal de la retraite est l'âge d'ouverture des droits à pension sans décote, tous régimes confondus, après une carrière complète commencée à 22 ans. Lorsque l'âge de la retraite varie d'un régime à l'autre, c'est l'âge maximal qui est pris en compte pour définir l'âge normal de la retraite du pays considéré.

Le Tableau 3.5 présente les règles relatives à la retraite normale et anticipée pour les régimes obligatoires. Dans certains régimes, il est possible de faire valoir ses droits plus tôt, à compter de l'âge de la retraite « anticipée », ce qui entraîne une décote.

Âge de la retraite anticipée

L'âge de retraite anticipée est défini comme l'âge minimal auquel il est possible de liquider sa retraite (Tableau 3.5). Il est généralement impossible de faire valoir ses droits à retraite avant l'âge légal dans le cadre des régimes de base fondés sur la résidence ou des prestations du minimum vieillesse.

La plupart des régimes à prestations définies et par points des pays de l'OCDE prévoient un âge de retraite anticipée, généralement entre deux et cinq ans avant l'âge légal normal. Seuls font exception l'Autriche (pour les femmes), la Colombie, le Costa Rica, la Hongrie (pour les hommes), le Royaume-Uni et la Türkiye. Ailleurs, la pension future est généralement plus faible en raison de la durée de cotisation plus courte, mais aussi parce qu'une décote supplémentaire s'applique pour chaque année de retraite anticipée. La Belgique et le Luxembourg n'appliquent cependant pas de décote.

Dans quelques pays, l'âge de la retraite anticipée est fonction de la durée de cotisation. Il est fondé sur un nombre donné d'années de cotisation en Allemagne (35 ans) et en Autriche (40 ans). En Belgique, en Estonie et en Italie, il existe plusieurs âges de retraite anticipée selon le nombre d'années de cotisation. En Estonie, par exemple, il est possible de liquider sa retraite un an plus tôt après 20 ans de cotisation, et jusqu'à un maximum de cinq ans après 40 ans de cotisation. En Grèce et au Luxembourg, l'âge normal et l'âge anticipé de la retraite sont les mêmes. Comme le modèle suppose une entrée dans la vie active à 22 ans, l'âge normal de la retraite et celui de la retraite anticipée sont tous deux de 62 ans. En Grèce, l'âge minimal de liquidation des droits est de 62 ans pour tous les salariés, avec un minimum de 15 années de cotisations, alors qu'au Luxembourg ils peuvent partir à 57 ans dès lors qu'ils ont cotisé 40 ans au régime.

Dans quelques pays, les assurés qui ont commencé à travailler jeunes et ont effectué une carrière complète peuvent liquider leurs droits très tôt, comme le montre la colonne « entrée tôt dans la vie active » du Tableau 3.5. Ainsi, une retraite sans décote est possible à 60 ans en Belgique pour ceux qui ont cotisé 44 ans, ou à 57 ans au Luxembourg pour ceux qui ont cotisé 40 ans. Bien que les régimes liés à la rémunération prévoient des décotes dans les autres pays figurant dans la colonne « entrée tôt dans la vie active », celles-ci ne s'appliquent pas aux personnes ayant commencé à travailler jeunes, ce qui signifie par exemple que le coefficient de viabilité ne s'applique pas aux personnes âgées 60 ans ayant cotisé 46 ans au Portugal.

Dans les régimes liés à la rémunération, différentes règles influent sur l'âge auquel il est possible de faire valoir ses droits à certaines composantes du système de retraite. Ainsi, dans les régimes CCD du Chili, de la Colombie et du Mexique, ainsi que le régime PD de la République slovaque, la retraite anticipée est autorisée dès lors que les droits à retraite dépassent un certain seuil. En République slovaque, elle n'est possible que dans les deux années précédant l'âge légal de la retraite.

Âge normal de la retraite

L'OCDE définit l'âge normal de la retraite dans un pays donné comme l'âge d'ouverture des droits à taux plein, tous régimes confondus, pour une carrière complète commencée à l'âge de 22 ans. Au Chili, par exemple, les femmes peuvent faire valoir leurs droits dans le cadre du régime CCD à 60 ans, mais ne peuvent prétendre à la pension ciblée avant l'âge de 65 ans. C'est donc ce dernier qui est considéré pour elles comme l'âge normal de la retraite en 2024.

En 2024, l'âge normal moyen de la retraite dans l'OCDE s'élevait à 64.7 ans pour les hommes et à 63.9 ans pour les femmes. Il varie de 49 ans pour les femmes et 52 ans pour les hommes en Türkiye à 67 ans au Danemark, en Islande, en Norvège et, pour les hommes seulement, en Israël. En Italie, l'âge légal de la retraite est de 67 ans mais si la somme de la durée de la carrière et de l'âge de départ à la retraite est au minimum de 104 ans, une retraite sans décote est possible à partir de 63 ans. Les régimes de neuf pays prévoient toujours un âge normal de la retraite inférieur pour les femmes (Graphique 3.6). L'écart entre les genres le plus prononcé (5 ans) est observé en Colombie, en Israël et en Pologne. Il est également de 5 ans dans le cas du régime à cotisations définies chilien mais comme les femmes, et d'ailleurs les hommes, ne peuvent faire valoir leurs droits au titre du régime ciblé avant l'âge de 65 ans, on suppose qu'il ne se traduit pas par un écart entre les genres en ce qui concerne l'âge normal de la retraite (Graphique 3.6).

Dans la plupart des pays, l'âge d'entrée dans la vie active a une incidence limitée sur l'âge normal de la retraite. Si l'âge d'entrée dans la vie active retenu était 20 ans au lieu de 22 ans, l'âge normal de la retraite pour les personnes prenant leur retraite en 2024 ne serait différent que dans six pays (Graphique 3.6). Au Luxembourg et en Slovénie, ainsi qu'en Hongrie pour les femmes, 40 ans de cotisations sont nécessaires pour une retraite à taux plein ; en conséquence, pour une carrière complète commencée à 20 ans, l'âge normal de la retraite est de 60 ans dans ces trois pays. En France, la retraite à taux plein est accordée aux assurés âgés de 62.5 ans minimum ayant cotisé 42.25 ans En Allemagne, la retraite est possible sans pénalité à un peu plus de 64 ans après 45 ans de cotisations - donct à 65 ans si on suppose un début de carrière à 20 ans. Au Portugal, une personne de 60 ans ayant cotisé plus de 40 ans a droit à une réduction de quatre mois de l'âge de la retraite pour chaque année de cotisation supplémentaire.

Tableau 3.5. Âge de la retraite anticipée et âge normal de la retraite en vigueur par type de régime de retraite

Pour une personne prenant sa retraite en 2024 après avoir effectué une carrière ininterrompue à partir de l'âge de 22 ans

		Régime	Retraite anticipée	Âge normal	Entrée tôt dans la vie active			Régime	Retraite anticipée	Âge normal	Entrée tôt dans la vie active
Allemagne		Points	63.0	66.2	**	Israël suite	H	CCD	67.0		
		C	s.o.	66.2			F	CCD	62.0		
Australie		C	s.o.	67.00		Italie	H	NCD - PD	63.0	64.8	<59***
		CCD	55.0	..			F	NCD - PD	63.0	63.8	<59***
Autriche	H	PD, Min	62.0	65.0		Japon		De Base, PD	60.0	65.0	
	F	PD, Min	s.o.	60.5		Lettonie		NCD, Min, CCD	62.8	64.8	
Belgique		PD, Min	64.0*	65.0	60	Lituanie	H	De base, points	59.7	64.7	
Canada		De Base, C	s.o.	65.0			F	De base, points	59.3	64.3	
		PD	60.0	65.0		Luxembourg		De base, PD, Min	62,0	62.0	57
Chili		Min, C	s.o.	65.0		Mexique		Min	60.0	65.0	
	H	CCD	à tout âge et NS	65.0				De base	s.o.	65.0	
	F	CCD	à tout âge et NS	60.0				PD	60.0	..	
Colombie	H	PD, Min	s.o.	62.0				CCD	60.0 ou NS	..	
	H	CCD	à tout âge et NS	62.0		Norvège		De base, C, PD	62.0	67.0	
	F	PD, Min	s.o.	57.0				CCD	62.0		
	F	CCD	à tout âge et NS	57.0		Nouvelle--Zélande		De base	s.o.	65.0	
Corée		De Base, PD	59.0	63.0		Pays-Bas		De base	s.o.	67.0	
Costa Rica	H	PD, CCD	s.o.	65.0				PD (prof.)	sectoriel	..	
	F	PD, CCD	63.0	63.0		Pologne	H	NCD, Min	s.o.	65.0	
Danemark		De Base, C	s.o.	67.0	64		F	NCD, Min	s.o.	60.0	
		CCD (ATP)	67.0	..		Portugal		PD	62.0	65.3	60
		CCD (prof.)	64.0	..				Min	s.o.	65.3	
Espagne		PD, Min	64.5	65.0		Rép slovaque		Points, Min	61.2 et NS	63.2****	
Estonie		De base, points	60.8	64.8		Royaume--Uni		De Base, PD	s.o.	66.0	
États--Unis		PD	62.0	66.7		Slovénie	H	PD, Min	60.0	62.0	58
Finlande		C	64.0	65.0			F	PD, Min	60.0	62.0	57
		PD	64.5	65.0		Suède		De Base, C	s.o.	66.0	
France		PD, Min	62.5	64.3	58			PD / NCD, CCD	63.0	..	
		Points	57.0	64.3				CCD (prof.)	55.0	66.0	
Grèce		De Base, PD, NCD	62.0	62.0		Suisse	H	PD, Min	63.0	65.0	
Hongrie	H	PD, Min	s.o.	65.0			F	PD, Min	62.0	64.0	
	F	PD, Min	62.0	62.0			H	PD (prof.)	58.0	65.0	
Irlande		De base	s.o.	66.0			F	PD (prof.)	58.0	64.0	
Islande		De Base, C	s.o.	67.0		Tchéquie		De base, PD, Min	62.0	64.2	
		CCD (prof.)	65.0	67.0		Türkiye	H	PD, Min	s.o.	52.0	
Israël	H	De base	s.o.	67.0			F	PD, Min	s.o.	49.0	
	F	De base	s.o.	62.0							

Note : s.o. = pas de possibilité d'anticiper ou de reporter le départ en retraite ; prof. = professionnel, Min = pension minimum, NS = niveau de subsistance atteint, C = ciblé. Cellule vide = aucun âge normal de la retraite n'est indiqué car les prestations font automatiquement l'objet d'un ajustement neutre en termes actuariels en fonction de l'âge de la retraite. * Retraite anticipée possible à 63 ans avec 42 ans de cotisation, à 61 ans avec 43 ans de cotisation et à 60 ans avec 44 ans de cotisation. ** Une personne ayant commencé à travailler tôt peut partir à la retraite à un peu plus 64 ans sans décote si elle a cotisé 45 ans. *** En Italie, une personne ayant cotisé 41 ans peut partir à la retraite à n'importe quel âge dès lors que 12 mois de cotisation ont été versés avant l'âge de 19 ans. **** L'âge de la retraite est abaissé pour les mères en fonction du nombre d'enfants. L'âge normal de la retraite et l'âge de la retraite anticipée d'un régime désignent l'âge à partir duquel il est possible de percevoir une pension avec et sans décote, respectivement, pour une personne ayant effectuée une carrière ininterrompue à partir de l'âge de 22 ans. Les droits accordés pour les périodes consacrées à l'éducation ne sont pas pris en compte.
Source : OCDE, sur la base d'informations communiquées par les pays ; voir les « descriptifs pays » à l'adresse suivante : http://oe.cd/pag.

StatLink https://stat.link/mz3x64

Graphique 3.6. Écart relatif à l'âge normal de la retraite selon le genre et par âge d'entrée dans la vie active

Pour une personne partant à la retraite en 2024 et bénéficiant d'une pension à taux plein après une carrière ininterrompue

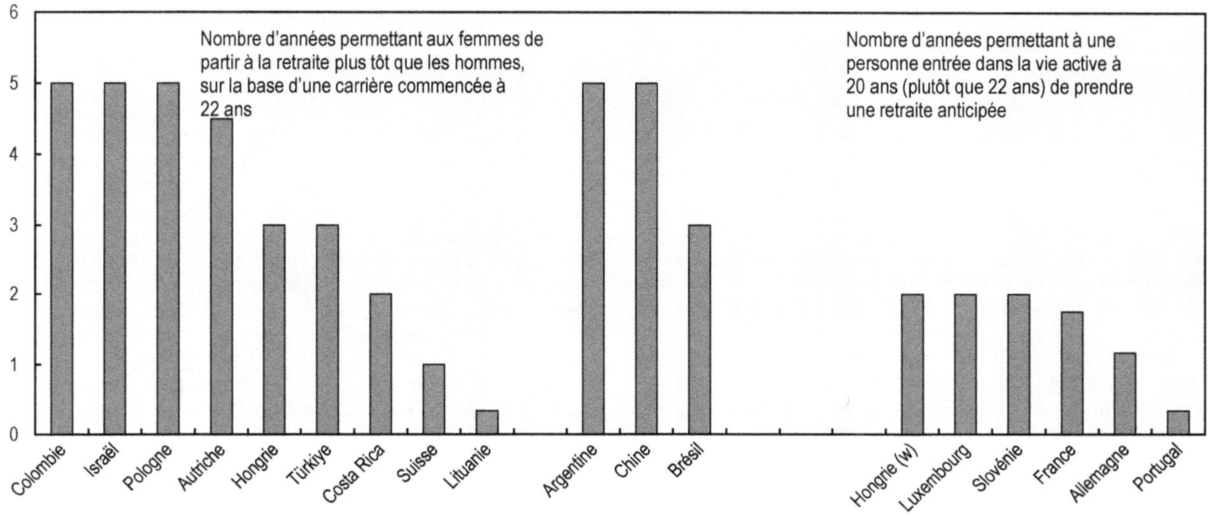

Note : l'écart relatif à l'âge de départ à la retraite des femmes résulte d'une entrée sur le marché du travail à 22 ans. Au Chili, il existe un écart de cinq ans entre les genres dans le cas du régime à cotisations définies mais comme les femmes ne peuvent faire valoir leurs droits au titre du régime ciblé avant l'âge de 65 ans, âge qui s'applique à toutes les composantes du système pour les hommes, on suppose que cette disparité ne se traduit pas par un écart entre les genres en ce qui concerne l'âge normal de la retraite. Seuls les pays où il existe un écart entre les genres ou un écart relatif à l'âge d'entrée dans la vie active figurent dans le graphique. Pour tous les autres pays, voir le Tableau 3.5.
Source : OCDE, sur la base d'informations communiquées par les pays ; voir les « descriptifs pays » à l'adresse suivante : http://oe.cd/pag.

StatLink https://stat.link/qenslb

Âge de la retraite futur

Principaux résultats

L'âge normal de la retraite et l'âge de la retraite anticipée futurs vont continuer d'augmenter. Si l'on part de l'hypothèse d'une entrée sur le marché du travail à l'âge de 22 ans en 2024, le premier va augmenter d'environ deux ans, passant à 66.4 ans pour les hommes et à 65.9 ans pour les femmes, en moyenne, dans les pays de l'OCDE, contre 64.7 ans et 63.9 ans, respectivement, pour les personnes parties à la retraite en 2024.

Âge normal de la retraite

Dans les différents pays, l'âge normal moyen de la retraite pour les hommes qui auront effectué une carrière complète commencée en 2024 à 22 ans sera de 66.4 ans (vers 2068 donc) selon législation en vigueur, contre 64.7 ans pour ceux partis en 2024 (Graphique 3.8). En parallèle, l'espérance de vie résiduelle des hommes à 65 ans devrait progresser et passer en moyenne de 18.5 ans à 22.7 ans (chapitre 6). Ainsi, la hausse moyenne de l'âge normal de la retraite des hommes prévue par la loi représente un peu plus de 40 % de la croissance moyenne projetée de l'espérance de vie à la vieillesse.

L'âge normal de la retraite va augmenter dans la moitié des pays de l'OCDE. La hausse la plus importante est prévue en Türkiye, où il devrait passer pour les hommes de 52 ans aujourd'hui à 65 ans. À supposer que l'indexation sur l'espérance de vie prévue par la loi soit appliquée, il va aussi substantiellement augmenter au Danemark (de 67 à 74 ans) et en Estonie (de 64.8 à 71 ans). Il en va de même en Italie, où il passera de 63 ans en 2024 (année où, comme indiqué plus haut, il a été abaissé de 67 ans à 63 ans) à 70 ans. En Finlande, en Grèce, aux Pays-Bas, au Portugal, en République slovaque et en Suisse également, l'âge de la retraite futur est lié à la progression de l'espérance de vie, qui devrait se situer entre 2.5 ans et 6 ans au cours des 50 prochaines années. Le plus bas pour les hommes sera de 62 ans en Colombie, au Luxembourg et en Slovénie.

Graphique 3.7. Âge normal de la retraite, actuel et futur : écart entre les genres

Pour une carrière complète commencée à l'âge de 22 ans

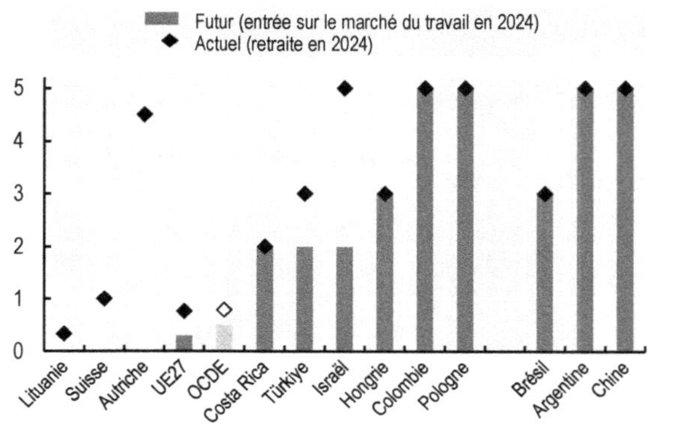

Note : voir le StatLink.

Source : OCDE, sur la base d'informations communiquées par les pays.

StatLink https://stat.link/d21cxp

Parmi les neuf pays de l'OCDE où l'âge normal de la retraite diffère selon les genres en 2024, l'écart sera éliminé en Autriche, en Lituanie et en Suisse pour la génération entrant sur le marché du travail en 2024. En Türkiye, il sera progressivement gommé pour ceux qui entameront leur carrière en 2028. Il persistera en Colombie, au Costa Rica, en Hongrie, en Israël et en Pologne, diminuant toutefois en Israël (Graphique 3.7). Le Tableau 3.6 indique les règles relatives à la retraite anticipée, normale et différée par régime de retraite pour une personne entrée sur le marché du travail à l'âge de 22 ans en 2024.

Retraite anticipée

En dehors des régimes applicables aux salariés ayant commencé à travailler très tôt, l'âge de la retraite anticipée se situe en moyenne à 62.5 ans dans l'OCDE, soit un peu plus de deux ans en-deçà de l'âge normal (64.7 ans) (Graphique 3.9). Il va passer à 63.9 ans, creusant l'écart avec l'âge normal moyen de la retraite (66.4 ans). Plus de la moitié des pays de l'OCDE ne prévoient pas de modification à l'âge de la retraite anticipée pour les travailleurs entrant dans la vie active en 2024 par rapport à ceux qui partent à la retraite cette même année. Dans les systèmes de base, à prestations définies et par points, la décote effective moyenne pour un départ un an avant l'âge normal de la retraite se monte à 4.4 %, allant de 2.9 % en Suisse à 7.2 % au Canada (chapitre 1). La Belgique et le Luxembourg, ainsi que la Hongrie pour les femmes, sont les seuls pays où les régimes liés à la rémunération n'appliquent pas de décote.

Le Graphique 3.9 indique également à quel âge ceux qui ont commencé à travailler tôt et ont accompli une carrière complète peuvent au plus tôt liquider leur pension. Ces régimes ne sont pas répandus mais il en existe en Belgique, au Danemark, en France, en Italie, au Luxembourg, au Portugal et en Slovénie. Ces assurés peuvent partir à 57 ans au Luxembourg et à 58 ans en France et en Slovénie ; en France, toutefois, ils doivent avoir commencé à cotiser avant l'âge de 16 ans. En Italie, ils peuvent partir à 59 ans s'ils ont cotisé 41 ans et, au Portugal, à 60 ans s'ils ont commencé à cotiser à 14 ans. Le Danemark leur offre cette possibilité à 64 ans s'ils ont travaillé au moins 44 ans avant l'âge de 61 ans.

Retraite différée

On peut encourager le report du départ à la retraite en offrant des surcotes aux personnes qui continuent de travailler au-delà de l'âge normal défini. Ces majorations sont habituellement prévues dans les régimes contributifs publics, tandis que les prestations de base fondées sur la résidence ou les prestations ciblées ne sont généralement versées qu'à compter de l'âge normal de la retraite. Plus les surcotes sont élevées, plus l'incitation à travailler plus longtemps est forte. La Belgique, la Colombie, la France (régime professionnel), la Grèce, le Luxembourg et la

Türkiye n'en prévoient pas à ce stade. Le taux de surcote pour un report d'un an au-delà de l'âge normal est en moyenne de 4.8 % dans les pays de l'OCDE, la fourchette allant de 1.6 % au Costa Rica à 12.0 % au Portugal pour les personnes ayant cotisé plus de 40 ans (Tableau 3.4).

Les régimes NCD et CCD n'appliquent pas de surcotes et décotes explicites, mais ils prévoient des ajustements des prestations mensuelles en fonction de la durée de la retraite

Graphique 3.8. Âge normal de la retraite actuel et futur pour un homme ayant effectué une carrière complète à partir de l'âge de 22 ans

Âge actuel et âge futur pour une personne partie en retraite en 2024 et entrée sur le marché du travail en 2024, respectivement

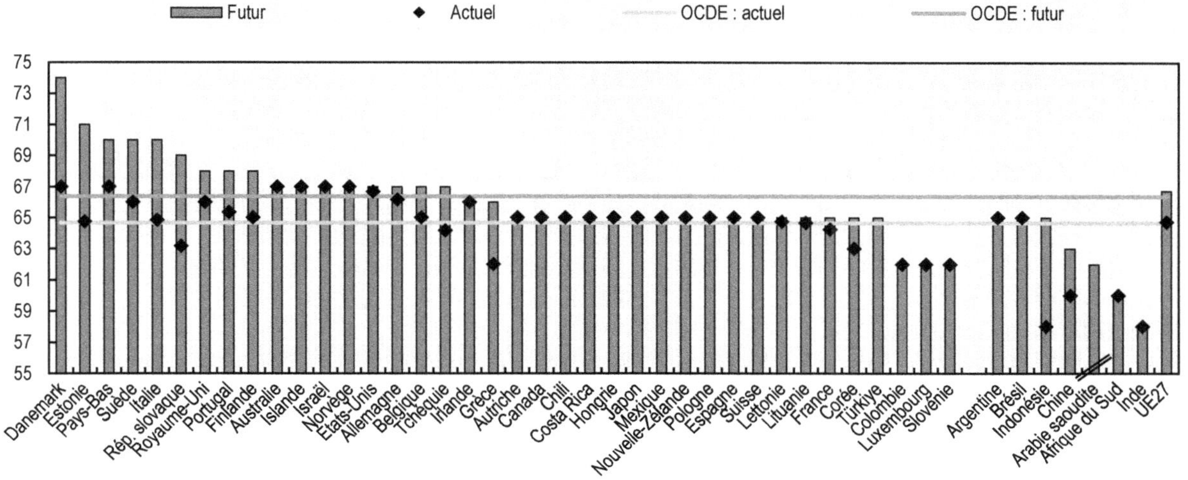

Note : âge de la retraite actuel pour une personne ayant liquidé ses droits en 2024 et âge de la retraite futur pour une personne entrée sur le marché du travail en 2024. Par souci de clarté, l'échelle du diagramme exclut la valeur observée la plus basse, à savoir 47 ans pour l'âge actuel en Arabie saoudite. Les droits accordés pour les périodes consacrées à l'éducation ne sont pas pris en compte.
Source : OCDE, sur la base d'informations communiquées par les pays ; voir les « descriptifs pays » à l'adresse suivante : http://oe.cd/pag.

StatLink https://stat.link/uyd8wr

Graphique 3.9. Âge de la retraite anticipée actuel et futur pour un homme ayant effectué une carrière complète à partir de l'âge de 22 ans

Âge actuel et âge futur pour une personne partie à la retraite en 2024 et entrée sur le marché du travail en 2024, respectivement

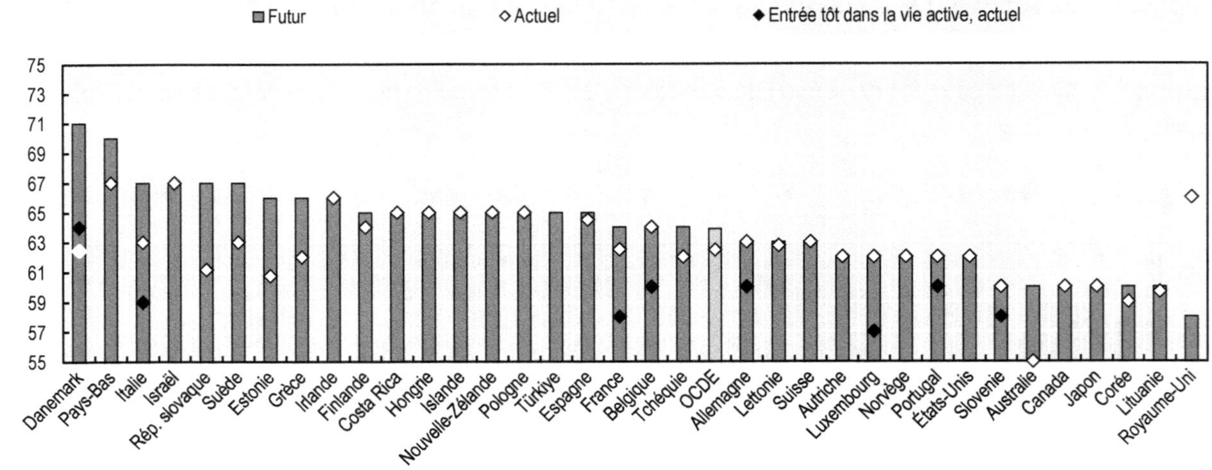

Note : voir le Tableau 3.5 et le Tableau 3.6

Le Chili, la Colombie et le Mexique ne figurent pas dans le graphique car la retraite anticipée y est possible à tout âge sous réserve d'avoir atteint un niveau de pension minimale. Le scénario de l'entrée jeune dans la vie active suppose une carrière commencée bien avant l'âge de 22 ans. Au Royaume-Uni, le régime de retraite de base ne permet pas la retraite anticipée, ni pour les retraités actuels ni pour les futurs. Cependant, les travailleurs ayant effectué une carrière complète à partir d'aujourd'hui pourront prendre une retraite anticipée dans le cadre du régime quasi obligatoire de retraite à prestations définies (FDC).

Source : OCDE, sur la base d'informations communiquées par les pays ; voir les « descriptifs pays » à l'adresse suivante : http://oe.cd/pag.

StatLink https://stat.link/jp72yh

Tableau 3.6. Âge futur, décote et surcote en cas de retraite anticipée, normale et différée par type de régime de retraite

Pour une personne ayant effectué une carrière ininterrompue après être entrée sur le marché du travail à l'âge de 22 ans en 2024

		Régime	Âge de la retraite anticipée	Décote (par an)	Âge normal	Surcote (par an)			Régime	Âge de la retraite anticipée	Décote (par an)	Âge normal	Surcote (par an)
Allemagne		Points	63	3.6%	67	6.0%	Israël	(H)	De base	s.o.		67	5.0%
Australie		C	s.o.		67	0.0%		(F)	De base	s.o.		65	5.0%
		CCD	60	..		..		(H)	CCD	67			
Autriche		PD, Min	62	5.1%	65	5.1%		(F)	CCD	65			
Belgique		PD, Min	64	0.0%	67	0.0%	Italie		NCD	68	..	71	..
Canada		De base	s.o.		65	7.2%	Japon		De Base, PD	60	4.8%	65	8.4%
		C	s.o.		65	0.0%	Lettonie		NCD, Min, CCD	63	..	65	..
		PD	60	7.2%	65	8.4%	Lituanie		De base, points	60	3.84%	65	8.0%
Chili		Min, C	s.o.		65	0.0%	Luxembourg		De base, PD, Min	62	0.0%	62	0.0%
	(F)	Exp. de vie	60	25%-95%	65		Mexique		De base	s.o.		65	
	(H)	CCD	à tout âge et NS	..	65	..			Min	60		65	0.0%
	(F)	CCD	à tout âge et NS	..	60	..			CCD	60 ou NS	..		..
Colombie	(H)	PD, Min	s.o.		62		Norvège		C	s.o.		67	0.0%
	(H)	CCD	à tout âge et NS		62				NCD	62	..		..
	(F)	PD, Min	s.o.		57				CCD (prof.)	62	..		..
	(F)	CCD	à tout âge et NS		57		Nouvelle--Zélande		De base	s.o.		65	0.0%
Corée		De Base, PD	60	6.0%	65	7.2%	Pays-Bas		De base	s.o.		70	0.0%
Costa Rica	(H)	PD, CCD	s.o.		65	1.6%			PD (prof.)	sectoriel	..		..
	(F)	PD, CCD	s.o.		63	1.6%	Pologne	(H)	NCD, Min	s.o.		65	..
Danemark		De Base, C	s.o.		74	6.9-11.9% [l]		(F)	NCD, Min	s.o.		60	..
		CCD (ATP)	74	..		5.0-8.2% [l]	Portugal		PD	62	6.0%	68	0.0-12.0%

		Régime	Âge de la retraite anticipée	Décote (par an)	Âge normal	Surcote (par an)			Régime	Âge de la retraite anticipée	Décote (par an)	Âge normal	Surcote (par an)
													[l,w,y]
		CCD (prof.)	71	..		..			Min	s.o.		68	0.0%
Espagne		PD, Min	63	6.0% [y]	65	4.0% [y]	Rép. slovaque		Points, Min	67 et NS	3.9-6.5%	69	6.0%
Estonie		De base, points	66	5.1%	71	5.49-9.01% [l]	Royaume--Uni		De base	s.o.		67	5.8%
États--Unis		PD	62	6.7-5.0% [l]	67	8.0%			CCD (prof.)	57		67	
Finlande		PD	66	4.8%	69	4.8%	Slovénie		PD, Min	60	3.6%	62	3.0%
		C	s.o.		69	4.8%	Suède		C	s.o.		70	0.0%
France		PD, Min	64	5.0%	65	5.0%			NCD, CCD	66	..		..
		Points	57	4.0-5.7% [l,y]	65	0.0%			CCD (prof.)	55	..	70	..
Grèce		De Base, PD, NCD	66	6.0%	66	0.0%	Suisse		PD, Min	63	6.8%	65	5.2-6.3% [l]
Hongrie	(H)	PD, Min	s.o.		65	6.0%			PD (prof.)	58	2.0-3.0% [l]	65	3.65-3.87% [l]
	(F)	PD, Min	s.o.		62	6.0%	Tchéquie		PD	62	6.0%	65	6.0%
Irlande		De base	s.o.		66	4.5-5.3% [l]			De base, Min	62	0.0%	65	0.0%
Islande		De Base, C	s.o.		67	6.0%	Türkiye	(H)	PD, Min	s.o.		65	0.0%
		CCD (prof.)	65	6.6%	67	6.0%		(F)	PD, Min	s.o.		63	0.0%

Note : (H) = hommes, (F) = femmes, [a] = varie suivant l'âge, [l] = varie suivant la durée de l'anticipation ou du report, [y] = varie suivant le nombre d'années de cotisation, s.o = pas de possibilité d'anticiper le départ en retraite, min = pension minimum, prof. = professionnel, NS = niveau de subsistance atteint, C = ciblé, cellule vide = aucune donnée indiquée, car les prestations des régimes à cotisations définies font automatiquement l'objet d'un ajustement neutre en termes actuariels en fonction de l'âge de la retraite. L'âge normal de la retraite et l'âge de la retraite anticipée d'un régime désignent l'âge à partir duquel il est possible de percevoir une pension avec et sans décote, respectivement, pour une personne ayant effectuée une carrière ininterrompue à partir de l'âge de 22 ans. Lorsque l'âge de la retraite des hommes diffère de celui des femmes, il est indiqué séparément. L'âge de la retraite de référence utilisé dans les modélisations figure en gras. Danemark : le taux de surcote appliqué dans le régime de base/ciblé est basé sur l'espérance de vie à l'âge auquel la retraite commence à être perçue, et dépend donc de la durée du report. Finlande : seule une retraite anticipée partielle équivalant à 25 % ou à 50 % des droits à pension constitués est possible partir de l'âge de 66 ans. Grèce : la décote pour départ anticipé s'applique à ceux dont la durée de cotisation est inférieure à 40 ans et qui partent avant l'âge légal de 71 ans. Lettonie : décote temporaire de 50 % de la pension jusqu'à l'âge normal de la retraite. Luxembourg : aucune surcote n'est appliquée en cas de report de la retraite, mais si la somme du nombre d'années de cotisation et de l'âge du bénéficiaire dépasse 100, le taux de majoration est augmenté pour chaque année de dépassement. République slovaque : l'âge de la retraite est abaissé pour les mères en fonction du nombre d'enfants. Les droits accordés pour les périodes consacrées à l'éducation ne sont pas pris en compte.
Source : OCDE, sur la base d'informations communiquées par les pays ; voir les « descriptifs pays » à l'adresse suivante : http://oe.cd/pag.

StatLink https://stat.link/nbp1rx

4 Droits à la retraite dans le scénario de référence

Les droits à la retraite sont calculés à l'aide des modèles de pensions de l'OCDE. Les calculs théoriques portent sur les actifs entrés sur le marché du travail à 22 ans en 2024 et tiennent pleinement compte des effets des mesures adoptées en la matière. Les indicateurs sont précédés d'une note qui présente la méthodologie et les hypothèses retenues.

Le premier indicateur porte sur le taux de remplacement brut dans les régimes obligatoires, à savoir le rapport des retraites aux salaires individuels. Le deuxième concerne les taux de remplacement pour les régimes de retraite obligatoires et facultatifs qui assurent une large couverture. Vient ensuite une analyse du régime fiscal des pensions et des retraités. Les quatrième et cinquième indicateurs portent sur les taux de remplacement nets, prenant en compte les impôts et cotisations. On trouvera ensuite un double indicateur du « patrimoine retraite » : la valeur actualisée du flux des prestations de retraite perçues jusqu'au décès. Il prend en considération l'âge de départ à la retraite, les règles d'indexation et l'espérance de vie ; il est exprimé en termes bruts et nets.

Méthodologie et hypothèses

Introduction

Les indicateurs de droits à retraite présentés ci-après utilisent les modèles de retraite de l'OCDE fondés sur les cohortes. La méthodologie et les hypothèses retenues sont les mêmes pour tous les pays, ce qui permet de comparer directement la conception des différents systèmes de retraite, ainsi que les droits futurs selon les règles et paramètres actuellement en vigueur.

Les droits à pension présentés ici sont ceux qui sont actuellement prévus par la loi dans les pays de l'OCDE. Les réformes adoptées avant publication sont prises en compte lorsque l'on dispose d'informations suffisantes. Les réformes déjà adoptées et progressivement mises en application sont modélisées à partir de l'année de leur entrée en vigueur.

Les valeurs de tous les paramètres des régimes de retraite rendent compte de la situation à compter de 2024. Les calculs présentés dans ce chapitre correspondent aux prestations d'un salarié célibataire qui s'est affilié au régime à l'âge de 22 ans cette année-là – et donc né en 2002 – et qui prend sa retraite à l'issue d'une carrière complète au même salaire relatif. Le chapitre 5 traite des pensions des couples, des interruptions de carrière dues à l'éducation des enfants ou au chômage, examine la sensibilité des résultats à l'évolution des hypothèses économiques ou à différents profils salariaux, et compare les pensions futures des travailleurs indépendants à celles des salariés ayant mené une carrière complète. Les résultats de référence présentés se rapportent aux célibataires. Toutes les règles d'indexation et de revalorisation suivent celles qui sont établies par la loi.

Durée de la carrière

On entend par carrière complète celle d'un salarié qui entre sur le marché du travail à l'âge de 22 ans et travaille jusqu'à l'âge normal de la retraite (voir l'indicateur « Âge de la retraite futur »). Autrement dit, la longueur modélisée de la carrière varie selon les pays et avec l'âge normal de la retraite : 40 ans pour la retraite à l'âge de 62 ans, 45 ans pour la retraite à 67 ans, etc.

Couverture

Les modèles de retraite présentés ici couvrent tous les régimes obligatoires pour les salariés du secteur privé, que ces dispositifs soient publics (c'est-à-dire qu'ils font intervenir des versements de l'État ou d'organismes de sécurité sociale, selon la définition du Système de comptabilité nationale) ou privés. Pour chaque pays, c'est le principal régime national applicable aux salariés du secteur privé qui est modélisé. Les régimes spéciaux applicables aux fonctionnaires, aux salariés du secteur public et à des catégories professionnelles particulières ne sont pas pris en considération.

Les régimes qui assurent une couverture quasi universelle sont également pris en compte s'ils couvrent 85 % au moins des salariés. Ces dispositifs sont qualifiés ici de « quasi obligatoires » et concernent le Danemark, l'Islande, les Pays-Bas, le Royaume-Uni et la Suède.

Dans certains pays de l'OCDE, les régimes de retraite professionnels facultatifs assurent une large couverture, et contribuent ainsi de manière substantielle aux revenus des retraités. Dans ces cas, l'indicateur des taux bruts de remplacement comporte un deuxième jeu de résultats concernant les droits à pension liés à ces régimes.

Sont également modélisées les prestations versées sous conditions de ressources auxquelles les retraités peuvent avoir droit. Celles-ci peuvent être soumises à des conditions qui prennent en compte à la fois le patrimoine et les revenus, les seuls revenus, ou exclusivement les revenus de retraite. Le modèle prend uniquement en considération le patrimoine ou les revenus provenant de la pension de retraite liée à la rémunération, que celle-ci relève d'un régime obligatoire ou, le cas échéant, facultatif.

On compare les droits à retraite de salariés à différents niveaux de rémunération à compter de 0.5 fois le salaire du travailleur moyen.

Variables économiques

Les comparaisons reposent sur un seul jeu d'hypothèses économiques pour tous les pays de l'OCDE et les autres grandes économies examinées. Dans la pratique, le montant des retraites est fonction de la croissance économique, des taux de rendement des actifs financiers, de la hausse des prix, de la croissance des salaires réels et des taux d'actualisation, lesquels varient selon les pays. Néanmoins, l'utilisation d'hypothèses économiques communes à tous les pays permet d'obtenir des résultats qui traduisent les spécificités des régimes de retraite et non les performances économiques d'un pays donné. Ainsi, les écarts de pension entre pays tiennent uniquement aux particularités des systèmes et des politiques de retraite. Les hypothèses de référence sont les suivantes :

La ***hausse des prix*** est supposée s'établir à 2 % par an. Le taux de croissance des ***salaires réels*** est fixé à 1.25 % par an en moyenne (soit une hausse nominale des salaires de 3.275 % compte tenu du taux d'inflation retenu). Le ***salaire individuel*** croît en parallèle à la moyenne nationale, c'est-à-dire que l'individu reste au même niveau sur l'échelle de distribution des salaires et perçoit le même pourcentage du salaire moyen durant toute sa vie professionnelle. Le ***taux d'actualisation réel*** (pour les calculs actuariels) est fixé à 1.5 % par an. Le ***taux de rendement réel net*** retenu pour les régimes de retraite par capitalisation à cotisations définies à long terme est de 2.5 % par an. On suppose que les frais administratifs, la structure des commissions et le coût d'achat d'une rente se traduisent par un ***coefficient de conversion*** **(régime à cotisations définies)** de 90 % appliqué sur l'épargne-retraite accumulée lors du calcul de la rente.

La modélisation de référence utilise les projections des ***taux de mortalité*** par pays issues de la base de données démographiques des Nations Unies pour chaque année entre 2024 et 2100. Les tables de mortalité utilisées tiennent compte des variations prévues des taux de mortalité après l'âge de la retraite (projections de mortalité par cohorte).

Les calculs reposent sur l'hypothèse selon laquelle les prestations versées par les régimes à cotisations définies sont perçues sous la forme d'une rente viagère indexée sur les prix, laquelle est calculée par l'application du facteur de conversion au taux actuariellement juste (modèle de prévision parfaite). Ils sont établis à partir des projections de mortalité. Dans le cas des régimes de comptes notionnels, le coefficient de rente est fondé sur les estimations du pays concerné et non sur les projections des Nations-Unies. Le patrimoine-retraite de l'ensemble des composantes de la pension est calculé à partir des données de l'ONU.

Impôts et cotisations de sécurité sociale

Les informations relatives à l'impôt sur le revenu des personnes physiques (IRPP) et aux cotisations sociales acquittés par les retraités, qui ont été utilisées pour calculer les droits à pension, peuvent être consultées dans les « Descriptifs pays » en suivant le lien http://oe.cd/pag.

La modélisation suppose que la fiscalité et les cotisations sociales resteront les mêmes à l'avenir, ce qui signifie implicitement que les paramètres de « valeur », comme les abattements fiscaux ou les plafonds de cotisation, sont ajustés chaque année en fonction du salaire du travailleur moyen, tandis que les paramètres de « taux », tels le barème de l'IRPP et les taux de cotisations sociales, demeurent inchangés.

Les dispositions générales et le régime fiscal applicable aux salariés en 2024 figurent dans le rapport de l'OCDE intitulé *Les impôts sur les salaires*. Les conventions utilisées dans ce dernier, par exemple les versements à considérer comme des impôts, sont reprises ici.

Salaire moyen

La série de données sur le « salaire du travailleur moyen », défini comme le salaire brut moyen d'un travailleur adulte occupant un emploi à temps plein, est présentée dans le rapport de l'OCDE *Les impôts sur les salaires*. La définition complète et les secteurs considérés dans chaque pays figurent dans cette publication. En résumé, l'hypothèse générale retenue pour le calcul du salaire moyen repose sur les secteurs B à N de la Classification internationale type, par industrie, de toutes les branches d'activité économique (CITI Révision 4, Nations Unies). Les calculs se fondent sur le salaire d'un travailleur adulte occupant un emploi à temps plein (manuel ou non). Ils se rapportent au salaire moyen de l'ensemble des travailleurs des secteurs d'activité considérés. Il n'est pas tenu compte des variations entre les hommes et les femmes, ni de l'âge ou de la région. Le calcul du revenu d'activité tient compte de tous les éléments de rémunération en espèces versés aux travailleurs des secteurs considérés, y compris les montants moyens généralement versés au titre des heures supplémentaires, des compléments de salaire (par ex., prime de fin d'année, treizième mois) et des congés payés.

Néanmoins, tous les pays ne sont pas en mesure de prendre en compte la rémunération des heures supplémentaires, les congés payés et les primes en espèces conformément à la définition donnée. Certains pays ne sont pas en mesure d'exclure les données concernant les travailleurs à temps partiel. Par conséquent, les estimations du salaire moyen utilisées ici peuvent différer des estimations nationales, parfois assez sensiblement.

Taux de remplacement bruts

Principaux résultats

Le taux de remplacement brut futur représente le niveau des prestations de retraite que les régimes de retraite obligatoires publics et privés verseront aux retraités par rapport à leurs revenus d'activité. Pour les salariés moyennement rémunérés qui effectuent une carrière complète à partir de 22 ans, le taux de remplacement brut à l'âge normal de la retraite s'établit en moyenne à 52.0 % pour les hommes et à 51.4 % pour les femmes dans les pays de l'OCDE, avec des variations considérables d'un pays à l'autre. Les taux de remplacement bruts futurs des régimes obligatoires sont inférieurs à 30 % du salaire moyen en Australie, en Estonie, en Irlande, en Lituanie et en Pologne. Ils sont en revanche de 70 % ou plus en Autriche, en Colombie, au Danemark, en Espagne, en Grèce, en Italie, au Luxembourg, au Mexique, aux Pays-Bas, au Portugal et en Türkiye.

Pour cet indicateur, tous les taux de remplacement sont calculés pour des salariés ayant commencé à travailler à 22 ans et ayant effectué une carrière complète ; la durée des carrières varie donc selon les pays en raison des écarts entre les âges normaux de départ à la retraite (Indicateur du chapitre 3). Les taux de remplacement sont exprimés en pourcentage des salaires, qui sont considérés au niveau national et non par genre.

Les hommes ayant accompli une carrière complète bénéficieront en moyenne d'un taux de remplacement de 52.0 % dans les pays de l'OCDE, l'Espagne la Grèce assurant les plus élevés (80 %), l'Australie, l'Estonie, l'Irlande, la Lituanie et la Pologne les plus faibles (moins de 30 %).

Le taux moyen est légèrement plus faible pour les femmes (51.4 %). Leurs taux de remplacement bruts diffèrent dans sept pays, en raison d'un âge d'ouverture de leurs droits à la retraite inférieur à celui des hommes (Colombie, Costa Rica, Hongrie, Israël, Pologne et Türkiye), d'un calcul de leurs droits à prestations sous condition de ressources à un plus jeune âge (Chili) et à une espérance de vie plus élevée lorsque les taux de mortalité par sexe sont utilisés pour calculer les rentes (Mexique). Au Mexique, depuis la réforme récente, les tables de mortalité par sexe ne s'appliquent qu'aux femmes les mieux rémunérées ; en effet, celles qui perçoivent des rémunérations moyennes ou faibles sont indemnisées par le nouveau Fonds de pension pour le bien-être qui garantit un taux de remplacement de 100 % au titre du régime à cotisations définies, dans une limite qui se situe actuellement aux environs de la rémunération moyenne. Au Chili, bien que des tables de mortalité par sexe soient utilisées pour calculer les rentes, la nouvelle composante liée au genre supprime l'écart pour les femmes, de sorte que les tables de mortalité des hommes sont en fait utilisées pour calculer toutes les rentes. Au Costa Rica et en Hongrie, les femmes perçoivent des prestations inférieures d'environ 5 % à 7 % à celles des hommes, l'écart le plus important étant observé en Pologne, où leurs taux de remplacement sont inférieurs de 22 % à ceux des hommes (soit 6.4 points de pourcentage).

La plupart des pays de l'OCDE s'efforcent d'assurer une meilleure protection des salariés faiblement rémunérés (définis ici comme les salariés percevant la moitié du salaire moyen), notamment pour les mettre à l'abri du risque de pauvreté à la vieillesse, en leur accordant des taux de remplacement plus élevés qu'aux salariés moyens (Graphique 4.1). Ces salariés peu rémunérés bénéficieraient d'un taux de remplacement brut de 65.5 % en moyenne. Certains pays, comme l'Australie et la Nouvelle-Zélande, versent des prestations relativement faibles aux salariés moyens, mais d'un montant plus proche de la moyenne de l'OCDE aux salariés peu rémunérés. Les écarts les plus importants entre les taux de remplacement bruts applicables aux bas salaires et aux salaires moyens (entre 30 et 50 points) sont observés en Australie, au Danemark, au Mexique et en Tchéquie. A contrario, les taux prévus pour une carrière complète sont les mêmes pour les salaires moyens et pour les rémunérations qui en représentent la moitié dans six pays : l'Autriche, le Costa Rica, la Finlande, la France, l'Italie et la Türkiye.

Au sommet de l'échelle, suivant les législations actuelles, les salariés faiblement rémunérés au Danemark et au Mexique bénéficient d'un taux de remplacement brut futur de 115 % et de 121 %, respectivement, à l'issue d'une carrière complète ; les prestations de retraite sont donc plus élevées que leurs revenus d'activité antérieurs. À l'autre extrémité, la Lituanie et la Pologne assurent aux bas salaires des taux de remplacement bruts de 30 % ou moins, ce qui suppose un revenu de retraite brut représentant environ 15 % du salaire moyen après une carrière complète.

En moyenne, le taux de remplacement brut de ceux qui gagnent deux fois le salaire moyen (dénommés ici les « hauts salaires ») est de 42.0 %. Il est de 70 % ou plus en Grèce, en Italie, au Portugal et en Suède. À l'autre extrémité du spectre, le Canada, la Corée, l'Estonie, l'Irlande, la Lituanie et la Nouvelle-Zélande assurent un taux de remplacement de 20 % ou moins.

Globalement, dans l'ensemble des pays, le taux de remplacement brut diminue avec l'âge, passant de 52 % du salaire moyen au moment du départ à la retraite à 45 % du salaire moyen prévu à l'âge de 80 ans, soit une baisse de 13 % (Graphique 4.2). Compte tenu de la croissance prévue des salaires réels, cet écart s'explique par l'indexation des prestations de retraite servies qui, dans de nombreux pays, ne suit pas l'évolution des salaires. Selon les hypothèses du modèle de l'OCDE, la baisse résultant d'une indexation sur les prix appliquée à partir d'un âge normal de la retraite fixé à 65 ans est de 17 % – c'est ce qui est observé en Autriche, au Chili, en Corée, au Costa Rica, en Espagne, en Hongrie, au Mexique, en Pologne et en Türkiye. Plus l'âge normal de la retraite est bas, plus la diminution des prestations liée à l'indexation sur les prix est prononcée. –En Australie, le taux de remplacement augmente légèrement à l'âge de 80 ans par rapport à l'âge normal de la retraite parce que la part soumise à conditions de ressources augmente à mesure que le capital restant dans le régime de retraite à prestations définies diminue pendant la retraite. En Irlande, on observe également une augmentation : outre l'indexation de la prestation sur les salaires, qui maintient un taux de remplacement constant, un versement supplémentaire est prévu pour les personnes âgées de 80 ans et plus.

Définition et mesure

Le taux de remplacement rend compte de la manière dont un système de retraite assure un revenu aux retraités en remplacement de leur salaire, principale source de revenu avant leur départ en retraite. Le taux brut de remplacement correspond au rapport entre le montant des droits à la retraite et le salaire individuel. Dans le scénario de référence, les salariés gagnent le même pourcentage du salaire moyen durant toute leur vie active. De ce fait, leur dernier salaire est égal à celui qu'ils auront perçu en moyenne sur l'ensemble de leur carrière, revalorisé en fonction de la hausse des salaires à l'échelle nationale. Les taux de remplacement exprimés en proportion du dernier salaire sont donc identiques à ceux exprimés en pourcentage des salaires perçus durant toute la vie active.

Tableau 4.1. Taux de remplacement bruts en fonction du salaire, en pourcentage, régimes obligatoires

	Salaire individuel, en multiple de la moyenne pour les hommes (pour les femmes si différent)																
	Âge de la retraite		0.5		1		2			Âge de la retraite		0.5		1		2	
Allemagne	67		46.3		42.1		30.2		Luxembourg	62		88.4		75.6		69.2	
Australie	67		71.3	(69.7)	40.8	(38.5)	26.4	(24.2)	Mexique	65		121.1		69.6		46.7	(44.1)
Autriche	65		74.1		74.1		52.5		Norvège	67		59.5		46.1		28.4	
Belgique	67		61.7		43.5		28.2		Nouvelle-Zélande	65		64.7		39.5		19.7	
Canada	65		47.3		37.1		18.5		Pays-Bas	70		86.6		74.7		68.8	
Chili	65		61.8	(61.7)	49.7	(49.6)	37.5	(39.7)	Pologne	65	(60)	31.3	(32.9)	28.6	(22.4)	28.0	(21.8)
Colombie	62	(57)	80.6		74.8		57.1	(52.2)	Portugal	68		73.8		72.4		70.1	
Corée	65		50.6		33.4		20.2		République slovaque	69		70.1		58.0		49.2	
Costa Rica	65	(63)	65.7	(62.2)	65.7	(62.2)	63.2	(59.8)	Royaume-Uni	68		65.6		44.7		29.9	
Danemark	74		115.2		72.7		53.6		Slovénie	62		67.9		45.9		45.4	
Espagne	65		80.6		80.4		49.9		Suède	70		64.2		63.7		78.3	
Estonie	71		51.2		29.3		18.4		Suisse	65		55.4		42.4		21.5	
États-Unis	67		50.5		39.7		28.5		Tchéquie	67		71.4		44.2		30.6	
Finlande	68		57.8		57.8		57.8		Türkiye	65	(63)	69.1	(66.4)	69.1	(66.4)	69.1	(66.4)
France	65		56.6		56.6		47.4		**OCDE**	**66.4**	**(65.9)**	**65.5**	**(65.0)**	**52.0**	**(51.4)**	**42.0**	**(41.3)**
Grèce	66		91.4		79.6		73.7										
Hongrie	65	(62)	53.7	(50.3)	51.9	(48.4)	50.9	(47.5)	Afrique du Sud	60		15.5		7.8		3.9	
Irlande	66		48.5		24.3		12.1		Arabie saoudite	62		70.2		70.2		54.5	
Islande	67		69.3		43.9		43.4		Argentine	65	(60)	89.5	(84.7)	68.7	(66.3)	58.3	(57.1)
Israël	67	(65)	62.3	(54.2)	42.8	(36.5)	21.4	(18.3)	Brésil	65	(62)	88.4	(93.3)	88.4	(93.3)	75.5	(81.2)
Italie	70		70.6		70.6		70.3		Chine	63	(58)	101.1	(79.9)	80.6	(61.9)	70.3	(52.9)
Japon	65		51.4		36.5		29.0		Inde	58		39.2	(38.1)	39.2	(38.1)	20.8	(19.3)
Lettonie	65		52.6		38.7		38.7		Indonésie	65		53.4	(50.7)	53.4	(50.7)	52.4	(49.7)
Lituanie	65		26.9		17.4		12.7		UE-27	66.5	(66.1)	64.4	(64.2)	51.9	(51.4)	43.0	(42.4)

Note : *les bas salaires en Colombie, Nouvelle-Zélande et Slovénie sont à 64 %, 61 % et 55 % du revenu d'activité moyen, respectivement, pour tenir compte du niveau de salaire minimum.

Source : modèles de retraite de l'OCDE.

StatLink https://stat.link/0b86iy

Graphique 4.1. Taux de remplacement bruts, en pourcentage : bas et hauts salaires

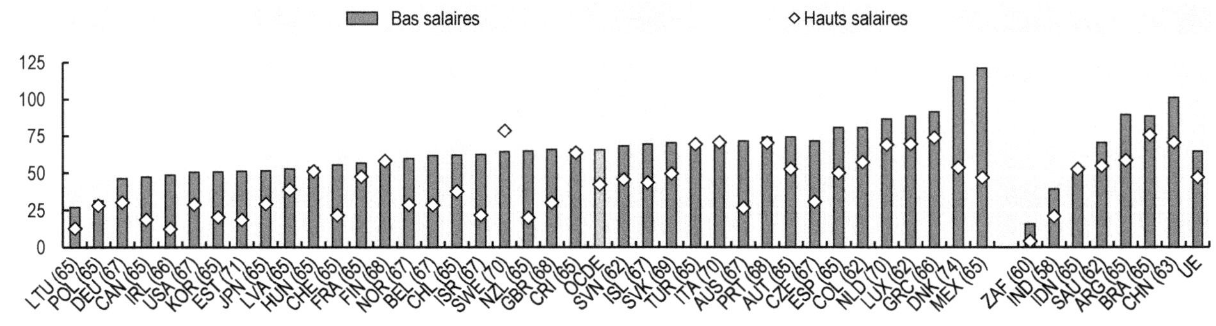

Source : modèles de retraite de l'OCDE.

StatLink https://stat.link/wzs930

Graphique 4.2. Taux de remplacement bruts à l'âge de départ à la retraite et à 80 ans au niveau de salaire moyen

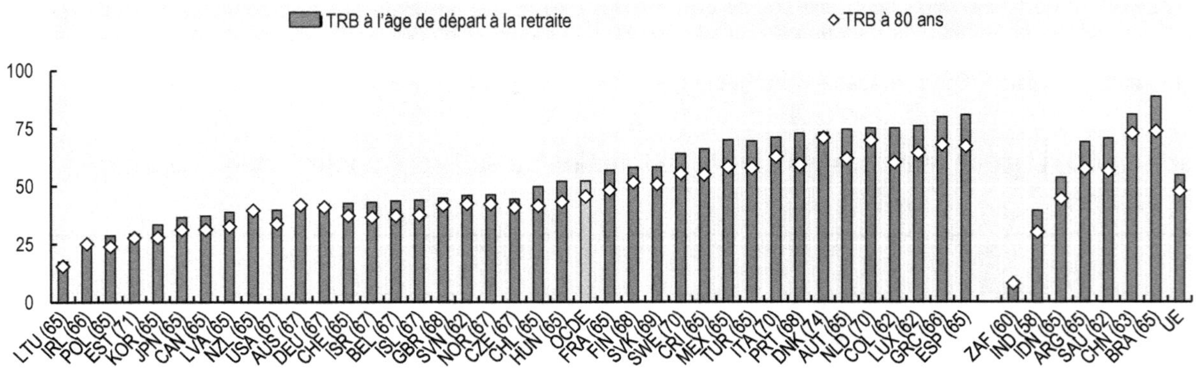

Source : modèles de retraite de l'OCDE.

StatLink https://stat.link/wyq9zb

Taux de remplacement bruts : régimes de retraite publics et privés, obligatoires et facultatifs

Principaux résultats

Les régimes privés occupent une place importante dans plus d'un tiers des pays de l'OCDE. S'agissant des régimes obligatoires, le taux de remplacement brut assuré par les seuls régimes publics pour un salaire moyen s'élève à 43.0 % en moyenne dans les pays de l'OCDE, à 52.0 % si l'on prend en compte les régimes privés, et à 56.6 % si l'on prend également en considération les régimes facultatifs auxquels un salarié aurait cotisé durant toute sa carrière. Dans les huit pays de l'OCDE où les régimes privés facultatifs sont répandus, le taux de remplacement moyen est de 54.1 % pour un salarié moyennement rémunéré ayant cotisé à un tel régime tout au long de sa carrière (et de 55.8 % si l'on y ajoute Israël et le Mexique), contre 38.5 % lorsque l'on tient seulement compte des régimes obligatoires. Si le salarié en question ne commence à cotiser à un régime facultatif qu'à partir de 45 ans, le taux de remplacement s'établit à 42.8 % en moyenne dans ces huit pays.

Le Tableau 4.2 met en évidence l'interaction entre les régimes de retraite obligatoires, publics et privés, et les régimes facultatifs. Tous les pays de l'OCDE ont des régimes publics obligatoires, qui assurent un taux de remplacement de 43 % au salaire moyen. Comme l'a montré l'indicateur précédent, le taux de remplacement moyen assuré par les régimes obligatoires (publics et privés confondus) aux salariés moyennement rémunérés après une carrière complète est de 52 % : dans les 18 pays de l'OCDE pour lesquels les calculs des droits à la retraite couvrent uniquement les retraites publiques obligatoires, ce taux ressort à 58 % en moyenne ; en ce qui concerne les 10 pays de l'OCDE qui disposent à la fois de régimes publics et privés obligatoires mais pas de régimes facultatifs, le taux de remplacement moyen se monte à 54 % ; s'agissant des 10 derniers pays, où les régimes facultatifs occupent une place importante, le taux de remplacement du seul régime obligatoire est de 39 %.

Régimes privés obligatoires

Les régimes de retraite privés obligatoires sont des régimes par capitalisation qui existent dans huit pays, tandis qu'au Danemark, aux Pays-Bas, au Royaume-Uni et en Suède, ils ont une couverture quasi universelle et sont qualifiés de « quasi obligatoires ».

Dans tous les pays, à l'exception des Pays-Bas et de la Suisse (prestations définies) il s'agit principalement de régimes à cotisations définies. Aux Pays-Bas, cependant, le passage des régimes professionnels à un système à cotisations définies est en cours et devrait s'achever en 2028. Les taux de remplacement des régimes privés obligatoires varient de 5 % en Norvège et 10 % au Costa Rica à 43 % au Danemark et en Islande et 46 % aux Pays-Bas. En Suède, le taux de cotisation aux régimes privés augmente, passant de 4.5 % en-deçà du plafond du régime public à 30 % au-delà, d'où le taux de remplacement plus élevé pour les hauts salaires que pour les salaires moyens.

Régimes privés facultatifs

Les régimes privés facultatifs sont représentés pour huit pays où ces dispositifs assurent une large couverture (à savoir des actifs supérieurs à 25 % du PIB ou une couverture supérieure à 75 %) : l'Allemagne, la Belgique, le Canada, l'Estonie, les États-Unis, l'Irlande, la Lituanie et la Nouvelle-Zélande. Les régimes privés facultatifs comprennent les dispositifs professionnels et individuels. En Estonie, le régime à cotisations définies était auparavant obligatoire mais il est devenu facultatif en janvier 2021, une réintégration étant possible 10 ans après en être sorti. Les règles qui ont été modélisées sont exposées dans les « Descriptifs pays » disponibles à l'adresse http://oe.cd/pag. Le régime modélisé pour les huit pays est un régime à cotisations définies. Dans la plupart des cas, les statistiques sur les taux de cotisation réels en fonction des salaires ne sont pas disponibles ; on suppose alors un taux moyen ou standard sur toute l'échelle des salaires. Sont également pris en considération le compte d'indemnités de licenciement en Israël et le compte de logement existant au Mexique car, s'ils ne sont pas utilisés durant la vie active du salarié, ils sont transférés à son compte de retraite au moment du départ à la retraite.

La prise en compte des régimes privés facultatifs pour l'ensemble de la carrière dans ces dix pays (les huit pays énumérés plus haut plus Israël et le Mexique) se traduit par un taux de remplacement moyen de 56.0 % pour les rémunérations moyennes, contre 38.7 % lorsque seuls les régimes publics sont pris en considération. C'est en Irlande et aux États-Unis que le volet facultatif a la plus forte incidence sur le taux de remplacement (environ 30 et 35 points respectivement). Au Mexique, le compte de logement inutilisé devrait en théorie augmenter le taux de remplacement de 14.5 points, mais il est intégré au complément de la pension « bien-être » et ne relève le taux de remplacement que pour les hauts salaires.

La durée de la période de cotisation influe nettement sur le taux de remplacement total. Le graphique ci-dessous compare le cas d'un salarié ayant cotisé à taux plein pendant une carrière complète à ceux d'un salarié ayant effectué une carrière complète mais n'ayant cotisé au régime facultatif qu'à partir de l'âge de 35 ans et de 45 ans, scénarios peut-être plus pertinents. N'y figurent pas les régimes concernant Israël et le Mexique car les cotisations aux comptes d'indemnité de licenciements pour le premier et de logement pour le second y sont obligatoires à tous les âges.

Taux de remplacement brut tenant compte des cotisations aux régimes facultatifs à partir de différents âges, en pourcentage

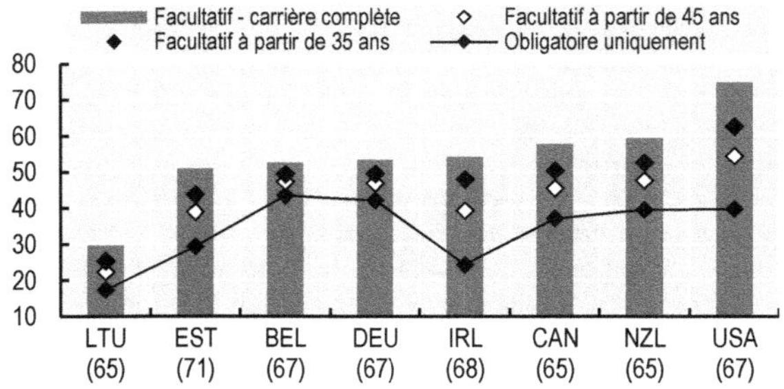

StatLink https://stat.link/wzx6qc

Pour ces huit pays, le versement de cotisations à compter de l'âge de 35 (45) ans seulement ramène le taux de remplacement brut à 48 % (43 %) en moyenne par rapport à une durée de cotisation complète (54 %). C'est aux États-Unis que le versement de cotisations au régime facultatif à partir de 35 ans assure le taux de remplacement le plus élevé, à savoir 63 %, chiffre supérieur à la moyenne de l'OCDE pour une carrière complète (56 % quand les régimes facultatifs sont pris en compte).

Tableau 4.2. Taux de remplacement bruts des régimes de retraite publics obligatoires, privés obligatoires et privés facultatifs, carrières complètes, en pourcentage

En pourcentage du salaire individuel (hommes)

	Publics obligatoires			Privés obligatoires (PD et CD)			Total obligatoires			Facultatifs (PD et CD)			Total, facultatifs compris		
	0.5	1	2	0.5	1	2	0.5	1	2	0.5	1	2	0.5	1	2
Allemagne	46.3	42.1	30.2				46.3	42.1	30.2	11.2	11.2	11.2	56.8	53.4	41.4
Australie	44.9	14.4	0.0	26.4	26.4	26.4	71.3	40.8	26.4						
Autriche	74.1	74.1	52.5				74.1	74.1	52.5						
Belgique	61.7	43.5	28.2				61.7	43.5	28.2	3.6	9.1	23.7	65.3	52.5	51.9
Canada	47.3	37.1	18.5				47.3	37.1	18.5	20.6	20.6	20.6	67.9	57.7	39.2
Chili	24.5	12.2	0.0	37.3	37.4	37.5	61.8	49.7	37.5						
Colombie	80.6	74.8	44.4			12.8	80.6	74.8	57.1						
Corée	50.6	33.4	20.2				50.6	33.4	20.2						
Costa Rica	55.6	55.6	53.2	10.1	10.1	10.1	65.7	65.7	63.2						
Danemark	71.4	29.0	9.8	43.8	43.8	43.8	115.2	72.7	53.6						
Espagne	80.6	80.4	49.9				80.6	80.4	49.9						
Estonie	51.2	29.3	18.4				51.2	29.3	18.4	24.5	24.5	24.5	71.3	50.9	40.7
États-Unis	50.5	39.7	28.5				50.5	39.7	28.5	35.1	35.1	35.1	85.6	74.8	63.6
Finlande	57.8	57.8	57.8				57.8	57.8	57.8						
France	56.6	56.6	47.4				56.6	56.6	47.4						
Grèce	91.4	79.6	73.7				91.4	79.6	73.7						
Hongrie	53.7	51.9	50.9				53.7	51.9	50.9						
Irlande	48.5	24.3	12.1				48.5	24.3	12.1	29.9	29.9	29.9	78.4	54.1	42.0
Islande	25.9	0.5	0.0	43.4	43.4	43.4	69.3	43.9	43.4						
Israël	18.2	9.1	4.5	44.2	33.8	16.9	62.3	42.8	21.4	17.4	13.3	6.6	79.7	56.1	28.1
Italie	70.6	70.6	70.3				70.6	70.6	70.3						
Japon	51.4	36.5	29.0				51.4	36.5	29.0						
Lettonie	52.6	38.7	38.7				52.6	38.7	38.7						
Lituanie	26.9	17.4	12.7				26.9	17.4	12.7	16.0	12.2	10.3	43.0	29.6	23.0
Luxembourg	88.4	75.6	69.2				88.4	75.6	69.2						
Mexique	85.5	28.1	5.3	35.6	41.4	41.4	121.1	69.6	46.7	14.5	14.5	14.5	121.1	69.6	61.2
Norvège	54.0	40.6	23.1	5.5	5.5	5.3	59.5	46.1	28.4						
Nouvelle-Zélande	64.7	39.5	19.7				64.7	39.5	19.7	20.3	20.0	19.8	85.0	59.5	39.5
Pays-Bas	57.3	28.6	14.3	29.3	46.1	54.5	86.6	74.7	68.8						
Pologne	31.3	28.6	28.0				31.3	28.6	28.0						
Portugal	73.8	72.4	70.1				73.8	72.4	70.1						
République slovaque	70.1	58.0	49.2				70.1	58.0	49.2						
Royaume-Uni	44.8	22.4	11.2	20.8	22.3	18.7	65.6	44.7	29.9						
Slovénie	67.9	45.9	45.4				67.9	45.9	45.4						
Suède	50.6	50.1	28.6	13.6	13.6	49.7	64.2	63.7	78.3						
Suisse	35.6	23.4	12.0	19.8	19.0	9.5	55.4	42.4	21.5						
Tchéquie	71.4	44.2	30.6				71.4	44.2	30.6						

	Publics obligatoires			Privés obligatoires (PD et CD)			Total obligatoires			Facultatifs (PD et CD)			Total, facultatifs compris		
	0.5	1	2	0.5	1	2	0.5	1	2	0.5	1	2	0.5	1	2
Türkiye	69.1	69.1	69.1				69.1	69.1	69.1						
OCDE	**56.8**	**43.0**	**32.3**				**65.5**	**52.0**	**42.0**				**70.0**	**56.6**	**47.1**
Afrique du Sud	15.5	7.8	3.9				15.5	7.8	3.9	25.9	25.9	25.9	25.9	25.9	25.9
Arabie saoudite	70.2	70.2	54.5				70.2	70.2	54.5						
Argentine	89.5	68.7	58.3				89.5	68.7	58.3						
Brésil	88.4	88.4	75.5				88.4	88.4	75.5						
Chine	101.1	80.6	70.3				101.1	80.6	70.3						
Inde	23.4	23.4	0.0	15.9	15.9	20.8	39.2	39.2	20.8						
Indonésie	33.1	33.1	32.1	20.3	20.3	20.3	53.4	53.4	52.4						
UE-27	55.2	41.8	32.7				64.4	51.9	43.0				67.0	54.5	46.0

Note : PD = prestations définies ; CD = cotisations définies. *Les bas salaires en Colombie, Nouvelle-Zélande et Slovénie sont à 64 %, 61 % et 55 % du revenu d'activité moyen, respectivement, pour tenir compte du niveau de salaire minimum. En Belgique, les taux de cotisation aux régimes facultatifs varient selon le salaire ; voir le descriptif-pays pour une description détaillée. Pour le Mexique, le nouveau complément au titre du Fonds de pension pour le bien-être, qui a porté le taux de remplacement du régime à cotisations définies à 100 % pour les bas salaires, a été intégré à la composante publique. La moyenne OCDE correspond à la moyenne de ses 38 pays membres.
Source : modèles de retraite de l'OCDE.

StatLink https://stat.link/7libgc

Régime fiscal des pensions et des retraités

Principaux résultats

Le système de sécurité sociale et le régime fiscal jouent un rôle majeur dans les mesures en faveur des personnes âgées, car les retraités ne versent généralement pas de cotisations sociales et bénéficient souvent d'un taux d'imposition réduit. Le régime de l'impôt sur le revenu des personnes physiques (IRPP) est progressif, et les droits à retraite sont d'ordinaire inférieurs au salaire antérieur, de sorte que le taux d'imposition moyen du revenu des retraités est généralement moins élevé que celui du revenu du travail. De surcroît, un tiers des pays de l'OCDE accordent aux retraités d'autres avantages fiscaux sous forme de crédits d'impôt ou d'abattements supplémentaires.

Dans un tiers des pays de l'OCDE, les personnes âgées bénéficient de crédits d'impôt ou d'abattements fiscaux plus élevés que les personnes d'âge actif (Tableau 4.3). Dans de nombreux cas – au Canada par exemple –, cet allègement fiscal est supprimé lorsque les retraités ont des revenus élevés.

En outre, 21 pays de l'OCDE ont mis en place des règles fiscales portant spécifiquement sur les revenus de retraite, qu'ils proviennent de régimes publics ou privés. Aux États-Unis par exemple, entre 15 % et 50 % des retraites publiques (régime fédéral), selon le revenu total du retraité, ne sont pas imposées. En Australie, les cotisations au titre des retraites et les produits des placements sont exonérés d'impôts ; de plus, les prestations de retraite ne sont pas imposables pour les personnes de plus de 60 ans. Ces dispositions s'appliquent aussi bien aux régimes obligatoires que facultatifs.

À l'inverse, dans certains pays comme le Danemark, l'Islande, les Pays-Bas et la Suède, les revenus d'activité sont moins imposés que les pensions de retraite, ce qui limite les effets dissuasifs de la fiscalité sur le travail.

De manière générale, 28 pays de l'OCDE prévoient des avantages fiscaux pour les personnes âgées ou les pensions de retraite au titre de l'IRPP. Les taux d'imposition du revenu ou les allègements fiscaux applicables aux pensions et aux retraités sont au moins identiques à ceux des personnes d'âge actif dans dix pays seulement.

Quasiment tous les pays de l'OCDE prélèvent des cotisations sociales sur les salaires. Seules l'Australie et la Nouvelle-Zélande font exception, où ces cotisations sont prises en charge par l'employeur ou par l'État. En revanche, 21 pays de l'OCDE ne prélèvent pas de cotisations sociales sur les pensions. Dans les 17 pays où les retraités sont assujettis à des cotisations sociales, le taux qui leur est appliqué est toujours inférieur à celui des salariés. En général, le revenu des retraités n'est pas assujetti aux cotisations de retraite ou d'assurance chômage (pour des raisons évidentes). Il peut toutefois être soumis à des prélèvements destinés à financer les dépenses de santé ou de soins de longue durée. Ceux-ci sont souvent plus élevés que ceux appliqués aux travailleurs et, dans certains cas, les retraités sont assujettis au paiement d'une contribution de « solidarité » visant à financer un large éventail de prestations.

Résultats empiriques

Le Graphique 4.3 montre la part du revenu des salariés et des retraités qui est consacrée au paiement des impôts et des cotisations sociales. S'agissant des salariés, les pays ont été classés en fonction de la part du revenu d'un salarié moyennement rémunéré qui va aux impôts (cotisations salariales comprises). Celle-ci est ensuite comparée au taux d'imposition total d'un retraité ayant effectué une carrière complète au salaire moyen, bénéficiant par conséquent du taux de remplacement brut indiqué dans le scénario de référence (Tableau 4.1, voir l'indicateur « Taux de remplacement bruts »).

Dans dix pays de l'OCDE et trois autres grandes économies, ce retraité ne paierait aucun impôt. Dans certains cas, comme la République slovaque ou la Türkiye, cela tient à ce que les pensions de retraite ne sont pas imposables. En Tchéquie et en Estonie, c'est parce que le revenu de ce retraité serait inférieur à l'abattement individuel au titre de l'impôt sur le revenu accordé aux personnes âgées. En moyenne, dans les pays de l'OCDE, les retraités qui bénéficient du taux de remplacement brut appliqué à un salaire moyen après une carrière complète reversent 10 % de leur pension sous forme d'impôts et de cotisations, et moins de 1 % dans les autres pays du G20. À titre de comparaison, le montant des impôts et cotisations acquittés par un salarié à rémunération moyenne – donc hors cotisations patronales – s'élève en moyenne à 27 % du salaire brut dans les pays de l'OCDE, et à 13 % dans d'autres pays du G20. La dernière série du graphique montre ce qu'un retraité paierait si son revenu avant impôt était égal au salaire moyen brut. Le taux d'imposition total se monte à 15 % en moyenne dans les pays de l'OCDE, un niveau inférieur de 12 points environ à ce que verserait un travailleur au revenu équivalent.

La différence entre le taux de 15 % appliqué aux retraités dont le revenu est égal au salaire moyen et les 10 % acquittés en impôts et cotisations par ceux bénéficiant du taux de remplacement brut pour un salaire moyen atteste l'incidence de la progressivité des régimes d'impôt sur le revenu applicables aux retraités.

Tableau 4.3. Régime fiscalo-social des pensions et des retraités : IRPP et cotisations obligatoires aux régimes publics et privés

	Allègements fiscaux/crédits d'impôt supplémentaires	Dégrèvement partiel ou total pour les pensions		Cotisations obligatoires sur les retraites
		Régime public	Régime privé	
Allemagne		✓	✓	Faibles
Australie	✓	✓	✓	Nulles
Autriche				Faibles
Belgique		✓	✓	Faibles
Canada	✓		✓	Nulles
Chili	✓			Faibles
Colombie				Faibles
Corée	✓	✓		Nulles
Costa Rica				Faibles
Danemark				Nulles
Espagne		✓		Nulles
Estonie	✓			Nulles
États-Unis	✓	✓		Nulles
Finlande		✓		Faibles
France	✓			Faibles
Grèce				Faibles
Hongrie		✓		Nulles
Irlande	✓			Faibles
Islande				Nulles
Israël				Faibles
Italie		✓	✓	Nulles
Japon		✓	✓	Faibles
Lettonie		✓		Nulles
Lituanie		✓	✓	Nulles
Luxembourg	✓			Faibles
Mexique			✓	Nulles
Norvège		✓	✓	Faibles
Nouvelle-Zélande				Nulles
Pays-Bas	✓			Faibles
Pologne				Faibles
Portugal		✓		Nulles
République slovaque		✓		Nulles
Royaume-Uni			✓	Nulles
Slovénie	✓	✓		Faibles
Suède	✓			Nulles
Suisse				Faibles
Tchéquie		✓		Nulles
Türkiye		✓		Nulles
Afrique du Sud	✓		✓	Nulles
Arabie saoudite				Nulles
Argentine	✓	✓		Faibles
Brésil				Nulles
Chine				Nulles
Inde	✓	✓		Nulles
Indonésie		✓		Nulles

Source : « Descriptifs pays » disponibles sur http://oe.cd/pag.

StatLink https://stat.link/fz72rq

Graphique 4.3. IRPP et cotisations sociales versés par les retraités et les travailleurs

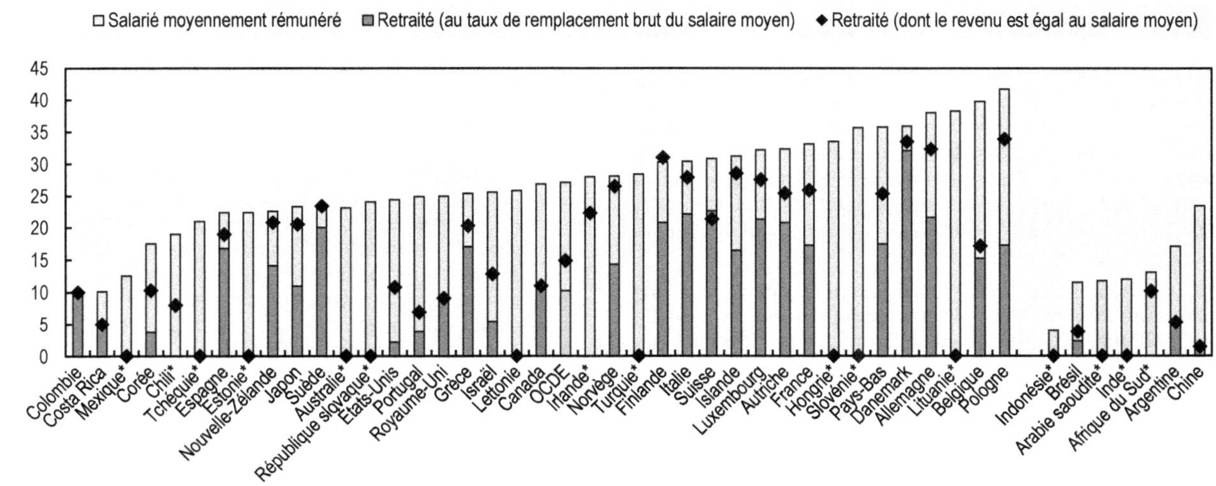

Note : *les retraités bénéficiant d'un taux de remplacement brut égal au salaire moyen ne paient ni impôt sur le revenu ni cotisations sociales. En Colombie, les travailleurs rémunérés au salaire moyen sont assujettis à un taux d'imposition et de cotisations sociales de 8 %, soit un taux inférieur à celui appliqué aux retraités bénéficiant d'un taux de remplacement brut égal au salaire moyen.
Source : modèles de retraite de l'OCDE ; Les impôts sur les salaires 2025.

StatLink https://stat.link/4lyi9s

Taux de remplacement nets

Principaux résultats

Si le taux de remplacement brut est un indicateur clé de la conception d'un régime de retraite, le taux de remplacement net est plus important pour les retraités car il rend compte de leur revenu disponible par rapport à celui dont ils disposaient quand ils travaillaient. Pour les salariés moyennement rémunérés ayant effectué une carrière complète, le taux de remplacement net des régimes de retraite obligatoires à l'âge normal de la retraite s'élève en moyenne à 63.2 % dans les pays de l'OCDE, chiffre supérieur de 11.2 points au taux de remplacement brut moyen. Cela tient à ce que les taux effectifs d'imposition et de cotisations sociales sur les salaires sont plus élevés que ceux perçus sur les pensions de retraite, principalement en raison des cotisations moins élevées sur ces dernières, de la progressivité des régimes d'imposition et de certains avantages fiscaux applicables aux retraites. Les taux de remplacement nets varient selon les pays, allant de 35 % en Australie, en Irlande et en Lituanie à 85 % ou plus en Autriche, en Espagne, en Grèce, au Luxembourg, aux Pays-Bas, au Portugal et en Türkiye pour les salaires moyens. Pour les bas salaires (la moitié du salaire moyen), le taux de remplacement net ressort à 75.2 % en moyenne dans la zone OCDE, et à 52.9 % pour les hauts salaires (200 % du salaire moyen).

L'indicateur précédent (« Régime fiscal des pensions et des retraités ») mettait en évidence la place importante qu'occupent les régimes d'IRPP et de sécurité sociale dans les mesures en faveur des personnes âgées. Souvent, les retraités sont seulement assujettis aux cotisations d'assurance-maladie et bénéficient d'un régime de faveur pour l'impôt sur le revenu. Lorsqu'il existe des dépenses fiscales, que l'impôt sur le revenu est progressif et que le taux de remplacement brut est inférieur à 100 %, le taux de l'impôt sur le revenu d'un retraité est inférieur à celui d'un salarié. Par conséquent, les taux de remplacement nets sont en général plus élevés que les taux de remplacement bruts.

Pour les salaires moyens, le taux de remplacement net des régimes obligatoires s'élève en moyenne à 63 % dans les pays de l'OCDE ; il s'inscrit dans une fourchette allant de 35 % en Irlande et en Lituanie à 96 % aux Pays-Bas et plus de 90 % au Portugal et au Türkiye (Tableau 4.4).

Pour les salariés moyennement rémunérés, le taux de remplacement net est globalement supérieur de 11 points au taux de remplacement brut (Graphique 4.5). Cet écart est de plus de 25 points en Hongrie, en Slovénie et en Türkiye, et de 15 à 20 points environ en Belgique, aux Pays-Bas, au Portugal et en République slovaque. En Hongrie, en République slovaque et en Türkiye, les revenus de retraite ne sont ni imposables, ni assujettis aux cotisations de sécurité sociale. L'écart est nettement moins élevé en Belgique et au Portugal soit parce que les abattements fiscaux sont plus importants, soit parce que les taux de cotisation sont nettement plus bas.

Pour les bas salaires, l'incidence des impôts et des cotisations sur le taux de remplacement net est un peu moins sensible que pour les salariés situés plus haut sur l'échelle des rémunérations car, de manière générale, ils paient moins d'impôts et de cotisations que les salariés moyens. Dans bien des cas, leur revenu de retraite est inférieur au montant qui donne lieu à des allègements fiscaux sur l'IRPP (abattements, crédits d'impôt, etc.). Souvent, ils ne peuvent donc bénéficier pleinement des avantages fiscaux supplémentaires éventuellement accordés aux retraites ou aux retraités au titre de l'IRPP. L'écart entre les taux de remplacement brut et net est en moyenne de 10 points pour les salariés faiblement rémunérés. La Belgique, le Portugal, la République slovaque et, en particulier, la Hongrie et la Slovénie offrent à ces derniers des taux de remplacement beaucoup plus élevés en termes nets qu'en termes bruts.

C'est en Türkiye que le taux de remplacement net pour les personnes qui gagnent 200 % du salaire moyen est le plus élevé (105 %). Les plus bas pour les hauts salaires sont observés au Canada, en Corée, en Estonie, en Irlande, en Lituanie, en Nouvelle-Zélande et en Suisse, où les travailleurs dont le salaire représente 200 % de la rémunération moyenne perçoivent des retraites nettes correspondant à 25 % ou moins de leur salaire net. En Suède, outre les niveaux de cotisation plus élevés appliqués aux hauts salaires dans le cadre du régime de retraite professionnel, l'application de taux d'imposition distincts au revenu de retraite et au revenu du travail influe également sur les taux de remplacement nets.

Définition et mesure

Le taux de remplacement net correspond au montant net des droits à pension par rapport au salaire net individuel, compte tenu de l'IRPP et des cotisations sociales versées par les travailleurs et les retraités. Pour le reste, la définition et le calcul du taux de remplacement net sont les mêmes que ceux du taux de remplacement brut. On trouvera le détail des règles fiscales qui s'appliquent aux retraités dans les « Descriptifs pays » disponibles à l'adresse http://oe.cd/pag.

Tableau 4.4. Taux de remplacement nets en fonction du salaire, en pourcentage

	Salaire individuel, en multiple de la moyenne pour les hommes (pour les femmes si différent)																
	Âge de la retraite		0.5		1		2			Âge de la retraite		0.5		1		2	
Allemagne	67		57.7		53.3		38.8		Luxembourg	62		97.2		87.7		79.4	
Australie	67		82.7	(80.9)	53.0	(50.1)	38.1	(34.9)	Mexique	65		131.9		79.6		56.9	(53.8)
Autriche	65		84.8		86.8		62.4		Norvège	67		74.4		54.9		36.6	
Belgique	67		80.9		61.1		42.5		Nouvelle-Zélande	65		67.0		43.8		23.7	
Canada	65		56.0		45.1		25.0		Pays-Bas	70		97.2		96.0		89.7	
Chili	65		76.1	(75.9)	61.3	(61.1)	43.8	(49.8)	Pologne	65	(60)	40.9	(41.7)	40.6	(31.8)	37.2	(31.3)
Colombie	62	(57)	84.1		73.1		55.3	(49.9)	Portugal	68		91.1		92.7		94.0	
Corée	65		55.4		38.9		24.7		République slovaque	69		85.7		76.3		68.2	
Costa Rica	65	(63)	69.5	(65.8)	69.5	(65.8)	69.3	(65.5)	Royaume-Uni	68		76.2		54.2		39.5	
Danemark	74		116.7		77.1		63.6		Slovénie	62		100.5		71.3		73.4	
Espagne	65		78.6		86.3		57.9		Suède	70		67.4		66.3		84.4	
Estonie	71		56.2		37.8		23.9		Suisse	65		59.2		47.5		25.0	
États-Unis	67		62.5		51.3		40.0		Tchéquie	67		84.4		55.9		40.1	
Finlande	68		63.8		65.7		63.9		Türkiye	65	(63)	84.3	(81.0)	96.4	(92.7)	105.0	(101.0)
France	65		66.1		70.0		58.9		**OCDE**	**66.4**	**(65.9)**	**75.4**	**(74.8)**	**63.2**	**(62.4)**	**52.9**	**(52.1)**
Grèce	66		99.3		88.5		79.8										
Hongrie	65	(62)	80.8	(75.7)	78.0	(72.8)	76.6	(71.4)	Afrique du Sud	60		16.8		8.9		4.9	
Irlande	66		56.5		33.7		20.1		Arabie saoudite	62		79.6		79.6		58.7	
Islande	67		77.7		53.3		51.5		Argentine	65	(60)	103.1	(97.6)	78.6	(75.9)	66.4	(65.0)
Israël	67	(65)	69.4	(60.0)	54.4	(46.8)	32.5	(27.9)	Brésil	65	(62)	95.9	(101.2)	97.5	(102.3)	87.7	(93.1)
Italie	70		70.4		79.0		81.9		Chine	63	(58)	130.3	(103.1)	103.6	(80.2)	91.2	(69.7)
Japon	65		61.8		42.4		34.0		Inde	58		44.6	(43.3)	44.6	(43.3)	24.2	(22.5)
Lettonie	65		64.5		52.2		51.4		Indonésie	65		55.6	(51.8)	55.6	(51.8)	55.3	(51.4)
Lituanie	65		36.9		28.2		21.0		UE-27	66.5	(66.1)	76.6	(76.4)	65.2	(64.6)	55.5	(54.8)

Note : *les bas salaires en Colombie, Nouvelle-Zélande et Slovénie sont à 64 %, 61 % et 55 % du revenu d'activité moyen, respectivement, pour tenir compte du niveau de salaire minimum.

Source : modèles de retraite de l'OCDE.

StatLink https://stat.link/iyv4nl

Graphique 4.4. Taux de remplacement nets et bruts au niveau du salaire moyen, en pourcentage

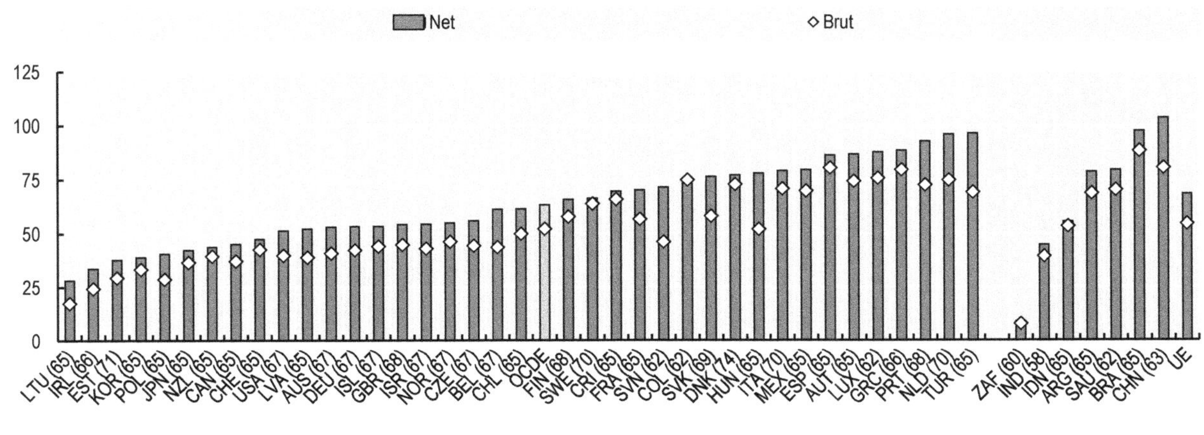

Source : modèles de retraite de l'OCDE.

StatLink https://stat.link/f1nre9

Graphique 4.5. Taux de remplacement nets : salariés faiblement et fortement rémunérés, en pourcentage

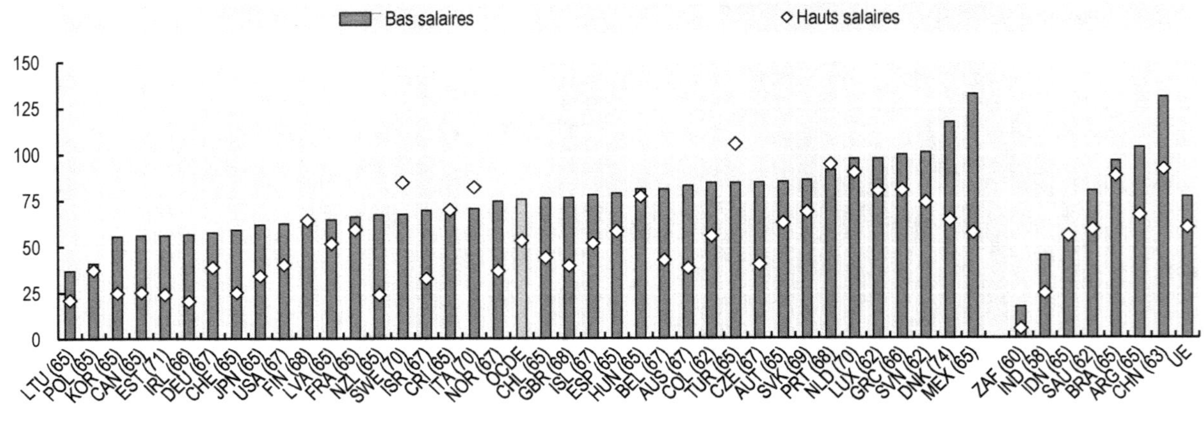

Source : modèles de retraite de l'OCDE.

StatLink https://stat.link/qlkw1d

Taux de remplacement nets : régimes obligatoires et facultatifs

Principaux résultats

Dans l'OCDE, le taux de remplacement net assuré par les régimes obligatoires (publics et privés) est globalement de 63.2 % pour un salaire moyen, et de 69.2 % lorsque l'on tient compte des régimes privés facultatifs sur une carrière complète. Dans les 28 pays où les régimes facultatifs jouent un rôle limité et ne sont donc pas intégrés dans les projections, ce taux s'établit en moyenne à 68.4 %. Dans les huit pays de l'OCDE où ces dispositifs sont répandus, ainsi qu'en Israël et au Mexique, le taux de remplacement net moyen, lorsque ces régimes sont pris en compte, se monte à 71.6 % si l'on suppose une carrière complète de cotisations, contre 48.8 % si seuls les régimes obligatoires sont considérés.

Dans les 18 pays de l'OCDE pour lesquels les calculs portent uniquement sur les régimes publics, le taux de remplacement net d'un salaire moyen après une carrière complète s'élève à 71 % en moyenne (Tableau 4.5). Dans les 10 pays de l'OCDE où il existe des régimes publics et privés obligatoires, mais pas de régime facultatif, le taux de remplacement net moyen se monte à 63 %. Dans les dix autres pays pour lesquels des régimes facultatifs sont modélisés, il est de 49 % pour le régime obligatoire et atteint 72 % pour un salarié qui a cotisé tout au long de sa carrière.

Dans les autres grandes économies, malgré de fortes variations selon les pays et les niveaux de rémunération, l'écart entre les taux de remplacement bruts et nets est moindre car les revenus et les pensions ne sont généralement pas imposables, seules les cotisations sociales étant déduites.

Régimes privés obligatoires

Douze pays sont dotés de régimes de retraite privés obligatoires, dont un sous-ensemble de quatre pays (Danemark, Pays-Bas, Royaume-Uni et Suède) où des régimes privés assurent une couverture quasi-universelle et sont donc qualifiés de « quasi-obligatoires ». En Suisse, les régimes privés sont des régimes à prestations définies ; dans les autres pays, en revanche, ce sont des régimes à cotisations définies.

Régimes privés facultatifs

Les taux de remplacement sont représentés pour les dix pays où la couverture des régimes privés facultatifs est étendue. Parmi les autres grandes économies, l'Afrique du Sud dispose elle aussi d'un régime facultatif d'envergure. Les règles modélisées sont exposées dans les « Descriptifs pays » qui peuvent être consultés à l'adresse http://oe.cd/pag. Le régime modélisé pour tous les pays est un régime à cotisations définies.

En général, le régime à cotisations définies assure un taux de remplacement brut constant par rapport au salaire. Les données relatives aux taux de cotisation réels en fonction des salaires n'étant pas disponibles pour certains pays, on suppose un taux moyen ou standard sur toute l'échelle salariale. Étant donné la progressivité de la fiscalité, le taux de remplacement net varie selon le salaire, même si les taux de remplacement bruts sont similaires. Souvent, l'écart entre les taux de remplacement brut et net augmente parallèlement au salaire du fait que le taux d'imposition du revenu d'activité antérieur croît considérablement à mesure que les salariés progressent sur l'échelle salariale.

Définition et mesure

Le taux de remplacement net correspond au montant net des droits à pension par rapport au salaire net individuel, compte tenu de l'IRPP et des cotisations sociales versées par les travailleurs et les retraités. Pour le reste, la définition et le calcul du taux de remplacement net sont les mêmes que ceux du taux de remplacement brut. On trouvera le détail des règles fiscales qui s'appliquent aux retraités dans les « Descriptifs pays » disponibles à l'adresse http://oe.cd/pag.

Tableau 4.5. Taux de remplacement bruts et nets des régimes de retraite obligatoires (publics et privés) et des régimes facultatifs, en pourcentage

En pourcentage du salaire individuel (hommes)

	Taux bruts – régimes obligatoires publics et privés			Taux nets – régimes obligatoires publics et privés			Total taux bruts avec régimes facultatifs			Total taux nets avec régimes facultatifs		
	0.5	1	2	0.5	1	2	0.5	1	2	0.5	1	2
Allemagne	46.3	42.1	30.2	57.7	53.3	38.8	56.8	53.4	41.4	71.6	68.0	52.7
Australie	71.3	40.8	26.4	82.7	53.0	38.1						
Autriche	74.1	74.1	52.5	84.8	86.8	62.4						
Belgique	61.7	43.5	28.2	80.9	61.1	42.5	65.3	52.5	51.9	85.5	74.1	81.5
Canada	47.3	37.1	18.5	56.0	45.1	25.0	67.9	57.7	39.2	79.4	70.6	50.4
Chili	61.8	49.7	37.5	76.1	61.3	43.8						
Colombie	80.6	74.8	57.1	84.1	73.1	55.3						
Corée	50.6	33.4	20.2	55.4	38.9	24.7						
Costa Rica	65.7	65.7	63.2	69.5	69.5	69.3						
Danemark	115.2	72.7	53.6	116.7	77.1	63.6						
Espagne	80.6	80.4	49.9	78.6	86.3	57.9						
Estonie	51.2	29.3	18.4	56.2	37.8	23.9	71.3	50.9	40.7	79.4	62.6	47.4
États-Unis	50.5	39.7	28.5	62.5	51.3	40.0	85.6	74.8	63.6	111.4	100.7	92.2
Finlande	57.8	57.8	57.8	63.8	65.7	63.9						
France	56.6	56.6	47.4	66.1	70.0	58.9						
Grèce	91.4	79.6	73.7	99.3	88.5	79.8						
Hongrie	53.7	51.9	50.9	80.8	78.0	76.6						
Irlande	48.5	24.3	12.1	56.5	33.7	20.1	78.4	54.1	42.0	93.3	72.3	61.1
Islande	69.3	43.9	43.4	77.7	53.3	51.5						
Israël	62.3	42.8	21.4	69.4	54.4	32.5	79.7	56.1	28.1	88.1	69.8	41.7
Italie	70.6	70.6	70.3	70.4	79.0	81.9						
Japon	51.4	36.5	29.0	61.8	42.4	34.0						
Lettonie	52.6	38.7	38.7	64.5	52.2	51.4						
Lituanie	26.9	17.4	12.7	36.9	28.2	21.0	43.0	29.6	23.0	60.8	49.9	39.6
Luxembourg	88.4	75.6	69.2	97.2	87.7	79.4						
Mexique	121.1	69.6	46.7	131.9	79.6	56.9	121.1	69.6	61.2			74.5
Norvège	59.5	46.1	28.4	74.4	54.9	36.6						
Nouvelle-Zélande	64.7	39.5	19.7	67.0	43.8	23.7	85.0	59.5	39.5	91.7	68.6	47.9
Pays-Bas	86.6	74.7	68.8	97.2	96.0	89.7						
Pologne	31.3	28.6	28.0	40.9	40.6	37.2						
Portugal	73.8	72.4	70.1	91.1	92.7	94.0						
République slovaque	70.1	58.0	49.2	85.7	76.3	68.2						
Royaume-Uni	65.6	44.7	29.9	76.2	54.2	39.5						
Slovénie	67.9	45.9	45.4	100.5	71.3	73.4						
Suède	64.2	63.7	78.3	67.4	66.3	84.4						
Suisse	55.4	42.4	21.5	59.2	47.5	25.0						
Tchéquie	71.4	44.2	30.6	84.4	55.9	40.1						
Türkiye	69.1	69.1	69.1	84.3	96.4	105.0						
OCDE	**65.5**	**52.0**	**42.0**	**75.4**	**63.2**	**52.9**	**70.0**	**56.6**	**47.1**	**81.2**	**69.2**	**59.9**
Afrique du Sud	15.5	7.8	3.9	16.8	8.9	4.9	25.9	25.9	25.9	30.3	32.0	34.6
Arabie saoudite	70.2	70.2	54.5	79.6	79.6	58.7						
Argentine	89.5	68.7	58.3	103.1	78.6	66.4						
Brésil	88.4	88.4	75.5	95.9	97.5	87.7						
Chine	101.1	80.6	70.3	130.3	103.6	91.2						
Inde	39.2	39.2	20.8	44.6	44.6	24.2						
Indonésie	53.4	53.4	52.4	55.6	55.6	55.3						
UE-27	64.4	51.9	43.0	76.6	65.2	55.5				80.2	68.8	59.6

Note : *les bas salaires en Colombie, Nouvelle-Zélande et Slovénie sont à 64 %, 61 % et 55 % du revenu d'activité moyen, respectivement, pour tenir compte du niveau de salaire minimum. La moyenne OCDE correspond à la moyenne de ses 38 pays membres.

Source : modèles de retraite de l'OCDE.

StatLink https://stat.link/zm1hvl

Patrimoine retraite brut

Principaux résultats

Le patrimoine retraite correspond à la valeur viagère actualisée totale du flux des prestations de retraite assurées par les régimes obligatoires à l'âge de la retraite en pourcentage des revenus d'activité antérieurs. Pour les rémunérations moyennes, il représente en moyenne 10.0 fois le salaire annuel individuel des hommes et 11.2 fois celui des femmes dans les pays de l'OCDE. Le patrimoine retraite brut par rapport au salaire individuel annuel est plus élevé chez les femmes en raison de leur espérance de vie plus longue. Les principaux facteurs expliquant les différences entre les pays sont les écarts entre les taux de remplacement bruts, la durée de la retraite mesurée par l'espérance de vie résiduelle à l'âge normal de la retraite et les règles d'indexation.

Les taux de remplacement donnent une idée des promesses de retraite par rapport au salaire individuel, mais ce sont des indicateurs incomplets des prestations de retraite cumulées car ils portent uniquement sur le montant des prestations par rapport au salaire individuel au moment du départ à la retraite ou, plus généralement, à un âge donné ultérieur. Pour dresser un tableau précis de la situation, il faut également prendre en considération l'espérance de vie, l'âge normal de la retraite et l'indexation des pensions qui, ensemble, déterminent la durée de versement des prestations et leur évolution dans le temps. Le patrimoine retraite – qui mesure le volume des flux de prestations de retraite actualisés à venir – tient compte de tous ces éléments. On peut considérer qu'il s'agit de la somme globale nécessaire à l'âge de la retraite pour souscrire, sans frais, un contrat de rente donnant droit au même flux de pensions que celui que l'on peut attendre des régimes de retraite obligatoires.

Dans les systèmes à prestations définies, il n'existe souvent pas, ou peu, de corrélation systématique entre le taux de remplacement et la durée probable de perception des prestations. Or, à long terme, un arbitrage entre le taux de remplacement et la durée de la retraite s'impose pour assurer la viabilité financière du régime. Lorsque l'âge de la retraite et les prestations de retraite sont maintenus constants, le patrimoine retraite augmente avec les gains de longévité. Dans les régimes à cotisations définies, le lien entre le montant des prestations et la durée probable de perception des pensions est plus direct. Dans ces régimes, le patrimoine retraite correspond aux actifs accumulés ; il est donc indépendant des gains de longévité puisque ces derniers réduisent automatiquement les prestations mensuelles.

Le patrimoine retraite brut le plus élevé pour un salaire individuel égal au salaire moyen est observé au Luxembourg, où il correspond à 19.5 fois le salaire individuel annuel des hommes et à 21.0 fois celui des femmes (Tableau 4.6). Il est aussi 15 fois supérieur pour les hommes et 17 fois pour les femmes en Colombie, en Espagne et en Grèce. C'est en Lituanie qu'il est le plus faible pour les hommes (3.0 fois le salaire annuel) comme pour les femmes (3.5 fois) en raison des faibles taux de remplacement. En Corée, en Estonie, en Irlande et en Pologne, il est également inférieur à sept fois le salaire annuel pour les hommes et huit fois ce dernier pour les femmes ; en Israël et aux États-Unis, il est légèrement inférieur à huit fois le salaire annuel pour les femmes.

Si cet indicateur tient compte des taux de mortalité par genre, il ne prend pas en considération les écarts d'espérance de vie entre les niveaux de revenus. Comme les salariés à bas (haut) revenu ont généralement une espérance de vie plus courte (plus longue), les calculs surestiment donc le patrimoine de retraite des personnes à faible revenu et le sous-estiment pour les personnes à revenu élevé (OCDE, 2017). Par conséquent, les taux de remplacement individuels plus élevés calculés pour les personnes à faible revenu que pour celles à revenu moyen se traduisent mécaniquement pour les premières par un patrimoine retraite plus élevé par rapport à leur salaire individuel. Le patrimoine retraite des hommes qui perçoivent la moitié de la rémunération moyenne représente en moyenne 12.7 fois leur salaire annuel, ce multiplicateur étant de 14.1 pour les femmes. C'est au Luxembourg et au Mexique que le patrimoine retraite des bas salaires est le plus élevé : il y représente respectivement 23 et 21 fois le salaire individuel des hommes, et 25 et 23 fois celui des femmes. Pour ces dernières, il est également élevé en Colombie, où il représente 24 fois leur salaire individuel.

Incidence de l'espérance de vie

Dans les pays où la durée de la retraite est plus courte, comme l'Estonie et la Lettonie, le patrimoine retraite est moins élevé. L'effet inverse est observé au Luxembourg et en Slovénie, où l'espérance de vie est plus longue et l'âge de la retraite nettement plus bas. De même, l'espérance de vie des femmes étant supérieure à celle des hommes, leur patrimoine retraite est plus important dans tous les pays qui utilisent des tables de mortalité unisexe pour calculer les annuités des régimes à cotisations définies ou qui sont dotés de régimes à prestations définies. Par ailleurs, dans certains pays, l'âge de la retraite demeure plus bas pour les femmes, ce qui accroît d'autant la durée des prestations.

Incidence de l'indexation

Les règles d'indexation ont une incidence sur le patrimoine retraite à un taux de remplacement initial donné. La plupart des pays de l'OCDE indexent aujourd'hui les pensions servies sur les prix, mais il existe quelques exceptions : l'Irlande, par exemple, établit un lien entre les régimes de base et le salaire moyen. Les salaires progressent généralement plus vite que les prix, de sorte que le patrimoine retraite est plus élevé lorsque l'indexation porte sur les salaires que lorsqu'elle est basée sur l'indice des prix, pour un taux de remplacement donné. Si l'Irlande, par exemple, adoptait une indexation sur les prix, le patrimoine retraite des hommes moyennement rémunérés serait ramené de 5.5 fois à 4.7 fois leur salaire, à prestations initiales constantes calculées à l'aide du modèle des retraites de l'OCDE.

Définition et mesure

Le patrimoine retraite est calculé au moyen d'un taux d'actualisation réel uniforme de 1.5 %, au lieu de 2 % dans les éditions antérieures, ce qui l'augmente d'environ 6 %, toutes choses étant égales par ailleurs. Néanmoins, dans la mesure où le recul des taux d'intérêt à long terme correspond à une baisse des rendements (explicites ou implicites) des cotisations de retraite, l'incidence globale sur le patrimoine retraite est modéré. Comme les comparaisons portent sur des droits à retraite futurs, les calculs se basent sur des projections de taux de mortalité par âge, par genre et par pays l'année de départ en retraite. Le patrimoine retraite est exprimé en multiplicateur du salaire individuel annuel.

Pour en savoir plus

OCDE (2017), *Preventing Ageing Unequally*, Éditions OCDE, Paris, https://dx.doi.org/10.1787/9789264279087-en.

Tableau 4.6. Patrimoine retraite brut en fonction du salaire, multiple du salaire annuel

	Rémunération individuelle, multiple du salaire moyen							Rémunération individuelle, multiple du salaire moyen					
	0.5	1	2	0.5	1	2		0.5	1	2	0.5	1	2
	Hommes			Femmes				Hommes			Femmes		
Allemagne	9.9	9.0	6.5	10.9	9.9	7.1	Luxembourg	22.8	19.5	17.9	24.5	21.0	19.2
Australie	13.3	8.0	4.9	14.2	8.4	5.0	Mexique	21.5	12.3	8.3	22.9	13.2	8.3
Autriche	14.7	14.7	10.4	16.2	16.2	11.5	Norvège	12.4	9.6	5.9	13.5	10.4	6.4
Belgique	11.7	8.2	5.3	12.8	9.0	5.8	Nouvelle-Zélande	15.0	9.2	4.6	16.1	9.8	4.9
Canada	9.6	7.5	3.8	10.5	8.2	4.1	Pays-Bas	15.9	13.3	11.9	17.3	14.4	12.9
Chili	12.5	10.0	7.6	13.3	10.7	8.5	Pologne	5.8	5.3	5.2	7.8	5.3	5.2
Colombie	19.2	17.8	13.2	24.4	22.7	15.4	Portugal	13.5	12.6	11.8	15.2	14.1	13.2
Corée	10.0	6.6	4.0	11.9	7.8	4.7	République slovaque	11.2	9.2	7.8	12.4	10.3	8.7
Costa Rica	13.1	13.1	12.6	14.3	14.3	13.8	Royaume-Uni	13.0	8.6	5.7	13.9	9.3	6.1
Danemark	17.4	10.8	7.8	19.2	11.9	8.5	Slovénie	15.1	10.2	10.1	16.8	11.4	11.3
Espagne	16.3	16.3	10.1	18.8	18.7	11.6	Suède	10.8	10.7	13.4	11.9	11.8	14.7
Estonie	8.1	4.7	2.9	9.5	5.4	3.4	Suisse	12.6	9.7	4.9	14.1	10.8	5.5
États-Unis	9.3	7.3	5.3	9.9	7.8	5.6	Tchéquie	13.3	8.2	5.7	14.8	9.1	6.3
Finlande	10.6	10.6	10.6	12.0	12.0	12.0	Türkiye	12.5	12.5	12.5	14.0	14.0	14.0
France	11.5	11.5	9.7	13.1	13.1	11.0	**OCDE**	**12.7**	**10.1**	**8.0**	**14.1**	**11.2**	**8.9**
Grèce	17.6	15.3	14.2	19.4	16.9	15.6							
Hongrie	9.6	9.2	9.1	10.8	10.4	10.2	Afrique du Sud	2.8	1.4	0.7	3.4	1.7	0.8
Irlande	10.9	5.5	2.7	12.0	6.0	3.0	Arabie saoudite	15.0	15.0	11.6	15.8	15.8	12.2
Islande	13.7	8.3	8.2	14.8	8.9	8.7	Argentine	17.3	13.3	11.2	21.1	16.5	14.2
Israël	11.7	8.0	4.0	11.8	7.9	4.0	Brésil	15.5	15.5	13.3	19.5	19.5	17.0
Italie	12.2	12.2	12.1	13.8	13.8	13.7	Chine	21.2	16.8	14.6	21.2	16.3	13.8
Japon	10.9	7.8	6.2	13.0	9.2	7.3	Inde	7.9	7.9	4.2	8.3	8.3	4.2
Lettonie	9.1	6.7	6.7	10.4	7.6	7.6	Indonésie	7.7	7.7	7.6	8.4	8.4	8.2
Lituanie	4.7	3.0	2.2	5.4	3.5	2.6	UE-27	12.0	9.6	7.9	13.4	10.7	8.7

Note : *les bas salaires en Colombie, Nouvelle-Zélande et Slovénie sont à 64 %, 61 % et 55 % du revenu d'activité moyen, respectivement, pour tenir compte du niveau de salaire minimum.
Source : modèles de retraite de l'OCDE.

StatLink https://stat.link/xtm3ju

Graphique 4.6. Patrimoine retraite brut des bas salaires, par genre, multiple du salaire annuel

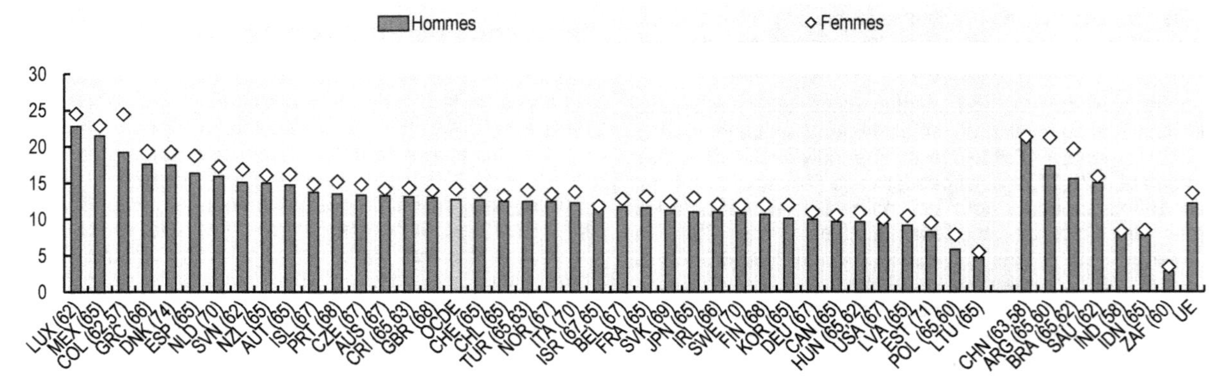

Source : modèles de retraite de l'OCDE.

StatLink https://stat.link/fiat3k

Graphique 4.7. Patrimoine retraite brut des salaires moyens, par genre, multiple du salaire annuel

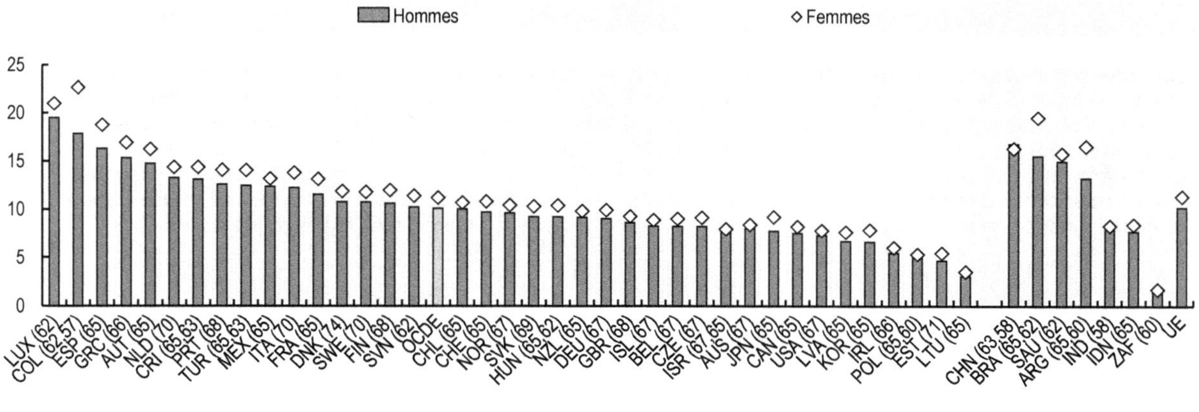

Source : modèles de retraite de l'OCDE.

StatLink https://stat.link/47g6nm

Patrimoine retraite net

Principaux résultats

Comme le patrimoine retraite brut, le patrimoine retraite net par rapport au salaire individuel net correspond à la valeur viagère actualisée totale du flux des prestations de retraite assurées par les régimes obligatoires à l'âge de la retraite. Pour les rémunérations moyennes, le patrimoine retraite net représente en moyenne 12.2 fois le salaire net individuel annuel des hommes et 13.6 fois celui des femmes dans les pays de l'OCDE. Ce rapport est plus élevé pour les femmes en raison de leur espérance de vie plus longue, surtout dans les six pays où l'âge futur de départ à la retraite des femmes demeure plus bas. Les principaux facteurs expliquant les différences entre les pays sont les écarts entre les taux de remplacement brut, la durée de la retraite mesurée par l'espérance de vie à l'âge normal de la retraite et les règles d'indexation.

Les taux de remplacement donnent une idée des promesses de retraite par rapport au salaire individuel, mais ce sont des indicateurs incomplets des prestations de retraite cumulées car ils portent uniquement sur le montant des prestations par rapport au salaire individuel au moment du départ à la retraite ou, plus généralement, à un âge donné ultérieur. Pour dresser un tableau précis de la situation, il faut également prendre en considération l'espérance de vie, l'âge normal de la retraite et l'indexation des pensions qui, ensemble, déterminent la durée de versement des prestations et leur évolution dans le temps. Le patrimoine retraite net – qui mesure le volume des flux de pensions de retraite à venir après impôts et cotisations sociales – tient compte de tous ces éléments. On peut considérer qu'il s'agit du total des prestations de retraite nettes que verseront dans l'ensemble les régimes de retraite obligatoires.

Dans les systèmes à prestations définies, le lien direct entre le taux de remplacement et la durée probable de perception des prestations est souvent limité, voire inexistant. À l'évidence, un arbitrage entre le taux de remplacement et la durée de la retraite s'impose pour assurer la viabilité financière du régime à long terme. Lorsque l'âge de la retraite et les prestations de retraite sont maintenus constants, le patrimoine retraite augmente avec les gains de longévité. Dans les régimes à cotisations définies, il existe un lien plus direct entre le montant des prestations et la durée probable de perception des pensions. Dans ces systèmes, le patrimoine retraite correspond aux actifs accumulés ; il est donc indépendant des gains de longévité puisque ces derniers réduisent automatiquement les prestations.

Le patrimoine retraite net le plus élevé pour un salaire individuel égal au salaire moyen est observé au Luxembourg, où il correspond à 22.6 fois le salaire individuel annuel des hommes et 24.3 fois celui des femmes (Tableau 4.7). C'est en Lituanie qu'il est le plus bas, pour les hommes comme pour les femmes (4.9 et 5.7 fois le salaire annuel, respectivement), en raison de la faiblesse des taux de remplacement.

Lorsque le taux de remplacement individuel est élevé et que l'abattement fiscal est majoré pour de nombreux retraités, le patrimoine retraite par rapport au salaire individuel net est généralement plus important pour les bas salaires que pour les salaires moyens, du moins selon les estimations retenues ici, qui ne tiennent pas compte des écarts d'espérance de vie selon les niveaux de revenu. Pour les hommes dont la rémunération se monte à la moitié du salaire moyen, le patrimoine retraite net représente globalement 14.7 fois leur salaire net, contre 12.2 fois celui des salariés moyens. De même, le patrimoine retraite net des femmes faiblement rémunérées correspond à leur salaire individuel multiplié par 16.4, contre 13.6 pour celles qui perçoivent le salaire moyen.

Pour les hauts salaires, le patrimoine retraite net représente en moyenne 10.1 fois le salaire individuel net des hommes, et 11.2 fois celui des femmes, soit à peine un peu moins que pour les salaires moyens. C'est au Luxembourg et en Türkiye que cet indicateur est le plus élevé, et en Estonie et en Lituanie qu'il est le plus bas.

Incidence de l'espérance de vie

Dans les pays où la durée de la retraite est plus courte et où les régimes sont à prestations définies, comme l'Estonie et la Lettonie, le patrimoine retraite individuel est moins élevé. On observe l'effet opposé en Suisse et dans certains pays nordiques (dans les régimes à prestations définies), où l'espérance de vie est forte. De la même manière, l'espérance de vie des femmes étant supérieure à celle des hommes, leur patrimoine retraite est plus important dans tous les pays qui utilisent des tables de mortalité unisexe ou qui sont dotés de régimes à prestations définies. La raison en est simple : dans ce cas, le même niveau de prestations de retraite sera versé sur une plus longue période. Par ailleurs, dans certains pays, l'âge de la retraite demeure plus bas pour les femmes, ce qui accroît d'autant la durée des prestations. Le patrimoine retraite dépend aussi de l'âge de la retraite. Un âge de départ peu élevé dans un régime à prestations définies, comme au Luxembourg, accroît le patrimoine retraite à un niveau donné de prestations.

De fortes variations sont observables entre les pays non membres de l'OCDE : en Afrique du Sud, le patrimoine retraite net représente 1.6 fois seulement le salaire individuel des hommes moyennement rémunérés, et 1.9 fois celui des femmes, alors qu'en Chine il est de 21.6 fois le salaire individuel des hommes et de 21.1 fois celui des femmes.

Définition et mesure

Le patrimoine retraite net correspond à la valeur actualisée du flux des prestations de retraite, en tenant compte des impôts et cotisations sociales auxquels les retraités sont assujettis sur leur pension de retraite. Il est calculé et exprimé sous forme de multiplicateur du salaire individuel net annuel du pays considéré.

Les impôts et cotisations acquittés par les retraités sont calculés en fonction des prestations de retraite auxquelles donnent droit les régimes obligatoires à différents niveaux de salaire. Les calculs tiennent compte de l'ensemble des abattements et allègements fiscaux classiques, ainsi que des avantages accordés sur les revenus de retraite ou aux personnes qui ont atteint l'âge de la retraite.

On trouvera le détail des règles fiscales qui s'appliquent aux retraités dans les « Descriptifs pays » disponibles à l'adresse http://oe.cd/pag.

Tableau 4.7. Patrimoine retraite net en fonction du salaire

	Rémunération individuelle, multiple du salaire moyen					
	0.5	1	2	0.5	1	2
	Hommes			Femmes		
Allemagne	12.4	11.4	8.3	13.6	12.5	9.1
Australie	15.4	10.4	7.1	16.4	10.9	7.3
Autriche	16.9	17.3	12.4	18.5	19.0	13.6
Belgique	15.3	11.6	8.0	16.8	12.7	8.8
Canada	11.3	9.1	5.1	12.4	10.0	5.5
Chili	15.4	12.4	8.9	16.3	13.2	10.7
Colombie	20.1	17.4	12.8	29.9	26.0	17.3
Corée	11.0	7.7	4.9	13.0	9.1	5.8
Costa Rica	13.8	13.8	13.8	15.2	15.2	15.1
Danemark	17.7	11.4	9.2	19.5	12.6	10.1
Espagne	15.9	17.5	11.7	18.3	20.1	13.5
Estonie	8.9	6.0	3.8	10.4	7.0	4.4
États-Unis	11.5	9.4	7.4	12.2	10.0	7.8
Finlande	11.7	12.1	11.7	13.2	13.6	13.2
France	13.5	14.3	12.0	15.3	16.2	13.6
Grèce	19.1	17.0	15.4	21.1	18.8	16.9
Hongrie	14.4	13.9	13.6	16.3	15.6	15.3
Irlande	12.7	7.6	4.5	14.0	8.3	5.0
Islande	15.4	10.0	9.7	16.6	10.8	10.4
Israël	13.0	10.2	6.1	13.0	10.2	6.1
Italie	12.2	13.7	14.2	13.7	15.4	16.0
Japon	13.2	9.0	7.2	15.6	10.7	8.6
Lettonie	11.1	9.0	8.9	12.7	10.3	10.1
Lituanie	6.4	4.9	3.7	7.4	5.7	4.2
Luxembourg	25.1	22.6	20.5	27.0	24.3	22.0
Mexique	23.4	14.1	10.1	24.9	15.1	10.2
Norvège	15.6	11.5	7.6	16.9	12.4	8.2
Nouvelle-Zélande	15.6	10.2	5.5	16.6	10.9	5.9
Pays-Bas	17.9	17.0	15.6	19.4	18.4	16.8
Pologne	7.6	7.5	6.9	9.9	7.5	7.4
Portugal	16.7	16.1	15.9	18.8	18.0	17.7
République slovaque	13.7	12.2	10.9	15.2	13.6	12.1
Royaume-Uni	15.1	10.4	7.5	16.2	11.2	8.0
Slovénie	22.4	15.9	16.3	24.9	17.7	18.2
Suède	11.6	11.4	14.5	12.8	12.5	16.0
Suisse	13.5	10.8	5.7	15.1	12.1	6.4
Tchéquie	15.8	10.4	7.4	17.5	11.5	8.2
Türkiye	15.2	17.4	18.9	17.1	19.6	21.3
OCDE	**14.7**	**12.2**	**10.1**	**16.4**	**13.6**	**11.2**
Afrique du Sud	3.0	1.6	0.9	3.7	1.9	1.1
Arabie saoudite	17.0	17.0	12.5	17.9	17.9	13.2
Argentine	19.9	15.2	12.8	24.4	18.9	16.2
Brésil	16.8	17.1	15.4	21.2	21.4	19.5
Chine	27.3	21.6	18.9	27.4	21.1	18.2
Inde	9.0	9.0	4.9	9.4	9.4	4.9
Indonésie	8.0	8.0	8.0	8.6	8.6	8.5
UE-27	14.2	12.1	10.2	15.9	13.4	11.3

Note : *les bas salaires en Colombie, Nouvelle-Zélande et Slovénie sont à 64 %, 61 % et 55 % du revenu d'activité moyen, respectivement, pour tenir compte du niveau de salaire minimum.
Source : modèles de retraite de l'OCDE.

StatLink https://stat.link/ep29h8

Graphique 4.8. Patrimoine retraite net des bas salaires, par genre, multiple du salaire annuel

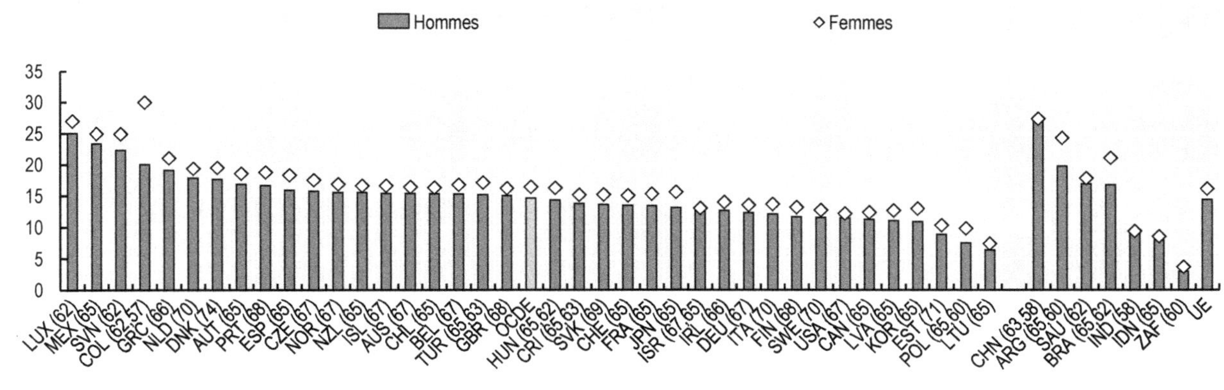

Source : modèles de retraite de l'OCDE.

StatLink https://stat.link/yqguvl

Graphique 4.9. Patrimoine retraite net des salaires moyens, par genre, multiple du salaire annuel

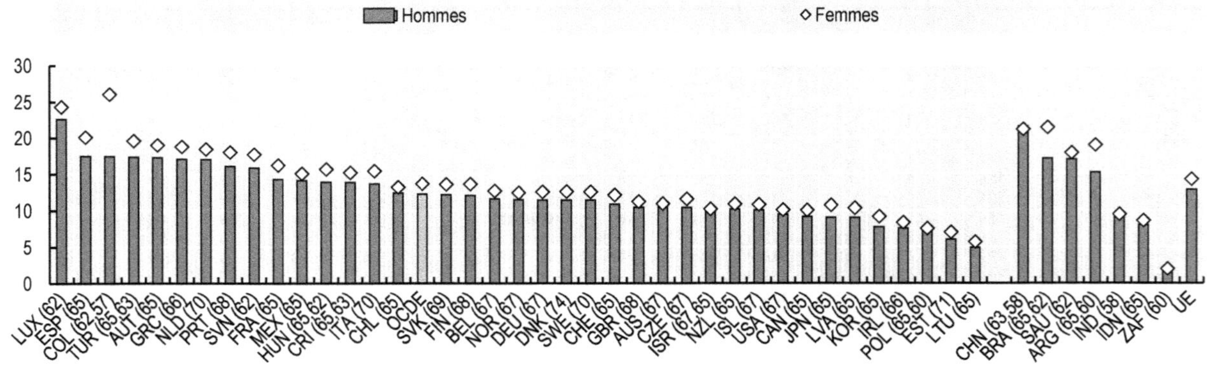

Source : modèles de retraite de l'OCDE.

StatLink https://stat.link/g706w4

5 Droits à la retraite dans d'autres situations

Le cas des célibataires ayant mené une carrière complète étant étudié au chapitre 4, l'analyse se penche ici sur les personnes ayant suivi des parcours professionnels distincts et sur les couples. Les premiers indicateurs portent sur les droits à la retraite des couples comparés à ceux d'un salarié célibataire. Comme les individus connaissent souvent des périodes sans emploi rémunéré dues au chômage ou à l'éducation des enfants, les indicateurs qui suivent présentent les droits à pension au titre des régimes de retraite obligatoires pour des interruptions de carrière de cinq et dix ans liées à ces deux situations, ainsi qu'à une entrée plus tardive dans la vie active pour la période de chômage plus longue. Ils sont suivis d'une comparaison entre les taux de remplacement bruts correspondant à différentes hypothèses économiques et ceux du scénario de référence. Vient pour finir une comparaison des taux de remplacement des travailleurs indépendants avec ceux des salariés.

Droits à pension bruts pour les couples

Principaux résultats

La moitié des pays de l'OCDE apportent une aide aux conjoints inactifs. Un couple monoactif à salaire moyen bénéficiera après une carrière complète de droits à pension bruts représentant en moyenne 58.7 % de sa rémunération antérieure, contre 52.0 % pour un homme salarié célibataire. Ce chiffre est cependant nettement inférieur à ce que ces deux personnes (un homme ayant effectué une carrière complète et une femme n'ayant jamais travaillé) percevraient au total si elles étaient célibataires, soit 68.1 % du salaire brut moyen. Lorsque les deux conjoints ont accompli une carrière complète au salaire moyen, le montant total des pensions est inférieur à celui que percevraient deux personnes célibataires dans six pays : Australie, le Danemark, l'Irlande, la Lituanie, la Nouvelle-Zélande et les Pays-Bas.

La situation conjugale influe sur les droits à pension sous deux formes. D'abord, certains régimes offrent des droits « dérivés » : les couples bénéficient de prestations qui résultent de l'expérience professionnelle et des cotisations de l'un des conjoints. Ensuite, certaines prestations du premier pilier sont calculées sur la base de la situation familiale ; or, cette évaluation prend le couple pour « unité de pension » au lieu de considérer les individus séparément.

Le Tableau 5.1 présente les calculs des droits à pension pour quatre catégories de ménages. Dans les trois premiers cas, le salaire brut est maintenu constant à 100 % de la moyenne individuelle nationale. Un homme célibataire percevant ce salaire est comparé à un couple monoactif (apporteur de revenu masculin). Ces données sont ensuite comparées aux droits à la retraite d'un homme célibataire et d'une femme célibataire n'ayant jamais travaillé. Le dernier cas est celui d'un couple composé de deux apporteurs de revenu, dont chacun gagne 100 % du salaire moyen, les chiffres n'étant indiqués que si le montant de leur retraite diffère de celui de deux célibataires dont chacun perçoit le salaire moyen.

La politique adoptée à l'égard du conjoint inactif varie sensiblement d'un pays à l'autre. Dans certains pays, les couples bénéficient de prestations supérieures à celles des célibataires parce que les régimes de base confèrent aux premiers des droits plus élevés qu'aux seconds (mais inférieurs à ceux accordés à deux célibataires) ; c'est par exemple le cas aux Pays-Bas. En Irlande, la retraite de base prévoit des prestations pour le conjoint qui n'a pas droit à une pension de base complète à titre personnel.

En Corée et aux États-Unis, les régimes de retraite publics liés à la rémunération prévoient des prestations pour conjoints. Là encore, celles-ci sont versées aux couples dont l'un des membres n'a pas cumulé de droits à pension élevés à titre individuel. Par ailleurs, plusieurs pays ont mis en place des pensions de base fondées sur la résidence ou des prestations ciblées sous conditions de ressources qui sont versées à titre individuel, et donc au conjoint inactif.

Un couple composé d'un homme moyennement rémunéré et d'un conjoint inactif bénéficiera à l'âge normal de la retraite d'une pension représentant en moyenne 58.7 % de son salaire antérieur, ce taux étant de 52.0 % pour un homme moyennement rémunéré célibataire. Dans l'ensemble, pour les rémunérations moyennes, un peu moins de la moitié des pays de l'OCDE assurent aux couples monoactifs des prestations supérieures à celles dont bénéficie un salarié célibataire. L'écart le plus prononcé est observé en Norvège, où les prestations dont bénéficie un couple monoactif sont supérieurs de 23 points à celles d'un salarié célibataire ; il est de 20 points ou plus au Danemark, en Irlande, en Islande et en Nouvelle-Zélande. En Danemark, en Irlande, en Islande et en Norvège, le conjoint inactif a pleinement droit aux pensions ciblées sous condition de ressources, comme c'est également le cas en Finlande et en Suède ; au Danemark, il a en outre droit à la pension de base forfaitaire liée à la résidence. En Nouvelle-Zélande, les deux conjoints ont droit à la pension de base fondée sur la résidence, au taux applicable aux couples (76 % du taux individuel applicable à chaque conjoint). En Lituanie, le taux de remplacement est plus faible du fait que le supplément pour personne vivant seule est supprimé pour les couples. En Irlande, l'allocation pour personne vivant seule est également retirée aux couples, mais elle est plus que compensée par la pension soumise à condition de ressources.

Selon une échelle d'équivalence de la racine carrée de 2 pour un couple, afin de tenir compte des économies d'échelle dans le coût de la vie (chapitre 7), le niveau de prestation d'un couple monoactif représentant 58.7 % du revenu moyen correspond, au niveau individuel, à 41.5 %, soit 10 points de moins que pour les hommes célibataires, ce qui tient à ce que le conjoint n'a perçu aucun revenu du travail. En comparaison, deux célibataires affichant le même parcours professionnel, à savoir un homme moyennement rémunéré ayant accompli une carrière complète et une femme n'ayant jamais travaillé, bénéficieraient d'une prestation combinée équivalente à 68.1 % du salaire moyen, 16 points à ce que perçoit un homme célibataire ayant effectué une carrière complète. Cela s'explique par le fait que la femme célibataire bénéficie pleinement, à titre personnel, d'une pension de base et d'un filet de sécurité sociale liés à sa résidence.

S'agissant des couples dont les deux membres perçoivent le salaire moyen, seuls sont indiqués les cas de ceux dont les droits à pension différeraient de ceux de deux célibataires. Les seuls pays qui appliquent des règles spécifiques aux couples dans ce cas sont Australie, le Danemark, l'Irlande, la Lituanie, la Nouvelle-Zélande et les Pays-Bas. En Nouvelle-Zélande, le montant total des pensions est calculé en fonction de la situation de vie des personnes, et non de leurs antécédents de revenus. Cependant, la pension versée à chaque membre d'un couple au titre de la composante de base fondée sur la résidence est inférieure à ce qu'elle serait s'ils étaient célibataires. Il en va de même en Australie pour la prestation de filet de sécurité sociale (pension de vieillesse) et aux Pays-Bas. Au Danemark, le taux de retrait de la composante assujettie à une condition de ressources est plus élevé pour les couples que pour les célibataires. En Irlande et en Lituanie, contrairement à deux personnes célibataires, les couples perdent les allocations aux personnes seules précédemment mentionnées.

Définition et mesure

Les droits à pension rendent compte de la manière dont un régime de retraite assure un revenu aux retraités en remplacement de leur salaire, principale source de revenu avant leur départ à la retraite. Les droits à pension bruts correspondent à la retraite brute divisée par le salaire brut antérieur.

L'analyse portant sur les couples suppose que l'homme et la femme ont le même âge afin de faciliter la comparaison avec le cas d'un salarié célibataire. Dans le cas d'un couple biactif, on suppose que les deux membres partent à la retraite dès l'âge qui leur permet de bénéficier de pensions sans décote, celle de la femme retraitée étant ensuite indexée jusqu'à ce qu'elle atteigne l'âge masculin de la retraite dans les pays où l'âge de la retraite est plus bas pour les femmes.

Tableau 5.1. Droits à pension bruts selon la composition du ménage : célibataires et couples, pourcentage du salaire moyen

	Homme carrière complète moyennement rémunéré				Couple biactif, deux salaires moyens carrière complète, si différent de deux célibataires moyennement rémunérés
	Célibataire (femme, si différent)		Plus conjointe inactive, si différent du cas de l'homme célibataire	Plus femme célibataire n'ayant jamais travaillé	
Allemagne	42.1			55.0	
Australie	40.8	(38.5)	53.8	64.4	60.7
Autriche	74.1			96.9	
Belgique	43.5		54.0	70.6	
Canada	37.1		42.8	51.3	
Chili	49.7	(49.6)	61.9	61.9	
Colombie	74.8			83.7	
Corée	33.4		35.6	37.6	
Costa Rica	65.7	(62.2)		79.1	
Danemark	72.7		94.3	107.9	136.7
Espagne	80.4			103.3	
Estonie	29.3		42.7	42.7	
États-Unis	39.7		59.5	48.8	
Finlande	57.8		70.3	70.3	
France	56.6			72.5	
Grèce	79.6			90.6	
Hongrie	51.9	(48.4)		55.4	
Irlande	24.3		44.0	45.8	45.0
Islande	43.9		63.8	68.1	
Israël	42.8	(36.5)	47.4	55.4	
Italie	70.6			81.4	
Japon	36.5		50.7	53.7	
Lettonie	38.7			49.6	
Lituanie	17.4		16.4	22.8	32.9
Luxembourg	75.6			104.8	
Mexique	69.6		80.1	80.1	
Norvège	46.1		69.1	69.1	
Nouvelle-Zélande	39.5		60.0	78.9	60.0
Pays-Bas	74.7		85.0	103.3	131.1
Pologne	28.6	(22.4)		43.4	
Portugal	72.4			81.8	
République slovaque	58.0			67.6	
Royaume-Uni	44.7			66.8	
Slovénie	45.9			61.5	
Suède	63.7		76.6	78.0	
Suisse	42.4			58.7	
Tchéquie	44.2		63.4	50.3	
Türkiye	69.1	(66.4)		73.8	
OCDE	**52.0**	**(51.4)**	**58.7**	**68.1**	**101.6**

Note : pour les couples monoactifs, les chiffres ne sont indiqués que dans les cas où la pension perçue diffère de celle d'un homme salarié célibataire. Pour les couples à revenu moyen, les taux ne sont indiqués que lorsqu'ils diffèrent de ceux qui s'appliqueraient à un homme et à une femme célibataire réunis.

Note de lecture : En Belgique, un homme ayant un salaire moyen bénéficie d'un taux de remplacement brut de 43.5 % après une carrière complète (deux premières colonnes). S'il vit en couple avec un partenaire inactif, le montant total de sa pension passe à 54.0 % du salaire moyen brut (troisième colonne), car le taux annuel d'acquisition utilisé pour le calcul de la composante à prestations définies (PD) augmente de 1.33 % à 1.67 %. Pour deux personnes célibataires (quatrième colonne), le partenaire inactif a droit à une prestation de sécurité sociale (équivalant à 27.2 % du salaire moyen) à titre personnel, ce qui porte sa pension totale à 70.6 % du salaire moyen brut (43.5 % + 27.2 %). Aucune donnée n'est disponible pour la Belgique concernant le couple bi-actif (dernière colonne), car le montant total de la pension est identique à celui de deux personnes célibataires (soit 87.0 % du salaire moyen).
Source : modèles de retraite de l'OCDE.

StatLink https://stat.link/7verh0

Incidence des périodes sans emploi sur les droits à pension

Principaux résultats

Les droits à la retraite acquis pendant les périodes de chômage sont généralement protégés, en partie au moins, par la validation d'années de cotisation par exemple. Les pensions minimales contributives et les pensions fondées sur la résidence atténuent en outre les effets de ces interruptions de carrière. Cet indicateur montre l'incidence des périodes de chômage sur les droits à pension futurs. En moyenne dans les 38 pays de l'OCDE, les pensions totales des salariés moyennement et faiblement rémunérés ayant connu cinq ans de chômage seront inférieures de 7 % et 5 %, respectivement, à celles des salariés ayant effectué une carrière complète. Pour les salaires moyens, cet écart est de plus de 10 % en Chili, en Corée, en Hongrie, en Lettonie, au Luxembourg, en République slovaque et en Türkiye car le nombre de périodes validées pour amortir l'incidence de ces interruptions de carrière est limité.

La plupart des pays de l'OCDE valident dans une certaine mesure les périodes de chômage, tout au moins leur phase initiale. Dans le cas d'un salaire moyen, cinq années de chômage se traduisent par une pension inférieure de 7 % en moyenne à celle d'un salarié ayant accompli une carrière complète (Graphique 5.1). Lorsque dix années de chômage s'ajoutent à un report de cinq ans de l'entrée dans la vie active, cet écart atteint 22 % (Graphique 5.2). Pour les bas salaires, l'incidence de ces deux types d'interruption est légèrement moindre, les pensions étant respectivement inférieures de 5 % et 18 % à celle d'un salarié ayant effectué une carrière complète. Par rapport à un travailleur ayant mené une carrière complète dans un pays où l'âge normal de la retraite est de 66 ans, par exemple, ces 5 et 15 années manquantes représentent respectivement 11.5 % et 34 % environ de la durée de la carrière. Cela permet d'évaluer dans quelle mesure les systèmes de retraite amortissent l'incidence du chômage sur le montant total des prestations : en l'absence de protection, ces pourcentages donnent un ordre de grandeur des retombées négatives prévues de ces interruptions sur les pensions.

Dans quelques pays, ces interruptions entraînent une augmentation de l'âge de la retraite. En France, en Grèce, au Luxembourg et en Slovénie, des années de cotisation supplémentaires sont nécessaires pour atteindre les seuils d'éligibilité à la retraite à taux plein. Il en va de même en Espagne, mais seulement dans le cas d'une interruption de dix ans. Au Portugal, l'âge normal de la retraite (pour une carrière complète) est fixé à deux ans avant l'âge légal de la retraite car l'âge de la retraite à taux plein peut être diminué de quatre mois par année de cotisations versées après l'âge de 60 ans au-delà des 40 ans requis. Du fait des cotisations manquantes correspondant aux années de chômage, les salariés concernés doivent prendre leur retraite plus tard pour éviter une décote.

Pour le salarié moyen, le déficit de droits à pension par rapport à un travailleur ayant accompli une carrière complète varie sensiblement d'un pays à l'autre. Il est plus important pour une absence de longue durée et pour les hauts revenus. En Lettonie, au Luxembourg et au Portugal, la perte totale de pension due à une période de chômage de cinq ans se monte à 11 % ou plus. Seule la première année est partiellement prise en compte en Lettonie. Au Luxembourg et au Portugal, l'âge de la retraite est reporté de trois ans et un an respectivement.

Dans d'autres pays, les règles régissant les retraites permettent de compenser pleinement ce déficit. C'est par exemple le cas en Irlande et, dans le cas de l'interruption de cinq ans, aux États-Unis. Aux États-Unis, c'est parce que cette interruption ne joue pas sur les taux d'acquisition de droits et le salaire de référence utilisés pour calculer les prestations – la période maximale d'acquisition de droits à la retraite, par exemple, est de 35 ans. En Irlande c'est parce qu'elle n'influe pas sur le montant de la retraite de base. Les périodes de chômage n'influencent pas non plus la pension de base en Nouvelle-Zélande car celle-ci est entièrement fondée sur la résidence. En Colombie, étant donné le montant relativement élevé de la pension minimale, toutes les interruptions de carrière sont entièrement couvertes, le montant total des pensions demeurant par ailleurs inchangé. Au Mexique, la nouvelle composante du Fonds de pension pour le bien-être, qui complète le régime à cotisations définies, garantit aux travailleurs les mêmes droits à pension, même en cas de période de chômage prolongée, dès lors que la condition de cotisation minimale de 1 000 semaines est respectée.

Au Canada, au Danemark et en Islande, où les régimes de retraite liés à la rémunération ne prévoient aucune protection, il existe des pensions de base ou complémentaires dont le montant décroît progressivement en fonction des autres revenus. Cette mesure n'offre qu'une protection limitée dans le cas d'une interruption de cinq ans, mais elle atténue l'incidence du deuxième scénario, notamment pour les bas salaires.

Certains pays assurent aux salariés faiblement rémunérés une meilleure protection contre le chômage de longue durée qu'aux salariés moyens car les régimes de minimum contributif et de retraite sous condition de ressources y jouent un rôle essentiel –Belgique, Canada, Chili, Colombie, Islande, Mexique, Norvège, Pays-Bas et Pologne. En Allemagne, en revanche, les périodes de chômage prolongées portent davantage préjudice aux bas salaires qu'aux salariés moyennement rémunérés, les premiers perdant alors leur droit au supplément de pension de base individuelle du fait qu'ils ont cotisé moins longtemps.

Définition et mesure

Dans le scénario d'une carrière marquée par des périodes de chômage, on suppose que les hommes entrent dans la vie active dans le cadre d'un emploi à temps plein à 22 ans, ou 27 ans pour une entrée tardive, et connaissent des périodes de chômage pouvant atteindre dix ans à partir de l'âge de 35 ans ; on suppose ensuite qu'ils reprennent un emploi à temps plein jusqu'à l'âge normal de la retraite, lequel est susceptible d'augmenter compte tenu des interruptions de carrière. Dans les graphiques, toute augmentation de l'âge de la retraite est indiquée entre parenthèses après le nom du pays. Pour ces pays, le patrimoine retraite correspondant est calculé pour les cas d'interruptions liées au chômage et actualisé à l'âge normal de la retraite pour le travailleur ayant mené une carrière complète. Les simulations se fondent sur les règles et paramètres énoncés dans les « Descriptifs pays » disponibles à l'adresse http://oe.cd/pag.

Graphique 5.1. Droits à pension bruts des salariés à rémunération faible et moyenne en cas d'interruption de cinq ans pour chômage par rapport à ceux d'un salarié ayant effectué une carrière complète

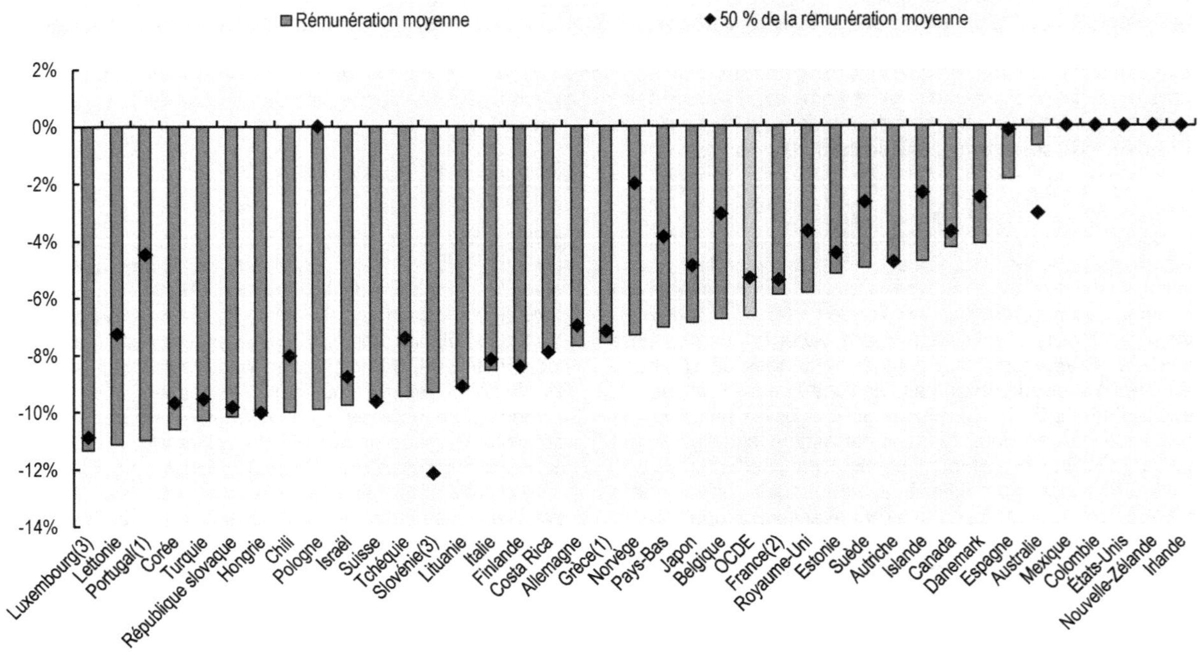

Note : le chiffre entre parenthèses correspond à l'augmentation de l'âge de la retraite due à l'interruption de carrière. Individus entrés sur le marché du travail à l'âge de 22 ans en 2024. La période d'interruption pour chômage débute en 2037. Les bas salaires en Colombie, Nouvelle-Zélande et Slovénie sont à 64 %, 61 % et 55 % du revenu d'activité moyen, respectivement, pour tenir compte du niveau de salaire minimum. Pour les pays où l'âge de la retraite est reporté, le patrimoine retraite correspondant est actualisé afin d'autoriser des comparaisons avec un salarié ayant mené une carrière complète sans interruption.
Source : modèles de retraite de l'OCDE.

StatLink https://stat.link/vp8muh

Graphique 5.2. Total des droits à pension bruts des salariés à rémunération faible et moyenne ayant connu une interruption de carrière pour chômage de dix ans après une entrée retardée de cinq ans dans la vie active

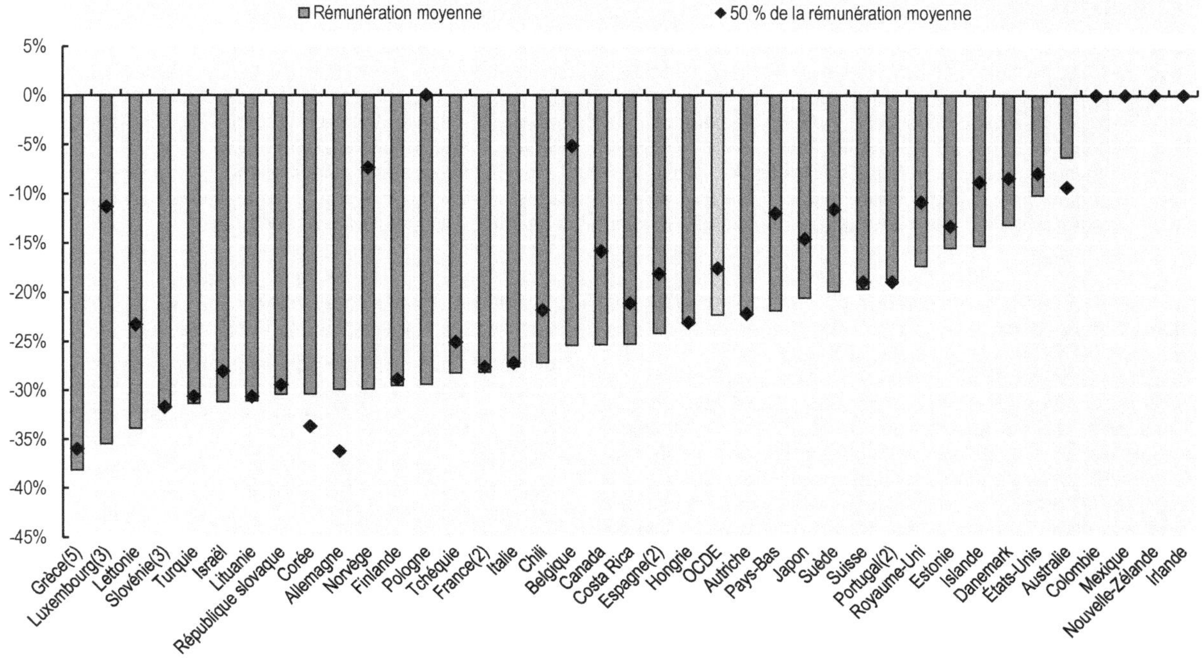

Note : le chiffre entre parenthèses correspond à l'augmentation de l'âge de la retraite due à l'interruption de carrière. Individus entrés sur le marché du travail à l'âge de 27 ans en 2029. La période d'interruption pour chômage débute en 2037. Les bas salaires en Colombie, Nouvelle-Zélande et Slovénie sont à 64 %, 61 % et 55 % du revenu d'activité moyen, respectivement, pour tenir compte du niveau de salaire minimum.
Source : modèles de retraite de l'OCDE.

StatLink https://stat.link/n7itbf

Incidence des interruptions de carrière liées aux enfants sur les droits à pension

Principaux résultats

De nombreuses personnes connaissent des interruptions de carrière liées à la parentalité ; le présent indicateur montre en quoi ces interruptions influent sur leurs droits à pension futurs. En moyenne, dans les 38 pays de l'OCDE, une femme moyennement rémunérée qui s'absente cinq ans du marché du travail pour s'occuper de ses deux enfants percevra une retraite totale inférieure de 5 % en moyenne à celle d'une mère de deux enfants ayant effectué une carrière complète sans interruption. La Colombie, l'Espagne, les États-Unis, l'Irlande, le Mexique et la Nouvelle-Zélande leur offrent le même niveau de prestations dans les deux cas. En Autriche, en Corée, en Israël et en Türkiye, ces interruptions ont une incidence importante, les prestations futures étant inférieures de plus de 10 % à celles des mères moyennement rémunérées ayant effectué une carrière complète. Pour les bas salaires, cette incidence négative est moindre dans la plupart des pays.

Neuf pays offrent des majorations pour maternité, qu'il y ait interruption de carrière pour s'occuper des enfants ou pas. L'Allemagne, l'Autriche, la Corée, la France, la Slovénie et la Tchéquie accordent des années de droits supplémentaires, l'Italie applique un coefficient de conversion plus favorable, et l'Espagne et la Hongrie offrent une bonification. En Allemagne, la naissance d'un enfant permet à un parent d'obtenir un point de retraite par an pendant trois ans, ce qui équivaut, pour le calcul de la retraite, à percevoir un salaire moyen pendant toute la période concernée et se traduit pour les bas salaires par un droit à pension nettement supérieur en termes relatifs. Par ailleurs, en France et en République slovaque, les mères qui n'ont pas interrompu leur carrière peuvent prendre leur retraite à taux plein un an plus tôt que les salariés sans enfants qui ont effectué une carrière complète.

Les résultats présentent une comparaison entre les mères de deux enfants qui ont interrompu leur carrière et celles qui ont continué à travailler.

La plupart des pays de l'OCDE s'attachent à prendre en compte certaines périodes d'inactivité pour responsabilité parentale. Les droits accordés à ce titre couvrent habituellement les interruptions d'activité professionnelle jusqu'à ce que les enfants atteignent un certain âge. Ils sont généralement moins généreux pour les arrêts de plus longue durée et pour les enfants plus âgés. De nombreux pays de l'OCDE considèrent les périodes consacrées aux très jeunes enfants (généralement jusqu'à 3 ou 4 ans) comme des périodes assurées et les assimilent à des périodes d'emploi rémunéré. En revanche, lorsque les enfants sont âgés de 6 ans ou plus, les droits à pension accordés à ces périodes d'interruption ne sont généralement pris en compte que pour déterminer l'ouverture des droits à retraite anticipée et la pension minimale, et non pour augmenter les prestations. Certains pays (Grèce, Hongrie, Luxembourg et Tchéquie) tiennent compte des périodes consacrées aux enfants pour évaluer l'admissibilité à la retraite, mais les excluent du calcul du salaire de référence, ce qui en limite l'incidence négative. En Grèce et en Slovénie, les salariées ayant connu de interruptions de carrière de cinq ou dix ans doivent partir plus tard à la retraite pour avoir droit à une pension sans décote compte tenu des règles qui régissent les durées de cotisation requises ; c'est également le cas au Costa Rica, en France, en Hongrie, au Luxembourg et au Portugal pour les interruptions de dix ans. En Slovénie, par exemple, une salariée qui entre dans la vie active à 22 ans mais interrompt sa carrière pendant dix ans aura cotisé moins des 40 ans requis pour bénéficier d'une retraite sans décote à l'âge de 62 ans. Elle devra alors continuer à travailler jusqu'à l'âge légal de la retraite (67 ans) puisqu'elle n'aura pas atteint les 40 ans de cotisation nécessaires pour obtenir une pension à taux plein.

En moyenne, une interruption de 5 ans réduit les droits à prestations futures de 4.9 % pour un salaire moyen et de 3.3 % pour les bas salaires (Graphique 5.3). Cela représente moins de la moitié de la décote de 11.5 % qui s'appliquerait à une personne prenant sa retraite à 66 ans par exemple. En Autriche, en Corée, en Israël et en Türkiye, les pensions brutes totales sont inférieures de plus de 10 % à celles des mères ayant mené une carrière complète au salaire moyen, peu de droits à pension étant attribués pour les périodes d'inactivité. À l'inverse, en Colombie, en Espagne, aux États-Unis, en Irlande, au Mexique et en Nouvelle-Zélande, les prestations versées aux mères de deux enfants sont exactement les mêmes que celles versées pour une carrière complète. Au Japon, les droits sont forfaitaires, calculés sur la base des revenus antérieurs, d'où une réduction limitée du montant total des pensions versées. En Belgique, outre la protection assurée par les droits acquis, leur revalorisation en fonction des prix plutôt que des salaires limite l'incidence de la perte de revenu. En Pologne, les bas salaires sont également protégés par la pension minimale, qui garantit que le montant total de la pension reste inchangé malgré l'interruption de carrière. En République slovaque et en Suède, par exemple, des droits sont accordés sur la base de 60 % et 75 % du salaire moyen national, respectivement, ce qui se traduit par une hausse des prestations pour les bas salaires.

Dans le cas de l'interruption de dix ans, les prestations totales diminuent de plus de 13 % pour les salaires moyens et de 10 % pour les bas salaires (Graphique 5.4). En Autriche, en Grèce, en Hongrie, en Israël, en Slovénie et en Türkiye, la pension totale future des mères moyennement rémunérées est alors inférieure d'au moins 20 % à celle des mères ayant mené une carrière complète, notamment parce que celles-ci doivent travailler plus longtemps en Grèce, en Hongrie et en Slovénie. La Corée fait également partie de ce groupe en ce qui concerne les bas salaires mais pas la Slovénie, car les bas salaires y sont mieux protégés par la pension minimale.

Définition et mesure

Le modèle de simulation de référence de l'OCDE pour une carrière complète suppose une entrée dans la vie active à 22 ans. Dans le cas des interruptions de carrière pour responsabilité parentale, on suppose que les femmes débutent leur carrière dans un emploi à temps plein à 22 ans et cessent de travailler durant une période maximale de dix ans à partir de 30 ans pour s'occuper de deux enfants nés alors qu'elles avaient 30 et 32 ans ; on suppose ensuite qu'elles reprennent un emploi à temps plein jusqu'à l'âge normal de la retraite. Dans les graphiques, toute augmentation de l'âge de la retraite est indiquée entre parenthèses après le nom du pays. Le patrimoine retraite correspondant est calculé pour les carrières interrompues, et ensuite comparé à celui d'une mère ayant effectué une carrière complète sans interruption. Les simulations se fondent sur les règles et paramètres énoncés dans les « Descriptifs pays » disponibles à l'adresse http://oe.cd/pag.

Graphique 5.3. Total des droits à pension bruts des salariées à rémunération faible et moyenne ayant interrompu leur carrière cinq ans pour élever leurs enfants par rapport à ceux des mères de deux enfants ayant effectué une carrière ininterrompue

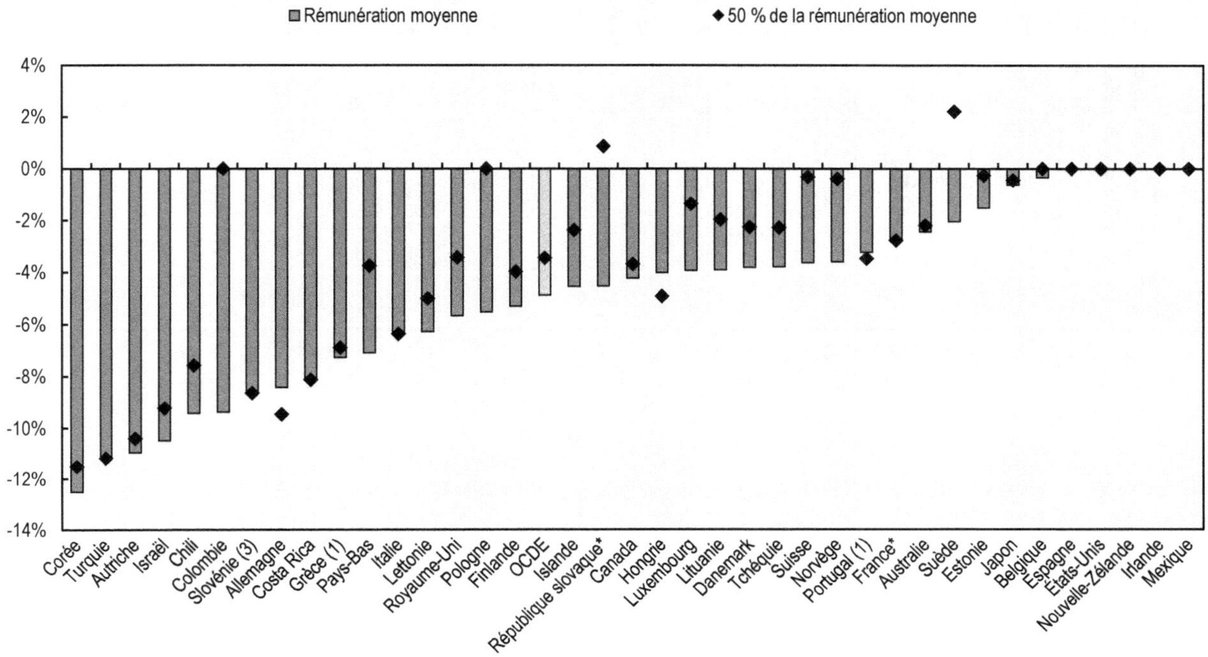

Note : individus entrés sur le marché du travail à l'âge de 22 ans en 2024. Le graphique illustre l'incidence des interruptions de carrière pour responsabilité parentale sur le total des prestations de retraite. Pour la Grèce, le Portugal et la Slovénie, où une interruption de carrière implique que les mères doivent prendre leur retraite plus tard pour éviter une décote, le chiffre correspond à la variation du patrimoine retraite actualisé à l'âge de la retraite d'une mère de deux enfants n'ayant pas interrompu sa carrière. Les chiffres entre parenthèses indiquent l'augmentation correspondante de l'âge de la retraite. Deux enfants nés en 2032 et 2034, la période d'interruption débutant en 2032. Les bas salaires en Colombie, Nouvelle-Zélande et Slovénie sont à 64 %, 61 % et 55 % du revenu d'activité moyen, respectivement, pour tenir compte du niveau de salaire minimum. * En France et en République slovaque, les mères de deux enfants, avec ou sans interruption de carrière, peuvent prendre leur retraite un an avant l'âge normal, à savoir 64 et 68 ans respectivement.

Note de lecture : au Chili, les prestations de retraite futures d'une mère de deux enfants moyennement rémunérée qui interrompt sa carrière pendant cinq ans sont inférieures de 9.5 % à celles d'une mère ayant mené une carrière complète.

Source : modèles de retraite de l'OCDE.

StatLink https://stat.link/1pnd3q

Graphique 5.4. Droits à pension bruts des salariées à rémunération faible et moyenne ayant interrompu leur carrière dix ans pour élever leurs enfants par rapport à ceux de mères de deux enfants ayant effectué une carrière ininterrompue

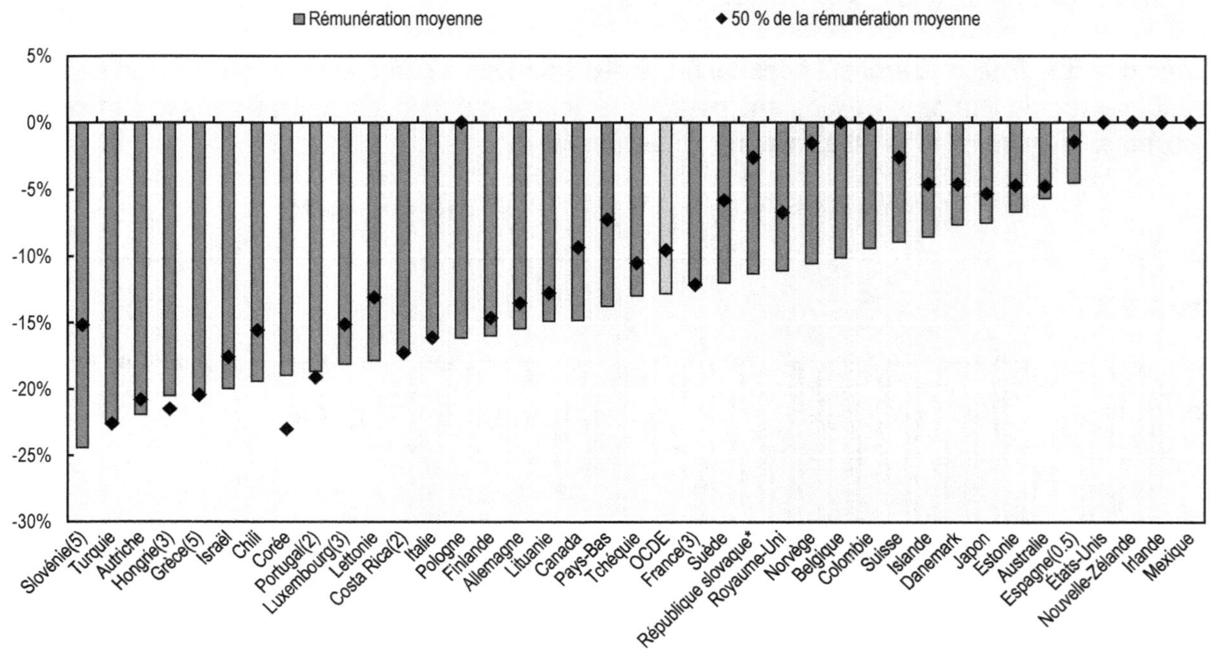

Note : individus entrés sur le marché du travail à l'âge de 22 ans en 2024. Le graphique illustre l'incidence des interruptions de carrière pour responsabilité parentale sur les prestations de retraite. Pour le Costa Rica, l'Espagne, la France, la Grèce, la Hongrie, le Luxembourg, le Portugal et la Slovénie, où une interruption d'activité implique que les mères doivent prendre leur retraite plus tard pour éviter une décote, le chiffre correspond à la variation du patrimoine retraite actualisé à l'âge de la retraite d'une mère de deux enfants n'ayant pas interrompu sa carrière. Les chiffres entre parenthèses indiquent l'augmentation correspondante de l'âge de la retraite. Deux enfants nés en 2032 et 2034, la période d'interruption débutant en 2032. Les bas salaires en Colombie, Nouvelle-Zélande et Slovénie sont à 64 %, 61 % et 55 % du revenu d'activité moyen, respectivement, pour tenir compte du niveau de salaire minimum. * En République slovaque, les mères de deux enfants, avec ou sans interruption de carrière, peuvent partir à la retraite à 68 ans, soit un an avant l'âge normal de la retraite.
Source : modèles de retraite de l'OCDE.

StatLink https://stat.link/2trhl1

Incidence de différents profils salariaux sur les droits à la retraite

Principaux résultats

Le scénario de référence présenté au chapitre 4 porte sur les taux de remplacement pour une carrière complète lorsque les individus maintiennent un niveau de rémunération constant par rapport à la moyenne tout au long de leur vie professionnelle. Le profil de rémunération présenté ici concerne les individus qui entament leur carrière avec un salaire bas qui progresse régulièrement jusqu'à l'âge de 55 ans, âge à partir duquel leur salaire reste constant par rapport au salaire moyen. À des fins de comparaison, ce scénario est calibré de manière à ce que, tout au long de la carrière, le salaire moyen soit égal à 100 % du salaire moyen pour l'ensemble de l'économie, ce qui permet de comparer des revenus identiques sur toute la carrière. Dans ce scénario, le niveau de prestation pour les hommes s'élève à 53.3 % du salaire moyen, chiffre légèrement supérieur à celui du scénario de référence (52.0 %). Pour les femmes, il se monte à 52.5 %, contre 51.4 % dans le scénario de référence.

En moyenne, dans les pays de l'OCDE, le taux de remplacement brut futur dont bénéficie un homme entré sur le marché du travail à l'âge de 22 ans et ayant effectué une carrière complète au salaire moyen est de 52.0 %. Pour le profil salarial considéré ici, le montant de la pension en pourcentage du salaire moyen est légèrement supérieur à 53.3 %. Autrement dit, dans ce scénario, qui prévoit une augmentation du salaire relatif tout au long de la vie professionnelle – de 60 % du salaire moyen à 22 ans à 123.33 % à l'âge de la retraite, garantissant ainsi le même revenu à vie (voir ci-dessous) -, le montant de la pension est équivalent à celui du scénario de référence. Le Graphique 5.5 illustre le profil des salaires dans le cas d'un départ à la retraite à 66 ans. Dans le scénario de référence, le dernier salaire et le salaire moyen sur l'ensemble de la vie active sont identiques. Ce n'est en revanche pas le cas dans le scénario alternatif, où le dernier salaire est plus élevé, ce qui se traduit par une pension correspondant en moyenne à 43.2 % de celui-ci. Les chiffres correspondants pour les femmes sont de 51.4 % dans le scénario de référence et de 52.5 % dans le scénario alternatif, soit l'équivalent de 42.6 % du dernier salaire.

Dans certains pays, le niveau des pensions est identique dans les deux scénarios : en effet, les systèmes de retraite qui prévoient des prestations forfaitaires, des régimes par points ou des taux d'accumulation constants avec revalorisation des salaires antérieurs, ne sont pas concernés du fait que les revenus moyens sur l'ensemble de la carrière sont identiques et qu'aucun plafond de cotisation n'entre en jeu. Ces pays sont l'Allemagne, l'Autriche, le Canada, la Hongrie, l'Irlande, le Japon, la Lituanie, le Luxembourg, le Mexique, la Nouvelle-Zélande, la République slovaque et la Tchéquie.

À l'inverse, les pays qui ne prennent pas en compte la totalité des revenus d'activité et qui revalorisent les salaires antérieurs selon l'indice des prix pour calculer les pensions offrent des prestations plus élevées dans le scénario du profil salarial que dans le scénario de référence. Il s'agit de la Colombie, du Costa Rica, de l'Espagne, des États-Unis, de la France, du Portugal et de la Slovénie, qui n'utilisent respectivement que 10, 25, 27, 35, 25, 40 et 35 années de rémunération. Le Costa Rica, par exemple, utilise désormais les 25 dernières années pour établir le salaire de référence servant au calcul des pensions. Dans le scénario de référence, cette méthode aboutit à un salaire de référence équivalant à 79 % du salaire moyen à la retraite, les salaires antérieurs n'étant ajustés qu'en fonction de l'inflation, alors que dans le scénario du profil salarial, il est de 92 % ; l'Espagne affiche une augmentation similaire. L'effet est moindre au Portugal, car 40 des 46 années de carrière sont prises en compte, et en France, où les cotisations au régime général à prestations définies sont plafonnées, de sorte que les salaires plus élevés en fin de carrière sont moins significatifs, le salaire ouvrant droit à pension étant proche du salaire moyen.

Dans les pays où le régime de retraite à cotisations définies est important, et dans l'hypothèse où le niveau des rendements est supérieur à la croissance des salaires, un niveau de rémunération plus faible en début de carrière (même si la moyenne sur l'ensemble de la vie professionnelle est identique) diminue les prestations futures dans une plus forte proportion que ne le compensent les salaires plus hauts en fin de carrière, la période durant laquelle les cotisations plus élevées s'accumulent étant plus courte. Les baisses les plus notables sont observées en Australie, au Chili, au Danemark, en Islande, en Israël, en Norvège, aux Pays-Bas et au Royaume-Uni, mais même aux Pays-Bas, qui affichent la plus prononcée, le taux de remplacement effectif futur ne diminue que de 2.3 points, contre à environ un point ou moins dans tous les autres pays. En Suède, le taux de remplacement augmente du fait que le taux de cotisation au régime professionnel passe de 4.5 % à 30 % pour les rémunérations supérieures à 108 % de la moyenne.

Définition et mesure

Dans le scénario de référence, les salariés perçoivent le même pourcentage du salaire moyen tout au long de leur carrière. Néanmoins, bien que le salaire moyen sur l'ensemble de la carrière soit maintenu à 100 % (les salaires antérieurs sont revalorisés en fonction de la croissance moyenne des salaires), la rémunération en début de carrière représente 60 % du salaire moyen, atteint le niveau moyen dans les 12 à 25 ans qui suivent (le nombre exact d'années dépend de l'âge de départ à la retraite, de manière à ce que le salaire moyen sur l'ensemble de la carrière soit égal à 100 % du salaire moyen), puis passe à 123.33 % du salaire moyen à l'âge de 55 ans et reste à ce niveau jusqu'à l'âge de la retraite. De ce fait, le dernier salaire n'est plus égal au salaire perçu en moyenne sur l'ensemble de la vie professionnelle, revalorisé en fonction de la hausse des salaires à l'échelle nationale. Les niveaux de prestations indiqués sont exprimés en pourcentage du salaire moyen sur l'ensemble de la vie active.

Graphique 5.5. Comparaison entre le scénario de profil salarial et le scénario de référence pour un âge de départ à la retraite de 66 ans

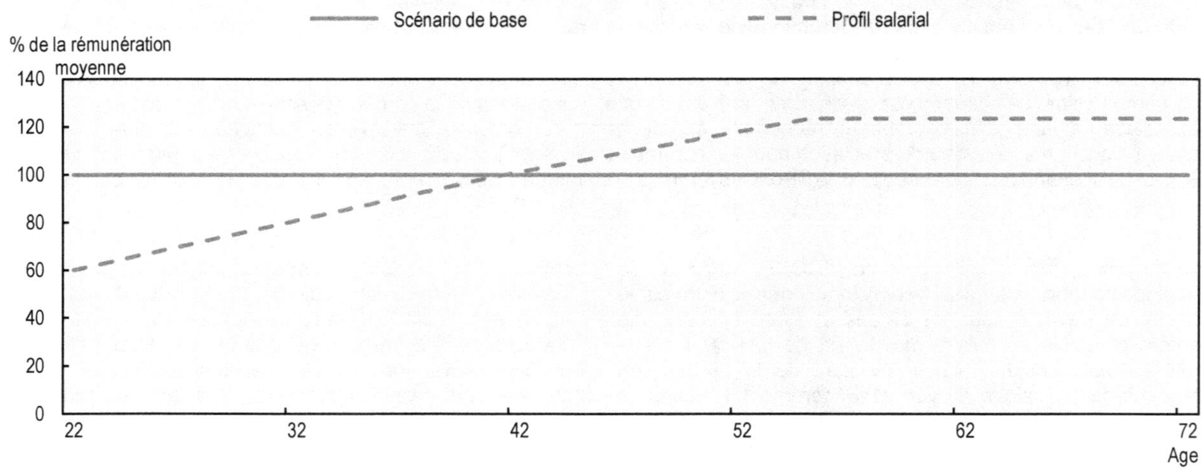

Tableau 5.2. Niveaux brut et net des prestations de retraite par profil salarial

Pourcentage du salaire moyen au moment du départ à la retraite

	Âge de la retraite		TRB				TRN			
			Scénario de référence		Profil salarial		Scénario de référence		Profil salarial	
Allemagne*	67		42.1		42.1		53.3		53.3	
Australie	67		40.8	(38.5)	40.7	(38.5)	53.0	(50.1)	52.9	(51.2)
Autriche*	65		74.1		74.1		86.8		86.8	
Belgique	67		43.5		46.3		61.1		54.9	
Canada*	65		37.1		37.1		45.1		44.8	
Chili	65		49.7	(49.6)	49.4	(49.3)	61.3	(61.1)	60.9	(60.8)
Colombie	62	(57)	74.8		89.0	(87.4)	73.1		87.0	(85.5)
Corée	65		33.4		32.7		38.9		38.2	
Costa Rica	65	(63)	65.7	(62.2)	73.1	(68.2)	69.5	(65.8)	77.3	(72.1)
Danemark	74		72.7		72.2		77.1		76.5	
Espagne	65		80.4		92.5		86.3		97.5	
Estonie*	71		29.3		29.3		37.8		37.8	
États-Unis	67		39.7		42.3		51.3		54.6	
Finlande	68		57.8		58.2		65.7		66.6	
France	65		56.6		59.2		70.0		72.5	
Grèce	66		79.6		79.0		88.5		88.0	
Hongrie*	65	(62)	51.9	(48.4)	51.9	(48.4)	78.0	(72.8)	78.0	(72.8)
Irlande*	66		24.3		24.3		33.7		33.7	
Islande	67		43.9		43.2		53.3		52.6	
Israël	67	(65)	42.8	(36.5)	41.8	(35.7)	54.4	(46.8)	53.1	(48.1)
Italie	70		70.6		72.0		79.0		82.6	
Japon*	65		36.5		36.5		42.4		42.4	
Lettonie	65		38.7		38.9		52.2		53.4	
Lituanie*	65		17.4		17.4		28.2		28.2	
Luxembourg*	62		75.6		75.6		87.7		86.7	
Mexique*	65		69.6		69.6		79.6		79.6	
Norvège	67		46.1		44.7		54.9		53.1	
Nouvelle-Zélande*	65		39.5		39.5		43.8		43.8	
Pays-Bas	70		74.7		72.4		96.0		94.4	
Pologne	65	(60)	28.6	(22.4)	29.5	(23.0)	40.6	(31.8)	41.8	(32.6)
Portugal	68		72.4		77.3		92.7		98.3	
République slovaque*	69		58.0		58.0		76.3		76.3	
Royaume-Uni	68		44.7		43.0		54.2		53.1	
Slovénie	62		45.9		48.2		71.3		76.4	
Suède	70		63.7		66.3		66.3		68.7	
Suisse	65		42.4		42.5		47.5		47.6	
Tchéquie*	67		44.2		44.2		55.9		55.9	
Türkiye	65	(63)	69.1	(66.4)	70.7	(67.1)	96.4	(92.7)	98.6	(93.7)
OCDE	**66.4**	**(65.9)**	**52.0**	**(51.4)**	**53.3**	**(52.5)**	**63.2**	**(62.4)**	**64.4**	**(63.6)**
Afrique du Sud*	60		7.8		7.8		8.9		9.2	

	Âge de la retraite		TRB				TRN			
			Scénario de référence		Profil salarial		Scénario de référence		Profil salarial	
Arabie saoudite	62		70.2		68.6		79.6		77.5	
Argentine	65	(60)	68.7	(66.3)	79.8	(76.9)	78.6	(75.9)	91.3	(87.9)
Brésil	65	(62)	88.4	(93.3)	91.1	(95.4)	97.5	(102.3)	100.2	(104.3)
Chine	63	(58)	80.6	(61.9)	90.3	(70.3)	103.6	(80.2)	115.0	(91.4)
Inde	58		39.2	(38.1)	43.9	(42.8)	44.6	(43.3)	49.9	(48.7)
Indonésie	65		53.4	(50.7)	53.8	(51.2)	55.6	(51.8)	56.0	(52.2)
UE27	66.7	(66.4)	54.5	(53.5)	53.9	(52.6)	68.3	(67.5)	67.1	(65.9)

Note : * les salariés perçoivent les mêmes prestations brutes dans les deux cas (scénario de référence et profil salarial).
Source : modèles de retraite de l'OCDE.

StatLink https://stat.link/4efz9s

Sensibilité des taux de remplacement aux variations des hypothèses économiques

Principaux résultats

Le scénario de référence exposé au chapitre 4 indique les taux de remplacement pour une carrière complète selon les paramètres économiques standard utilisés dans le rapport, qui comportent quelques modifications par rapport à ceux des éditions précédentes. Le présent indicateur repose sur un jeu d'hypothèses économiques distinct, censé tenir mieux compte d'une éventuelle période prolongée de faible croissance et de taux d'intérêt bas (scénario alternatif). Dans ce cas, pour les salariés moyennement rémunérés qui effectuent une carrière complète à partir de 22 ans, le taux de remplacement brut à l'âge normal de la retraite s'établit en moyenne à 54.3 % pour les hommes et à 53.6 % pour les femmes dans les 38 pays de l'OCDE, soit environ 2 points de plus que dans scénario de référence.

En moyenne, dans les pays de l'OCDE, le taux de remplacement brut futur dont bénéficiera un homme entré sur le marché du travail à l'âge de 22 ans et ayant effectué une carrière complète au salaire moyen est de 52.0 %. Ces estimations se fondent sur les paramètres économiques standard présentés au chapitre 4. Dans un scénario alternatif, ces paramètres ont été modifiés à la baisse de manière à prendre en compte une possible période prolongée de faible croissance et de taux d'intérêt bas, peut-être partiellement liée au vieillissement démographique (Tableau 5.3).

Tableau 5.3. Hypothèses économiques annuelles

Hypothèses économiques appliquées chaque année à compter de 2024

	Scénario de référence	Scénario alternatif
Taux d'actualisation réel	1.5 %	1.0 %
Taux d'inflation	2.0 %	1.0 %
Croissance des salaires réels	1.25 %	0.75 %
Taux de rendement réel	2.5 %	2.0 %
Croissance du PIB	Par pays, selon les projections de la population d'âge actif	Ajusté à la baisse de 0.50 %

Le taux de remplacement brut pour les hommes moyennement rémunérés augmente légèrement, passant de 52.0 % à 54.3 % dans le scénario alternatif. Pour les femmes, il passe de 51.4 % à 53.6 %.

Quatre pays de l'OCDE, à savoir l'Allemagne, l'Irlande, le Japon et la Nouvelle-Zélande, affichent le même taux de remplacement dans les deux cas. Dans ces pays, soit il n'existe qu'une pension de base liée à la croissance des salaires, soit les paramètres pertinents du système de retraite ne sont influencés ni par le taux d'actualisation, ni par le taux de rendement, d'où un taux de remplacement stable si les salaires demeurent constants par rapport à la moyenne. Si, pour le Japon, les taux de remplacement sont les mêmes dans les deux scénarios, ce ne sera pas le cas dans tous les contextes économiques.

La plus forte augmentation du taux de remplacement est observée au Mexique (16.5 points). Viennent ensuite la Belgique, l'Espagne, le Portugal, le Royaume-Uni et la Türkiye, avec des hausses comprises entre 5.8 et 7.6 points. Dans ces pays, les salaires passés sont indexés sur les prix (Belgique, Espagne et Portugal) ou partiellement sur le PIB (Türkiye) ; au Mexique, la pension de base et le nouveau seuil de taux de remplacement de 100 % sont indexés sur les prix, ce qui se traduit par une pension plus élevée par rapport aux salaires futurs en raison d'une croissance plus faible des salaires réels. Au Royaume-Uni, l'application du « triple verrou » (l'engagement à augmenter la pension de base de 2.5 % au moins) accroît considérablement le montant de la pension par rapport au salaire moyen et compense une baisse de 2.3 points du régime par capitalisation à cotisations définies.

À l'inverse, le taux de remplacement diminue de 2 points aux Pays-Bas et de 1 point en Lettonie. Dans les régimes par capitalisation à cotisations définies, la baisse de 50 points de base des taux de rendement réels dans le scénario alternatif est compensée par une progression plus faible des salaires réels pendant la période d'acquisition de droits, mais la baisse du taux d'actualisation réel augmente le prix des rentes indexées sur les prix, ce qui réduit les taux de remplacement.

Parmi les pays du G20, seule l'Afrique du Sud, qui assure une pension de base forfaitaire, affiche le même taux de remplacement dans les deux scénarios. C'est au Brésil que l'on observe la hausse la plus forte (9.4 points). Dans tous les autres pays, le taux de remplacement augmente, sauf en Inde, où il diminue légèrement, de 0.3 point.

Définition et mesure

Le taux de remplacement rend compte de la manière dont un système de retraite assure un revenu aux retraités en remplacement de leur salaire, principale source de revenu avant leur départ en retraite. Le taux de remplacement brut se définit comme les droits à retraite bruts divisés par le salaire brut avant le départ en retraite.

Le taux de remplacement s'exprime souvent sous forme d'un ratio entre la pension de retraite et le dernier salaire perçu (juste avant le départ en retraite). Dans les scénarios de référence, les salariés gagnent le même pourcentage du salaire moyen durant toute leur vie active. De ce fait, leur dernier salaire est égal à celui qu'ils auront perçu en moyenne sur l'ensemble de leur carrière, revalorisé en fonction de la hausse des salaires à l'échelle nationale. Les taux de remplacement exprimés en proportion du dernier salaire sont donc identiques à ceux exprimés en pourcentage des salaires perçus durant toute la vie active.

Pour en savoir plus

OCDE (2021), *Pensions at a Glance 2021: OECD and G20 Indicators*, Éditions OCDE, Paris, https://doi.org/10.1787/ca401ebd-en.

Tableau 5.4. Taux de remplacement bruts selon différentes hypothèses économiques

En pourcentage du salaire moyen

	Hommes moyennement rémunérés ayant accompli une carrière complète (femmes si différent)							
	Âge de la retraite		Scénario de référence		Scénario alternatif		Écart (en p.p.)	
Allemagne*	67		42.1		42.1		0.0	
Australie	67		40.8	(38.5)	44.7	(42.4)	3.9	3.9
Autriche	65		74.1		75.2		1.1	
Belgique	67		43.5		49.3		5.8	
Canada	65		37.1		38.1		1.0	
Chili	65		49.7	(49.6)	48.5	(48.4)	-1.2	-1.2
Colombie	62	(57)	74.8		76.8		2.0	
Corée	65		33.4		36.1		2.8	
Costa Rica	65	(63)	65.7	(62.2)	67.4	(63.9)	1.7	1.7
Danemark	74		72.7		73.3		0.5	
Espagne	65		80.4		88.0		7.6	
Estonie	71		29.3		30.8		1.5	
États-Unis	67		39.7		41.2		1.6	
Finlande	68		57.8		58.6		0.8	
France	65		56.6		60.8		4.2	
Grèce	66		79.6		82.2		2.6	
Hongrie	65	(62)	51.9	(48.4)	54.3	(50.6)	2.4	2.2
Irlande*	66		24.3		24.3		0.0	
Islande	67		43.9		49.1		5.2	
Israël	67	(65)	42.8	(36.5)	44.6	(38.1)	1.8	1.6
Italie	70		70.6		70.6		-0.1	
Japon*	65		36.5		36.5		0.0	
Lettonie	65		38.7		38.1		-0.7	
Lituanie	65		17.4		14.9		-2.5	
Luxembourg	62		75.6		77.1		1.5	
Mexique	65		69.6		86.1		16.5	
Norvège	67		46.1		45.8		-0.3	
Nouvelle-Zélande*	65		39.5		39.5		0.0	
Pays-Bas	70		74.7		73.0		-1.7	
Pologne	65	(60)	28.6	(22.4)	28.7	(22.5)	0.1	0.1
Portugal	68		72.4		79.1		6.7	
République slovaque	69		58.0		59.3		1.3	
Royaume-Uni	68		44.7		51.3		6.6	
Slovénie	62		45.9		46.1		0.2	
Suède	70		63.7		64.0		0.3	
Suisse	65		42.4		46.6		4.2	
Tchéquie	67		44.2		45.4		1.2	
Türkiye	65	(63)	69.1	(66.4)	75.1	(72)	6.1	5.6
OCDE	66.4	(65.9)	52.0	(51.4)	54.3	(53.6)	2.2	2.2
Afrique du Sud*	60		7.8		7.8		0.0	
Arabie saoudite	62		70.2		78.5		8.3	
Argentine	65	(60)	68.7	(66.3)	75.4	(73)	6.8	6.7
Brésil	65	(62)	88.4	(93.3)	97.8	(102.6)	9.4	9.3
Chine	63	(58)	80.6	(61.9)	82.2	(63.2)	1.6	1.3
Inde	58		39.2	(38.1)	39.3	(37.8)	0.1	-0.3
Indonésie	65		53.4	(50.7)	56.2	(53.4)	2.8	2.7

Note : * les salariés perçoivent les mêmes prestations brutes dans les deux cas (scénario de référence et scénario fondé sur d'autres hypothèses économiques).

Source : modèles de retraite de l'OCDE.

StatLink https://stat.link/f5ridx

Pensions théoriques relatives des travailleurs indépendants

Principaux résultats

Globalement, dans l'OCDE, les travailleurs indépendants dont le revenu imposable (net des cotisations sociales) est égal au salaire moyen net avant impôts (salaire brut net des cotisations salariales) peuvent compter sur une pension de retraite correspondant à 78 % de la pension du salarié moyen dans le secteur privé.

Les travailleurs indépendants sont tenus d'adhérer à des régimes de retraite liés à la rémunération dans la plupart des pays, mais seuls le Canada, la Corée, le Costa Rica, l'Estonie, les États-Unis, la Finlande, la Hongrie, la Lituanie, le Luxembourg, le Portugal, la Slovénie, la Tchéquie et la Türkiye leur imposent de verser à la fois les cotisations salariales et patronales (Tableau 5.5). Même dans ces pays, une observation insuffisante des règles peut compromettre la couverture retraite.

Dans 13 pays, les travailleurs indépendants sont obligatoirement couverts par des régimes liés à la rémunération, mais leur taux de couverture est limité car ils sont autorisés à verser des cotisations moins élevées que les salariés moyennant des taux de cotisation réduits (France, Israël, Islande, Italie, Lettonie, Norvège, République slovaque, Suède et Suisse) ou des cotisations forfaitaires (Colombie, Espagne, Grèce et Pologne). Le Chili fait actuellement partie de la première catégorie mais à compter de 2027, une fois la réforme achevée, le régime des indépendants sera similaire à celui des salariés. En Autriche, l'État contribue à hauteur de 4.3 % au régime des travailleurs indépendants afin de combler intégralement l'écart entre leur taux de cotisation (18.5 %) et celui des cotisations salariales et patronales (22.8 %) des salariés. En Belgique, le taux de cotisation des indépendants est inférieur à celui des salariés, mais leur taux d'acquisition est le même. En Allemagne, en Australie, au Danemark, au Japon, au Mexique et aux Pays-Bas, les travailleurs indépendants, contrairement aux salariés, ne sont pas tenus d'adhérer à des régimes liés à la rémunération. En Irlande, ils sont affiliés à des régimes de base contributifs selon des conditions analogues à celles qui s'appliquent aux salariés ; les régimes liés à la rémunération, en revanche, sont facultatifs pour tous les travailleurs. En Nouvelle-Zélande, ni les salariés ni les travailleurs indépendants ne sont assujettis à des cotisations de retraite obligatoires.

Dans les pays où les indépendants ne sont pas tenus de cotiser aux régimes de retraite liée à la rémunération, leur pension relative compte parmi les plus faibles du fait qu'elle est limitée aux prestations du premier pilier. Dans le cas d'une carrière complète, leur pension relative représente environ 40 % de celle des salariés en Grèce, au Japon et aux Pays-Bas, et un pourcentage nettement inférieur au Mexique (15 %) et en Allemagne (31 %) (Graphique 5.6).

Les projections prévoient aussi des pensions relatives faibles pour les indépendants en Espagne et en Pologne (entre 50 % et 60 % de celles des salariés), où ils ne sont astreints qu'aux cotisations forfaitaires aux régimes liés à la rémunération, et en Lettonie (71 %), où le taux de cotisation obligatoire est sensiblement moindre pour les revenus supérieurs au salaire minimum.

Dans de nombreux pays, l'application de taux de cotisation plus bas et d'une assiette de cotisations réduite dans les régimes obligatoires liés à la rémunération se traduit pour les travailleurs indépendants par des pensions inférieures à celles des salariés aux revenus imposables identiques. En France (régime par points) et en Italie, par exemple, les taux de cotisation réduits influent directement sur les droits acquis dans le cadre du régime public, tandis qu'en Norvège, en Suède et en Suisse, les pensions sont plus faibles parce que les travailleurs indépendants ne sont pas obligés de cotiser aux régimes professionnels. En conséquence, leurs pensions représentent 53 % de celles des salariés en Suisse, 66 % à 70 % en Italie et en Suède, entre 73 % et 89 % au Chili, au Costa Rica, en Israël, au Portugal, en Slovénie et en Tchéquie, et plus de 90 % en Colombie, en Corée, en Estonie, en France, en Islande, en Lituanie et en Norvège.

Le taux de cotisation inférieurs des travailleurs indépendants ne se traduit par toujours par une baisse proportionnelle des pensions. En Tchéquie, par exemple, grâce aux taux de remplacement progressifs, leurs pensions théoriques relatives atteignent 89 % alors même que l'assiette de cotisations est fixée à 50 % seulement du revenu imposable. En Belgique et en Norvège, le taux de cotisation réduit au régime public ne diminue pas implicitement les prestations et, en Autriche et au Costa Rica, les cotisations réduites des travailleurs indépendants sont explicitement complétées par l'impôt.

Certains pays calculent les retraites des indépendants sur la base du revenu brut, à savoir le revenu avant déduction des cotisations, ce qui se traduit par des montants donnant droit à prestation supérieurs, « toutes choses étant égales par ailleurs », dans le cas examiné ici (le revenu imposable du travailleur indépendant est égal au salaire net avant impôt) quand le taux de cotisation versé par le travailleur indépendant est plus élevé que le taux de cotisation salariale des salariés. De ce fait, les pensions théoriques des indépendants sont un peu plus élevées que celles des salariés en Autriche et au Luxembourg. Les États-Unis autorisent les indépendants à déduire la moitié des cotisations sociales avant de calculer l'assiette de cotisations. Comme le taux de cotisation appliqué aux salariés et aux employeurs est le même, cette déduction égalise les pensions théoriques entre travailleurs indépendants et salariés.

Définition et mesure

Le calcul de la pension théorique d'un travailleur indépendant par rapport à celle d'un salarié repose sur l'hypothèse selon laquelle tous deux ont un revenu imposable (revenu net ou salaire net avant impôts) égal au salaire net moyen avant impôts, que leur carrière débute à l'âge de 22 ans en 2024, qu'ils ne connaissent aucune interruption de carrière et qu'ils prennent leur retraite à l'âge normal. Ils versent au régime de retraite le montant (quasi) obligatoire.

Tableau 5.5. Cotisations aux régimes de retraite obligatoires et quasi obligatoires imposées aux travailleurs indépendants

Cotisations obligatoires ou quasi-obligatoires aux régimes de retraite liés aux rémunérations			Cotisations obligatoires aux régimes de base uniquement	Pas de cotisations de retraite obligatoires
Régime similaire à celui des salariés	Taux de cotisation réduit	Taux forfaitaire ou inférieur		
Canada	Autriche*	Colombie	Irlande***	Allemagne
Corée	Belgique	Espagne	Japon	Australie
Costa Rica	Chili**	Grèce	Pays-Bas	Danemark
Estonie	France	Pologne	Royaume-Uni	Mexique
États-Unis	Islande			Nouvelle-Zélande***
Finlande	Israël			
Hongrie	Italie			
Lituanie	Lettonie			
Luxembourg	Norvège			
Portugal	République slovaque			
Slovénie	Suède			
Tchéquie	Suisse			
Türkiye				

Note : * Le taux de cotisation des travailleurs indépendants se monte à 18.5 %, contre un total de 22.8 % pour les cotisations salariales et patronales confondues, mais l'écart de 4.3 % est compensé par l'État. ** Une fois la réforme entamée achevée (2018-2027), le Chili passera dans la colonne « régime similaire à celui des salariés » « Régime similaire à celui des salariés » signifie que les travailleurs indépendants sont couverts par des régimes identiques ou équivalents à ceux des salariés, qu'ils sont assujettis aux mêmes taux et aux mêmes seuils de cotisation, et que leurs cotisations sont calculées sur la base de leurs revenus. *** En Irlande et en Nouvelle-Zélande, ni les indépendants ni les salariés ne sont couverts par des régimes de retraite obligatoires ou quasi obligatoires liés à la rémunération ; en Irlande, les retraites de base sont financées par les cotisations.
Source : Voir les « descriptifs pays » à l'adresse suivante : http://oe.cd/pag.

StatLink https://stat.link/lzuipk

Graphique 5.6. Pensions théoriques des travailleurs indépendants en pourcentage de celles des salariés

Pensions théoriques d'un travailleur indépendant et d'un salarié ayant tous deux un revenu imposable (revenu net ou salaire net avant impôts) égal au salaire net moyen avant impôts, pour les personnes ayant effectué en 2024 une carrière complète à partir de l'âge de 22 ans et cotisant uniquement le montant (quasi) obligatoire au régime de retraite

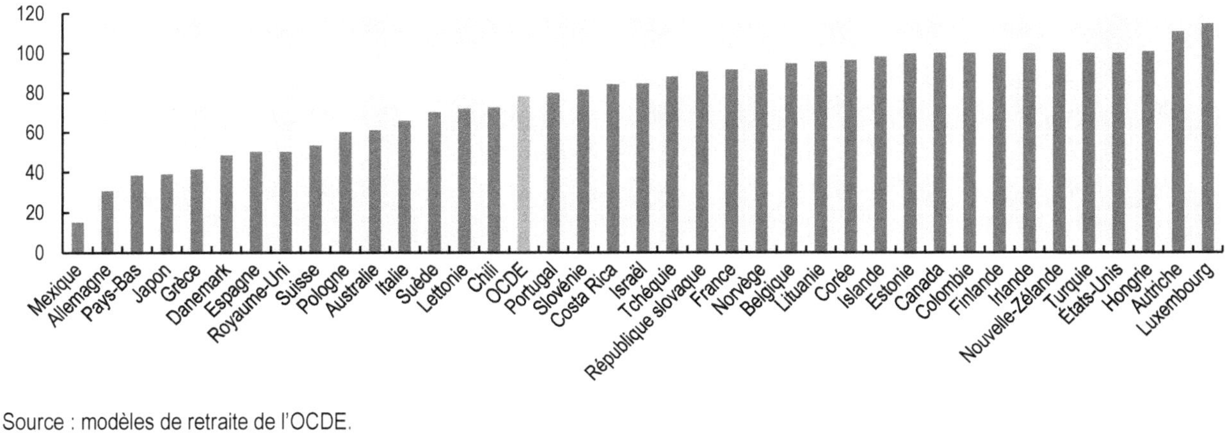

Source : modèles de retraite de l'OCDE.

StatLink https://stat.link/mlk725

6 Contexte démographique et économique

Le vieillissement démographique est le principal moteur des réformes en matière de retraite. Il résulte des évolutions de la fécondité et de l'espérance de vie. Le premier indicateur examine le nombre de naissances par femme et son évolution au cours des 50 dernières années. Le deuxième rend compte des variations de l'espérance de vie, à la naissance et à 65 ans. Le troisième concerne le degré de vieillissement, mesuré par l'importance et l'évolution du nombre de personnes âgées de 65 ans et plus par rapport au nombre de personnes d'âge actif (20-64 ans). Le quatrième porte sur les taux d'emploi des travailleurs âgés. Le cinquième présente les calculs concernant l'âge moyen effectif de sortie du marché du travail. Le dernier associe l'espérance de vie et l'indicateur précédent pour mesurer la durée de vie prévue à l'âge ainsi calculé.

Fécondité

Principaux résultats

L'indicateur conjoncturel de fécondité est inférieur au seuil estimé de renouvellement de la population (le nombre de naissances par femme nécessaire pour maintenir la population totale à niveau constant à long terme), à savoir 2.1 environ dans les pays développés en 2024, dans tous les pays de l'OCDE à l'exception d'Israël. Les taux de fécondité ont considérablement diminué dans la seconde moitié du XXe siècle et, après un léger rebond dans les années 2000, sont repartis à la baisse. Au cours des 20 dernières années, ils ont reculé dans tous les pays de l'OCDE sauf dix, souvent situés en Europe centrale et orientale, où ils avaient déjà atteint des niveaux très bas. Les taux de fécondité ont une incidence profonde sur les régimes de retraite car ils sont, avec l'espérance de vie, les déterminants d'évolutions substantielles des structures démographiques. Depuis 1960, les écarts entre les taux de fécondité des différents pays se sont résorbés.

Depuis les années 60, l'indicateur conjoncturel de fécondité (ICF) régresse dans la zone OCDE. Ce déclin a marqué une pause pendant les années 2000, mais a repris après la crise financière de 2007-2008. Aujourd'hui, les taux de fécondité s'établissent en moyenne à 1.46 dans les pays de l'OCDE, un chiffre nettement inférieur au niveau nécessaire pour assurer le renouvellement démographique (Tableau 6.1). Parmi ces pays, c'est en Israël que l'ICF est le plus élevé, avec 2.8 enfants par femme ; viennent ensuite le Mexique (1.9) et la Nouvelle-Zélande (1.7). C'est la Corée, avec 0.7 enfant par femme, qui affiche de loin le plus faible. Le Chili (1.1), l'Espagne, l'Italie, le Japon et la Lituanie (tous avec 1.2 enfant par femme) enregistrent également des taux très bas.

La chute des taux de fécondité tient à l'évolution des modes de vie, de la formation des familles, et des contraintes de la vie quotidienne, comme celles liées à la précarité de l'emploi, à la difficulté à trouver un logement convenable et des services de puériculture abordables. Ces dernières années ont aussi été marquées par une évolution des attitudes à l'égard de la parentalité. De plus en plus, les jeunes gens (hommes et femmes) trouvent un sens à leur vie en dehors de la parentalité, et il est de plus en plus accepté de ne pas avoir d'enfants.

En parallèle, les normes de « bonne parentalité » ont gagné en importance, et l'évolution du rapport coûts-avantages liés à la naissance d'un enfant – tant sur le plan financier que non financier – incite les générations actuelles à avoir moins d'enfants que les précédentes, voire aucun. Les comportements des hommes et des femmes non mariés à l'égard de la procréation ont également changé. Ainsi, 50 % au moins des naissances interviennent aujourd'hui hors mariage en France, en Islande, en Norvège et en Suède. Dans la zone OCDE, un tiers des naissances en moyenne interviennent désormais hors mariage.

Au cours des 50 dernières années, les taux de fécondité des pays de l'OCDE n'ont cessé de se rapprocher. Au début des années 60, la Colombie, la Corée, le Costa Rica, le Mexique et la Türkiye affichaient des taux environ deux fois supérieurs à la moyenne de l'OCDE, la Hongrie et la Lettonie se situant pour leur part légèrement au-dessus de la moitié. L'écart-type entre les pays s'est resserré, passant de 1.31 en 1964 à 0.29 en 2024.

Depuis 2004, les taux de fécondité ont légèrement augmenté dans 10 des 38 pays, la moyenne ayant en revanche reculé (-0.2). Les hausses les plus prononcées, à partir de niveaux très faibles, sont intervenues dans un petit nombre de pays dont la Tchéquie (+0.23), la Hongrie (+0.20), la République slovaque (+0.31) et la Slovénie (+0.33). Les baisses les plus importantes, à partir de niveaux relativement élevés, ont été observées en Colombie (-0.74), au Costa Rica (-0.70), au Mexique (-0.65) et en Türkiye (-0.58).

Si les prévisions médianes des Perspectives démographiques des Nations Unies projettent pour les pays de l'OCDE un taux de fécondité moyen de 1.53 en 2064, l'incertitude qui les entoure est considérable : le 20e centile des projections probabilistes ne s'établit en moyenne qu'à 1.17 pour l'OCDE, et le 80e à un niveau proche du seuil de reproduction (1.88) (Graphique 6.1). Les projections antérieures ont systématiquement surestimé les ICF. Celles portant sur l'année 2025 ont été revues à la baisse dans presque toutes les nouvelles éditions : alors que l'édition de 1994 prévoyait encore un ICF moyen de 2.01 en 2025 dans les pays de l'OCDE, l'estimation a été ramenée à 1.46 dans celle de 2024 (chapitre 1).

En conséquence, le taux de dépendance démographique va considérablement augmenter, alourdissant la charge qui pèse sur la population d'âge actif pour financer les régimes de retraite par répartition et les soins de santé dispensés aux seniors.

Parmi les autres grandes économies, l'Afrique du Sud, l'Arabie saoudite et l'Indonésie affichent actuellement des taux de fécondité supérieurs au seuil de renouvellement de 2.1, suivis de près par l'Inde. L'évolution à la baisse devrait toutefois s'y poursuivre, et les taux atteindre un niveau inférieur à ce seuil d'ici à 2030. L'ICF a en revanche atteint un creux en Chine, et devrait augmenter au cours des 40 prochaines années.

Définition et mesure

L'indicateur conjoncturel de fécondité mesure le nombre d'enfants qu'aurait une femme qui vivrait jusqu'à la fin de sa période de procréation si, à chaque âge, sa probabilité de mettre au monde des enfants correspondait au taux de fécondité à cet âge. Il est généralement obtenu par la somme des taux de fécondité de groupes d'âges définis selon des intervalles de cinq ans. Un indicateur conjoncturel de fécondité de 2.1 enfants par femme (le seuil de renouvellement) assure globalement la stabilité de la population dans l'hypothèse de flux migratoires nuls et de taux de mortalité inchangés.

Pour en savoir plus

OCDE (2024), *Panorama de la santé 2024 : Les indicateurs de l'OCDE*, Éditions OCDE, Paris, https://doi.org/10.1787/918d8db3-en.

Tableau 6.1. Indicateurs conjoncturels de fécondité, 1964-2064

	1964	1984	2004	2024	2044	2064		1964	1984	2004	2024	2044	2064
Allemagne	2.52	1.39	1.35	1.45	1.53	1.56	Luxembourg	2.34	1.43	1.64	1.40	1.47	1.51
Australie	3.10	1.87	1.77	1.64	1.64	1.63	Mexique	6.81	4.18	2.54	1.89	1.72	1.68
Autriche	2.77	1.53	1.40	1.33	1.42	1.46	Norvège	2.95	1.66	1.82	1.41	1.49	1.52
Belgique	2.68	1.54	1.71	1.38	1.48	1.51	Nouvelle-Zélande	3.74	1.92	1.96	1.66	1.62	1.62
Canada	3.39	1.62	1.53	1.34	1.37	1.43	Pays-Bas	3.14	1.49	1.72	1.43	1.50	1.54
Chili	4.46	2.61	1.84	1.14	1.21	1.31	Pologne	2.58	2.39	1.23	1.31	1.39	1.43
Colombie	6.47	3.35	2.36	1.62	1.56	1.58	Portugal	3.24	1.90	1.41	1.51	1.57	1.59
Corée	5.10	1.85	1.17	0.73	0.98	1.13	Rép. slovaque	2.88	2.27	1.25	1.56	1.60	1.61
Costa Rica	6.16	3.52	2.01	1.32	1.37	1.42	Royaume--Uni	2.91	1.76	1.74	1.54	1.54	1.56
Danemark	2.60	1.40	1.78	1.52	1.57	1.60	Slovénie	2.31	1.75	1.25	1.57	1.61	1.61
Espagne	2.99	1.72	1.30	1.22	1.35	1.41	Suède	2.43	1.65	1.75	1.44	1.52	1.54
Estonie	1.94	2.17	1.46	1.37	1.50	1.53	Suisse	2.64	1.52	1.40	1.44	1.51	1.53
États-Unis	3.21	1.83	2.01	1.62	1.64	1.64	Tchéquie	2.33	1.97	1.24	1.47	1.57	1.58
Finlande	2.59	1.69	1.79	1.29	1.40	1.46	Türkiye	6.25	3.90	2.21	1.63	1.62	1.61
France	2.84	1.81	1.89	1.63	1.65	1.65	**OCDE**	**3.27**	**2.07**	**1.66**	**1.46**	**1.51**	**1.53**
Grèce	2.32	1.86	1.34	1.35	1.41	1.44							
Hongrie	1.80	1.74	1.29	1.49	1.55	1.57	Afrique du Sud	5.89	4.51	2.44	2.20	1.94	1.81
Irlande	4.06	2.60	1.91	1.58	1.61	1.60	Arabie saoudite	7.56	6.60	3.24	2.30	1.93	1.79
Islande	3.85	2.10	2.04	1.52	1.50	1.52	Argentine	3.06	3.10	2.42	1.50	1.53	1.55
Israël	4.08	3.08	2.85	2.78	2.40	2.15	Brésil	5.80	3.60	1.96	1.61	1.57	1.57
Italie	2.66	1.46	1.33	1.21	1.33	1.40	Chine	6.66	2.56	1.59	1.01	1.16	1.24
Japon	2.00	1.77	1.29	1.21	1.33	1.40	Inde	5.92	4.47	3.03	1.96	1.78	1.73
Lettonie	1.81	2.11	1.30	1.34	1.44	1.47	Indonésie	5.49	3.92	2.41	2.11	1.88	1.80
Lituanie	2.31	2.10	1.28	1.21	1.34	1.39	UE27	2.57	1.87	1.47	1.42	1.49	1.52

Note : les données portent sur des périodes de cinq ans dont la dernière année est indiquée à la première ligne du tableau.
Source : Organisation des Nations Unies, Département des affaires économiques et sociales, (2024). Perspectives de la population mondiale 2024, édition en ligne (pour les périodes ultérieures : variantes moyennes des prévisions démographiques).

StatLink https://stat.link/u426kq

Graphique 6.1. Incertitudes entourant les projections de l'indicateur conjoncturel de fécondité

Variantes basse, moyenne et élevée des projections pour 2064

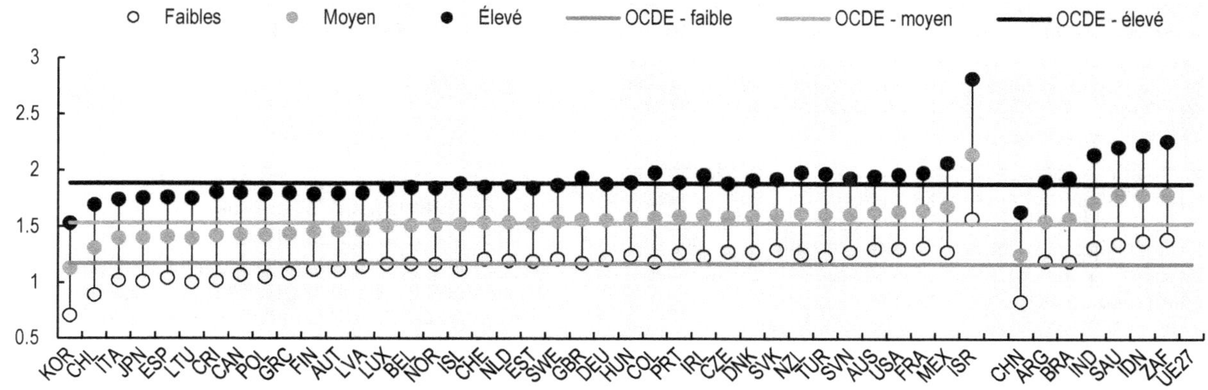

Note : les variantes basse, moyenne et élevée correspondent respectivement au 20e, au 50e et au 80e centiles des projections probabilistes.
Source : Organisation des Nations Unies, Département des affaires économiques et sociales (2024). Projections démographiques probabilistes fondées sur les Perspectives de la population mondiale 2024 : http://population.un.org/wpp/.

StatLink https://stat.link/g8al07

Espérance de vie

Principaux résultats

L'allongement considérable de l'espérance de vie est l'une des avancées les plus remarquables du siècle dernier. On vit de plus en plus longtemps, et cette tendance devrait se poursuivre malgré le ralentissement récemment observé. En 2024, l'espérance de vie résiduelle à 65 ans atteignait en moyenne 18.5 ans pour les hommes et 21.6 ans pour les femmes. Les chiffres les plus élevés sont observés pour les femmes au Japon (24.9 ans) et les hommes en Australie (20.9 ans), les plus bas pour les femmes au Mexique et en Türkiye (moins de 19.0 ans) et pour les hommes en Lettonie et en Lituanie (15.0 ans dans les deux cas). D'ici à 2065, l'espérance de vie à 65 ans devrait progresser de 3.7 ans chez les femmes et de 4.2 ans chez les hommes, en moyenne, dans les pays de l'OCDE.

L'espérance de vie à 65 ans contribue sensiblement au bien-être des seniors. Elle influe aussi sur le financement des systèmes de retraite. En 2024, dans les pays de l'OCDE, les femmes âgées de 65 ans pouvaient espérer vivre jusqu'à 86.6 ans et les hommes jusqu'à 83.5 ans en moyenne (Graphique 6.2). Pour les femmes, c'est au Japon que l'espérance de vie résiduelle la plus élevée est observée (24.9 ans). Elle dépasse également 23.0 ans en Australie, en Corée, en Espagne et en France. Pour les hommes, elle est supérieure ou égale à 20.0 ans en Australie, en France, au Japon et en Suisse. Les niveaux les plus faibles pour les femmes sont observés en Hongrie (19.0 ans), au Mexique (18.3 ans) et en Türkiye (18.8 ans). Les pays qui affichent les chiffres les plus bas pour les hommes sont la Hongrie (15.3 ans), la Lettonie (15.0 ans), la Lituanie (15.0 ans) et la Türkiye (15.2 ans).

L'espérance de vie devrait continuer à progresser. En 2065, les femmes japonaises de 65 ans devraient vivre encore 29.2 années, suivies des Coréennes (27.8 ans). À titre de comparaison, l'espérance de vie résiduelle des femmes à 65 ans serait alors de 21.9 ans au Mexique, et de 22.8 ans en Hongrie et en Lettonie (Graphique 6.3). Pour les hommes, les disparités entre pays sont moins marquées. C'est en Australie que leur espérance de vie à 65 ans sera la plus longue en 2065 (24.4 ans), devant le Japon (24.2 ans) et la Suisse (24.0 ans). La Lettonie et la Lituanie (19.5 ans) figurent en revanche en queue de classement.

En 2065, l'écart d'espérance de vie à 65 ans entre les genres devrait être compris entre deux et quatre ans en faveur des femmes dans presque tous les pays de l'OCDE. Des écarts plus importants (5 ans) sont observés au Japon et en Corée. Les plus faibles (1.5 an) sont prévus au Chili, au Mexique et en Nouvelle-Zélande.

Les chiffres présentés ci-dessus portent sur l'espérance de vie par période, qui mesure l'espérance de vie (actuelle ou projetée) à partir des taux de mortalité de personnes d'âges différents (appartenant donc à des cohortes de naissance distinctes) à un moment donné (2024 ou 2065 ici). L'espérance de vie par cohorte, pour sa part, est fondée sur les taux de mortalité projetés appliqués à des cohortes de naissances données. Elle tient donc compte des gains ultérieurs (après 2024 ou 2065) dont ces dernières bénéficieraient. Ces estimations par cohorte indiquent, en moyenne, un allongement de l'espérance de vie à 65 ans de 1.0 an pour les femmes et de 0.7 an pour les hommes en 2065 par rapport à l'espérance de vie par période (Graphique 6.3).

La progression de l'espérance de vie résiduelle à 65 ans a récemment ralenti, après une période d'accroissement rapide de la longévité. Cette amélioration a atteint son acmé au milieu des années 2000 (Graphique 6.4), pour les hommes comme pour les femmes. Globalement, dans l'OCDE, ce ralentissement entraîne une rupture structurelle dans la série estimée après 2012. Entre le milieu des années 1990 et 2012, l'espérance de vie à 65 ans a rapidement augmenté, d'environ 1.6 an par décennie pour les hommes et de 1.4 an pour les femmes, soit une accélération respective de 0.9 et 1.1 an par décennie. Depuis 2012 environ, cette progression a diminué quasiment de moitié, passant à 0.9 an par décennie pour les hommes et à 0.8 an pour les femmes.

Définition et mesure

L'espérance de vie par période se définit comme le nombre moyen d'années qu'une personne d'un âge déterminé peut encore espérer vivre compte tenu du taux de mortalité, à cet âge et pour ce sexe, qui prévaut dans un pays donné à une période donnée, en l'occurrence 2024 et 2065. Comme les déterminants de la longévité évoluent lentement, il est préférable d'étudier l'espérance de vie sur une longue période. L'espérance de vie par cohorte tient compte de l'évolution prévue des estimations de mortalité pour une cohorte donnée.

Pour en savoir plus

OCDE (2021), *Pensions at a Glance 2021: OECD and G20 Indicators*, Éditions OCDE, Paris, https://doi.org/10.1787/ca401ebd-en.

Whitehouse, E. (2007), « Life-Expectancy Risk and Pensions: Who Bears the Burden? », *Documents de travail de l'OCDE sur les affaires sociales, l'emploi et les migrations*, n° 60, Éditions OCDE, Paris, https://doi.org/10.1787/060025254440.

Graphique 6.2. Espérance de vie actuelle des hommes et des femmes à 65 ans, en années, 2024

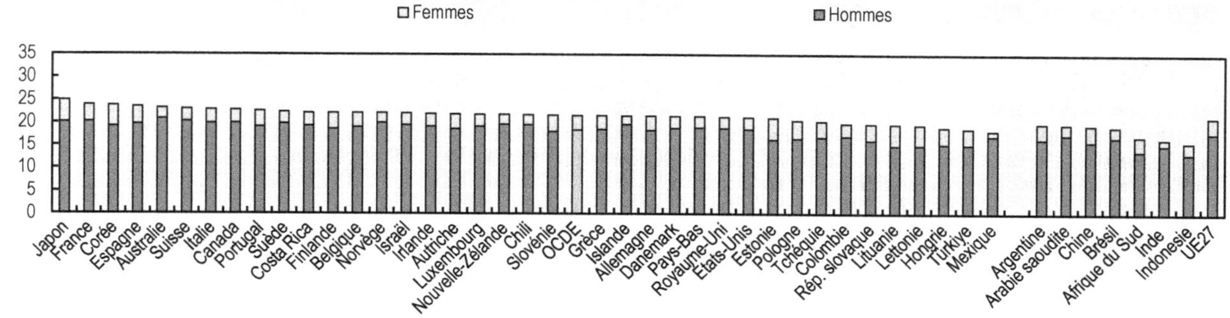

Source : Organisation des Nations Unies, Département des affaires économiques et sociales, (2024). Perspectives de la population mondiale 2024, édition en ligne.

StatLink https://stat.link/6zc294

Graphique 6.3. Espérance de vie résiduelle prévue à 65 ans, 2065, en années

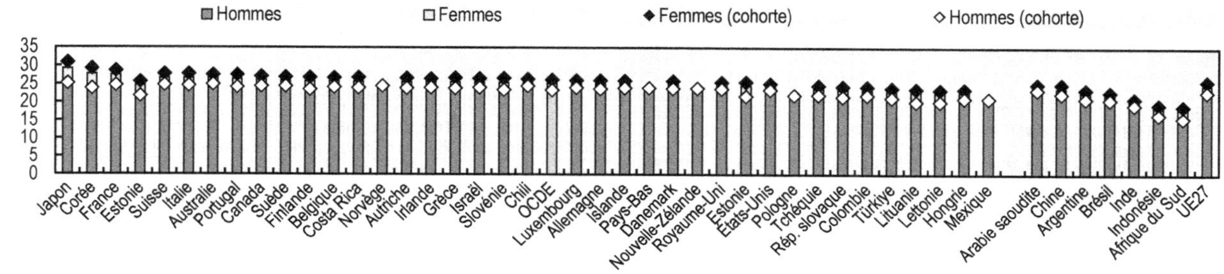

Note : espérance de vie par période calculée à partir des taux de mortalité qui s'appliquent à un moment déterminé, dans le cas présent à 2024, et non à une cohorte de naissances précise.

Source : Organisation des Nations Unies, Département des affaires économiques et sociales, (2024). Perspectives de la population mondiale 2024, édition en ligne.

StatLink https://stat.link/wysmo1

Graphique 6.4. Ruptures structurelles dans les gains d'espérance de vie

Évolution annuelle de l'espérance de vie résiduelle à 65 ans, en années

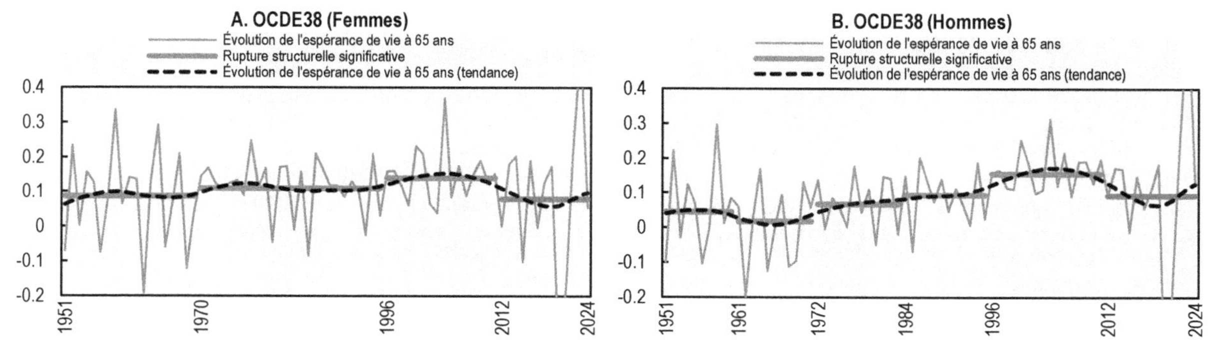

Note : les ruptures sont statistiquement significatives au niveau de confiance de 99 %. Afin de limiter les interférences liées aux variations à court terme de l'espérance de vie en cours de période, les ruptures sont estimées sur la série tendancielle obtenue au moyen du filtre Hodrick-Prescott (lambda = 100).

Source : Organisation des Nations Unies, Département des affaires économiques et sociales, (2024). Perspectives de la population mondiale 2024, édition en ligne.

StatLink https://stat.link/

Taux de dépendance démographique

Principaux résultats

On recense en moyenne 33 personnes âgées de 65 ans et plus pour 100 personnes d'âge actif (20-64 ans) dans les pays de l'OCDE, alors qu'on n'en comptait que 21 trente ans plus tôt. Le vieillissement démographique s'est accéléré puisque ce taux de dépendance démographique moyen – calculé à seuils d'âge constants – devrait atteindre 55 au cours des 30 prochaines années. La population d'âge actif (20-64 ans) devrait diminuer de plus de 30 % au cours des quatre prochaines décennies en Espagne, en Estonie, en Grèce, au Japon et en République slovaque, et de plus de 35 % en Corée, en Italie, en Lettonie, en Lituanie et en Pologne.

L'évolution du taux de dépendance démographique dépend des taux de mortalité et de fécondité et du solde migratoire. L'espérance de vie a progressé de manière continue dans les pays de l'OCDE, tendance dont la plupart des analystes prévoient qu'elle va se maintenir, ce qui implique une hausse du nombre de personnes âgées et de retraités.

En parallèle, les taux de fécondité ont sensiblement reculé, ce qui s'est traduit dans de nombreux pays par une baisse du nombre d'entrants sur le marché du travail. Dans les pays de l'OCDE, par exemple, ces taux sont dans l'ensemble passés en dessous du seuil de renouvellement vers le milieu des années 80, ce qui entraînera un recul démographique à long terme. De grandes incertitudes pèsent toutefois sur leur évolution future (Graphique 6.1 ci-dessus).

Avec un taux de 54.9 personnes âgées de 65 ans et plus pour 100 personnes d'âge actif (20-64 ans), le Japon s'inscrit en tête du classement. L'Allemagne, la Finlande, la France, la Grèce, l'Italie et le Portugal affichent aussi un taux élevé (40 ou plus). À l'horizon 2054, celui-ci devrait atteindre plus de 70 en Corée (84.5), en Espagne (76.2), en Grèce (70.7), en Italie (76.6), et au Japon (80.0) (Tableau 6.2).

À l'inverse, la Colombie, le Costa Rica, le Mexique et la Türkiye sont les pays les plus jeunes à l'aune de cet indicateur, avec des taux inférieurs à 20. Au cours de la deuxième moitié du siècle, ces pays devraient toutefois accuser un vieillissement considérable. En 2084, la Colombie, le Costa Rica et la Türkiye devraient afficher des taux supérieurs à la moyenne de l'OCDE (68).

En ce qui concerne l'OCDE dans son ensemble, le taux de dépendance devrait continuer d'augmenter, passant de 32.6 en 2024 à 55.2 en 2054 et à 67.7 en 2084. La Corée est, de loin, le pays qui connaîtra le vieillissement le plus rapide de l'OCDE. Le taux de dépendance (7.3 en 1964) devrait y progresser de 29.3 en 2024 à 122.0 en 2084 : la Corée, dixième pays le plus jeune de l'OCDE en 2024, en sera alors le plus âgé.

La population d'âge actif (20-64 ans) de l'OCDE devrait globalement diminuer de 13 % d'ici à 2064, soit 0.33 % par an. Elle fléchira de plus de 30 % en Espagne, en Estonie, en Grèce, au Japon et en République slovaque, et de plus de 35 % en Corée, en Italie, en Lettonie, en Lituanie et en Pologne. Elle devrait en revanche augmenter d'environ 10 % au Canada et au Mexique, de 20 % en Australie et de 70 % en Israël, pays qui sort clairement du lot (Graphique 6.5). Les pays de l'UE sont fortement représentés parmi ceux où la population va accuser une baisse prononcée, celle-ci se situant en moyenne à 23 % à l'horizon 2064, soit près du double de celle de l'OCDE. L'incidence sur le financement des régimes de retraite par répartition sera substantielle du fait que le vieillissement diminuera leurs taux de rendement interne. Le déclin rapide de la population d'âge actif, en réduisant la croissance de la production, les taux d'intérêt et les rendements financiers, pourrait même avoir des répercussions négatives sur les régimes par capitalisation.

Les projections des taux de dépendance varient selon la source, comme le montre la comparaison entre ceux fondés sur les données de l'ONU et celles d'Eurostat (Graphique 6.6). En moyenne, pour les 22 pays de l'UE membres de l'OCDE, les projections basées sur les données de l'ONU donnent un taux supérieur de 3 points en 2050 à celui calculé à partir des données d'Eurostat. Le taux projeté à partir des données d'Eurostat est inférieur de 10 points à celui établi à partir de celles de l'ONU pour l'Espagne et l'Italie, et de 8 points pour l'Autriche et l'Allemagne. Il lui est supérieur pour quatre pays seulement : la Grèce, la Lettonie, la Lituanie et le Portugal.

Définition et mesure

Le taux de dépendance démographique est défini comme le nombre de personnes âgées de 65 ans et plus pour 100 personnes d'âge actif, à savoir les personnes âgées de 20 à 64 ans.

Pour en savoir plus

Boulhol, H., M. Lis and M. Queisser (2022), "Trends in Pension Reforms in OECD Countries", in Bloom, D., A. Sousa-Poza and U. Sunde (eds.), *Handbook on the Economics of Ageing*, Routledge, Abingdon.

Boulhol, H. and C. Geppert (2018), *Population ageing: Pension policies alone will not prevent the decline in the relative size of the labour force*, https://cepr.org/voxeu/columns/population-ageing-pension-policies-alone-will-not-prevent-decline-relative-size.

Tableau 6.2. Taux de dépendance démographique : données passées et projections, 1954-2084

	1954	1964	1994	2024	2054	2084		1954	1964	1994	2024	2054	2084
Allemagne	17.0	20.8	24.1	39.8	59.7	58.8	Luxembourg	16.3	18.6	22.0	24.4	50.3	60.6
Australie	14.7	16.1	19.7	30.4	45.2	51.8	Mexique	7.0	6.7	9.2	14.0	31.4	56.0
Autriche	18.9	22.7	24.5	34.1	61.1	64.9	Norvège	17.2	21.5	27.5	31.9	51.9	65.6
Belgique	18.9	22.2	26.0	35.7	53.3	63.6	Nouvelle-Zélande	17.1	16.7	19.8	29.5	45.4	58.1
Canada	14.6	15.3	19.4	33.2	47.3	57.6	Pays-Bas	15.2	18.0	20.9	34.8	48.9	62.2
Chili	6.4	7.7	12.7	22.5	52.3	95.0	Pologne	9.7	12.4	18.9	33.7	67.8	82.6
Colombie	7.2	7.1	8.1	15.7	38.5	68.2	Portugal	13.5	15.3	24.9	42.5	66.6	60.1
Corée	6.4	7.3	9.0	29.3	84.5	122.0	Rép. slovaque	12.1	14.4	18.7	30.6	62.8	67.1
Costa Rica	7.5	7.6	9.6	19.7	49.9	89.5	Royaume--Uni	18.9	21.2	27.3	34.0	46.1	59.5
Danemark	16.9	20.1	25.2	36.2	47.4	59.4	Slovénie	13.5	14.2	19.2	37.2	65.7	62.5
Espagne	13.3	15.4	24.6	34.9	76.2	76.8	Suède	18.1	21.5	30.3	36.8	49.4	63.0
Estonie	18.0	18.6	22.3	37.1	62.7	72.1	Suisse	16.4	18.2	23.6	33.3	60.9	60.9
États-Unis	14.9	17.8	21.0	30.8	42.9	52.7	Tchéquie	14.4	18.2	22.0	35.7	59.7	58.7
Finlande	12.5	14.5	23.2	42.8	54.0	68.7	Türkiye	8.6	10.1	9.8	16.8	42.5	75.4
France	19.8	22.0	25.3	40.2	53.4	59.9	**OCDE**	**14.0**	**15.9**	**20.8**	**32.6**	**55.2**	**67.7**
Grèce	12.2	13.5	25.5	41.6	70.7	73.8							
Hongrie	13.9	17.2	23.7	35.3	52.0	53.6	Afrique du Sud	8.1	7.7	8.2	11.3	20.8	27.4
Irlande	20.8	22.8	20.9	27.0	51.1	65.2	Arabie saoudite	7.5	7.2	4.3	4.5	14.5	23.1
Islande	14.6	17.5	19.6	26.0	45.4	68.1	Argentine	8.1	10.7	17.5	21.3	37.0	69.7
Israël	7.9	11.2	18.7	24.1	30.0	38.8	Brésil	5.4	6.2	8.7	17.7	43.1	63.2
Italie	15.0	17.4	27.0	42.0	76.6	80.2	Chine	9.3	8.0	10.1	23.1	64.2	115.9
Japon	10.1	10.8	22.6	54.9	80.0	81.6	Inde	6.8	7.7	8.6	12.0	27.1	51.4
Lettonie	18.0	18.1	22.5	37.9	58.7	73.8	Indonésie	4.3	5.7	8.6	12.2	27.3	41.8
Lituanie	12.7	15.3	20.3	33.5	55.7	82.6	UE27	14.9	17.1	22.8	36.0	59.6	67.4

Note : le taux de dépendance démographique est défini comme le nombre de personnes âgées de 65 ans et plus pour 100 personnes âgées de 20 à 64 ans.
Source : Organisation des Nations Unies, Département des affaires économiques et sociales (2024), Perspectives de la population mondiale 2024, édition en ligne (pour les périodes ultérieures : variantes moyennes des prévisions démographiques).

StatLink https://stat.link/sy7ep2

Graphique 6.5. La population d'âge actif va diminuer dans de nombreux pays de l'OCDE

Variation de la population d'âge actif (20-64 ans), 2024-2064, en pourcentage

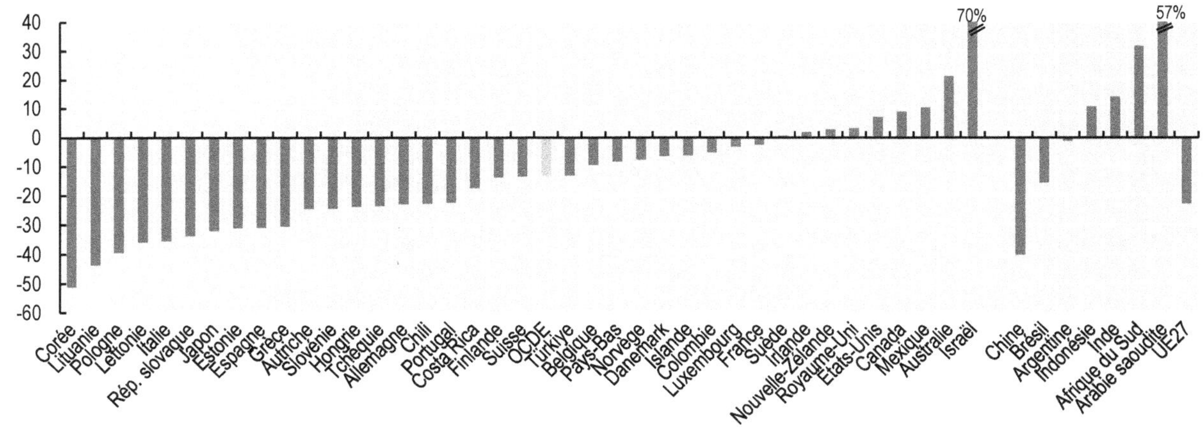

Source : Perspectives de la population mondiale des Nations Unies : Révision de 2024.

StatLink https://stat.link/huxzt5

Graphique 6.6. Les projections des taux de dépendance démographique diffèrent selon les sources de données

Écart entre les projections fondées sur les sources de données de l'UE et de l'ONU pour 2050, en points de pourcentage

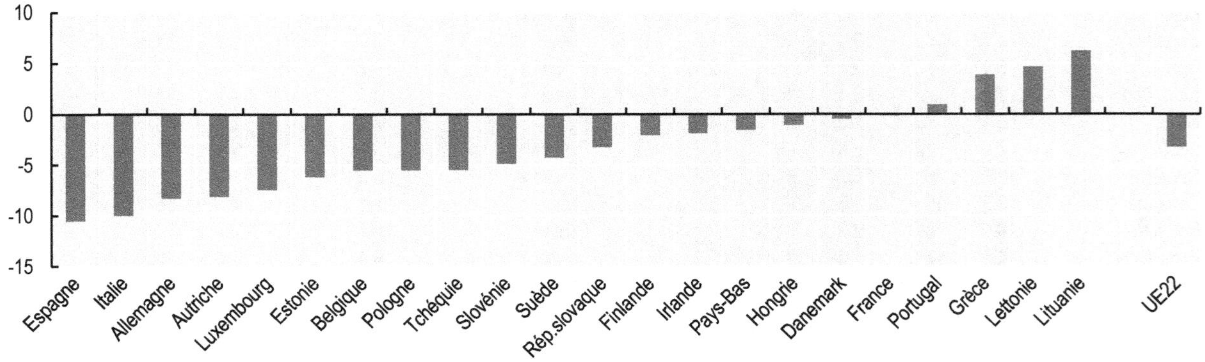

Note : le taux de dépendance démographique est défini comme le nombre de personnes âgées de 65 ans et plus pour 100 personnes âgées de 20 à 64 ans.

Source : Organisation des Nations Unies, Département des affaires économiques et sociales (2024), Perspectives de la population mondiale 2024, édition en ligne (pour les périodes ultérieures : variantes moyennes des prévisions démographiques). Projections de population d'Eurostat, EUROPOP 2023.

StatLink https://stat.link/eszb5t

Taux d'emploi des seniors et écarts entre les genres

Principaux résultats

Le taux d'emploi diminue avec l'âge dans tous les pays de l'OCDE, souvent de manière prononcée. En 2024, il s'élevait en moyenne à 75.7 % pour les personnes âgées de 55 à 59 ans, à 56.5 % pour la tranche des 60-64 ans, et à 26.4 % pour celle des 65-69 ans. Chez les seniors, celui des hommes était supérieur à celui des femmes dans tous les pays de l'OCDE sauf quatre (Estonie, Finlande, Lettonie et Lituanie), l'écart entre les genres s'établissant en moyenne à 13 points dans l'ensemble des pays, ce qui se traduit par un écart entre les pensions qui va de 6 % en Estonie à 47 % au Japon, et s'établit en moyenne à 23 % dans l'OCDE, les hommes percevant des pensions plus élevées dans tous les pays.

La longévité atteignant des niveaux inédits, nombreux sont ceux qui voudront ou devront travailler plus longtemps, l'âge de la retraite augmentant en parallèle. Ces deux dernières décennies, le vieillissement démographique, le relèvement de l'âge légal de la retraite et la hausse des niveaux d'études ont entraîné une augmentation des taux d'emploi des travailleurs de 55 ans et plus dans l'OCDE. Néanmoins, les progrès demeurent inégaux selon les pays ; les taux d'emploi diminuent toujours après 50 ans, et encore plus rapidement après 60 ans.

Dans l'ensemble de l'OCDE, le taux d'emploi moyen est de 75.7 % pour la tranche des 55-59 ans, de 56.5 % pour celle des 60-64 ans, mais de 26.4 % seulement pour celle des 65-69 ans. Celui des 60-64 ans est supérieur à 70 % en Islande, au Japon et en Nouvelle-Zélande. Il est en revanche inférieur à 36 % en Autriche, au Luxembourg, en Slovénie et en Türkiye, quatre pays où l'âge normal de la retraite est bas, et inférieur à 45 % en Belgique, au Costa Rica, en France et en Pologne.

Par rapport à la tranche des 55-59 ans, le taux d'emploi des 60-64 ans accuse une baisse considérable (de plus de 40 points, soit le double de la moyenne de l'OCDE) en Autriche, au Luxembourg et en Slovénie. Ce recul est à l'inverse inférieur à 10 points en Islande, au Japon, en Lettonie, en Norvège et en Nouvelle-Zélande.

Tous les pays du continent américain, à l'exception mineure du Costa Rica, affichent un taux d'emploi moyen supérieur à la moyenne pour la tranche des 65-69 ans, mais ils se situent tous, Costa Rica compris, en dessous de celle de l'OCDE pour les deux tranches précédentes, exception faite de celle des 60-64 ans au Chili et aux États-Unis. En Australie, en Corée, en Israël, au Japon et en Nouvelle-Zélande, les taux d'emploi des trois tranches d'âge sont supérieurs à la moyenne de l'OCDE, sauf celui des 55-59 ans en Australie, qui lui est légèrement inférieur. A contrario, les taux d'emploi de toutes les tranches d'âge considérées sont inférieurs à cette moyenne en Belgique, en Espagne, en Grèce, en Italie, au Luxembourg et en Türkiye.

Les taux d'emploi des femmes sont inférieurs à ceux des hommes dans tous les pays pour la tranche des 25-54 ans. Le schéma inverse ne s'observe que dans les trois pays baltes et en Finlande, pour la tranche des 55-64 ans (Graphique 6.8). Pour cette dernière catégorie, l'écart est de 13 points en moyenne dans l'OCDE, chiffre légèrement supérieur à celui des individus d'âge très actif (10 points). Chez les seniors, c'est dans les quatre pays d'Amérique latine membres de l'OCDE et en Türkiye que l'on constate les écarts les plus prononcés entre les genres (plus de 30 points).

À la longue, les fortes disparités d'emploi entre hommes et femmes se traduisent par des écarts de pension importants, d'autant qu'elles étaient encore plus marquées dans le passé. Les écarts entre les genres en matière de rémunération horaire et de nombre d'heures travaillées sont également substantiels (chapitre 2). Dans les 34 pays de l'OCDE pour lesquels des données sont disponibles, les pensions versées aux femmes sont inférieures de 23 % à celles des hommes (Graphique 6.9). Cet écart atteint environ 35 % ou plus en Autriche, au Mexique, aux Pays-Bas et au Royaume-Uni, et affiche son niveau le plus élevé au Japon (47 %). Il est en revanche inférieur à 10 % en Estonie, en Islande, en République slovaque, en Slovénie et en Tchéquie.

Définition et mesure

Le taux d'emploi correspond au rapport des actifs à la population totale de la classe d'âge considérée. Les actifs sont les personnes âgées de 15 ans et plus qui déclarent avoir travaillé en contrepartie d'une rémunération pendant une heure au moins au cours de la semaine précédente ou qui étaient temporairement absentes de leur travail pendant la semaine de référence. L'écart de pension entre les genres correspond à la différence entre le montant moyen des retraites des hommes et des femmes exprimé en pourcentage de la retraite moyenne des hommes. Il est calculé pour les bénéficiaires âgés de 65 ans et plus de manière à pouvoir procéder à des comparaisons entre pays.

Pour en savoir plus

OECD (2025), Pensions at a Glance, OECD Publishing, Paris,

OECD (2025), OECD Employment Outlook 2025: Can We Get Through the Demographic Crunch?, OECD Publishing, Paris, https://doi.org/10.1787/194a947b-en.

OECD (2023), *Joining Forces for Gender Equality: What is Holding us Back?*, OECD Publishing, Paris, https://doi.org/10.1787/67d48024-en.

OECD (2021), *Towards Improved Retirement Savings Outcomes for Women*, OECD Publishing, Paris, https://doi.org/10.1787/f7b48808-en.

Graphique 6.7. Taux d'emploi des travailleurs âgés de 55 à 59 ans, de 60 à 64 ans et de 65 à 69 ans en 2024

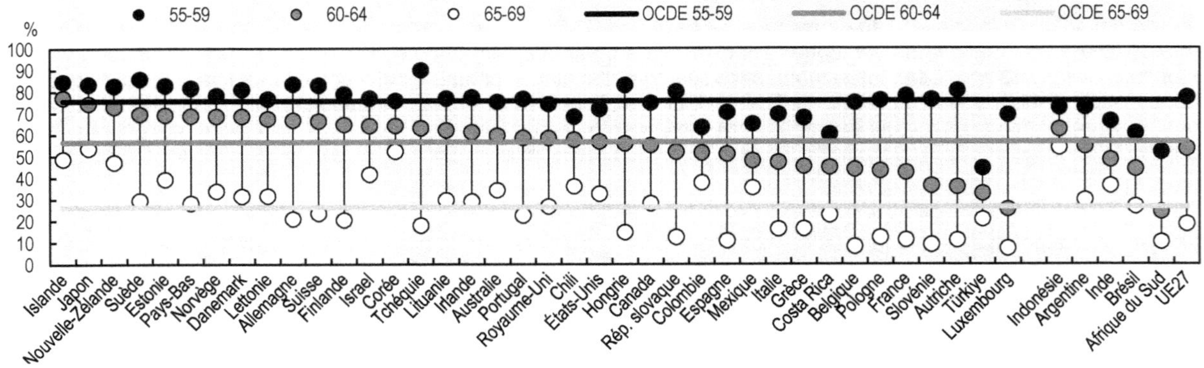

Note : les données pour l'Argentine et l'Indonésie se rapportent aux années 2023 et 2019 respectivement.
Source : base de données de l'OCDE sur les statistiques du marché du travail, par sexe et par âge : ratio emploi-population.

StatLink https://stat.link/8bjh5y

Graphique 6.8. Écart de taux d'emploi entre les genres, par tranche d'âge, 2024

Écart en points de pourcentage (homme-femme)

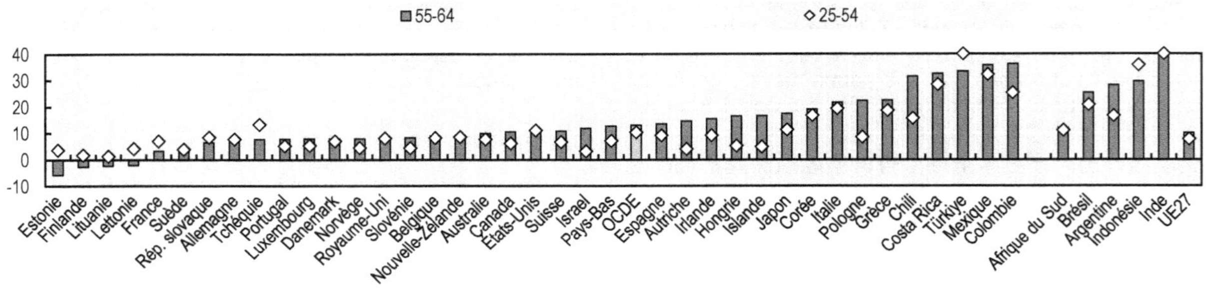

Note : les données pour l'Argentine et l'Indonésie se rapportent aux années 2023 et 2019 respectivement. Le chiffre pour la tranche des 25-54 ans en Türkiye est de 40.6. Pour l'Inde, il est de 44.8 pour la tranche des 55-64 ans, et de 50.7 pour celle des 25-54 ans.
Source : base de données de l'OCDE sur les statistiques du marché du travail, par sexe et par âge : ratio emploi-population.

StatLink https://stat.link/0bq3o9

Graphique 6.9. Écart de pension entre les genres dans les pays de l'OCDE, dernière année disponible

Écart entre la pension moyenne des hommes et celle des femmes, en pourcentage de la pension moyenne des hommes

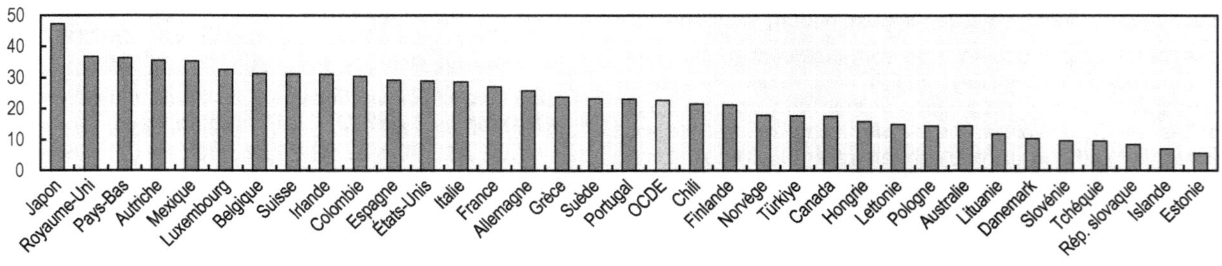

Note : voir le graphique 2.1.
Source : voir le graphique 2.1.

StatLink https://stat.link/1sb7d0

Évolution des taux d'emploi des seniors

Principaux résultats

Dans les pays où l'âge normal de la retraite est plus élevé, le taux d'emploi des travailleurs seniors est généralement plus haut. Celui des personnes âgées de 55 à 64 ans a fortement progressé au cours des 20 dernières années dans la plupart des pays de l'OCDE, passant en moyenne de 47.7 % en 2004 à 66.4 % en 2024, ce qui tient en partie aux réformes des politiques de retraite. En comparaison, le taux d'emploi des personnes âgées de 25 à 54 ans n'a augmenté que de 5.7 points depuis 2004, il est vrai à partir de niveaux initiaux plus élevés. Dans l'ensemble, le taux d'emploi de la tranche des 55-64 ans, tous niveaux d'études confondus, a substantiellement progressé, les personnes moyennement instruites affichant des résultats légèrement supérieurs à ceux des personnes au niveau d'études faible ou élevé.

Le taux d'emploi des travailleurs seniors est généralement plus haut dans les pays où l'âge normal de la retraite est plus élevé (Graphique 6.10). Le Danemark, l'Islande, la Norvège et les Pays-Bas ont fixé l'âge de la retraite à 67 ans pour les hommes comme pour les femmes et affichent les taux d'emploi les plus élevés pour la tranche des 60-64 ans. La corrélation n'est cependant pas systématique, notamment parce que l'âge normal de la retraite n'est qu'un indicateur synthétique des paramètres d'âge du régime de retraite. Ainsi, parmi les pays où l'âge normal de la retraite est fixé à 65 ans, le taux d'emploi des 60-64 ans varie de 44 % en Belgique à 73 % en Nouvelle-Zélande.

Le taux d'emploi des 60-64 ans est généralement faible dans les pays où l'âge normal de la retraite est bas, à l'exception de la Colombie et de la Corée, où l'emploi informel occupe une place importante et où le régime de retraite n'est pas encore parvenu à maturité. C'est notamment le cas en Autriche, au Luxembourg, en Slovénie et en Türkiye, où l'âge normal de la retraite (en moyenne pour les hommes et les femmes) est respectivement de 62.8 ans, 60 ans, 60 ans et 59 ans.

Le taux d'emploi des personnes âgées de 55 à 64 ans a augmenté dans presque tous les pays de l'OCDE depuis 2004, tant dans la tranche des 55-59 ans que dans celle des 60-64 ans (Graphique 6.11). Il a augmenté en moyenne de 17.1 points pour les premiers et de 21.8 points pour les seconds, atteignant respectivement 75.7 % et 56.5 % en 2024. En comparaison, celui de la tranche des 25-54 ans est passée, en moyenne, de 76.9 % en 2004 à 82.6 % en 2024.

Les hausses les plus importantes pour les 55-59 ans sont intervenues en Autriche, en Hongrie, en Pologne, en République slovaque et en Slovénie, où il a progressé de plus de 35 points entre 2004 et 2024 ; il a également fortement augmenté en Belgique, en Italie et en Tchéquie. Pour la tranche des 60-64 ans, il a enregistré une hausse de plus de 40 points en Allemagne, en Hongrie, aux Pays-Bas et en République slovaque.

Globalement, le taux d'emploi des 55-64 ans, tous niveaux d'études confondus, a fortement progressé entre 2004 et 2023, avec une hausse moyenne de 13 points pour les personnes peu et très instruites et de 16 points pour celles au niveau d'études moyen (Graphique 6.12). S'agissant de l'évolution des taux d'emploi, celui des seniors au faible niveau d'études est resté très en retrait par rapport à celui des très instruits en Autriche, en Belgique, au Portugal et en Slovénie, l'inverse étant observé en Allemagne, en Australie, au Danemark, en Hongrie, aux Pays-Bas et en Tchéquie.

Définition et mesure

Le taux d'emploi correspond au rapport des actifs à la population totale de la classe d'âge considérée. Les actifs sont les personnes âgées de 15 ans et plus qui déclarent avoir travaillé en contrepartie d'une rémunération pendant une heure au moins au cours de la semaine précédente ou qui étaient temporairement absentes de leur travail pendant la semaine de référence.

Graphique 6.10. Taux d'emploi de la tranche des 60-64 ans en regard de l'âge normal de la retraite en 2024

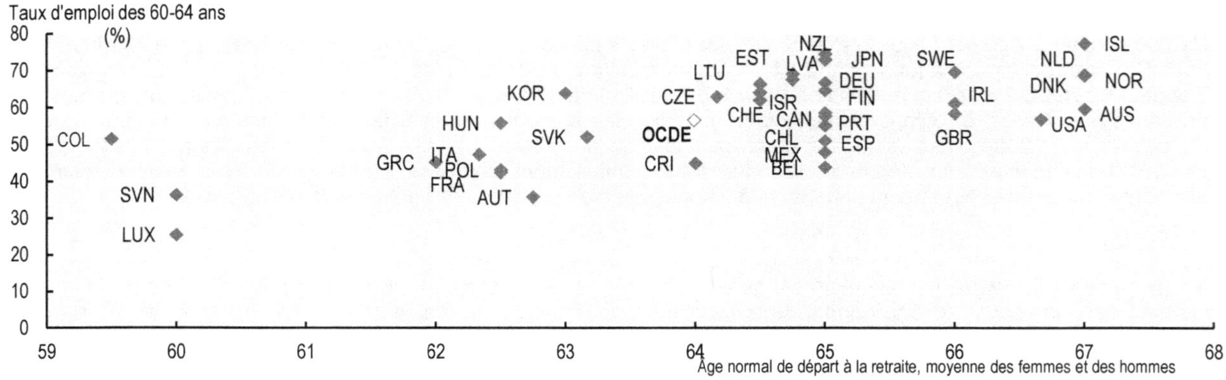

Note : l'âge normal de la retraite est fondé sur une entrée dans la vie active à 20 ans. Le Danemark, la Norvège et les Pays-Bas affichent respectivement des taux d'emploi de 68.5 %, 68.5 % et 68.7 % ; ils ne peuvent donc apparaître séparément sur le graphique.
Source : base de données de l'OCDE sur les statistiques du marché du travail, par sexe et par âge : ratio emploi-population. Données relatives à l'âge normal de la retraite : voir le chapitre 3.

StatLink https://stat.link/f5ies9

Graphique 6.11. Variations du taux d'emploi des travailleurs seniors et des travailleurs d'âge très actif, 2004-2024

Écart en points de pourcentage

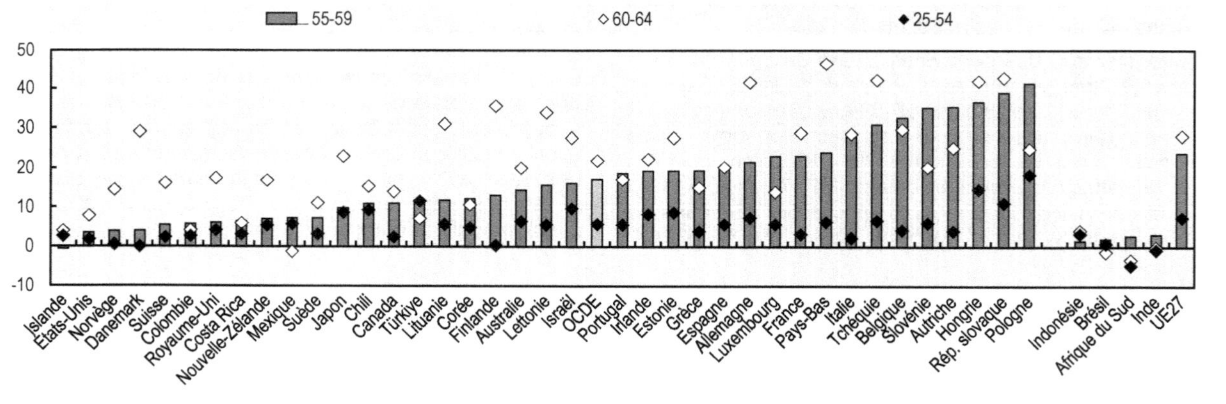

Note : les données pour l'Inde et l'Indonésie se rapportent aux périodes 2005-2024 et 2005-2019 respectivement.
Source : base de données de l'OCDE sur les statistiques du marché du travail, par sexe et par âge : ratio emploi-population.

StatLink https://stat.link/1fquhd

Graphique 6.12. Augmentation des taux d'emploi des seniors par niveau d'études

Évolution des taux d'emploi, 2004-2023, en points de pourcentage

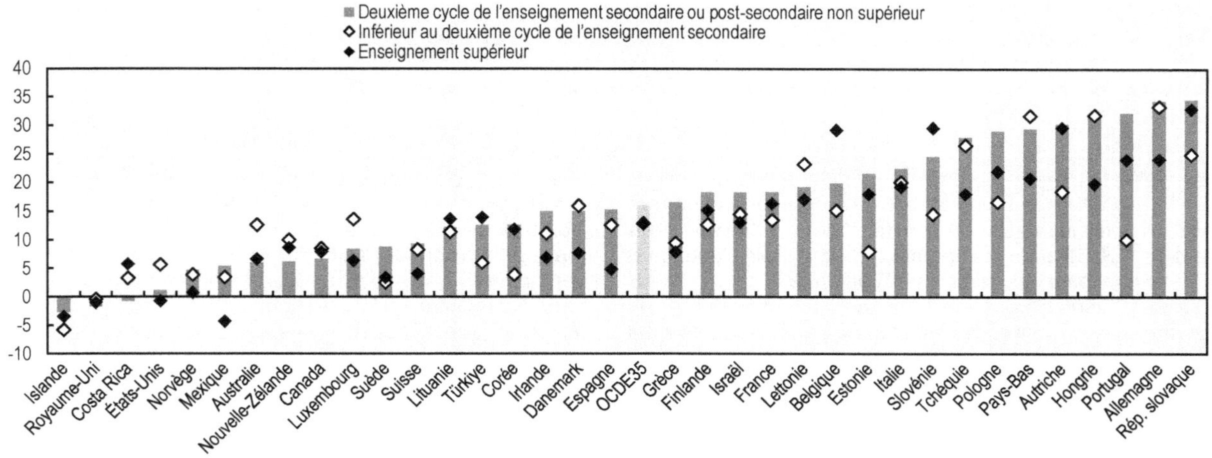

Note : les données pour Israël, la Lituanie, le Luxembourg et la Norvège se rapportent à la période 2005-2023.
Source : base de données OECD.Stats, Enquête sur les forces de travail.

StatLink https://stat.link/zjanp9

Âge effectif de sortie du marché du travail

Principaux résultats

En 2024, l'âge effectif moyen de sortie du marché du travail dans les pays de l'OCDE était de 64.7 ans pour les hommes et de 63.6 ans pour les femmes. Il a régulièrement augmenté depuis le creux atteint au début des années 2000, de 2.7 ans pour les hommes et de 3.9 ans pour les femmes en moyenne dans les pays de l'OCDE.

L'âge effectif moyen de sortie du marché du travail était de 63.6 ans pour les femmes et de 64.7 ans pour les hommes en 2024. Il est inférieur à 64 ans dans moins de la moitié des pays de l'OCDE pour les hommes, et dans trois cinquièmes d'entre eux pour les femmes (Graphique 6.13). Il est de 61 ans ou moins pour les hommes au Luxembourg, en Slovénie et en Türkiye, et d'environ 60.5 ans ou moins pour les femmes en Belgique, au Costa Rica, au Luxembourg, en Slovénie et en Türkiye. À l'inverse, il est en moyenne supérieur à 67 ans pour les hommes au Chili, en Colombie, en Corée, aux États-Unis, en Islande, en Israël, et au Mexique, et à 65 ans pour les femmes au Chili, en Corée, en Estonie, aux États-Unis, en Irlande, en Islande, en Israël, au Japon, au Mexique, en Nouvelle-Zélande et en Suède. Dans tous les autres pays de l'OCDE sauf huit, les hommes quittent le marché du travail après les femmes, les écarts les plus importants étant observés en Colombie (6.3 ans) et au Costa Rica (5.0 ans). En Corée, en revanche, les femmes quittent le marché du travail 2.2 ans après les hommes, l'écart dans les sept autres pays étant de six mois ou moins.

L'âge effectif moyen de sortie du marché du travail est corrélé à l'âge normal de départ à la retraite, le coefficient de corrélation linéaire étant d'environ 0.46 pour les hommes comme pour les femmes. Au Luxembourg, en République slovaque et en Slovénie, ces deux âges sont bas ; ils sont en revanche élevés en Islande. Cette corrélation est cependant faussée par des pays comme la Colombie, la Corée et le Costa Rica, où l'âge normal de départ à la retraite est bas mais l'âge de sortie du marché du travail élevé car le faible montant des pensions incite les salariés à rester en activité jusqu'à un âge très avancé afin de compléter leur revenu. Dans la plupart des pays qui permettent aux femmes de prendre leur retraite plus tôt que les hommes (Autriche, Colombie, Costa Rica, Hongrie, Israël, Italie, Lituanie, Pologne, Suisse et Türkiye), l'âge moyen de sortie du marché du travail des femmes est également bas.

Après avoir fortement diminué pendant plusieurs décennies, l'âge effectif moyen de sortie du marché du travail a atteint son plancher, en moyenne, à la fin des années 2000 pour les femmes comme pour les hommes dans tous les pays (Graphique 6.14). En 2000, il s'élevait à 62.0 ans pour les hommes et 59.7 ans pour les femmes, contre 66.3 ans et 64.9 ans, respectivement, en 1970. Depuis 2000, il a augmenté de quatre ans ou plus pour les hommes en Australie, au Canada, en Finlande, en Hongrie, en Irlande, en Italie, en Nouvelle-Zélande, aux Pays-Bas, en Pologne, au Portugal, en Slovénie et en Türkiye, et de plus de cinq ans pour les femmes en Australie, en Belgique, au Danemark, en Estonie, en Hongrie, en Lettonie, en Lituanie, en Nouvelle-Zélande, aux Pays-Bas, au Portugal, en République slovaque, en Slovénie et en Tchéquie. Au cours de la même période, il a de fait accusé un recul notable pour les hommes en Colombie (-2.2 ans) et au Mexique (-2.3) et pour les femmes au Costa Rica (-4.2 ans), en Islande (-1.7), en Norvège (-2.0) et en Türkiye (-6.1), et, dans une moindre mesure, en Espagne (-0.5) et en Grèce (-0.7 an).

Définition et mesure

L'âge effectif moyen de sortie du marché du travail est défini comme l'âge moyen de sortie du marché du travail pour les hommes âgés de 40 ans et plus. Pour s'affranchir des effets de composition démographique, on estime les sorties du marché du travail d'après la variation des taux d'activité plutôt que d'après celle de la population active. Ces variations sont calculées pour chaque cohorte (synthétique) répartie en tranches d'âges de cinq ans. Chaque tranche est pondérée en fonction de sa part moyenne dans la population des pays de l'OCDE. Compte tenu de cette méthode, les chiffres absolus pour un pays donné doivent être interprétés avec prudence. Les comparaisons entre pays ou dans le temps au sein d'un même pays sont en revanche fiables (www.oecd.org/els/soc/Labour-Market-Exit-Age-Methodology.pdf).

L'âge normal de la retraite est défini comme l'âge d'ouverture des droits à l'ensemble des composantes du système de retraite en 2024, en supposant une entrée sur le marché du travail à l'âge de 22 ans et une carrière ininterrompue. Cet âge correspond au tableau 3.5 du chapitre 3.

Pour en savoir plus

Boulhol, H. and M. Keese (2021), *A method for calculating the average age of labour market exit*, OECD, www.oecd.org/els/soc/Labour-Market-Exit-Age-Methodology.pdf.

OECD (2017), *OECD Employment Outlook 2017*, OECD Publishing, Paris, https://doi.org/10.1787/empl_outlook-2017-en.

OECD (n.d.), "Ageing and Employment Policies", Working Better with Age reports on Denmark, France, Japan, Korea, the Netherlands, Norway, Poland, Switzerland and the United States, https://doi.org/10.1787/19901011.

Graphique 6.13. Âge effectif moyen de sortie du marché du travail et âge normal de la retraite en 2024

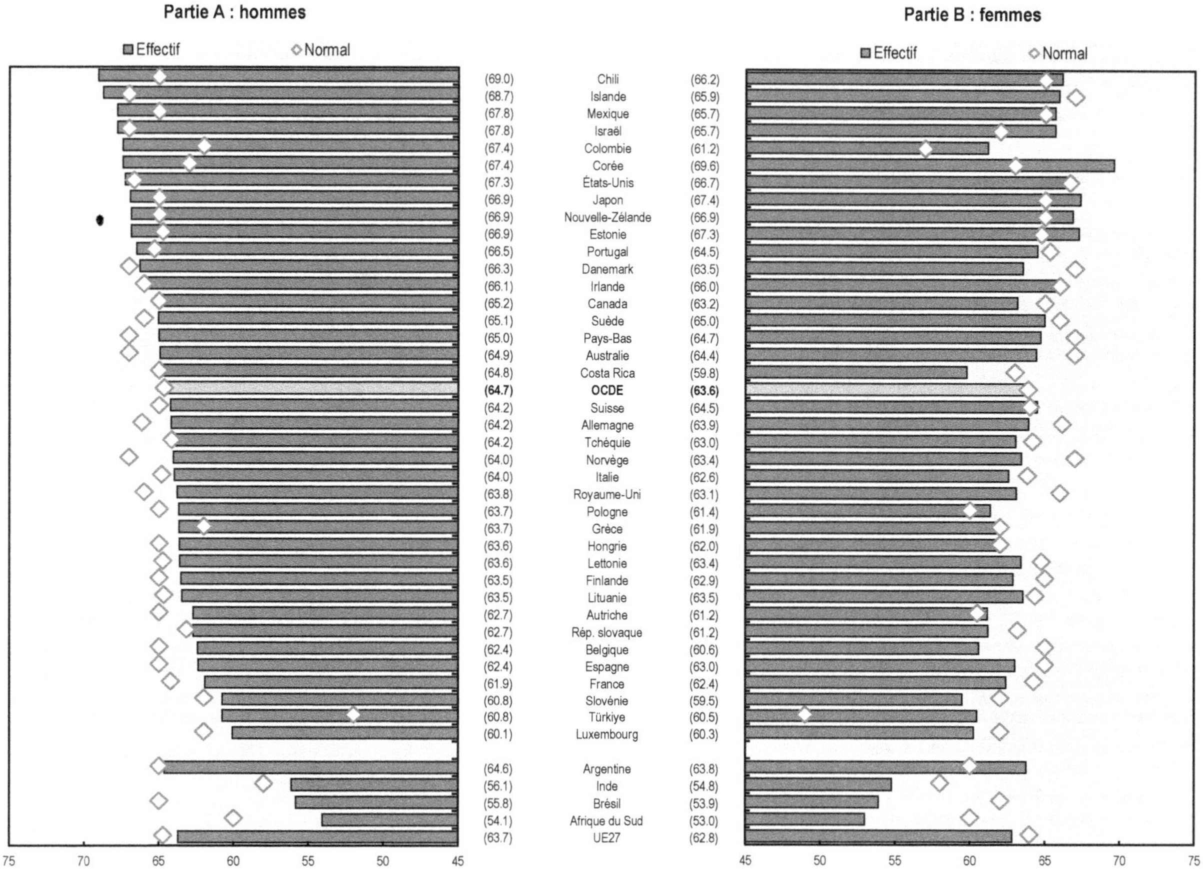

Note : l'âge effectif moyen de sortie du marché du travail est indiqué en 2024. L'âge normal de la retraite se rapporte aux individus qui ont pris leur retraite en 2024, après avoir effectué une carrière complète depuis leur entrée sur le marché du travail à l'âge de 22 ans.
Source : estimations de l'OCDE basées sur les résultats des enquêtes nationales sur la population active et sur l'Enquête sur les forces de travail de l'Union européenne. Âge normal de la retraite : voir le chapitre 3.

StatLink https://stat.link/gaquv9

Graphique 6.14. Âge effectif moyen de sortie du marché du travail dans les pays de l'OCDE, 1970-2024

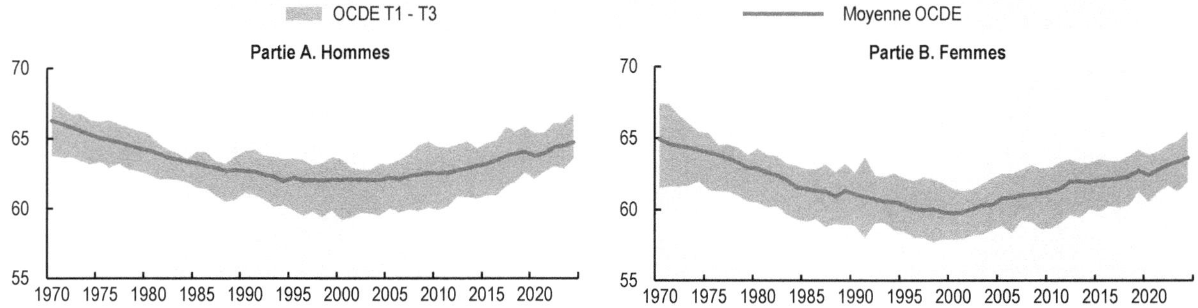

Source : estimations de l'OCDE basées sur les résultats des enquêtes nationales sur la population active et sur l'Enquête sur les forces de travail de l'Union européenne et, pour les premières années dans certains pays, sur les recensements nationaux, www.oecd.org/els/emp/average-effective-age-of-retirement.htm.

StatLink https://stat.link/ik2quc

Espérance de vie après la sortie du marché du travail

Principaux résultats

L'indicateur du nombre d'années de vie prévu après la sortie du marché du travail mesure l'espérance de vie résiduelle par période à partir de l'âge moyen de cette sortie, par genre. En 2024, la moyenne de l'OCDE s'établissait à 22.8 ans pour les femmes, et à 18.7 ans pour les hommes. Après la forte hausse enregistrée depuis 1970, ce chiffre est resté assez stable, depuis environ 2010 pour les hommes et 2000 pour les femmes, pour lesquelles il a même accusé un léger recul.

Cet indicateur mesure l'espérance de vie à l'âge moyen de sortie du marché du travail. Les femmes peuvent compter vivre 26 ans ou plus après cette date en Belgique, au Costa Rica, en France, au Luxembourg et en Slovénie (Graphique 6.15, partie B), les hommes plus de 22 ans en France et au Luxembourg (Graphique 6.15, partie A). L'espérance de vie des femmes à cet âge était inférieure à 20 ans en Corée, en Estonie, aux États-Unis et au Mexique, celle des hommes inférieure ou égale à 16 ans en Colombie, en Estonie, en Hongrie, en Lettonie, en Lituanie et au Mexique.

Arrivés à la retraite, les hommes peuvent donc s'attendre à vivre 4.1 ans de moins que les femmes, en moyenne, dans l'OCDE (Graphique 6.15). En Colombie et au Costa Rica, cet écart est supérieur à sept ans. Il tient à la fois à l'espérance de vie plus longue et à l'âge de sortie du marché du travail plus bas des femmes. L'écart entre les genres en matière d'espérance de vie à 65 ans est de 3.1 ans en moyenne (voir plus haut dans ce chapitre) ; il est de 1.1 an en ce qui concerne l'âge moyen de sortie du marché du travail (Graphique 6.13). Leur durée de vie plus longue à la retraite expose les femmes à la pauvreté monétaire durant la vieillesse (chapitre 7) car elles se retrouvent plus souvent seules à la suite d'un veuvage et ont souvent des pensions moins élevées que les hommes.

La durée moyenne de vie après la sortie du marché du travail a sensiblement augmenté à la fin du siècle dernier, mais est restée relativement stable depuis. En 1970, elle était en moyenne de 11.9 ans pour les hommes dans les pays de l'OCDE, mais atteignait 19.0 ans en 2011 (Graphique 6.16, partie B). Elle se situe depuis entre 18 et 19 ans (18.7 ans en 2024). Elle a progressé tout aussi fortement chez les femmes, passant de 15.8 ans en 1970 à 23.6 ans en 2001, atteignant plus tôt son niveau maximal, avant de se stabiliser autour de ce chiffre jusqu'en 2017 (Graphique 6.16, partie A). Elle a régulièrement diminué ces dernières années, s'établissant à 22.8 ans en 2024.

L'augmentation observée entre 1970 et le début du XXIe siècle tient à la fois à la baisse de l'âge effectif de sortie de la vie active et à l'accroissement de la longévité. Le nombre d'années de vie prévu à la retraite s'est stabilisé depuis, les nouveaux gains d'espérance de vie des seniors ayant été contrebalancés par la hausse de l'âge de sortie du marché du travail.

Définition et mesure

Le nombre d'années de vie prévu après la sortie du marché du travail des femmes et des hommes correspond à leur espérance de vie respective à l'âge effectif moyen de cette sortie. Les estimations de l'espérance de vie résiduelle sont établies d'après les données de la révision de 2024 des Perspectives de la population mondiale des Nations Unies.

L'âge effectif moyen de sortie du marché du travail est défini comme l'âge moyen de cette sortie pour les hommes âgés de 40 ans et plus. Pour s'affranchir des effets de composition démographique, on estime les sorties du marché du travail d'après la variation des taux d'activité plutôt que d'après celle de la population active. Ces variations sont calculées pour chaque cohorte (synthétique) répartie en tranches d'âges de cinq ans. Chaque tranche est pondérée en fonction de sa part moyenne dans la population des pays de l'OCDE. Compte tenu de cette méthode, les chiffres absolus pour un pays donné doivent être interprétés avec prudence. Les comparaisons entre pays ou dans le temps au sein d'un même pays sont en revanche fiables.

Graphique 6.15. Espérance de vie résiduelle à l'âge moyen de sortie du marché du travail, par genre, en 2024

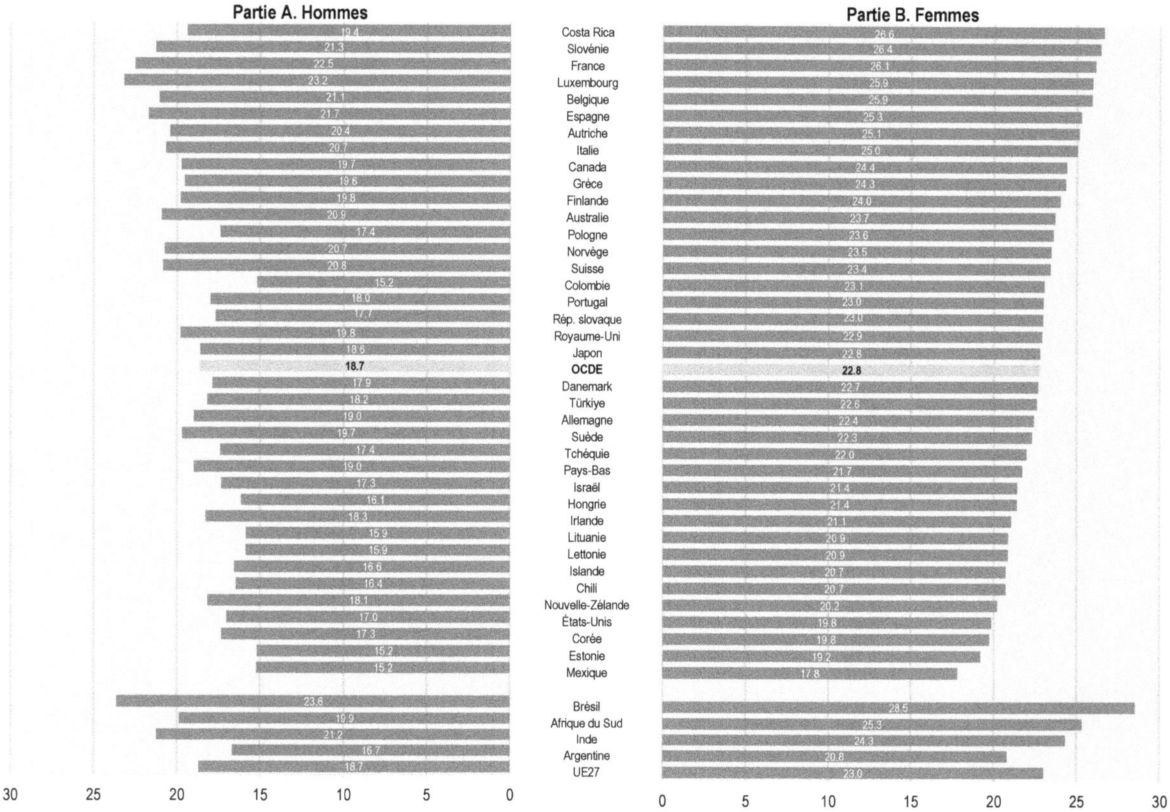

Note : les chiffres entre parenthèse indiquent l'âge effectif moyen de sortie du marché du travail en 2024, par genre. L'espérance de vie à la sortie du marché du travail est calculée à partir des taux de mortalité de la période considérée.

Source : calculs de l'OCDE basés sur les données de la révision de 2024 des Perspectives de la population mondiale des Nations Unies ; âge de sortie : voir la section précédente.

StatLink https://stat.link/vf7o3w

Graphique 6.16. Nombre d'années de vie prévu après la sortie du marché du travail, moyenne de l'OCDE, 1970-2024

Espérance de vie à l'âge effectif moyen de sortie du marché du travail (axe de gauche), en années

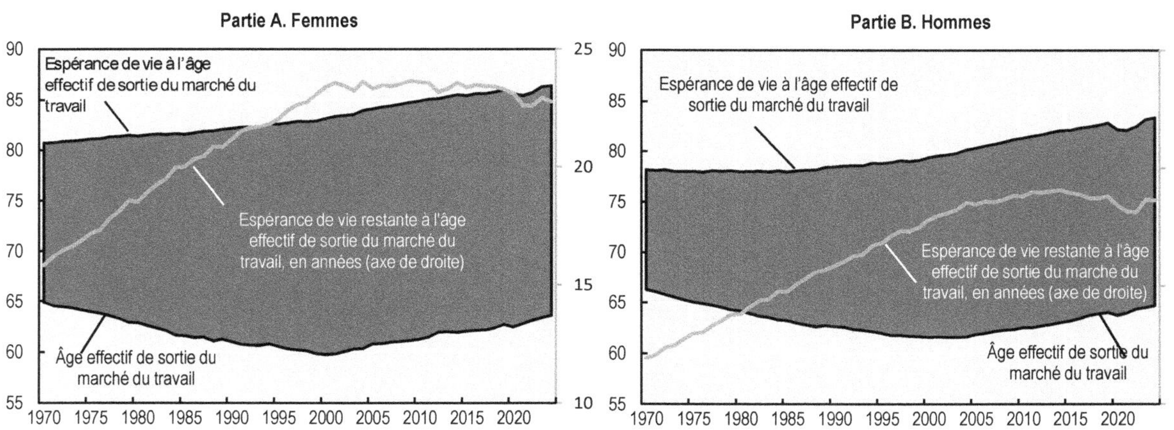

Note : l'espérance de vie à la sortie du marché du travail est calculée à partir des taux de mortalité de la période considérée.

Source : calculs de l'OCDE basés sur les données de la révision de 2024 des Perspectives de la population mondiale des Nations Unies ; âge de sortie : voir la section précédente.

StatLink https://stat.link/zx4oj9

7 Les revenus et la pauvreté des personnes âgées

Les quatre indicateurs présentés dans ce chapitre portent sur la situation économique des personnes âgées. Le premier s'intéresse à leurs revenus, qu'il compare à ceux de la population dans son ensemble. Il met également en évidence la provenance de leurs revenus : prestations servies par les régimes publics, transferts professionnels privés, revenus du travail ou retraites individuelles privées ou autres formes d'épargne.
Le deuxième indicateur concerne la pauvreté monétaire relative des personnes âgées. Il fait apparaître la proportion de seniors qui vivent avec un revenu inférieur à la moitié du revenu disponible médian national, ainsi que leur écart de revenu moyen par rapport au seuil de pauvreté.
Le troisième indicateur porte sur les inégalités de revenus entre les personnes âgées. Il présente le coefficient de Gini et les ratios interdéciles obtenus pour les plus de 66 ans, ainsi que des comparaisons avec ceux de la population totale et leur évolution dans le temps.
Le dernier indicateur est consacré au « salaire du travailleur moyen » (STM), qui sert de base à la modélisation des pensions. Ces indicateurs sont largement utilisés dans le présent rapport : de nombreux paramètres et tous les résultats des modélisations sont exprimés en pourcentage du STM national.

Revenus des personnes âgées

Principaux résultats

Le revenu disponible des personnes âgées est, en moyenne, plus faible que celui de la population totale. En 2022, les plus de 65 ans percevaient en moyenne un revenu égal à 87 % de celui de la population totale, soit 92 % pour les 66-75 ans et 80 % pour les plus de 75 ans. Le revenu des plus de 65 ans représente 70 % ou moins du revenu de la population totale en Corée, en Estonie, en Lettonie et en Lituanie, et près de 100 %, sinon plus, en Israël, en Italie, au Luxembourg et au Mexique. Dans deux-tiers des pays de l'OCDE, les transferts publics représentent plus de la moitié du revenu brut des personnes âgées de plus de 65 ans. Les hommes âgés avaient en moyenne un revenu représentant 92 % de celui de la population totale, soit 9 points de pourcentage de plus que les femmes âgées.

Le revenu moyen des plus de 65 ans représentait, en moyenne, 87 % de celui de la population totale dans les pays de l'OCDE au cours de la dernière année disponible (Tableau 7.1). C'est en Israël, en Italie, au Luxembourg et au Mexique, où leur revenu égale voire dépasse légèrement celui de la population globale, que les personnes âgées sont les mieux loties. Les personnes âgées ont également des revenus relatifs élevés en moyenne en Canada, au Costa Rica, en Espagne, aux États-Unis, en France, en Islande, au Portugal et en République slovaque par rapport à d'autres pays. En Corée, en Estonie, en Lettonie et en Lituanie, au contraire, il est inférieur d'un tiers environ.

Les revenus relatifs moyens tendent à diminuer avec l'âge après le départ en retraite. La baisse des revenus relatifs des retraités plus âgés s'explique en partie par des effets de cohorte, compte tenu de la progression des salaires réels de l'ensemble des cohortes sous l'effet des gains de productivité. Lorsque les pensions sont indexées sur la hausse du salaire moyen, elles progressent d'autant ; toutefois, dans de nombreux pays, elles sont indexées à un niveau inférieur à celui de la hausse des salaires. Si l'indexation sur les prix protège le pouvoir d'achat, elle a tendance à faire baisser le revenu relatif sur la durée, en particulier celui des femmes, qui vivent généralement plus longtemps et perçoivent des revenus plus faibles en raison de périodes d'emploi et de salaires inférieurs à ceux des hommes. Par ailleurs, les personnes âgées vivent plus souvent seules, ce qui a pour effet de diminuer leur revenu disponible équivalent du fait des économies d'échelle des ménages.

Le revenu des plus de 65 ans a augmenté par rapport à celui de la population totale dans plus des deux tiers des pays de l'OCDE depuis 2000, et de 5.8 points de pourcentage en moyenne dans l'ensemble des pays pour lesquels des données sont disponibles. Grâce à la maturation du système de retraite, les Israéliens de plus de 65 ans ont enregistré la plus forte hausse de leur revenu relatif, soit quelque 25 points, celui-ci ayant grimpé de 82 % en 2000 à 107 % en 2022. L'Espagne, l'Irlande, l'Islande, le Mexique, la Norvège et la République slovaque enregistrent également des hausses d'au moins 15 points. Les baisses les plus marquées sont observées au Chili (-17 points depuis 2006) et en Pologne (-9 points depuis 2005).

En moyenne, les hommes âgés ont un revenu équivalent à 91,9 % de celui de la population totale, soit environ 9 points de pourcentage de plus que les femmes âgées. L'Autriche et la Lituanie présentent le plus grand écart entre genres, avec 15 et 17 points de pourcentage, respectivement.

Sources de revenu

Parmi les quatre principales sources de revenu des personnes âgées, les transferts publics (retraites liées à la rémunération, prestations soumises à condition de ressources, etc.) et les transferts professionnels privés (retraites obligatoires, indemnités de fin de contrat, indemnités en cas de décès, etc.) représentent, en moyenne, 56 % et 7 % du revenu des personnes âgées (Graphique 7.1). Les pays où les plus de 65 ans sont le plus tributaires des transferts publics sont l'Autriche, la Belgique, la Finlande, la France et le Luxembourg : plus de 80 % de leur revenu proviennent de cette source. Les transferts publics ne représentent que, respectivement, 13 % et 24 % du revenu total au Mexique et au Chili. Les transferts professionnels privés revêtent une importance particulière dans 14 pays de l'OCDE et affichent leur plus haut niveau aux Pays-Bas (39 %).

Le travail compte en moyenne pour 27 % du revenu des personnes âgées, et le capital pour 10 % environ. Le travail occupe une place particulièrement importante en Corée et au Mexique, où il y contribue pour moitié environ ; il joue aussi un rôle de premier plan au Chili, au Costa Rica, en Estonie, aux États-Unis, en Islande, au Japon, en Lettonie, en Lituanie, en Nouvelle-Zélande, en Pologne et en République slovaque. Toutefois, comme les revenus sont mesurés au niveau des ménages, le revenu enregistré au titre du travail pourrait provenir des jeunes générations vivant dans des foyers multigénérationnels plutôt que des membres plus âgés du foyer.

Le capital, qui provient principalement de dispositifs de retraite privés volontaires, représente plus de 40 % des sources de revenu des seniors au Canada. Au Danemark, en Corée et aux États-Unis, il constitue plus de 20 % de leur revenu total.

Définition et mesure

Le revenu des personnes âgées englobe les revenus tirés du travail salarié et indépendant, du capital et des transferts publics. Les chiffres indiquent le revenu disponible (c'est-à-dire net de l'impôt sur le revenu des personnes physiques et des cotisations sociales). Les revenus sont mesurés par ménage et ajustés à l'aide de l'échelle d'équivalence reposant sur la racine carrée pour tenir compte des différences de taille des ménages. Pour plus d'informations sur les définitions et les sources de données, voir la Base de données de l'OCDE sur la distribution des revenus. Le chapitre thématique sur « Les revenus et la pauvreté des personnes âgées » de l'étude de l'OCDE (2013) étudie ces questions plus en détail.

Pour en savoir plus

OECD (2025), *Income Distribution Database*, https://data-explorer.oecd.org/s/3et (consulté le 3 juillet 2025).

OECD (2019), *Will future pensioners work for longer and retire on less?*, OECD, Paris, https://www.oecd.org/en/publications/will-future-pensioners-work-for-longer-and-retire-on-less_0fa49b9b-en.html.

OECD (2013), *Pensions at a Glance 2013: OECD and G20 Indicators*, OECD Publishing, Paris, https://doi.org/10.1787/pension_glance-2013-en.

Tableau 7.1. Revenus des personnes âgées, 2022 ou dernière année disponible

Revenu moyen par tranche d'âge et du sexe en pourcentage du revenu moyen de la population totale

	Les personnes âgées (plus de 65 ans)					
	Tous	Variation pour depuis 2000 ou dernière année disponible	Par genre		Par âge	
			Hommes	Femmes	66-75 ans	Plus de 75 ans
Allemagne	86.6	-1.4	89.6	84.2	86.5	86.7
Australie	73.8	4.5	77.1	70.7	78.3	66.8
Autriche	91.5	4.4	99.7	85.0	96.2	84.8
Belgique	76.2		79.7	73.2	81.2	69.3
Canada	93.7	5.2	97.1	90.9	96.7	89.2
Chili	84.9	-16.6	86.7	83.5	86.1	83.1
Colombie						
Corée	68.2		75.5	62.7	76.2	56.6
Costa Rica	96.1		95.9	96.2	97.1	94.4
Danemark	79.7	8.3	85.1	75.2	86.0	72.4
Espagne	96.7	15.7	102.1	92.4	105.3	86.5
Estonie	66.2		72.4	63.0	72.2	58.5
États-Unis	94.5	11.4	100.9	89.1	100.7	84.9
Finlande	86.9	8.6	93.6	81.7	91.0	82.1
France	94.3	-3.6	99.0	90.6	97.7	89.9
Grèce	91.6	10.0	99.5	85.4	99.7	82.9
Hongrie	81.8	-5.2	88.8	77.4	84.2	77.7
Irlande	90.4	20.4	94.7	86.7	95.7	82.4
Islande	95.0	14.6	99.5	90.8	103.8	77.5
Israël	106.5	25.0	113.9	100.4	110.2	100.6
Italie	98.8	13.3	105.8	93.4	108.3	89.2
Japon	83.9	-5.8	88.5	80.2	91.5	75.9
Lettonie	70.0	-2.5	78.4	66.1	75.6	63.4
Lituanie	66.5	-6.7	77.4	60.8	69.7	62.9
Luxembourg	107.0		113.5	100.0	108.2	104.4
Mexique	101.6	15.4	105.6	98.3	106.4	93.9
Norvège	89.6	18.4	96.1	83.8	97.9	78.7
Nouvelle-Zélande	75.2	4.0	80.5	70.4	83.5	61.9
Pays-Bas	81.2	-3.4	85.3	77.8	87.1	72.7
Pologne	86.6	-9.1	90.1	84.2	86.0	87.6
Portugal	97.1	16.7	103.1	92.5	104.0	89.3
République slovaque	95.9	16.1	97.6	94.8	96.1	95.6
Royaume-Uni	84.0	11.0	87.9	80.7	90.8	75.6
Slovénie	84.5	0.2	89.9	80.3	85.9	82.2
Suède	88.9	10.8	95.9	82.8	100.4	75.8
Suisse	78.0	-3.7	83.9	72.7	83.2	71.6
Tchéquie	76.7	-1.7	82.7	72.2	80.4	70.8
Türkiye	84.5	-5.7	88.2	81.6	86.9	79.6
OCDE	**86.6**	**5.3**	**91.9**	**82.5**	**91.5**	**79.9**

Note : Les données les plus récentes se rapportent à 2022, sauf pour les pays suivants : Canada, Costa Rica, États-Unis, Finlande, Lettonie, Pays-Bas, Royaume-Uni et Suède (2023), Allemagne et Japon (2021), Australie (2020) et Islande (2017). Les données se rapportent à 2000, sauf pour la Grèce et la Türkiye (2004), la Tchéquie, l'Irlande, l'Islande, la Lettonie, la Lituanie, la Pologne, le Portugal, la République slovaque et la Slovénie (2005), le Chili et la Suisse (2006), l'Autriche et l'Espagne (2007). En raison d'une rupture dans les séries, l'échelle des données de 2006 relatives au Chili a été modifiée à l'aide d'un facteur mesurant les effets, en fonction de l'âge, de la rupture dans les séries sur le niveau de revenu à l'aide des données de 2011 ou de l'année la plus proche pour laquelle des données étaient disponibles. Les données antérieures relatives à la Belgique, à la Corée, à l'Estonie et au Luxembourg ne sont pas comparables en raison d'une rupture dans les séries, et celles concernant le Costa Rica ne sont pas disponibles et n'apparaissent pas ici. Les données pour la Colombie ne sont pas disponibles.

Source : OCDE, Base de données sur la distribution des revenus, www.oecd.org/social/income-distribution-database.htm (version de juin 2025).

StatLink https://stat.link/xqh0d1

Graphique 7.1. Sources de revenu des personnes âgées, 2022 ou dernière année disponible

En pourcentage du revenu brut équivalent total des ménages et des transferts

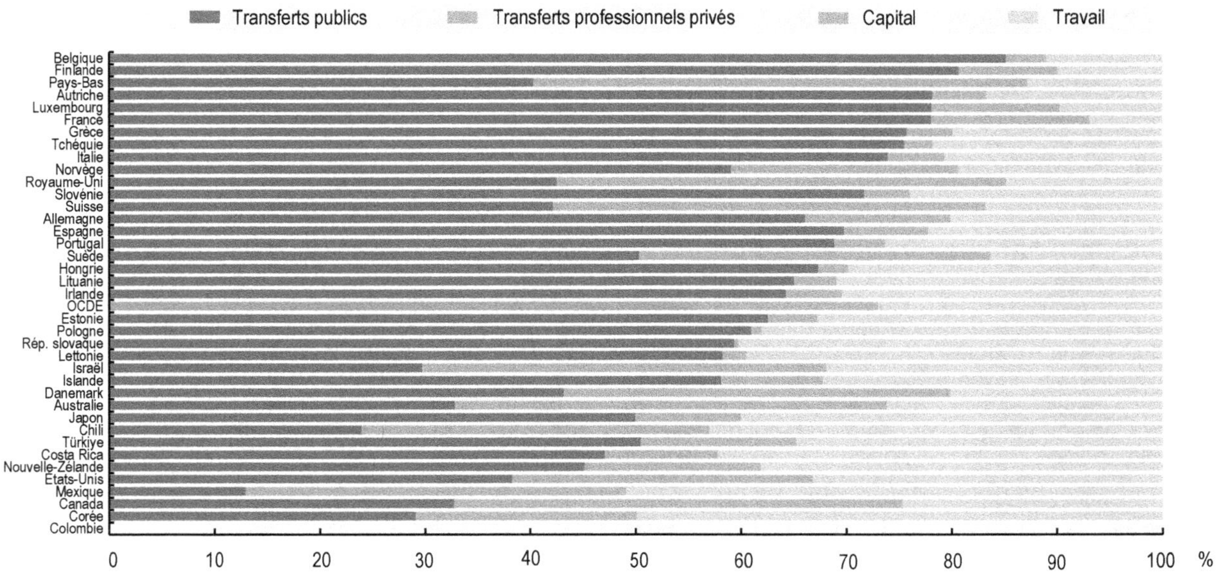

Note : Le revenu du travail comprend à la fois le revenu tiré d'une activité salariée et celui tiré d'une activité indépendante. Les transferts professionnels privés comprennent notamment les retraites, les indemnités de fin de contrat et les indemnités en cas de décès. Le revenu du capital comprend les retraites individuelles privées et le rendement de l'épargne autre que l'épargne-retraite. Les données se rapportent à 2022, sauf pour certains pays ; voir la note du Tableau 7.1.

Source : OCDE, Base de données sur la distribution des revenus, www.oecd.org/social/income-distribution-database.htm (version de juin 2025).

StatLink https://stat.link/w86upg

La pauvreté monétaire des personnes âgées

Principaux résultats

Dans les pays de l'OCDE, en moyenne, 14.8 % des plus de 65 ans vivent en situation de pauvreté monétaire relative, qui se définit comme la perception d'un revenu inférieur à la moitié du revenu disponible équivalent médian des ménages à l'échelle nationale. En moyenne, leur revenu est inférieur de 23.6 % au seuil de pauvreté relative. La moyenne pour la population totale est de 11.5 %, soit environ 3.3 points de moins que le niveau des personnes âgées. Le taux de pauvreté monétaire des seniors a tendance à augmenter avec l'âge et est plus élevé pour les femmes que pour les hommes dans toutes les tranches d'âge.

Selon les derniers chiffres disponibles, le taux de pauvreté relative des plus de 65 ans est de 40 % en Corée, de plus de 30 % en Estonie, en Lettonie et en Nouvelle-Zélande, et de 20 % ou plus en Australie, au Costa Rica, aux États-Unis, au Japon et en Lituanie. À l'inverse, le Danemark, la Finlande, l'Islande, la Norvège et les Pays-Bas affichent les taux de pauvreté relative des personnes âgées les plus bas, à 5 % ou moins. Le niveau de la retraite du premier pilier influe sensiblement sur le taux de pauvreté des personnes âgées (voir l'indicateur « Pensions de base, ciblées et minimum », dans le chapitre 3). Ces chiffres se fondent sur les données relatives au revenu, et les fortes disparités entre les pays au regard du patrimoine (immobilier ou autre) détenu par les seniors ne sont pas toujours prises en compte dans le taux de pauvreté monétaire.

Le taux de pauvreté des personnes âgées est similaire à celui de la population totale dans la plupart des pays, mais on observe des valeurs atypiques (Graphique 7.2). Ces valeurs signifient que le taux de pauvreté des personnes âgées est en moyenne supérieur de 3 points à celui de la population totale – 14.8 % contre 11.5 %. C'est en Corée que l'on observe les écarts les plus notables, puisque le taux de pauvreté des personnes âgées y est supérieur de 26 points à celui de la population totale, suivie de l'Estonie, de la Nouvelle-Zélande et de la Lettonie. Les personnes âgées sont moins susceptibles d'être pauvres que la population totale dans plusieurs pays, en particulier au Canada, en France, au Luxembourg, en Norvège, aux Pays-Bas et en République slovaque, où leur taux de pauvreté est inférieur d'au moins 2 points à celui de la population totale.

La pauvreté dans les tranches d'âge supérieures

La pauvreté est moins fréquente parmi les jeunes retraités (66-75 ans) que parmi les plus âgés (75 ans et plus), le taux de pauvreté moyen s'établissant dans les pays de l'OCDE à, respectivement, 13.1 % et à 17.2 %. L'écart est particulièrement marqué en Corée (+24.2 points), en Nouvelle-Zélande (+17.8 points), en Estonie (+14.1 points) et en Lettonie (+13.6 points). De nombreux facteurs expliquent cette situation. En Corée, le système de retraite n'est pas encore arrivé à maturité, et les générations actuelles de personnes âgées perçoivent encore des retraites très faibles. En outre, dans ces quatre pays, les retraites individuelles sont indexées sur un chiffre inférieur à la hausse des salaires (tableau 3.3, chapitre 3). Lorsque les retraités vieillissent, la valeur relative des pensions tend à diminuer par rapport aux salaires. Néanmoins, dans cinq pays de l'OCDE – Allemagne, Canada, Islande, Lituanie et Pologne – les plus de 75 ans s'en sortent légèrement mieux que les seniors plus jeunes. Les récentes réformes des retraites dans les pays de l'OCDE qui ont réduit la générosité des régimes de retraite ont généralement entraîné une baisse du revenu relatif des nouvelles générations de retraités, ce qui peut augmenter le nombre de pays concernés.

Pauvreté : disparités hommes-femmes

Dans les pays de l'OCDE, le taux de pauvreté moyen des personnes âgées est de 16.9 % pour les femmes et de 11.7 % pour les hommes. Ce phénomène s'explique principalement par des prestations de retraite liées à la rémunération plus faibles et par une espérance de vie plus longue. On constate qu'au moment de la vieillesse, les femmes sont plus exposées au risque de pauvreté que les hommes dans tous les pays, hormis le Costa Rica et l'Islande. Outre ces trois pays, les écarts de taux de pauvreté entre hommes et femmes sont relativement faibles (moins de 2 points de pourcentage) en Belgique, au Chili, au Danemark, en Irlande, au Luxembourg, au Mexique et aux Pays-Bas.

Les écarts les plus prononcés, de 15 points ou plus, s'observent dans les pays baltes, suivis de la Corée (12 points). On constate également d'importants écarts, dépassant 5 points, en Allemagne, en Australie, aux États-Unis, en Hongrie, au Japon, en Nouvelle-Zélande, en Pologne, au Portugal et en Tchéquie.

Définition et mesure

Afin de faciliter les comparaisons entre pays, l'OCDE considère la pauvreté comme une notion « relative ». La référence est calculée en fonction du revenu médian des ménages par rapport à la population totale dans un pays donné à un moment donné. Ici, le seuil de pauvreté est fixé à 50 % du revenu disponible équivalent médian des ménages. L'intensité de la pauvreté mesure l'écart entre le revenu moyen de la population pauvre et le seuil de pauvreté relative, en pourcentage de ce seuil. Pour plus d'informations sur les définitions et les sources de données, voir la Base de données de l'OCDE sur la distribution des revenus.

Pour en savoir plus

OECD (2025), *Income Distribution Database*, https://data-explorer.oecd.org/s/3et (consulté le 3 juillet 2025).

OECD (2017), *Preventing Ageing Unequally*, OECD Publishing, Paris, https://doi.org/10.1787/9789264279087-en.

Tableau 7.2. Taux de pauvreté monétaire en fonction de l'âge et du sexe, 2022 ou dernière année disponible

Pourcentage de personnes dont le revenu est inférieur à 50 % du revenu disponible équivalent médian des ménages

	Personnes âgées (plus de 65 ans)					Population totale		Personnes âgées (plus de 65 ans)					Population totale
	Tous	Par âge		Par genre				Tous	Par âge		Par genre		
		66-75 ans	Plus de 75 ans	Hommes	Femmes				66-75 ans	Plus de 75 ans	Hommes	Femmes	
Allemagne	12.6	14.9	11.0	10.0	15.2	11.8	Italie	12.0	11.3	12.7	9.7	13.8	12.2
Australie	22.6	19.7	27.0	18.2	26.6	12.6	Japon	20.0	16.2	24.1	16.6	22.8	15.4
Autriche	11.6	11.6	11.7	9.4	13.4	9.6	Lettonie	34.3	28.1	41.7	24.1	39.1	16.2
Belgique	7.7	6.9	8.9	7.0	8.4	6.9	Lituanie	24.6	25.3	23.8	11.4	31.5	14.1
Canada	10.1	10.4	9.6	8.7	11.3	12.2	Luxembourg	7.0	7.0	7.0	6.2	8.0	8.9
Chili	16.2	15.6	17.0	15.0	17.0	16.3	Mexique	18.3	15.5	22.8	17.3	19.1	15.0
Colombie							Norvège	4.1	3.2	5.2	2.6	5.3	8.0
Corée	39.7	29.8	54.0	32.6	45.0	14.9	Nouvelle-Zélande	33.7	26.9	44.7	30.2	36.9	14.3
Costa Rica	25.8	24.2	28.3	26.0	25.6	21.2	Pays-Bas	4.6	3.3	6.5	4.5	4.7	7.0
Danemark	5.0	3.8	6.4	4.2	5.7	6.3	Pologne	12.8	13.1	12.1	8.5	15.6	9.1
Espagne	13.1	11.5	15.1	10.7	15.0	13.7	Portugal	11.0	10.2	11.9	7.8	13.4	11.2
Estonie	37.4	31.3	45.4	24.2	44.5	16.2	République slovaque	7.2	6.9	7.7	5.0	8.6	9.4
États-Unis	22.9	20.4	26.7	19.9	25.4	18.1	Royaume-Uni	15.0	12.0	18.8	13.3	16.5	12.6
Finlande	4.8	4.0	5.7	2.9	6.3	6.8	Slovénie	12.8	12.2	13.8	10.2	14.8	7.9
France	6.1	5.6	6.7	4.8	7.2	8.3	Suède	7.3	6.2	8.6	5.4	9.0	8.0
Grèce	10.0	8.5	11.5	7.2	12.1	11.2	Suisse	18.8	15.9	22.4	16.3	21.1	10.7
Hongrie	10.1	9.2	11.7	4.7	13.5	9.9	Tchéquie	7.6	6.8	8.9	3.4	10.7	6.2
Irlande	9.5	7.9	11.9	8.9	10.0	7.0	Türkiye	11.9	10.3	15.2	10.3	13.2	13.2
Islande	3.1	4.0	1.1	4.5	1.7	4.9							
Israël	15.3	14.0	17.4	13.1	17.2	16.8	**OCDE**	**14.8**	**13.1**	**17.2**	**11.7**	**16.9**	**11.5**

Note : Les données se rapportent à 2022, sauf pour certains pays, voir la note du Tableau 7.1 pour plus de détails. Les données pour la Colombie ne sont pas disponibles.

Source : OCDE, Base de données sur la distribution des revenus, www.oecd.org/social/income-distribution-database.htm (version de juin 2025).

StatLink https://stat.link/j8ukzm

Graphique 7.2. Taux de pauvreté monétaire en fonction de l'âge : personnes âgées et population totale, 2022 ou dernière année disponible

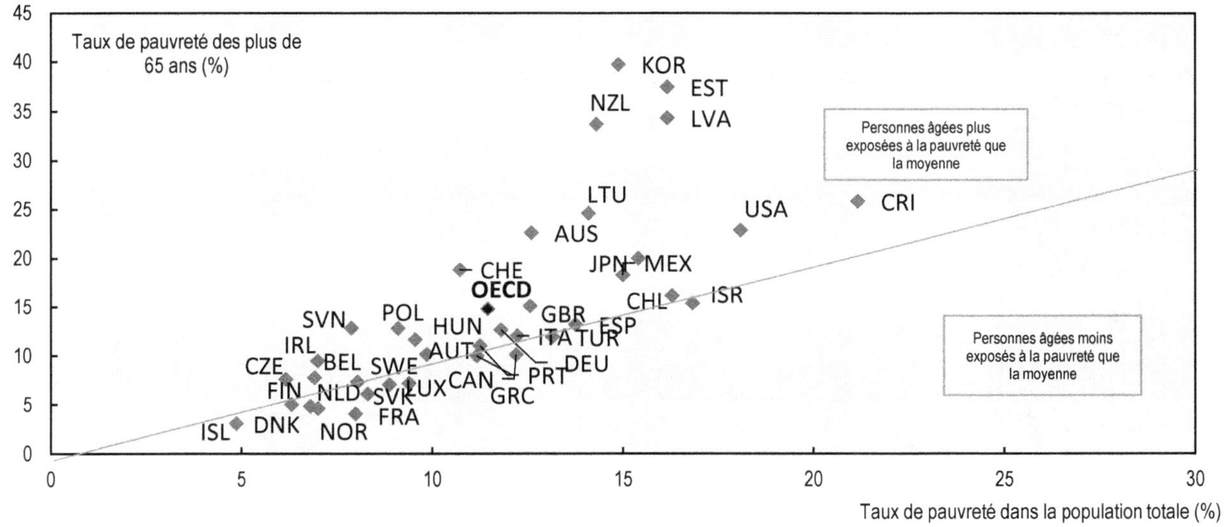

Note : Les données se rapportent à 2022, sauf pour certains pays, voir la note du Tableau 7.1 pour plus de détails.

Source : OCDE, Base de données sur la distribution des revenus, www.oecd.org/social/income-distribution-database.htm (version de juin 2025).

StatLink https://stat.link/v2e1b0

Intensité de la pauvreté

On observe de fortes disparités entre les pays en termes d'intensité de la pauvreté, mesurée par l'écart entre le revenu moyen de la population pauvre et le seuil de pauvreté relative, à 50 % du revenu médian (Graphique 7.3). Parmi les personnes âgées, l'intensité de la pauvreté la plus élevée – soit plus de 35 % du revenu marquant le seuil de pauvreté – s'observe en Islande, en Corée et aux États-Unis Cela signifie que dans ces pays, le revenu moyen des personnes âgées de 66 ans et plus qui sont relativement pauvres est inférieur à un tiers environ (65 %*50 %) du revenu médian de la population totale. En Autriche, au Costa Rica, en Espagne, au Japon, au Mexique et aux Pays-Bas, le taux de pauvreté des plus de 66 ans dépasse également 30 %. C'est au Canada, au Danemark, en Finlande, en République slovaque et en Tchéquie que l'écart moyen est le plus faible (moins de 15 %). En moyenne, l'intensité de la pauvreté est moindre pour les personnes âgées (24 %) que pour la population pauvre dans son ensemble (30 %).

Évolution de la pauvreté au cours des dernières décennies

Le taux de pauvreté a considérablement évolué dans le temps dans certains pays (Tableau 7.3). Depuis 2011, le taux moyen de pauvreté relative des personnes âgées a augmenté de 1.8 points de pourcentage (p.p.) dans les 36 pays de l'OCDE pour lesquels des données sont disponibles, même si ce taux est très variable d'un pays à l'autre. Le taux de pauvreté des personnes âgées a sensiblement augmenté en Estonie (+30 points), en Hongrie (+8 points), en Lettonie (+27 points), en Lituanie (+13 points) et en Nouvelle-Zélande (+17 points). À l'inverse, il a nettement diminué en Australie (-11 points), en Israël (-8 points), en Corée (-8 points) et en Türkiye (-6 points).

La hausse récente du taux de pauvreté des personnes âgées va à rebours de la baisse observée, en moyenne, au cours des dernières décennies. La pauvreté des personnes âgées a reculé d'environ 2 points en moyenne entre 2000 et 2011, ce qui signifie que le pourcentage moyen actuel est revenu à un niveau proche de celui de 2000.

Le taux de pauvreté diminue, en moyenne, chez les jeunes adultes depuis 2011. Le taux de pauvreté des 18-25 ans a baissé dans 23 des 36 pays entre 2011 et 2022, de 1.2 point en moyenne. Il a fortement diminué en Grèce et en Irlande (de 8 points), ainsi que d'au moins 5 points en Nouvelle-Zélande, en Suède et en Türkiye. À l'inverse, il a augmenté de 9 points en Allemagne et de 6 points en Finlande. Malgré ce recul récent, on observe en moyenne une légère augmentation globale (0.7 point) depuis 2000.

Ainsi, la pauvreté s'est déplacée des jeunes adultes vers les personnes âgées, de 3.0 points en moyenne, au cours des dix dernières années. Ce déplacement s'est produit, de manière plus ou moins prononcée, dans 20 des 36 pays pour lesquels des données sont disponibles. C'est en Estonie (+27.4 points), en Lettonie (+30.9 points) et en Nouvelle-Zélande (+22.3 points) que le déplacement de la pauvreté des jeunes vers les personnes âgées a été le plus marqué. Dans les trois pays, c'est la hausse du taux de pauvreté des personnes âgées qui a été déterminante, plus que la baisse chez les jeunes adultes. En Estonie, le taux de pauvreté des jeunes adultes a même augmenté. Dans les pays où la pauvreté s'est déplacée des personnes âgées vers les jeunes, c'est en Australie (-11.3 points), en Finlande (-11.9 points) et en Israël (-9.6 points) que l'évolution a été la plus marquée. Ce déplacement relatif a en partie inversé la tendance inverse observée entre le milieu des années 90 et 2011.

Graphique 7.3. Intensité de la pauvreté monétaire en fonction de l'âge : personnes âgées et population totale, 2022 ou dernière année disponible

Écart de revenu moyen de la population pauvre par rapport au seuil de pauvreté, en pourcentage du revenu marquant le seuil de pauvreté

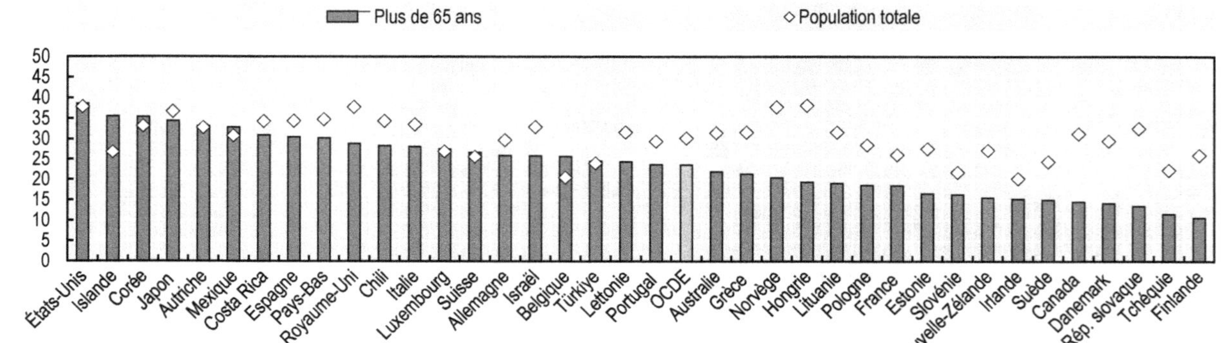

Note : Les données se rapportent à 2022, sauf pour certains pays, voir la note du Graphique 7.1 pour plus de détails. En Grèce, par exemple, le revenu moyen des plus de 65 ans pauvres est inférieur de 21.4 % au seuil de revenu qui détermine si une personne est considérée comme étant pauvre, et qui correspond ici à 50 % du revenu médian de la population totale. En d'autres termes, leur revenu moyen s'élève à 39.3 % du revenu médian. Le revenu moyen de l'ensemble de la population pauvre en Grèce se situe 31.6 % en deçà de ce seuil de pauvreté.

Source : OCDE, Base de données sur la distribution des revenus, http://www.oecd.org/social/income-distribution-database.htm (version de juin 2025).

StatLink https://stat.link/r6p5jc

Tableau 7.3. Évolution du taux de pauvreté monétaire relative entre 2011 et 2022, en fonction de l'âge

Variation en points de pourcentage de la part des revenus inférieure à 50 % du revenu disponible équivalent médian des ménages

	Plus de 65 ans	0-17 ans	18-25 ans	26-65 ans	Total	Déplacement de la pauvreté des + de 65 ans vers les 18-25 ans		Plus de 65 ans	0-17 ans	18-25 ans	26-65 ans	Total	Déplacement de la pauvreté des + de 65 ans vers les 18-25 ans
Allemagne	4.1	3.1	8.5	2.1	3.1	-4.4	Italie	1.7	-3.8	-3.2	0.0	-0.6	4.9
Australie	-11.0	0.4	0.3	-0.8	-1.4	-11.3	Japon	0.6	-4.1	-1.8	-1.6	-0.6	2.4
Autriche	0.3	1.7	0.8	0.6	0.7	-0.6	Lettonie	27.4	-6.0	-3.6	-1.3	3.2	30.9
Belgique	-3.3	-3.4	-3.3	-2.4	-2.8	-0.1	Lituanie	13.3	-3.3	-0.8	-0.6	1.5	14.1
Canada	0.0	-1.7	2.2	-1.1	-0.9	-2.2	Luxembourg	4.5	-1.8	4.2	0.3	0.6	0.3
Chili	0.8	-4.8	0.7	-1.5	-2.1	0.1	Mexique	-8.8	-3.6	-2.8	-3.4	-3.9	-5.9
Colombie						0.0	Norvège	-5.1	3.0	-0.6	2.3	1.1	-4.5
Corée	-8.1	-6.9	-4.3	-4.1	-3.7	-3.8	Nouvelle-Zélande	16.9	-2.8	-5.4	-1.4	0.6	22.3
Costa Rica						0.0	Pays-Bas	3.2	-0.8	-3.4	0.0	-0.2	6.6
Danemark	-0.7	0.7	-2.6	1.3	0.5	1.9	Pologne	2.5	-4.4	-2.4	-1.7	-1.5	4.9
Espagne	4.0	-0.6	-3.6	-1.9	-0.9	7.6	Portugal	2.7	-1.4	-1.1	-0.5	-0.2	3.8
Estonie	29.9	-1.4	2.5	-1.4	4.5	27.4	République. slovaque	0.8	1.9	3.4	0.6	1.2	-2.6
États-Unis	1.9	0.1	-1.8	0.0	0.2	3.7	Royaume-Uni	0.5	5.3	-1.7	0.9	1.6	2.2
Finlande	-6.1	0.6	5.8	-0.3	-0.7	-11.9	Slovénie	-1.7	-3.0	-1.0	-0.3	-0.8	-0.7
France	0.0	0.4	0.0	0.7	0.4	0.0	Suède	-2.7	-1.0	-5.5	-0.6	-1.7	2.8
Grèce	2.7	-7.2	-7.9	-4.2	-3.9	10.6	Suisse	-5.0	0.8	0.0	1.2	0.3	-5.0
Hongrie	8.4	2.9	-3.3	-0.4	1.3	11.7	Tchéquie	5.1	-1.1	0.4	-0.9	0.2	4.7
Irlande	0.0	-2.8	-7.9	-2.9	-3.0	7.9	Türkiye	-6.4	-6.9	-5.0	-3.8	-5.5	-1.4
Islande	-0.2	-2.2	-2.0	-0.2	-1.0	1.8							
Israël	-8.4	-1.8	1.2	-0.2	-1.3	-9.6	**OCDE36**	**1.8**	**-1.6**	**-1.2**	**-0.8**	**-0.4**	**3.0**

Note : Les données se rapportent à 2022, sauf pour certains pays, voir la note du Graphique 7.1 pour plus de détails. On ne dispose pas de données pour la Colombie et le Costa Rica.
Source : Calculs de l'OCDE d'après la base de données de l'OCDE sur la distribution des revenus, www.oecd.org/social/income-distribution-database.htm (version de juin 2025).

StatLink https://stat.link/e3v167

Les inégalités de revenus des personnes âgées

Principaux résultats

Dans les pays de l'OCDE, en moyenne, le coefficient de Gini du revenu disponible s'établit à 0.308 pour les plus de 65 ans. Sur la base de cet indicateur, les inégalités de revenu parmi les personnes âgées sont très élevées au Costa Rica, aux États-Unis et au Mexique, et faibles en Belgique, en Norvège, en République slovaque et en Tchéquie. Deux autres mesures des inégalités de revenus, les ratios P90/P10 et P50/P10, brossent un tableau similaire dans l'ensemble des pays, le coefficient de corrélation linéaire entre le coefficient de Gini et chacun des deux ratios interdéciles étant très élevé, respectivement de 0.93 et 0.84. Les inégalités de revenus sont généralement moins marquées parmi les personnes âgées que dans l'ensemble de la population. Pour le coefficient de Gini, cela se vérifie pour les trois cinquièmes des pays de l'OCDE, avec 0.009 point de moins en moyenne.

Selon les derniers chiffres disponibles, le coefficient de Gini du revenu disponible était très élevé pour les plus de 65 ans au Costa Rica (0.486), au Mexique (0.433) et aux États- Unis (0.419). En revanche, la République slovaque (0.205), la Tchéquie (0.207), la Belgique (0.219) et la Norvège (0.225) affichent les coefficients de Gini les plus bas (Tableau 7.4). Une fourchette aussi large montre qu'il existe, dans les pays de l'OCDE, de profondes disparités dans le niveau des inégalités de revenus entre les personnes âgées.

En 2022 (ou dernière année pour laquelle des données sont disponibles), l'indice de Gini des inégalités de revenu concernant les personnes âgées affiche une évolution analogue à celle des personnes d'âge actif. Dans les pays de l'OCDE, la corrélation linéaire entre ces deux groupes d'âge est très élevée, à 91 %. Dans 22 pays de l'OCDE, les inégalités de revenu (mesurées par le coefficient de Gini) sont plus faibles chez les personnes âgées que dans l'ensemble de la population. L'écart le plus important, égal à 0.058,pour le coefficient de Gini est observé au Chili, suivi de la Lituanie et de la Türkiye.

Les principaux facteurs qui limitent les inégalités entre les personnes âgées sont les prestations de retraite du premier pilier, d'autres aspects redistributifs des régimes de retraite liée à la rémunération et les plafonds fixés pour la rémunération ouvrant droit à pension (chapitre 3). Cela étant, les inégalités sont plus criantes parmi les personnes âgées que dans la population totale dans 13 pays, et principalement en Corée, au Mexique et aux États-Unis.

Ratios P90/P10 et P50/P10

Dans l'ensemble des pays, la corrélation entre le coefficient de Gini et chacun des deux ratios interdéciles 90/10 et 50/10 est très élevée, le coefficient de corrélation linéaire étant de, respectivement, 0.93 et 0.84. De plus, la structure par tranche d'âge suit pour l'essentiel celle qui a été observée pour le coefficient de Gini.

En moyenne, dans les pays de l'OCDE, une personne appartenant au 90e décile de la distribution des revenus disponibles parmi les plus de 65 ans perçoit un revenu égal à celui de la personne du 10e décile multiplié par 3.9. Au 50e décile, le revenu correspond au niveau P10 multiplié par 1.9. Dans les pays de l'OCDE, les ratios P90/P10 les plus élevés sont, pour les personnes âgées, ceux du Costa Rica (9.9) et des États-Unis (6.4). S'agissant du rapport P50/P10, les États-Unis se classent en tête, suivis du Costa Rica et du Mexique.

La Belgique, le Danemark, les Pays-Bas et la Tchéquie (tous à 2.4) sont les seuls pays à afficher un ratio P90/P10 inférieur à 2.5. La Belgique, le Danemark et les Pays-Bas (tous à 1.4) enregistrent les ratios P50/P10 les plus bas, l'Australie, l'Estonie, la Finlande, l'Islande, la Nouvelle-Zélande et la Tchéquie affichant 1.5.

Évolution des inégalités dans le temps

D'après le coefficient de Gini, les inégalités de revenu parmi les plus de 65 ans n'ont guère évolué en moyenne dans la zone OCDE depuis 2000. Il en va de même pour les inégalités de revenu de la population totale (Graphique 7.4). Il existe toutefois des différences importantes entre les pays. Les inégalités parmi les personnes âgées ont nettement diminué depuis 2000 au Chili, en Grèce, en Israël, au Mexique et en République slovaque (d'environ 0.05 ou plus selon le coefficient de Gini). À l'autre extrémité, la Nouvelle-Zélande et la Suède (quoique partant d'un niveau très bas) enregistrent une forte hausse des inégalités depuis 2000 (respectivement, 0.07 et 0.08).

Définition et mesure

Le coefficient de Gini et les ratios interdéciles sont des mesures essentielles des inégalités, basées ici sur la distribution du revenu disponible équivalent des ménages. Le coefficient de Gini varie de 0 (égalité totale entre tous) à 1 (inégalités totales, une personne recevant la totalité des revenus). Les ratios interdéciles correspondent au rapport entre les revenus de deux personnes situées à des points différents de la distribution des revenus disponibles. Le ratio P90/P10 compare le revenu au 90e décile à celui du 10e décile, le ratio P50/P10 utilisant, comme numérateur, le 50e décile. Pour plus d'informations sur les définitions et les sources de données, voir la Base de données de l'OCDE sur la distribution des revenus.

Pour en savoir plus

OECD (2021), *Income Distribution Database*, https://data-explorer.oecd.org/s/3et (consulté le 15 juillet 2021).

OECD (2017), *Preventing Ageing Unequally*, OECD Publishing, Paris, https://doi.org/10.1787/9789264279087-en.

Tableau 7.4. Inégalités de revenus en fonction de l'âge : personnes âgées et population totale, 2022 ou dernière année disponible

Coefficient de Gini, ratios P90/P10 et P50/P10 de distribution du revenu disponible équivalent des ménages

	Coefficient de Gini		Ratio P90/P10		Ratio P50/P10			Coeff de Gini		Ratio P90/P10		Ratio P50/P10	
	Plus de 65 ans	Population totale	Plus de 65 ans	Population totale	Plus de 65 ans	Population totale		Plus de 65 ans	Population totale	Plus de 65 ans	Population totale	Plus de 65 ans	Population totale
Allemagne	0.293	0.313	3.5	4.0	1.9	2.1	Italie	0.327	0.319	4.2	4.2	2.0	2.2
Australie	0.320	0.319	3.4	4.3	1.5	2.2	Japon	0.337	0.338	4.9	5.2	2.4	2.6
Autriche	0.301	0.285	3.3	3.4	1.9	2.0	Lettonie	0.340	0.340	4.3	5.0	1.8	2.5
Belgique	0.219	0.250	2.4	2.9	1.4	1.8	Lituanie	0.303	0.360	3.4	5.0	1.6	2.3
Canada	0.294	0.306	3.4	4.0	1.8	2.2	Luxembourg	0.296	0.296	3.6	3.7	1.9	1.9
Chili	0.390	0.448	5.5	7.3	2.4	2.5	Mexique	0.433	0.400	7.1	5.8	2.7	2.4
Colombie							Norvège	0.225	0.262	2.5	3.1	1.6	1.9
Corée	0.383	0.324	5.7	4.9	2.4	2.5	Nouvelle-Zélande	0.339	0.326	3.6	4.3	1.5	2.2
Costa Rica	0.486	0.470	9.9	9.7	2.8	3.0	Pays-Bas	0.251	0.291	2.4	3.2	1.4	1.8
Danemark	0.252	0.276	2.4	3.0	1.4	1.8	Pologne	0.264	0.270	3.2	3.5	1.8	1.9
Espagne	0.302	0.316	3.9	4.5	2.1	2.3	Portugal	0.344	0.332	4.3	4.3	1.9	2.1
Estonie	0.300	0.321	3.3	4.8	1.5	2.4	République slovaque	0.205	0.226	2.6	3.1	1.6	2.0
États-Unis	0.419	0.394	7.2	6.4	2.9	2.7	Royaume-Uni	0.336	0.367	4.0	4.5	2.0	2.2
Finlande	0.246	0.269	2.7	3.2	1.5	1.8	Slovénie	0.256	0.244	3.1	3.1	1.7	1.8
France	0.275	0.292	3.0	3.4	1.7	1.9	Suède	0.294	0.289	3.1	3.3	1.6	1.9
Grèce	0.284	0.316	3.5	3.9	1.8	2.1	Suisse	0.309	0.317	3.9	3.8	2.0	2.0
Hongrie	0.261	0.294	2.8	3.6	1.6	2.0	Tchéquie	0.207	0.249	2.4	3.1	1.5	1.8
Irlande	0.301	0.285	3.4	3.4	1.7	1.9	Türkiye	0.379	0.427	4.2	5.4	1.9	2.2
Islande	0.275	0.250	2.6	2.8	1.5	1.7							
Israël	0.344	0.345	5.1	5.5	2.3	2.7	**OCDE**	**0.308**	**0.317**	**3.9**	**4.3**	**1.9**	**2.1**

Note : Les données se rapportent à 2022, sauf pour certains pays, voir la note du Tableau 7.1 pour plus de détails.
Source : OCDE, Base de données sur la distribution des revenus, www.oecd.org/social/income-distribution-database.htm (version de juin 2025).

StatLink https://stat.link/zwvpkd

Graphique 7.4. Évolution des inégalités de revenus dans le temps : personnes âgées et population totale

Variation du coefficient de Gini du revenu disponible entre 2000 et 2022 ou dernière année disponible

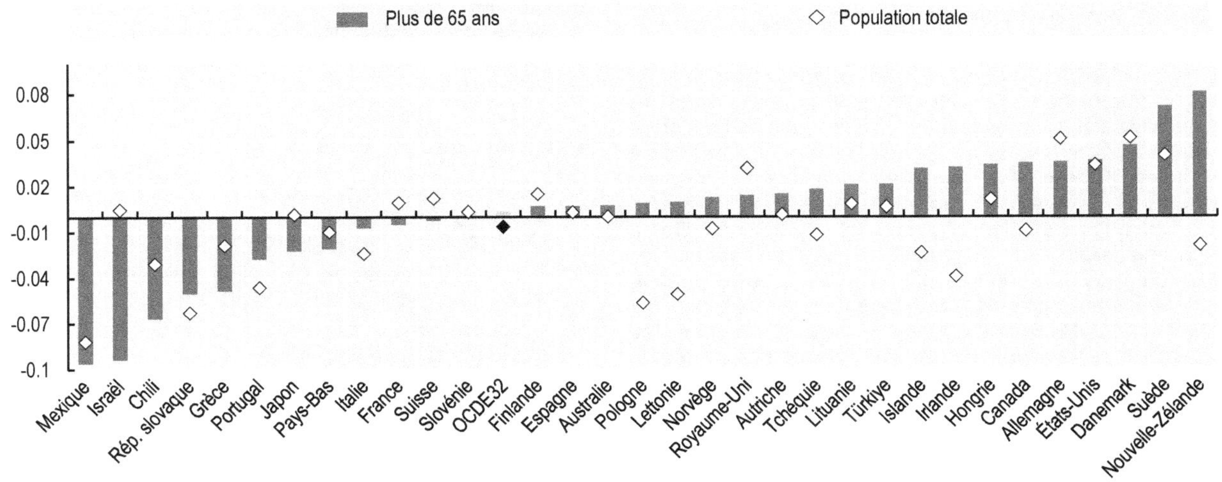

Note : Le revenu disponible désigne ici le revenu disponible équivalent des ménages. Les données se rapportent à 2022, sauf pour certains pays, voir la note du Tableau 7.1 pour plus de détails. Les données antérieures relatives à la Belgique, à la Corée, à l'Estonie et au Luxembourg ne sont pas comparables en raison d'une rupture dans les séries et n'apparaissent pas ici. On ne dispose pas de données pour la Colombie et le Costa Rica.
Source : OCDE, Base de données sur la distribution des revenus, www.oecd.org/social/income-distribution-database.htm (version de juin 2025).

StatLink https://stat.link/gswb0r

Salaire moyen

Principaux résultats

Le « salaire moyen » est un indicateur important puisque tous les résultats de la modélisation des retraites sont présentés sous forme de multiples de cette mesure. Celui de l'ensemble des pays de l'OCDE s'élevait en moyenne à 44 439 USD en 2020 et à 60 737 USD à PPA.

Le Tableau 7.5 rend compte des salaires moyens à temps plein dans la zone OCDE en 2024. Le salaire s'entend ici comme le salaire brut avant tout prélèvement (y compris l'IRPP et les cotisations sociales), mais comprend les heures supplémentaires et les autres compléments de rémunération versés aux salariés.

Les salaires moyens sont exprimés en monnaie nationale et en dollars des États-Unis, aux taux de change du marché et à parités de pouvoir d'achat (PPA). Le taux de change à PPA tient compte de ce que le pouvoir d'achat du dollar varie d'un pays à l'autre : il prend en considération les écarts de prix d'un panier de biens et de services entre les différents pays.

Le salaire moyen dans les pays de l'OCDE s'élevait à 44 439 USD en 2024, aux taux de change du marché. La Suisse affiche le salaire le plus élevé, avec 103 465 USD, un chiffre plus de 15 fois supérieur à celui de la Colombie et près de 11 fois supérieur à celui du Mexique.

À PPA, le salaire moyen atteint 60 737 USD. La Suisse reste le pays de l'OCDE qui affiche les salaires les plus élevés, suivie du Luxembourg, du Danemark et de l'Allemagne. Le Mexique est le pays qui affiche le salaire le plus bas, suivi de la Colombie (20 293 USD).

Les salaires moyens dans les autres grandes économies sont tirés du dernier Rapport mondial sur les salaires de l'OIT (OIT, 2024). Les salaires sont compris entre 2 514 USD en Indonésie et 32 762 USD en Arabie saoudite, aux taux de change du marché.

Entre 2023 et 2024, les salaires nominaux ont augmenté dans tous les pays, et de 7.4 % en moyenne dans la zone OCDE (Graphique 7.5). Sur la même période, l'inflation moyenne s'est toutefois établie à 7.6 %, avec de très fortes variations entre les pays, allant de 0.5 % au Costa Rica à 54 % en Türkiye. En moyenne, cela signifie que les salaires ont légèrement diminué en valeur réelle, même s'ils ont augmenté dans 15 pays de l'OCDE. Au Costa Rica, les salaires ont augmenté de plus de 7 points de pourcentage par rapport à l'inflation. Des hausses de plus de 3 points ont également été observées en Belgique, au Luxembourg, au Portugal et en Türkiye. À l'inverse, les salaires en Finlande ont reculé de 6 points en valeur réelle. L'Islande, la République slovaque et la Tchéquie ont également enregistré des baisses d'au moins 3 points en dessous de l'inflation.

Définition et mesure

La série de données sur le « salaire du travailleur moyen », défini comme le salaire brut moyen d'un travailleur adulte occupant un emploi à temps plein, est présentée dans le rapport de l'OCDE *Les impôts sur les salaires*. La définition complète et les secteurs considérés dans chaque pays figurent dans cette publication. En résumé, l'hypothèse générale retenue pour le calcul du salaire moyen repose sur les secteurs B à N de la Classification internationale type, par industrie, de toutes les branches d'activité économique (CITI Révision 4, Nations Unies). Les calculs se fondent sur le salaire d'un travailleur adulte occupant un emploi à temps plein (manuel ou non). Ils se rapportent au salaire moyen de l'ensemble des travailleurs des secteurs d'activité considérés. Il n'est pas tenu compte des variations entre les hommes et les femmes, ni de l'âge ou de la région. Le calcul du revenu d'activité tient compte de tous les éléments de rémunération en espèces versés aux travailleurs des secteurs considérés, y compris les montants moyens généralement versés au titre des heures supplémentaires, des compléments de salaire (par ex., prime de fin d'année, treizième mois) et des congés payés.

Néanmoins, tous les pays ne sont pas en mesure de prendre en compte la rémunération des heures supplémentaires, les congés payés et les primes en espèces conformément à la définition donnée. Certains pays ne sont pas en mesure d'exclure les données concernant les travailleurs à temps partiel. Par conséquent, les estimations du salaire moyen utilisées ici peuvent différer des estimations nationales, parfois assez sensiblement.

Pour en savoir plus

OIT (2024), *Global wage report 2024-2025 Is wage inequality decreasing globally?*, International Labour Organization,: https://doi.org/10.54394/CJQU6666.

OECD (2023), *Purchasing Power Parities – Frequently Asked Questions (FAQs)*, OECD, Paris, www.oecd.org/sdd/prices-ppp/purchasingpowerparities-frequentlyaskedquestionsfaqs.htm.

OECD (2025), *Taxing Wages 2025: Decomposition of Personal Income Taxes and the Role of Tax Reliefs*, OECD Publishing, Paris, https://doi.org/10.1787/b3a95829-en.

OECD (2009), *Pensions at a Glance 2009: Retirement-Income Systems in OECD Countries*, OECD Publishing, Paris, https://doi.org/10.1787/pension_glance-2009-en.

Tableau 7.5. Salaire brut moyen, 2024

	Indicateurs du salaire moyen de l'OCDE			Taux de change, monnaie nationale par rapport à l'USD	
	Monnaie nationale	USD, au taux du marché	USD, à PPP	Taux du marché	PPP
Allemagne	63 288	65 856	88 144	0.96	0.72
Australie	103 794	64 388	72 330	1.61	1.44
Autriche	61 699	64 203	83 716	0.96	0.74
Belgique	60 841	63 310	86 545	0.96	0.70
Canada	88 360	61 446	75 586	1.44	1.169
Chili	14 074 320	14 179	31 076	992.60	452.91
Colombie	30 236 442	6 868	20 293	4 402.49	1 489.98
Corée	55 002 302	37 333	70 766	1 473.27	777.24
Costa Rica	9 109 145	18 002	29 386	506.00	309.98
Danemark	509 093	71 003	88 971	7.17	5.72
Espagne	31 698	32 985	53 185	0.96	0.60
Estonie	23 930	24 902	39 686	0.96	0.60
États-Unis	70 627	70 627	70 627	1.00	1.00
Finlande	52 893	55 039	68 073	0.96	0.78
France	44 968	46 793	67 318	0.96	0.67
Grèce	25 198	26 220	47 454	0.96	0.53
Hongrie	8 252 579	20 876	46 169	395.32	178.75
Irlande	64 158	66 762	86 235	0.96	0.74
Islande	11 811 028	85 469	78 723	138.19	150.03
Israël	196 756	53 950	54 308	3.65	3.62
Italie	35 616	37 061	58 772	0.96	0.61
Japon	5 426 969	34 600	58 439	156.85	92.87
Lettonie	20 176	20 994	39 483	0.96	0.51
Lituanie	25 757	26 803	52 459	0.96	0.49
Luxembourg	74 296	77 311	90 384	0.96	0.82
Mexique	199 946	9 657	19 311	20.70	10.35
Norvège	763 733	67 456	82 016	11.32	9.31
Nouvelle-Zélande	80 019	44 929	54 733	1.78	1.46
Pays-Bas	65 782	68 451	85 877	0.96	0.77
Pologne	96 421	23 471	50 089	4.11	1.93
Portugal	22 588	23 505	41 294	0.96	0.55
Rép. slovaque	18 529	19 280	35 026	0.96	0.53
Royaume-Uni	51 310	64 379	78 216	0.80	0.66
Slovénie	27 756	28 882	48 780	0.96	0.57
Suède	537 302	48 819	63 934	11.01	8.40
Suisse	99 430	103 465	102 611	0.96	0.97
Tchéquie	549 741	23 355	43 114	23.54	12.75
Türkiye	568 151	16 065	44 881	35.37	12.66
OCDE		**44 439**	**60 737**		
Afrique du Sud	338 640	17 965	45 333	18.85	7.47
Arabie saoudite	122 856	32 762	62 874	3.75	1.95
Argentine	18 330 000	17 416	40 134	1 052.50	456.72
Brésil	40 920	6 617	16 567	6.18	2.47
Chine	123 756	16 955	34 890	7.30	3.55
Inde	253 200	2 959	12 478	85.58	20.29
Indonésie	42 000 000	2 614	8 706	16 067.13	4 824.26

Note : USD = dollar des États-Unis, PPP = parités de pouvoir d'achat.
Source : OCDE (2025), *Les impôts sur les salaires 2025*, https://doi.org/10.1787/e1665579-fr, OIT (2022) *Rapport mondial sur les salaires 2024-2025*, https://doi.org/10.54394/CJQU6666 et Base de données des comptes nationaux de l'OCDE.

StatLink https://stat.link/5lthr7

Graphique 7.5. Variation du salaire moyen, monnaie nationale

Variation en pourcentage du salaire moyen entre 2023 et 2024, avec l'inflation annuelle comme référence

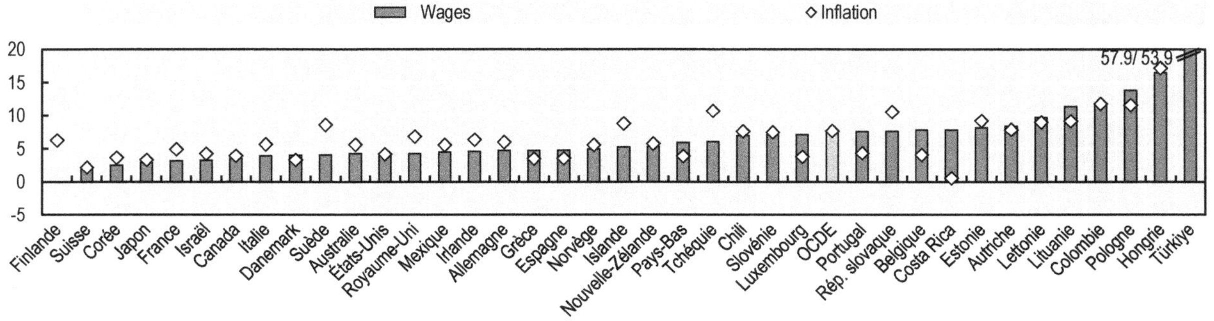

Source : OCDE (2025), *Les impôts sur les salaires 2025*, https://doi.org/10.1787/e1665579-fr. Inflation annuelle mesurée par les prix à la consommation, d'après OECD.Stat.

StatLink https://stat.link/yashq3

8 Équilibre financier des systèmes de retraite

Les indicateurs présentés dans ce chapitre portent sur les aspects financiers des systèmes de retraite. Le premier donne un aperçu des cotisations de retraite versées par les salariés et les employeurs au titre des régimes obligatoires ou quasi-obligatoires.
Le deuxième examine les dépenses publiques de retraite. Il indique la part du produit intérieur brut affectée au versement des prestations de retraite publiques et le pourcentage global des retraites publiques dans le budget de l'État. Le troisième s'intéresse aux dépenses de retraite privées et examine le total des dépenses de prestations des régimes privés obligatoires, quasi obligatoires et facultatifs.
Le dernier présente les projections à long terme des dépenses publiques de retraite.

Cotisations de retraite obligatoires

Principaux résultats

Le taux de cotisation effectif total aux régimes de retraite obligatoires d'un travailleur rémunéré au salaire moyen était en moyenne de 18.8 % en 2024 dans les pays de l'OCDE. Les niveaux les plus élevés sont observés en Italie (33.0 %), en Tchéquie (31.3 %), en France (27.8 %) et en Grèce (26.0 %). Le Canada, la Corée, la Lituanie et le Mexique affichent les taux les plus bas, soit moins de 10 % chacun, et se situent au-dessus de la Nouvelle-Zélande qui ne dispose d'aucun régime contributif obligatoire.

Cet indicateur porte sur le volet « cotisations ». Il s'agit de définir la part de leur rémunération que les travailleurs ont consacrée à leur retraite en 2024. Lorsque c'est possible, les taux de cotisation présentés ne se rapportent qu'aux systèmes de retraite, mais cette information n'est pas toujours disponible. Dans quelques pays, il n'est pas possible de ventiler les cotisations versées au titre des prestations de retraite et d'incapacité ou d'invalidité ; dans de rares autres, seul le total des cotisations globales versées au titre de la sécurité sociale peut être utilisé.

Le Tableau 8.1 présente les cotisations de retraite au titre des régimes obligatoires, qu'ils soient publics ou privés. Les cotisations financent aussi les prestations d'incapacité ou d'invalidité dans 13 pays : Allemagne, Autriche, Canada, Danemark, Finlande, Grèce, Islande, Italie, Lituanie, Luxembourg, Slovénie, Tchéquie et Türkiye. En outre, en Belgique, en Espagne, en Irlande, en Norvège et au Royaume-Uni, il est difficile de distinguer les cotisations de retraite des autres branches de l'assurance sociale comme les prestations d'invalidité, d'assurance maladie, de chômage, etc. Dans l'ensemble, le taux de cotisation effectif moyen était égal à 18.8 % du niveau de salaire moyen en 2024. C'est l'Italie qui affiche le taux de cotisation obligatoire total le plus élevé (33.0 %). La Tchéquie, la France et la Grèce enregistrent aussi des taux de cotisation effectifs élevés, aux alentours de 26-31 %. La Nouvelle-Zélande affiche zéro vu qu'elle ne dispose d'aucun régime de retraite contributif obligatoire.

En revanche, le taux de cotisation obligatoire n'est que de 8.456 % au Mexique, 8.72 % en Lituanie et 9.0 % en Corée. À la suite de réformes récentes, les taux de cotisation en Corée et au Mexique font l'objet d'un relèvement progressif pour s'établir respectivement à 15.0 % d'ici 2033 et à 13.0 % d'ici 2030.

Plusieurs pays appliquent des taux de cotisation qui varient en fonction de l'âge de la personne qui cotise. D'autres appliquent des taux de cotisation différents au-dessus et au-dessous de seuils de revenu. La Suisse dispose des deux. Par exemple, en Finlande, le taux de cotisation des salariés au régime public est de 8.65 % entre l'âge de 53 ans et de 62 ans, et de 7.15 % autrement. En France, les taux de cotisation au régime de retraite professionnel à points sont différents au-dessus et au-dessous du plafond qui s'applique au volet à prestations définies. Dans d'autres pays, le taux de cotisation est plafonné à un niveau inférieur au niveau de salaire moyen, ce qui se traduit par un taux effectif plus bas. Par exemple, au Canada, les cotisations ne sont prélevées sur les revenus que jusqu'à 78 % du salaire moyen, réduisant ainsi le taux de cotisation qui passe de 11.9 % sur les revenus entrant en ligne de compte à un taux effectif de 9.2 % pour un travailleur rémunéré au salaire moyen.

Le taux de cotisation effectif moyen au titre des régimes publics est de 16.0 %, par rapport à 2.8 % pour les régimes privés, dans l'OCDE pour le salaire moyen, soit un total de 18.8 %. Dans le cadre du régime public, les cotisations des salariés représentent plus des deux tiers de celles des employeurs. En Slovénie, la proportion est quasiment inversée, le taux de cotisation salariale étant de 15.5 %, le taux patronal de 8.85 %. En Australie et en Estonie, les cotisations obligatoires sont intégralement réglées par les employeurs, alors qu'en Lituanie, elles sont entièrement à la charge des salariés.

Les pays où les taux de cotisation aux régimes de retraite sont élevés offrent souvent des prestations de retraite supérieures à la moyenne (c'est le cas de la France, de l'Espagne et de l'Italie). Ce choix doit résulter d'un arbitrage entre des salaires nets plus bas et des pensions futures plus élevées. Néanmoins, des taux de cotisation obligatoires élevés risquent aussi de nuire à la compétitivité de l'économie et de diminuer le taux d'emploi total, et de favoriser par ailleurs l'informalité.

Les taux de cotisation des pays du G20 non membres de l'OCDE sont supérieurs à 20 % dans tous les pays sauf en Indonésie et en Afrique du Sud, bien que ce dernier pays ne soit pas doté d'un système de retraite obligatoire lié à la rémunération. En Indonésie, le taux de cotisation n'est que de 8.7 %, réparti entre les régimes à prestations définies et les régimes par capitalisation à cotisations définies.

Pour en savoir plus

OCDE (2021), *Les impôts sur les salaires 2021*, Éditions OCDE, Paris, https://doi.org/10.1787/24d05263-fr.

Tableau 8.1. Taux de cotisation obligatoires en 2024

Cotisations des travailleurs du secteur privé aux régimes de pensions obligatoires et quasi obligatoires

	Taux nominal					Plafond (multiple de la rémunération brute moyenne), public / privé	Taux effectif appliqué à la rémunération brute moyenne
	Salarié, public	Employeur, public	Salarié, privé	Employeur, privé	Total		
Allemagne*	9.3	9.3			18.6	1.43	18.6
Australie			0.0	11.5	11.5	2.51	11.5
Autriche*	10.25	12.55			22.8	1.38	22.8
Belgique**	7.50	8.86			16.4	1.28	16.4
Canada*	5.95	5.95			11.9	0.78	9.2
Chili			11.1	1.5	12.6	2.76	12.6
Colombie	4.0	12.0			16.0	12.90	16.0
Corée	4.5	4.5			9.0	1.35	9.0
Costa Rica	4.17	5.42	1.0	3.25	13.84	Aucun des deux	13.84
Danemark*			4.0	8.0	12.0	Aucun des deux	12.7
Espagne**	4.7	23.6			28.3	1.79	28.3
Estonie	0.0	20.0			20.0	Aucun des deux	20.0
États-Unis	5.3	5.3			10.6	2.39	10.6
Finlande*	7.47 [a]	17.34			24.81 [a]	Aucun des deux	24.81 [a]
France	11.3 [w]	16.5 [w]			27.8 [w]	1.03 / 8.25	27.8
Grèce*	9.67	16.33			26.0	4.10	26.0
Hongrie	10.0	11.6			21.6	Aucun des deux	21.6
Irlande**	4.0	10.05			14.1	Aucun des deux	14.1
Islande*	0.0	6.25	4.0	11.5	21.8	Aucun des deux	21.8
Israël	7.0 [w]	7.6 [w]	6.0	6.5	27.1 [w]	2.99 / 0.76	19.3
Italie*	9.19	23.81			33.0	3.36	33.0
Japon	9.15	9.15			18.3	2.27	18.3
Lettonie	10.0	10.0			20.0	3.87	20.0
Lituanie*	8.72	0.0			8.72	4.43	8.72
Luxembourg*	8.0	8.0			16.0	2.08	16.0
Mexique			1.125	7.331 [w]	8.456 [w]	4.95	8.456
Pays-Bas	18.0	0.0	6.2	12.4	36.6	0.58 / 2.09	22.0
Norvège**	7.8	13.0	0.0	2.0	22.8	Aucun des deux / 1.92	22.8
Nouvelle-Zélande					0.0		0.0
Pologne	9.76	9.76			19.52	2.43	19.52
Portugal	7.2	15.5			22.7	Aucun des deux	22.7
Rép. slovaque	4.0	18.75			22.8	10.31	22.8
Royaume-Uni**	8.0 [w]	13.8 [w]	5.0	3.0	29.8 [w]	Aucun des deux / 0.98	26.6
Slovénie*	15.5	8.85			24.35	2.08	24.35
Suède	7.0	10.81	0.0	4.5 [w]	22.31 [w]	1.06 / Aucun des deux	22.3
Suisse	4.35	4.35	6.25 [a,w]	6.25 [a,w]	21.2 [a,w]	Aucun des deux / 0.89	16.6 [a]
Tchéquie*	6.5	24.8			31.3	3.84	31.3
Türkiye*	9.0	11.0			20.0	3.17	20.0
OCDE, salaire moyen	**6.2**	**9.8**	**1.0**	**1.8**			**18.8**
Afrique du Sud					0.0		0.0
Arabie saoudite	11.0	11.0			22.0	4.40	22.0
Argentine	11.0	16.0			27.0	2.02	27.0
Brésil**	7.5 [w]	20.0			27.5 [w]	2.28	28.9
Chine	8.0	16.0			24.0	3.00	24.0
Inde*	12.0	12.0			24.0	1.42	24.0
Indonésie	1.0	2.0	2.0	3.7	8.7	2.87 / Aucun des deux	8.7

Note : *Le taux de cotisation finance aussi les prestations d'incapacité ou d'invalidité. **Les taux indiqués couvrent différents régimes de sécurité sociale dans chaque pays. Les moyennes de l'OCDE sont calculées pour les travailleurs rémunérés au salaire moyen et ne représentent pas la moyenne des colonnes du taux nominal. [a] et [w] : le taux varie selon l'âge et le niveau de rémunération respectivement. See Statlink for more country specific details.
Source : Profils par pays et *OCDE, Les impôts sur les salaires 2025.*

StatLink https://stat.link/35a6o9

Dépenses publiques de retraite

Principaux résultats

Au sein de l'OCDE, entre 2000 et la dernière année connue, les dépenses publiques au titre des pensions de vieillesse et de réversion en espèces ont progressé, passant de 6.7 % à 8.1 % du PIB en moyenne. C'est en Grèce et en Italie que les dépenses publiques sont les plus élevées (plus de 16 % du PIB), et en Islande et en Irlande qu'elles sont les plus faibles (moins de 3 %). Les pensions publiques constituent souvent le plus gros poste de dépenses sociales, représentant en moyenne 18 % des dépenses publiques totales.

La Grèce et l'Italie sont les pays de l'OCDE qui ont consacré la plus forte proportion du revenu national aux pensions publiques, soit environ 16 % du PIB pour la dernière année connue (Tableau 8.2). Les autres pays qui affichent des dépenses brutes élevées au titre des régimes publics de retraite se situent aussi en Europe continentale : il s'agit de l'Autriche, de la France et du Portugal (entre 13 % et 14 % du PIB environ). Dans ces pays, les retraites publiques représentent en général entre un quart et un tiers des dépenses publiques totales.

À l'autre extrémité, l'Australie, le Chili, la Corée, l'Irlande et l'Islande ont consacré moins de 4 % de leur PIB aux retraites publiques. La population du Chili et de l'Irlande est relativement jeune. En Australie et en Islande, le revenu des retraités provient en grande partie de régimes de retraite professionnels obligatoires (voir l'indicateur suivant « Dépenses de retraite : régimes publics et régimes privés »), si bien que les régimes publics y occupent une place plus marginale et en régression ; l'âge de la retraite y est en outre élevé (67 ans). Le système de retraite coréen n'est pas encore arrivé à maturité : le régime public lié aux rémunérations n'a été établi qu'en 1988, et la pension de base ciblée se situe à un niveau relativement faible.

Les dépenses sont aussi généralement modérées dans les pays qui bénéficient d'un contexte démographique favorable, comme Israël, le Mexique et la Nouvelle-Zélande. Ce n'est toutefois pas toujours le cas : la Türkiye consacre 6.1 % de son PIB aux retraites publiques, alors qu'elle affiche le troisième ratio de dépendance démographique le plus bas des pays de l'OCDE (tableau 6.2). En ce qui concerne la Türkiye, les niveaux de dépenses peuvent s'expliquer par l'âge de départ à la retraite historiquement bas, ce qui se traduit par des périodes de retraite plus longues que dans de nombreux autres pays.

Évolution

Les dépenses publiques de retraite ont augmenté, passant d'une moyenne OCDE de 6.7 % à 8.1 % du PIB entre 2000 et la dernière année connue. On estime que le vieillissement de la population, évalué par la seule évolution de la structure démographique, aurait entraîné une augmentation des dépenses de retraite de 2.5 % du PIB en moyenne entre 2000 et 2017. La hausse de l'emploi a fait baisser le total des dépenses de retraite de 1.1 % du PIB en moyenne (chapitre 1 (OCDE, 2021)). Les dépenses publiques de retraite ont augmenté de plus de 4 points de pourcentage du PIB depuis 2000 en Espagne, en Finlande, en Grèce, au Mexique et au Portugal, et de deux à 4 points de pourcentage en Corée, en Italie, au Japon et en Türkiye. À l'inverse, elles ont diminué de plus d'1 points de pourcentage (p.p.) en Australie, au Chili et en Lettonie. L'Allemagne, l'Irlande, la Lituanie et le Royaume-Uni ont aussi enregistré de légères baisses. Malgré les tensions liées au vieillissement, les dépenses publiques de retraite ont été relativement stables en pourcentage du PIB à compter de 2000 dans 15 pays : Allemagne, Canada, Estonie, Hongrie, Irlande, Islande, Israël, Lituanie, Nouvelle-Zélande, Pays-Bas, Pologne, Royaume-Uni, Slovénie, Suède et Suisse.

Dépenses brutes et nettes

L'avant-dernière colonne du tableau présente les dépenses publiques en termes *nets*, c'est-à-dire après impôts et cotisations acquittés sur les prestations de retraite. Les dépenses nettes sont sensiblement inférieures aux dépenses brutes en Autriche, en Belgique, au Danemark, en Finlande, en France, en Grèce, en Italie, au Luxembourg, en Norvège, en Pologne, en Suède et en Suisse, en raison des impôts sur les prestations de retraite. Les dépenses brutes sont comparables aux dépenses nettes lorsque les retraites ne sont pas imposables, comme en Hongrie, en République slovaque et en Türkiye, ou quand les prestations publiques sont globalement inférieures aux allègements fiscaux de base (Australie, Irlande, Islande, Slovénie et Tchéquie).

Prestations en nature

La dernière colonne du tableau indique le total des dépenses publiques brutes en faveur des personnes âgées, prestations en nature comprises. Au Danemark, en Finlande, en Norvège et en Suède, les prestations en nature sont supérieures à 1.5 % du PIB. Les plus élevées sont les allocations logement. Elles sont définies comme des « prestations en nature » parce qu'elles sont fonction de dépenses particulières des individus. L'Australie, la Belgique et les Pays-Bas affichent également des dépenses élevées au titre de ces prestations.

Pour en savoir plus

Adema, W. et M. Ladaique (2009), « How Expensive is the Welfare State? Gross and Net Indicators in the OECD Social Expenditure Database (SOCX) », *Documents de travail de l'OCDE sur les questions sociales, l'emploi et les migrations*, n° 92, Éditions OCDE, Paris, https://doi.org/10.1787/220615515052.

OCDE (2021), *Pensions at a Glance 2021: OECD and G20 Indicators*, Éditions OCDE, Paris, https://doi.org/10.1787/ca401ebd-en.

Tableau 8.2. Dépenses publiques au titre des pensions de vieillesse et de réversion en espèces

	Niveau (en % du total des dépenses publiques)		Niveau (en % du PIB)					Variation (p.p.)	Niveau en termes nets (en % du PIB)	Total, dont prestations en nature (en % du PIB)
	2000	Données les plus récentes	1990	2000	2010	2020	Données les plus récentes	2000 - dernière année connue	Données les plus récentes	Données les plus récentes
Allemagne	22.8	21.3	9.5	10.9	10.7	11.2	10.8	-0.1	10.2	11.6
Australie*	12.8	9.1	3.1	4.7	3.8	4.2	3.4	-1.3	3.4	4.5
Autriche	23.8	25.0	11.8	12.3	13.1	14.3	14.0	1.8	11.9	14.8
Belgique	18.4	19.5	9.4	9.1	9.9	11.5	10.7	1.6	9.3	11.7
Canada*	12.0	13.9	4.5	5.0	5.1	6.4	5.9	0.9	5.5	5.9
Chili**		10.8	7.9	5.0	3.4	3.1	3.7	-1.3	4.3	3.1
Colombie**		11.8			5.5	6.3	5.7		7.5	5.6
Corée*	5.6	10.3	0.7	1.3	1.9	3.5	3.8	2.5	3.8	4.0
Costa Rica**		16.2				5.9	5.1		5.9	5.3
Danemark	11.9	15.2	6.1	6.3	7.1	8.2	7.5	1.2	5.4	9.3
Espagne	20.8	24.8	7.7	8.1	9.1	12.8	12.3	4.2	11.7	12.7
Estonie	16.5	16.1		6.0	7.6	7.2	6.8	0.8	6.5	6.9
États-Unis**	16.4	18.1	5.8	5.7	6.6	7.4	7.3	1.7	6.8	7.4
Finlande	15.5	22.1	7.2	7.4	9.8	12.6	12.2	4.8	9.6	13.7
France*	21.9	22.9	10.5	11.5	13.2	14.4	13.4	1.9	12.0	13.8
Grèce	21.9	28.5	9.6	10.5	14.4	17.9	16.2	5.7	14.2	16.2
Hongrie	15.7	15.9		7.4	9.5	7.7	7.6	0.2	7.6	8.1
Irlande	10.3	12.5	4.8	3.1	5.2	3.3	2.9	-0.2	2.8	3.0
Islande	4.6	5.9	2.2	2.1	1.5	3.0	2.9	0.8	2.9	3.3
Israël**	10.0	11.0		4.4	4.8	5.0	4.5	0.0	4.8	5.5
Italie	29.0	28.7	11.3	13.5	15.3	17.4	16.1	2.6	13.0	16.2
Japon*		28.6	4.6	6.9	9.5	9.6	9.2	2.3	8.7	9.4
Lettonie	23.3	16.2		8.9	9.4	7.7	7.5	-1.3	7.2	8.1
Lituanie	17.9	17.4		7.1	7.8	7.1	6.5	-0.6	6.5	6.8
Luxembourg	18.8	20.1	8.1	7.1	7.5	9.0	8.6	1.5	7.1	8.6
Mexique**		13.4	0.4	0.7	1.6	4.6	5.3	4.6	5.2	5.3
Norvège	11.1	13.7	5.5	4.7	5.3	7.6	6.5	1.8	5.4	8.6
Nouvelle-Zélande*	12.1	12.0	7.1	4.6	4.5	5.1	5.1	0.6	4.3	5.2
Pays-Bas	13.1	14.0	7.5	5.7	5.9	6.8	6.4	0.8	5.9	7.5
Pologne	24.3	25.7	5.0	10.4	11.1	11.4	11.2	0.8	9.4	11.2
Portugal	18.3	27.3	4.8	7.8	12.0	13.6	12.9	5.1	12.9	13.0
Rép. slovaque	11.7	16.6		6.3	6.7	7.7	7.4	1.2	7.4	7.9
Royaume-Uni*	20.6	15.2	6.8	7.3	8.3	7.8	7.1	-0.2	6.8	7.5
Slovénie	21.8	21.3		10.4	11.0	11.2	10.6	0.2	10.5	10.7
Suède	13.9	16.0	7.2	7.4	8.0	8.5	8.0	0.6	6.3	10.3
Suisse	18.0	18.4	5.1	6.0	6.1	6.9	6.6	0.6	5.0	6.8
Tchéquie	16.8	18.2	5.5	6.8	8.0	8.6	8.2	1.4	8.2	8.5
Türkiye			0.7	3.9	7.3	7.4	6.1	2.2	6.1	6.1
OCDE	**16.6**	**17.7**	**5.9**	**6.7**	**7.7**	**8.5**	**8.1**	**1.4**	**7.4**	**8.5**

Note : Les données les plus récentes se rapportent à 2021, sauf pour * = les données les plus récentes se rapportent à 2022 et ** = les données les plus récentes se rapportent à 2023.
Source : *Base de données de l'OCDE sur les dépenses sociales (SOCX) ; Base de données de l'OCDE sur les principaux indicateurs économiques*.

StatLink https://stat.link/b3paxv

Dépenses privées de retraite

Principaux résultats

Les versements effectués par les régimes de retraite privés se sont élevés en moyenne à 1.3 % du PIB pour la dernière année connue, soit un septième environ des dépenses publiques et privées totales, et ils ont augmenté par rapport à leur niveau de 1990 (0.5 % du PIB) et de 2010 (1.2 %).

Les régimes de retraite privés sont obligatoires ou assurent une couverture quasi-universelle des salariés dans le cadre de conventions collectives (régimes dits quasi-obligatoires) dans moins d'un tiers des 38 pays de l'OCDE. Dans d'autres, la couverture des régimes privés facultatifs, qu'ils soient individuels ou professionnels (fournis par l'employeur), est étendue (tableau 4.2), ce qui signifie qu'au total, environ la moitié des pays de l'OCDE disposent d'importants régimes de retraite privés.

Les flux les plus importants de dépenses privées de retraite sont observés en Islande, en Suisse et aux États-Unis, où ils représentent entre 5.2 % et 5.7 % du PIB (Tableau 8.3). Dans les quatre pays qui suivent, à savoir l'Australie, le Canada, les Pays-Bas et le Royaume-Uni, les versements effectués au titre des pensions privées représentent entre 3.0 % et 4.5 % du PIB. Au Japon (où les régimes privés sont facultatifs), les dépenses privées de retraite sont également élevées, de l'ordre de 2.7 % du PIB.

Dans les années 1990, de nombreux pays (Australie, Estonie, Mexique, Pologne, République slovaque et Suède) ont mis en place des dispositifs privés obligatoires. Dans certains cas, en Europe centrale et orientale notamment, ce sont surtout les salariés jeunes qui s'y sont affiliés. Bon nombre de ces dispositifs n'ont pas encore commencé à verser des prestations et quelques pays les ont depuis totalement supprimés (comme la Pologne) ou les ont rendus facultatifs (comme l'Estonie).

C'est en Italie que les dépenses totales au titre des retraites publiques et privées sont les plus élevées (16.6 % du PIB), puis en Grèce (16.3 %), en Autriche (14.6 %) et en France (13.7 %) pour les dernières années connues. La moyenne des pays est de 9.4 % du PIB, les niveaux les plus bas étant observés en Irlande (3.8 % du PIB) et en Corée (4.7 %).

La part des pensions privées dans le total des dépenses de retraite varie considérablement d'un pays à l'autre (Graphique 8.1). C'est en Islande qu'elle est la plus élevée (64 %) ; viennent ensuite l'Australie, les États-Unis et la Suisse (environ 50 %). Globalement, la moyenne s'établit à 18 % du total des dépenses dans les 30 pays disposant de données sur les dépenses au titre des pensions privées, parmi lesquels 11 affichent une part inférieure à 5 % et trois autres une part inférieure à 10 %.

Évolution

Les pays où les dépenses au titre des pensions privées ont augmenté de plus d'1 p.p. du PIB depuis 2000 sont l'Australie, les États-Unis, l'Islande et la Suisse (Tableau 8.3). En Australie et en Suisse, les plans de retraite professionnels sont devenus obligatoires en 1992 et en 1985, respectivement, ce qui a considérablement fait augmenter le nombre d'affiliés. Cela se traduit aujourd'hui par une hausse rapide des droits à retraite au titre des régimes privés, chaque nouvelle génération de retraités ayant cotisé plus longtemps, en moyenne, que la précédente à ces régimes.

La part moyenne des dépenses privées dans le total des dépenses de retraite a légèrement augmenté ces deux dernières décennies, passant de 16.6 % en 2000 à 18.3 % pour l'année connue la plus récente, pour les 30 pays qui disposent de données sur les dépenses publiques et privées se rapportant à ces deux années. Certains pays ont toutefois connu des changements importants. Au Chili, par exemple, cette proportion a pratiquement doublé, passant de 18 % à 32 %. Des hausses de 19 et 12 points de pourcentage sont observées en Australie et en Islande, respectivement. À l'inverse, la part des dépenses privées a diminué de moitié en Irlande, passant de 47 % à 22 %, et a baissé de 9-10 points de pourcentage au Japon et en Corée. En Irlande, la couverture des régimes de retraite privés a diminué ces dernières décennies. En Corée, les dépenses privées de retraite étaient faibles et la mise en place du régime public a fait augmenter les dépenses correspondant à ce volet.

Allègements fiscaux

De nombreux pays de l'OCDE accordent un régime fiscal avantageux à l'épargne-retraite constituée dans le cadre de plans de retraite privés. Souvent, les cotisations individuelles sont en tout ou en partie déductibles des revenus, et les produits des placements sont totalement ou partiellement exonérés d'impôt. Certains pays prévoient des allègements fiscaux sur les pensions servies (voir « Régime fiscal des pensions et des retraités », chapitre 4).

Dans de nombreux pays de l'OCDE, le coût de ces incitations fiscales est évalué selon la notion de « dépenses fiscales ». Cette méthode vise à évaluer le montant du régime fiscal avantageux par rapport à un régime de référence, ce montant étant censé correspondre au manque à gagner résultant des incitations fiscales.

Les données sur les dépenses fiscales liées à l'épargne-retraite sont disponibles pour 2021 dans 26 pays de l'OCDE. Dans la moitié des cas, ces dépenses représentent au plus 0.2 % du PIB. À l'inverse, dans neuf pays, à savoir l'Allemagne, l'Australie, le Canada, les États-Unis, l'Islande, Israël, les Pays-Bas, le Royaume-Uni et la Suisse, les dépenses fiscales déclarées représentent au moins 1 % du PIB.

Les chiffres relatifs aux dépenses fiscales doivent être interprétés avec prudence : ils ne sont pas comparables d'un pays à l'autre en raison de différences entre les régimes fiscaux de référence retenus. Malgré leur nom, ces dépenses ne sont pas équivalentes à des dépenses directes et ne doivent donc pas être ajoutées aux chiffres des dépenses publiques de retraite.

Pour en savoir plus

OCDE (2018), *Financial Incentives and Retirement Savings*, Éditions OCDE, Paris, https://doi.org/10.1787/9789264306929-en.

OCDE (2010), *Les dépenses fiscales dans les pays de l'OCDE*, Éditions OCDE, Paris, https://doi.org/10.1787/9789264076921-fr.

Tableau 8.3. Dépenses de retraite : régimes privés

	Type de régime	Niveau (en % du PIB)					Variation	Dépenses de retraite des régimes publics et privés (en % du PIB)	Allègements fiscaux (% du PIB)
		1990	2000	2010	2020	Données les plus récentes	2000 - dernière année connue	Données les plus récentes	2021
Allemagne	v	0.7	0.6	0.7	0.8	0.7	0.1	11.5	1.0
Australie*	m		2.9	3.4	4.5	4.5	1.7	7.9	2.1
Autriche	v	0.4	0.6	0.6	0.7	0.6	0.1	14.6	0.0
Belgique	v	0.7	1.1	1.1	1.2	1.2	0.1	11.9	0.1
Canada*	v	2.2	3.1	2.9	4.7	3.5	0.4	9.4	1.9
Chili**	m	0.3	1.1	1.3	1.8	1.7	0.7	5.4	0.1
Colombie**	m			0.4	0.7	0.7		6.4	
Corée*	m	0.2	0.5	0.4	0.9	0.9	0.4	4.7	
Costa Rica**	m				0.3	0.3		5.4	0.0
Danemark	q/m			1.7	2.0	1.6	1.6	9.5	
	v	1.6	2.4	1.2	0.4	0.4	-2.1		
Espagne	v			0.5	0.5	0.4		12.7	
Estonie								6.8	
États-Unis**	v	2.6	3.7	4.4	5.8	5.7	2.1	13.0	1.0
Finlande	v	0.1	0.3	0.2	0.2	0.2	-0.1	12.3	0.0
France*	v	0.3	0.3	0.3	0.3	0.3	0.0	13.7	
Grèce	v	0.3	0.0	0.1	0.1	0.1	0.1	16.3	
Hongrie								7.6	0.1
Irlande	v	0.9	2.8	1.8	1.0	0.8	-2.0	3.8	0.4
Islande	m	1.4	2.3	3.2	5.7	5.2	3.0	8.1	1.1
Israël**	v		0.7	1.3	1.3	1.2	0.5	5.7	1.2
Italie	v	1.1	1.1	0.7	0.7	0.5	-0.6	16.6	0.1
Japon*	m	0.2	0.4	0.6	0.3	0.3	-0.1	11.9	
	v		2.8	2.6	2.4	2.4	-0.3		
Lettonie								7.5	0.1
Lituanie				0.0	0.1	0.1		6.6	0.0
Luxembourg								8.6	
Mexique*								5.3	0.3
Norvège	v/m	0.6	0.6	0.6	1.1	0.9	0.4	7.4	0.3
Nouvelle-Zélande*								5.1	
Pays-Bas	q	2.3	3.3	4.2	3.9	3.7	0.4	10.2	1.9
Pologne					0.1	0.1		11.3	
Portugal	v	0.3	0.2	0.2	0.3	0.3	0.1	13.3	0.0
Rép. slovaque	v		0.2	0.3	0.3	0.3	0.1	7.7	0.0
Royaume-Uni*	m	0.1	0.4	0.6	0.6	0.5	0.1	10.0	1.1
	v	1.6	2.9	2.0	2.6	2.5	-0.4		
Slovénie								10.6	0.6
Suède	q/m	1.1	1.1	1.7	2.0	2.0	0.9	10.0	
Suisse	m	2.2	3.9	4.6	5.8	5.7	1.8	12.3	1.3
Tchéquie	m		0.2	0.4	0.4	0.4	0.2	8.6	0.0
Türkiye								6.1	0.0
OCDE		**0.5**	**1.0**	**1.2**	**1.4**	**1.3**	**0.3**	**9.4**	**0.6**

Note : Les données les plus récentes se rapportent à 2021, sauf pour * = les données les plus récentes se rapportent à 2022 et ** = les données les plus récentes se rapportent à 2023 ; m = régime privé obligatoire, q = quasi obligatoire ; et v = facultatif. Les cellules vides indiquent des valeurs manquantes.

Source : *Base de données de l'OCDE sur les dépenses sociales (SOCX) ; Base de données de l'OCDE sur les principaux indicateurs économiques.*

StatLink https://stat.link/n0dm4u

Graphique 8.1. Dépenses privées de retraite en pourcentage du total des dépenses publiques et privées

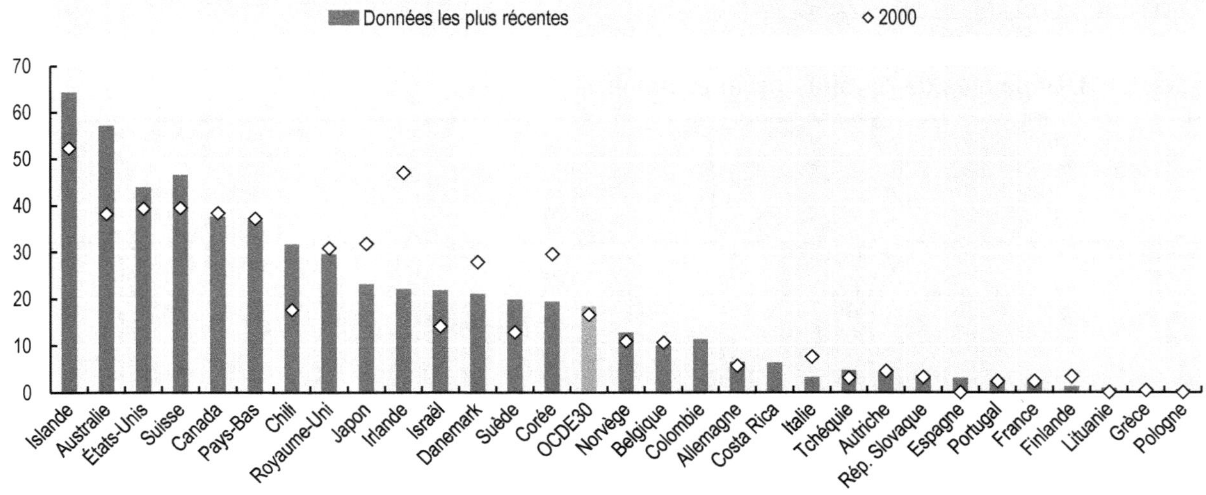

Note : Les données pour 2000 ne sont pas disponibles pour la Colombie et le Costa Rica.
Source : *Base de données de l'OCDE sur les dépenses sociales (SOCX) ; Base de données de l'OCDE sur les principaux indicateurs économiques.*

StatLink https://stat.link/hxco0i

Projections à long terme des dépenses publiques de retraite

Principaux résultats

Les projections à long terme montrent que les dépenses publiques de retraite devraient augmenter dans 24 pays de l'OCDE pour lesquels des informations sont disponibles, et diminuer dans 6 autres d'ici le milieu du siècle. En moyenne dans 32 pays de l'OCDE, les dépenses publiques de retraite passeraient de 8.8 % du PIB en 2023-2024 à 10.0 % du PIB en 2050.

La hausse des dépenses de retraite est due pour l'essentiel à l'évolution démographique. Les projections qui figurent dans le Tableau 8.4 sont tirées soit du rapport de la Commission européenne *2024 Ageing Report,* qui porte sur les 27 pays membres de l'UE plus la Norvège, soit des propres estimations des pays. Les données présentées dans le tableau principal vont jusqu'à 2060 pour les pays pour lesquels les chiffres sont disponibles. Les données ne sont toutefois disponibles que pour 2030 pour la Suisse et ne le sont pas du tout pour cinq pays de l'OCDE.

Les projections à long terme sont un outil indispensable à l'élaboration des politiques de retraite, car le délai entre la mise en œuvre d'une réforme et ses premiers effets sur les dépenses est souvent long. Les différents dispositifs pris en compte dans les prévisions varient d'un pays à l'autre, ce qui témoigne de la complexité et de la diversité des systèmes de retraite nationaux. Par exemple, les données de certains pays comprennent les régimes spéciaux des salariés du secteur public. De même, les projections peuvent tenir compte ou pas des dépenses au titre des prestations soumises à conditions de ressources versées aux retraités. La couverture des données diffère par ailleurs de celle de la *Base de données de l'OCDE sur les dépenses sociales* (SOCX), d'où sont tirés les chiffres des deux précédents indicateurs sur l'évolution des dépenses. Pour les statistiques de 2023-2024, des écarts entre la base de données SOCX et les sources utilisées ici sont possibles compte tenu de la diversité des prestations étudiées et des définitions utilisées.

Les dépenses publiques de retraite devraient passer de 8.8 % du PIB à 10.0 % du PIB, en moyenne, à l'horizon 2050, dans les 32 pays de l'OCDE pour lesquels des données sont disponibles sur l'ensemble de la période. Dans les 27 pays de l'UE, elles devraient passer de 9.9 % du PIB en 2023 à 10.9 % du PIB en 2050, après quoi elles devraient se stabiliser. Ce serait là un résultat remarquable compte tenu de l'évolution démographique pendant toute la période. L'indicateur « Taux de dépendance des personnes âgées », qui figure au chapitre 6, signale une hausse de 69 % du nombre de personnes âgées de plus de 65 ans pour 100 personnes âgées de 20 à 64 ans entre 2024 et 2054. La réduction légale des prestations versées aux futurs retraités, par rapport aux salaires tout au moins, résultant de la baisse de l'indexation et de la revalorisation des formules de calcul des prestations, associée à l'augmentation de l'âge ouvrant droit à la retraite, contribue à limiter la progression future des dépenses publiques de retraite.

Les dépenses publiques de retraite devraient augmenter dans 24 pays de l'OCDE d'ici à 2050 (Graphique 8.2). En Corée, cette hausse rapide tient à la fois au vieillissement démographique et au fait que le régime de retraite n'est pas encore arrivé à maturité. Selon ces projections, cinq pays devraient enregistrer une hausse d'au moins 3 points de pourcentage du PIB environ : l'Espagne, la Hongrie, la Lituanie, le Luxembourg et la Slovénie. À l'inverse, le Danemark, la Lettonie et la Suède devraient afficher une baisse d'environ 1 p.p. du PIB.

Entre 2050 et 2060, la moyenne de l'OCDE augmente seulement de 10.0 % à 10.3 %. Toutefois, au Costa Rica, les dépenses devraient augmenter de près de 5 points de pourcentage en seulement 10 ans, passant de 8.3 % à 13.0 %, par rapport à une progression de 1.7 p.p. entre 2023 et 2050. Le Luxembourg arrive ensuite, avec une hausse de 2.4 points de pourcentage entre 2050 et 2060. À l'inverse, le Portugal (-2.8 points de pourcentage) et l'Italie (-1.7 p.p.) devraient enregistrer les plus fortes baisses en termes de dépenses.

Pour en savoir plus

Commission européenne (2021), *The 2021 Ageing Report – Economic & Budgetary Projections for the EU Member States (2019-2070)*, https://economy-finance.ec.europa.eu/publications/2021-ageing-report-economic-and-budgetary-projections-eu-member-states-2019-2070_en.

Tableau 8.4. Projections des dépenses publiques de retraite, 2023-2060, en pourcentage du PIB

	2023-2024	2025	2030	2035	2040	2045	2050	2055	2060
Allemagne	10.2	10.5	10.8	11.2	11.1	11.0	11.0	11.1	11.2
Australie	2.4	2.5	2.4	2.3	2.2	2.1	2.1	2.0	2.0
Autriche	13.7	14.5	15.0	15.0	14.6	14.2	14.0	14.0	14.0
Belgique	12.8	13.1	13.6	14.1	14.4	14.6	14.8	15.1	15.4
Canada	6.5	7.2	7.8	8.0	8.1	8.1	8.1	8.1	8.3
Chili	3.4	3.9	4.2	4.2	4.2	4.3	4.4	4.5	4.5
Colombie									
Corée	1.7	2.0	2.7	3.4	4.4	5.4	6.3	7.0	7.7
Costa Rica	6.5	6.4	6.4	6.6	6.8	7.4	8.3	10.6	13.0
Danemark	8.7	8.9	9.3	9.2	8.8	8.3	7.8	7.2	6.9
Espagne*	13.6	13.7	14.3	15.4	16.2	16.9	17.3	17.2	16.9
Estonie	7.5	7.8	7.8	7.6	7.6	7.5	7.5	7.5	7.5
États-Unis	5.2	5.3	5.6	5.8	5.9	5.9	5.9	6.0	6.1
Finlande	13.1	13.2	13.3	13.2	12.6	12.3	12.4	12.8	13.3
France	14.1	14.2	14.3	14.3	14.1	13.9	13.7	13.6	13.5
Grèce	13.8	13.2	12.7	13.4	13.7	14.0	14.0	13.3	12.7
Hongrie	7.9	7.8	7.7	8.1	9.0	10.2	10.7	11.0	11.5
Irlande	3.6	3.7	4.2	4.7	5.0	5.5	6.0	6.2	6.5
Islande									
Israël									
Italie	15.5	16.1	16.6	17.2	17.1	16.5	15.5	14.4	13.7
Japon	9.1	9.1	8.8	8.7	8.8	9.1	9.3	9.5	9.7
Lettonie	7.4	7.0	6.9	6.7	6.5	6.3	6.3	6.4	6.1
Lituanie	6.7	7.3	8.1	8.8	9.3	9.6	9.8	10.1	10.2
Luxembourg	9.4	9.3	9.7	10.6	11.2	11.8	12.5	13.6	15.0
Mexique									
Norvège	11.1	11.5	12.1	12.2	12.1	12.0	12.0	12.1	12.2
Nouvelle-Zélande	4.9	5.3	5.6	5.9	6.2	6.3	6.5	6.8	7.2
Pays-Bas	6.6	6.8	7.3	7.7	8.0	7.9	7.9	7.9	8.0
Pologne	10.4	11.1	11.3	10.9	10.6	10.6	10.7	10.8	10.6
Portugal	12.3	12.8	13.5	14.3	14.7	15.1	14.6	13.1	11.8
Rép. slovaque*	9.6	9.6	10.2	10.5	10.8	11.2	11.5	12.0	12.1
Royaume-Uni	7.6	8.2	7.9	8.2	8.3	8.3	8.5	8.9	9.5
Slovénie	10.1	10.2	10.8	11.4	12.1	12.8	13.5	13.8	13.8
Suède*	8.0	7.9	7.6	7.5	7.2	7.0	7.0	7.0	7.3
Suisse	6.5	6.4	6.8						
Tchéquie	8.8	7.9	8.0	8.4	9.1	10.0	10.6	11.0	11.0
Türkiye									
OCDE32	**8.8**	**9.0**	**9.3**	**9.5**	**9.7**	**9.9**	**10.0**	**10.1**	**10.3**
Brésil	8.5	8.5	8.8	9.4	10.2	11.3	12.3	13.2	13.9
UE27	9.9	10.1	10.3	10.6	10.7	10.9	10.9	11.0	11.0

Note : Le chiffre pour l'UE27 correspond à la moyenne simple des données des États membres. Les régimes de retraite des fonctionnaires et d'autres salariés du secteur public sont généralement inclus dans les calculs relatifs aux États membres de l'UE : voir Commission européenne (2024), 2024 Ageing Report.

Source : Commission européenne (2024), 2024 Ageing Report, pour tous les pays de l'UE et la Norvège ; Australie : 2023 Intergenerational Report (publié en août 2023), graphique 7.21 ; Canada : 16e rapport actuariel sur le Programme de la sécurité de la vieillesse, 30e rapport actuariel du Régime de pensions du Canada, Évaluation actuarielle du Régime de rentes du Québec au 31 décembre 2018 (les données du RRQ pour 2023, 2028, etc. ont été utilisées pour 2025, 2030, etc.) ; Chili : ministère des Finances ; Costa Rica : SUPEN ; Japon : Évaluation actuarielle de 2024 et Implications financières des choix de réforme ; Corée : Évaluation actuarielle de 2023 du régime national de pensions et Projection actuarielle à long terme pour le régime national de pensions ; Nouvelle-Zélande : New Zealand Superannuation Fund (NZSF) Contribution Rate Model – Budget Economic and Fiscal Update (BEFU) 2025 ; Suisse : BSV – Perspectives financières de l'AVS ; Royaume-Uni : Office for Budget Responsibility ; États-Unis : The 2025 OASDI Trustees Report.

StatLink https://stat.link/1qybi4

Graphique 8.2. Variation en points de pourcentage des dépenses de retraite entre 2023-2024 et 2050

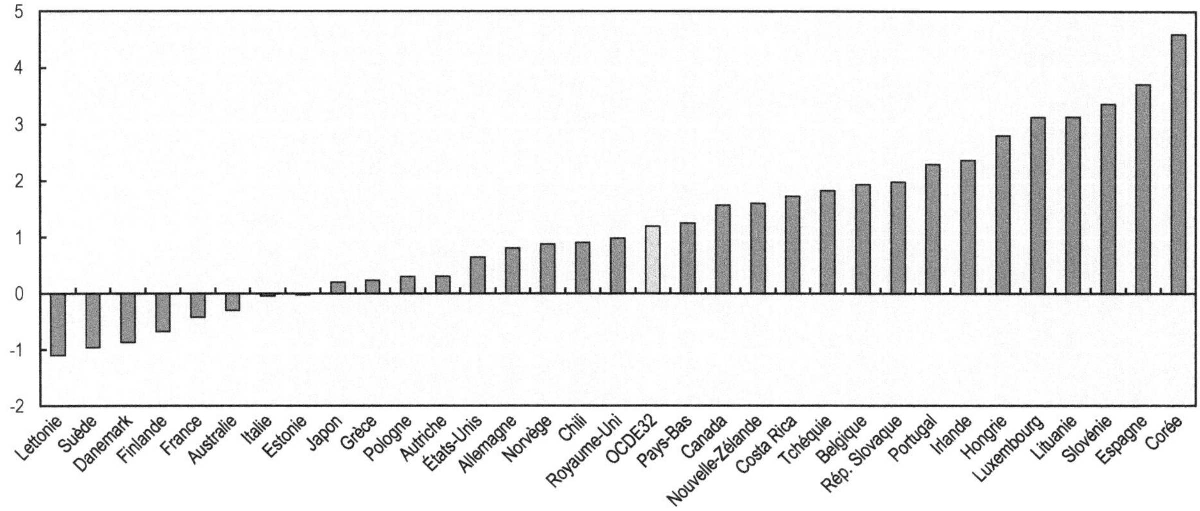

Note : Voir le Tableau 8.4.
Source : Voir le Tableau 8.4.

StatLink https://stat.link/fbhk23

9 Pensions adossées à des actifs

Ce chapitre présente huit indicateurs sur les systèmes de retraite adossés à des actifs en 2024.. Ils couvrent la proportion de la population d'âge actif qui participe à des plans de retraite, les taux de cotisation prévus par la loi et les cotisations effectives moyennes versées par adhérent (ou par compte) par rapport au salaire moyen, la valeur des actifs affectés à la retraite, les supports d'investissement de ces actifs, le rendement des investissements en 2024 et sur des périodes plus longues, la répartition des actifs par type de plan de retraite, les facturés aux adhérents dans certains plans de retraite à cotisations définies et les coefficients de capitalisation des régimes à prestations définies pour la période 2014-2024.

Participation aux plans de retraite

Principaux résultats

Dans la zone OCDE, 19 pays disposaient en 2024 de plans de retraite obligatoires ou quasi obligatoires, couvrant plus de 75 % de la population d'âge actif dans 12 d'entre eux. Dans huit pays de l'OCDE, les plans facultatifs (professionnels ou individuels) couvraient plus de 40 % de la population en âge de travailler. Des dispositifs à affiliation automatique étaient en place à l'échelle nationale dans 7 pays de l'OCDE.

En 2024, 19 pays de l'OCDE sur 38 étaient dotés d'une forme de régimes obligatoires ou quasi obligatoires
(Tableau 9.1). Ces plans concernaient plus de 75 % de la population d'âge actif dans 12 d'entre eux, comme la Finlande et la Suisse où les employeurs doivent gérer un plan de retraite professionnel et où les taux de cotisations sont fixés par la loi. Dans certains pays, cette obligation n'est pas définie au niveau national, mais la décision est plutôt prise au niveau du secteur ou de la branche. Les employeurs mettent en place, dans le cadre d'accords sectoriels ou de conventions collectives, des plans de retraite auxquels les employés doivent adhérer. Étant donné que certains secteurs d'activité peuvent ne pas être couverts par de tels accords, ces dispositifs sont considérés comme quasi obligatoires (c'est le cas au Danemark, aux Pays-Bas et en Suède). Dans ces pays, le taux de participation est proche de celui que connaissent les pays dotés de régimes professionnels obligatoires. Les comptes individuels obligatoires sont très répandus en Amérique latine (comme au Chili, en Colombie, au Costa Rica et au Mexique) et dans d'autres pays de l'OCDE (notamment le Danemark (ATP) et la Suède (*Premiepension*)). Alors que le taux de participation dépasse 75 % au Chili, au Costa Rica, au Danemark, au Mexique et en Suède, ce n'est pas le cas en Colombie, où les citoyens pouvaient choisir de participer au régime public par répartition ou au régime privé de pensions adossées à des actifs, mais la situation va changer si la réforme du système de retraite colombien est mise en œuvre. Le taux de participation relativement faible en Colombie (52 %) pourrait être aggravé par une incidence relativement élevée de l'emploi informel.

La participation aux plans de retraite professionnels facultatifs varie suivant les pays. Ces mécanismes sont qualifiés de facultatifs en ce sens que les employeurs, dans certains pays conjointement avec les salariés, sont libres d'établir des plans de retraite. Les plans de retraite individuels sont facultatifs lorsqu'une personne peut librement décider d'y adhérer ou non. Le taux de participation aux plans de retraite facultatifs (professionnels ou individuels) est supérieur à 40 % en Allemagne, en Belgique, en Irlande, en Islande, au Japon, en Pologne, en Slovénie et en Tchéquie. Il est en revanche plus faible dans d'autres pays comme le Portugal.

Fin 2024, sept pays de l'OCDE avaient mis en place des programmes à affiliation automatique à l'échelle nationale : l'Italie (depuis 2007), la Lituanie (depuis 2019, mais supprimé à partir de 2026), la Nouvelle-Zélande (depuis 2007), la Pologne (depuis 2019), la République slovaque (depuis 2023), le Royaume-Uni (depuis 2012) et la Türkiye (depuis 2017). L'Irlande a adopté un projet de loi en 2024 introduisant l'affiliation automatique, qui devrait être mise en place en 2026. Cependant, la proportion de personnes participant effectivement à un plan de retraite varie considérablement d'un pays à l'autre. La Nouvelle-Zélande a atteint un taux de participation au programme « *KiwiSaver* » (86 %) aussi élevé que celui de nombreux pays dotés de systèmes obligatoires.

Au Royaume-Uni, 52 % de la population d'âge actif participaient à un régime de retraite proposé par l'employeur en 2024. En Italie, depuis 2007, les indemnités de fin de contrat (perçues dans le cadre du régime de *Trattamento di Fine Rapporto* – TFR) des salariés du secteur privé sont automatiquement versées sur un plan de retraite professionnel, à moins que les intéressés ne choisissent expressément de conserver ces TFR. Néanmoins, une grande majorité de travailleurs a exprimé un choix en ce sens, et 14 % seulement de la population en âge de travailler participent à ce jour à un plan de retraite professionnel. La Pologne et la Türkiye affichent également un taux de participation relativement faible aux régimes à affiliation automatique (respectivement 19 % et 13 %).

Trois autres pays encouragent également l'affiliation automatique aux plans de retraite professionnels. L'affiliation automatique est encouragée par la réglementation au Canada, mais à l'échelle des entreprises. Les États-Unis exigent désormais des employeurs qu'ils inscrivent automatiquement leurs employés lorsqu'ils mettent en place un plan de retraite professionnel (loi SECURE 2.0). En Allemagne, l'affiliation automatique peut être mise en œuvre dans les plans de retraite professionnels à cotisations définies destinés aux salariés du secteur privé en cas de salaire différé, et elle doit être spécifiée dans les conventions collectives.

Définition et mesure

L'expression « plans de retraite » désigne les plans auxquels les particuliers ont accès par l'intermédiaire de leur employeur ou d'une institution financière, et dans lesquels ils accumulent des droits ou des actifs. Les actifs appartiennent aux adhérents du plan et servent à financer leur future retraite. Ces actifs peuvent s'accumuler dans des fonds de pension, par le biais de contrats d'assurance retraite ou dans d'autres instruments d'épargne proposés et gérés par des banques ou des fonds d'investissement. Les employeurs peuvent constituer des provisions ou des réserves dans leurs livres comptables afin de financer les prestations de retraite des plans de retraite professionnels.

Il existe plusieurs mesures de la participation à un plan de retraite. Dans le calcul effectué ici, pour être adhérent à un plan de retraite, une personne doit disposer d'actifs dans un tel plan ou de droits à prestations à ce titre. Les particuliers qui possèdent un plan peuvent être plus nombreux que ceux qui épargnent activement pour leur retraite et versent des cotisations dans le cadre de ce plan.

Il peut arriver que l'on comptabilise une personne plus d'une fois lorsqu'on utilise des données administratives, dans la mesure où certains individus sont susceptibles d'adhérer à la fois à un plan de retraite professionnel et à un plan individuel, tous deux facultatifs. De ce fait, le taux de participation global aux régimes facultatifs ne peut être obtenu en additionnant les taux de participation aux dispositifs professionnels et individuels.

Pour en savoir plus

OCDE (2019), *Financial Markets Insurance and Pensions: Inclusiveness and Finance, OCDE, Paris,* https://doi.org/10.1787/6e9e00ea-en.

Tableau 9.1. Taux de participation aux plans de retraite dans l'OCDE et dans certains autres pays, dernière année disponible

En pourcentage de la population d'âge actif (15-64 ans)

	Obligatoires / Quasi obligatoires	Affiliation automatique	Facultatifs		
			Professionnels	Individuels	Total
Allemagne	x	..	51.0	30.0	66.0
Australie	78.6	x	x	..	..
Autriche	x	x	16.0	13.2	..
Belgique	x	x	59.4	..	..
Canada	x	..	28.4	25.0	..
Chili	87.6	x	..	..	..
Colombie	51.9	x	..	..	..
Corée	17.0	x	x	..	..
Costa Rica	91.2	x	x	5.8	5.8
Danemark	ATP : plus de 90 PQO : 67.7	x	..	11.5	11.5
Espagne	x	x	..	..	29.5
Estonie	66.7	x	x	26.6	26.6
États-Unis	x	..	38.4	22.9	..
Finlande	93.0	x	7.0	18.0	25.0
France	x	x	27.7	14.6	..
Grèce	2.4	x	0.6	..	..
Hongrie	x	x	..	18.4	..
Irlande	x	x	60.3	21.4	67.0
Islande	81.2	x	x	50.2	50.2
Israël	83.6	x	..	..	..
Italie	x	..	13.9	16.0	26.7
Japon	..	x	54.2	18.1	58.8
Lettonie	~ 100	x	1.0	29.7	..
Lituanie	x	76.0	x	8.8	8.8
Luxembourg	x	x	4.1	..	..
Mexique	77.8	x	2.1	..	..
Norvège	73.8	x	..	23.9	..
Nouvelle-Zélande	x	86.0	..	..	..
Pays-Bas	97.4	x	..	..	..
Pologne	x	18.8	..	61.7	..
Portugal	x	x	5.6	..	18.7
Rép. slovaque	x	55.3	x	29.2	29.2
Royaume-Uni	x	52.0	..	6.0	6.0
Slovénie	x	x	..	..	45.3
Suède	RPC : 99.4	x	x	..	..
Suisse	81.5	x	x	..	..
Tchéquie	x	x	x	52.2	52.2
Türkiye	..	13.3	..	15.0	..
Afrique du Sud	..	..	..	..	..
Arabie saoudite	..	..	..	..	..
Argentine	..	..	..	..	..
Brésil	x	x	2.1	12.2	..

	Obligatoires / Quasi obligatoires	Affiliation automatique	Facultatifs		
			Professionnels	Individuels	Total
Chine (République populaire de)	x	x	3.3	2.0	..
Inde	..	..	..	..	..
Indonésie	..	x	0.3	1.5	..

Note : « RPC » = régime public par capitalisation de type *Premiepension*. « PQO » = professionnel quasi obligatoire. « .. » = non disponible ; « x » = non applicable ; « ~ » = environ. Les taux de participation sont fournis par rapport à la population d'âge actif totale (personnes âgées de 15 à 64 ans), sauf pour l'Allemagne (salariés âgés de 25 à 64 ans assujettis aux cotisations sociales), l'Islande (citoyens islandais et travailleurs étrangers en Islande âgés de 16 à 64 ans), l'Irlande (travailleurs âgés de 20 à 69 ans) et Tchéquie (personnes âgées de 20 à 59 ans).
Les données renvoient à 2024 ou à la dernière année pour laquelle les chiffres sont disponibles. Les données se rapportent à 2023 pour l'Allemagne (plans professionnels), la Belgique, le Canada, le Danemark, les États-Unis (plans professionnels), la France, le Mexique (plans professionnels), les Pays-Bas et la Suisse parmi les pays de l'OCDE, et l'Indonésie parmi les autres économies. Les données se rapportent à 2022 pour l'Espagne et la Chine (République populaire de) (plans individuels). Les données se rapportent à 2021 pour l'Estonie (3e pilier), la Grèce, Israël. Les données se rapportent à 2020 pour l'Australie, les États-Unis (IRA), le Portugal (total des plans facultatifs) parmi les pays de l'OCDE, et pour le Brésil (plans professionnels) parmi les autres économies. Les données se rapportent à 2019 pour l'Allemagne (plans individuels et total), la Corée. Les données se rapportent à 2018 pour la Finlande.
Les données pour l'Autriche concernent les *Pensionskassen* pour les plans professionnels et les contrats PZV pour les plans individuels. Les données relatives aux plans individuels concernent principalement les PER individuels, les PERP et les contrats Madelin, tandis que les données relatives aux plans professionnels concernent tous les autres régimes existant en France. Les données pour Israël se rapportent aux fonds de pension nouveaux et généraux. Pour l'Italie, le taux de couverture indiqué dans le cadre des plans professionnels facultatifs inclut également les personnes automatiquement affiliées à un plan. Les données relatives aux plans professionnels au Luxembourg concernent uniquement les fonds de pension. Les données relatives aux plans professionnels en Norvège concernent les régimes de retraite privés et municipaux.
Source : Statistiques de pensions de l'OCDE au niveau mondial ; Enquête sur les régimes de retraite du ministère fédéral du Travail et des Affaires sociales (Allemagne) ; ABS, *Household Income and Wealth 2019-2020* (Australie) ; PensionStat.be (Belgique) ; Statistique Canada ; ministère des Ressources humaines et de la Protection sociale (Chine (République populaire de)) ;Association des assurances danoises (Danemark) ; Enquête espagnole sur les finances des ménages (FEP) de la Banque d'Espagne ; *Current Population Survey* (États-Unis) ; DREES (France) ; Office central de la statistique (Irlande) ; ministère de la Santé, des Syndicats et des Affaires sociales (Japon) ; Finance Norway ; *Statistics Netherlands* (Pays-Bas) ; enquête « Inquérito à Situação Financeira das Famílias (ISFF) » (Portugal) ; Agence suédoise des pensions ; DWP, *Family Resources Survey* (Royaume-Uni) et ministère des Finances (Tchéquie).

StatLink https://stat.link/jioh9v

Cotisations aux plans de retraite

Principaux résultats

La réglementation définit généralement des taux de cotisation pour les plans obligatoires et à affiliation automatique, qui varient d'un pays à l'autre. Ils représentent plus de 10 % du salaire en Australie, en Colombie, au Danemark, en Islande, en Israël et en Suisse. Le montant effectif des cotisations par adhérent était parfois supérieur aux taux obligatoires en 2024, en raison de cotisations volontaires supplémentaires, ou inférieur lorsque les adhérents bénéficiant d'un régime n'y cotisaient pas.

La réglementation définit généralement un taux de cotisation (minimum) pour les plans obligatoires et à affiliation automatique. La responsabilité du paiement des cotisations peut incomber principalement aux salariés (comme au Chili), principalement aux employeurs (en Australie, en Corée, en Norvège, par exemple) ou aux deux à la fois (dans la plupart des cas). Cette responsabilité peut valoir uniquement pour certains salariés ou dans certaines circonstances (comme dans le cas des salariés ayant entre 22 ans et l'âge d'ouverture des droits à une pension publique et gagnant au moins 10 000 GBP par an au Royaume-Uni). Les cotisations peuvent être complétées par un abondement de l'État (en Nouvelle-Zélande et en Türkiye par exemple) ou des aides publiques (cotisation fixe de bienvenue pour les salariés affiliés automatiquement à un plan pour la première fois en Pologne).

Les taux de cotisation obligatoire varient d'un pays à l'autre (Graphique 9.1). C'est l'Islande qui impose le taux le plus élevé, soit 15.5 % du salaire, répartis entre l'employeur (11.5 %) et le salarié (4 %). Ce taux représente également plus de 10 % du salaire en Australie, en Colombie, au Danemark (défini dans les conventions collectives), en Israël et en Suisse. À l'inverse, la Norvège affiche le taux de cotisation obligatoire le plus bas (soit 2 %, à la charge de l'employeur). Employeurs et salariés peuvent toutefois décider d'un commun accord si les salariés doivent eux-aussi cotiser. Les taux de cotisation obligatoire varient parfois en fonction du revenu (par exemple, les plans ITP1 et SAF-LO en Suède) ou du type de travail (par exemple, différents taux de cotisation à certains fonds d'assurance professionnelle obligatoires et au nouveau fonds de pension du premier pilier pour les personnes exerçant des professions pénibles et insalubres en Grèce).

En plus des cotisations obligatoires, les individus ou leurs employeurs peuvent avoir la possibilité de verser des cotisations volontaires supplémentaires. En Nouvelle-Zélande, le taux de cotisation minimum pour les plans *KiwiSaver* est de 3 % pour les salariés. Les adhérents peuvent toutefois opter pour un taux de cotisation individuel plus élevé correspondant à 4 %, 6 %, 8 % ou 10 % du salaire. En Pologne, le taux de cotisation minimum pour les plans d'épargne-retraite (PPK) est de 2 % pour les salariés et de 1.5 % pour les employeurs. Employeurs et salariés ont la possibilité de verser des cotisations supplémentaires à concurrence de 2.5 % (pour les employeurs) et de 2 % (pour les salariés). En Australie, les salariés ne sont pas tenus de cotiser à un plan, mais peuvent verser des cotisations volontaires en sus des cotisations de leur employeur.

Dans les plans facultatifs, il est possible qu'aucun montant prescrit ou minimum ne soit fixé à l'échelle nationale. Les plans individuels peuvent définir, toutefois, un plafond à respecter pour bénéficier de certains avantages fiscaux. Les plans professionnels peuvent prévoir des taux de cotisation spécifiques pour les salariés et les employeurs dans les règles du plan. Ces taux peuvent varier en fonction de la capitalisation du plan dans le cas des dispositifs à prestations définies.

Les cotisations annuelles effectives moyennes par adhérent (par rapport au salaire annuel moyen) varient beaucoup d'un pays à l'autre (Graphique 9.2). En 2024, l'Australie, l'Islande et la Suisse figurent parmi les pays où les cotisations par adhérent sont les plus élevées, car le taux de participation à un plan de retraite et les taux de cotisation obligatoire y sont relativement élevés. Les cotisations volontaires supplémentaires des salariés aux systèmes de retraite peuvent également expliquer le ratio élevé en Australie, au-dessus du taux de cotisation obligatoire de 11.5 %. Les cotisations par adhérent (par rapport au salaire moyen) sont moins élevées dans certains autres pays, et parfois inférieures aux taux de cotisation obligatoire, comme au Chili et au Mexique, ce qui peut s'expliquer par le fait que certaines personnes ne cotisent pas à un plan (même si elles en ont un) lorsqu'elles passent du secteur formel au secteur informel ou qu'elles perdent leur emploi.

Définition et mesure

L'expression « plans de retraite » désigne les plans auxquels les particuliers ont accès par l'intermédiaire de leur employeur ou d'une institution financière, et dans lesquels ils accumulent des droits ou des actifs. Les actifs appartiennent aux adhérents au plan et servent à financer leur future retraite. Ces actifs peuvent s'accumuler dans des fonds de pension, par le biais de contrats d'assurance retraite ou dans d'autres instruments d'épargne proposés et gérés par des banques ou des fonds d'investissement. Les employeurs peuvent constituer des provisions ou des réserves dans leurs livres comptables afin de financer les prestations de retraite des plans de retraite professionnels.

Les cotisations annuelles effectives moyennes peuvent être exprimées par compte et non par adhérent, le nombre exact d'adhérents possédant un (ou plusieurs) plan(s) de retraite étant parfois inconnu. C'est ainsi le cas en France, où certaines personnes peuvent détenir un plan professionnel (comme un PER Collectif) et un plan individuel (un PER individuel, par exemple).

La population détenant un plan de retraite peut ne pas être représentative de celle pour laquelle le salaire annuel moyen a été calculé et utilisé pour évaluer les cotisations annuelles effectives moyennes par adhérent (ou par compte).

Graphique 9.1. Taux de cotisation minimum ou obligatoires (pour un travailleur rémunéré au salaire moyen) dans les plans obligatoires et à affiliation automatique, 2024 (ou dernière année disponible)

En pourcentage de la rémunération

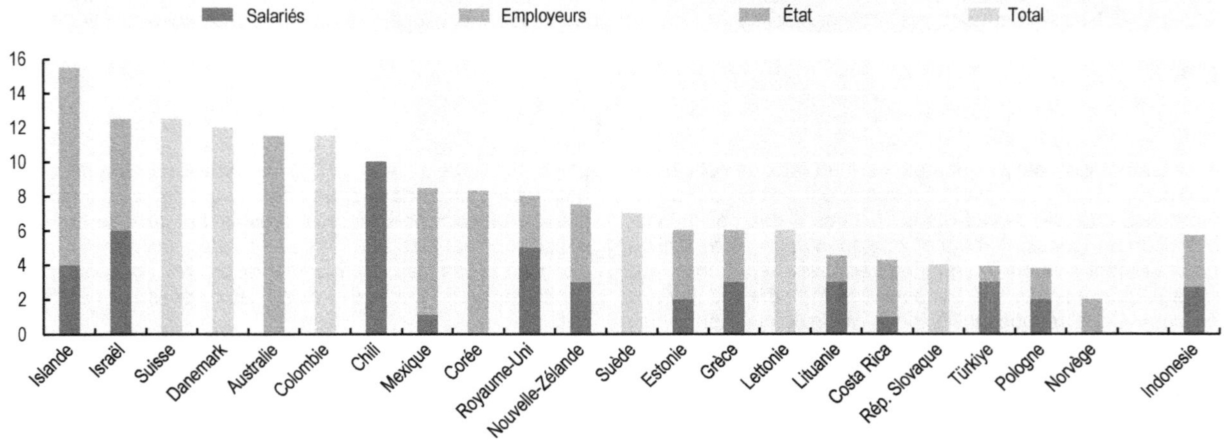

Note : la catégorie « Total » indique les cas où les taux de cotisation ne peuvent être scindés précisément entre l'employeur et le salarié (et l'État). En Australie, le taux de garantie versé au titre de la retraite est passé de 11 % à 11.5 % le 1er juillet 2024 (vers une valeur finale de 12 % en juillet 2025). Au Danemark, les taux de cotisation pour les plans professionnels quasi obligatoires sont fixés par la convention collective et sont similaires pour tous les travailleurs couverts par la convention. En Estonie, les adhérents au deuxième pilier de retraite peuvent augmenter leur taux de cotisation, et passer de 2 % à 4 % ou 6 % à compter du 1er janvier 2025. Les taux de cotisation pour la Grèce concernent le fonds de pension TEKA du premier pilier. En Israël, les employeurs versent également une cotisation supplémentaire de 6 % pour financer une assurance licenciement qui, si elle est utilisée, réduit la pension de retraite. En Lettonie, le taux de cotisation au deuxième pilier de retraite a baissé de 6 % à 5 % depuis le 1er janvier 2025. Pour le Mexique, la cotisation patronale est indiquée pour un salarié percevant le salaire moyen en 2024, et la quote-part sociale n'est pas incluse. Le taux de cotisation minimum en Nouvelle-Zélande s'élève à 6 %, répartis à égalité entre l'employeur et le salarié. Les adhérents peuvent toutefois opter pour un taux de cotisation individuel plus élevé. Le gouvernement versait 50 cents pour chaque dollar cotisé par les adhérents jusqu'au 1er juillet 2025, puis 25 cents à compter de cette date. En Norvège, les employeurs sont tenus de cotiser aux régimes de retraite professionnels privés dès le premier jour de travail de leurs salariés et dès la première couronne norvégienne versée. Les données pour la Pologne indiquent les taux de cotisation minimums aux plans d'épargne-retraite (PPK). La cotisation de bienvenue de l'État n'est pas incluse. Les taux de cotisation en Suède comprennent les cotisations au régime de type *Premiepension* et aux plans professionnels quasi obligatoires (PQO). Les taux de cotisation aux plans PQO varient en fonction du niveau de revenu : 4.5 % pour les revenus inférieurs à 7.5 fois le revenu de base, et 30 % pour les revenus supérieurs à ce seuil pour l'ITP1. Les taux de cotisation indiqués ici correspondent à un travailleur rémunéré au salaire moyen dont les revenus sont inférieurs à 7.5 fois le revenu de base. En Suisse, les adhérents obtiennent des crédits de cotisation qui sont exprimés en pourcentage d'un salaire dit coordonné et varient selon les groupes d'âge, allant de 7 % entre 25 et 34 ans à 18 % au-delà de 55 ans. Ce graphique présente une moyenne des taux par tranche d'âge en Suisse (7 % pour les 25-34 ans, 10 % pour les 35-44 ans, 15 % pour les 45-54 ans et 18 % pour les 55-64 ans). L'employeur doit payer au moins la moitié de ces crédits, le salarié le reste ; les taux de cotisation peuvent différer des crédits de cotisation minimums. Les données pour la Türkiye renvoient aux régimes à affiliation automatique et n'incluent pas la cotisation unique de 1 000 TRY pour ceux qui ne sortent pas dans les deux premiers mois, ni la cotisation supplémentaire de l'État (de 5 % des actifs accumulés à la retraite) si la personne choisit une rente d'au moins 10 ans à la retraite. Les taux de cotisation obligatoire pour l'Indonésie sont ceux du régime obligatoire à cotisations définies (BPJS – JHT) qui couvre les salariés du secteur privé.
Source : profils par pays et autres sources.

StatLink https://stat.link/l2uqcg

Graphique 9.2. Cotisations annuelles moyennes par compte ou adhérent actif dans certains pays de l'OCDE, dernière année disponible

En pourcentage du salaire annuel moyen

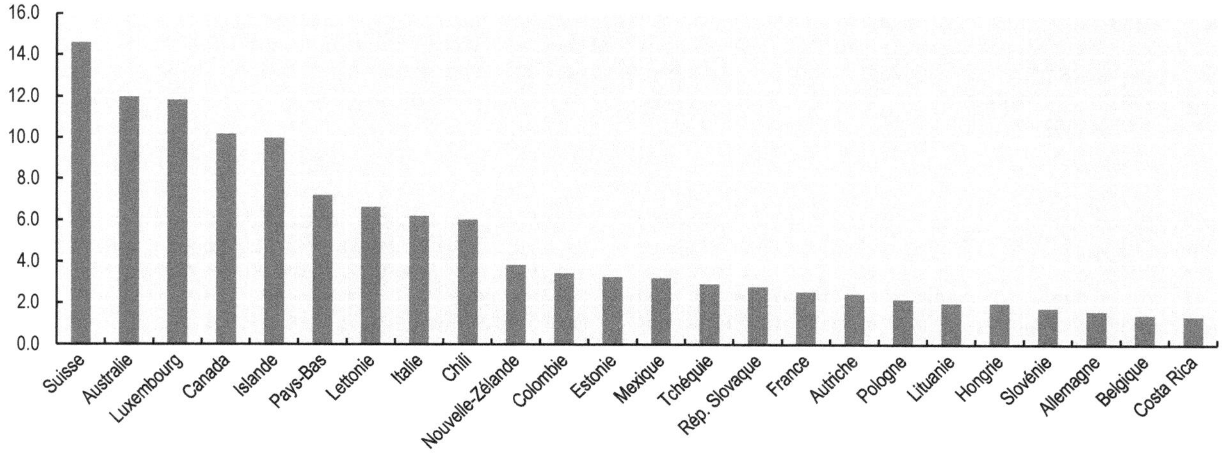

Note : les données ne concernent que les cotisations versées aux fonds de pension en Allemagne, en Autriche, en Belgique, au Canada, en Hongrie, au Luxembourg, aux Pays-Bas et en Suisse. Les données se rapportent au régime de retraite complémentaire obligatoire (ROP) pour le Costa Rica, au deuxième pilier de retraite pour l'Estonie, aux plans professionnels obligatoires pour l'Islande, au régime de retraite financé par l'État pour la Lettonie, au deuxième pilier de retraite pour la Lituanie, aux plans individuels pour le Mexique, aux plans d'épargne-retraite pour la Pologne, au deuxième pilier de retraite pour la République slovaque.
Les données se réfèrent à 2024, sauf pour l'Australie (2020), le Canada (2023), le Chili (2023), la Colombie (2021), le Costa Rica (2023), la France (2023), les Pays-Bas (2023) et la Suisse (2023).
Source : Statistiques de pensions de l'OCDE au niveau mondial et autres sources.

StatLink https://stat.link/36lnzb

Actifs affectés à la retraite

Principaux résultats

De nombreux actifs destinés à la retraite ont été provisionnés à travers le monde. Les actifs des plans de retraite gérés par les prestataires de retraite représentaient 95 % de la somme des PIB de tous les pays de l'OCDE à la fin de 2024, ce qui est davantage que deux ans auparavant (87 %). Plus des deux tiers des pays de l'OCDE ont également constitué des fonds de réserves publics pour financer le fonctionnement de leurs régimes publics de retraite par répartition. Pour ces pays, les actifs des fonds de réserve publics pour les retraites représentaient 11 % de la somme de leurs PIB à la fin de 2024, contre 12 % deux ans auparavant.

Les actifs des plans de retraite gérés par des prestataires de retraite s'élevaient à 63 100 milliards USD à la fin de l'année 2024 dans la zone OCDE (Tableau 9.2). C'est aux États-Unis que le marché des retraites est le plus développé dans la zone OCDE, avec 44 800 milliards USD d'actifs accumulés, soit 71 % du total OCDE. Les autres pays membres où les systèmes de retraite occupent une place importante sont notamment le Canada avec 3 400 milliards USD d'actifs et 5.4 % du marché de l'OCDE en 2024, le Royaume-Uni (2 800 milliards USD et 4.4 %), l'Australie (2 400 milliards USD et 3.8 %), les Pays-Bas (1 800 milliards USD et 2.8 %), la Suisse (1 500 milliards USD et 2.4 %), et le Japon (1 100 milliards USD et 1.8 %).

Les actifs gérés dans des plans de retraite représentaient 95 % de la somme des PIB de tous les pays de l'OCDE à la fin de 2024, contre 87 % deux ans plus tôt, mais leur importance au niveau national varie encore d'un pays à l'autre. Dans huit pays de l'OCDE, les actifs ont dépassé le PIB (et dans quelques cas, ils ont atteint près du double, voire plus du double du PIB) : Danemark (206.4 %), Islande (191.3 %), Suisse (166.9 %), Canada (157.9 %), États-Unis (153.3 %), Pays-Bas (150.9 %), Australie (135.1 %) et Suède (115.8 %). Ces pays ont mis en place des plans de retraite il y a longtemps de cela et, à l'exception du Canada et des États-Unis, ils disposent de systèmes privés obligatoires ou quasi obligatoires. En revanche, les ratios actifs/PIB étaient inférieurs à 20 % dans 17 pays de l'OCDE, dont certains n'ont mis en place leurs programmes obligatoires ou à affiliation automatique que relativement récemment (comme la Grèce et la Türkiye) ou qui affichent un taux de participation relativement faible de la population en âge de travailler (comme la France et l'Italie). La Grèce est le pays de l'OCDE qui a enregistré le plus faible montant d'actifs par rapport à son PIB à la fin de 2024.

Dans les économies du G20 non membres de l'OCDE, le montant des actifs gérés dans le cadre des plans de retraite variait aussi considérablement, allant de 83.2 % du PIB en Afrique du Sud à 2.7 % en République populaire de Chine (pour les régimes de retraite des entreprises).

De nombreux pays ont également décidé d'accumuler des actifs pour soutenir le fonctionnement des régimes de retraite publics, généralement financés selon le principe de la répartition. Plus des deux tiers des pays de l'OCDE détiennent des réserves qui sont séparées et protégées dans des fonds de réserve publics pour les retraites. Fin 2024, les montants totaux des actifs de ces fonds s'établissaient à 6 900 milliards USD pour les pays de la zone OCDE (Tableau 9.2). Les réserves les plus importantes étaient détenues par le *Social Security Trust Fund* (États-Unis) avec 2 500 milliards USD, ce qui représente 36.8 % du total des actifs détenus dans ces fonds de réserve dans l'OCDE, même si ces actifs consistent en des instruments de dette non négociables émis par le ministère des Finances américain en faveur du *Social Security Trust*. Le Fonds d'investissement des pensions (Japon) se situait en deuxième position, avec 1 700 milliards USD (24.1 % de l'ensemble de l'OCDE). Parmi les autres pays, la Corée, le Canada, la France et la Suède ont également accumulé des réserves importantes qui représentent respectivement 12 %, 8.5 %, 3.2 % et 2.8 % du total de l'OCDE.

Pour ce qui est de leur poids dans l'économie nationale, les actifs des fonds de réserve publics représentaient en moyenne 11.4 % de la somme des PIB des pays de l'OCDE disposant de telles réserves à la fin de 2024 (contre 11.7 % deux ans plus tôt). Ce sont les réserves de la Corée dans son fonds de pension national qui affichaient le ratio le plus élevé (47.6 % du PIB). Celui-ci est également important au Japon (42.7 %), en Finlande (35.3 %), au Luxembourg (34.1 %) et en Suède (33.3 %). Les actifs des fonds de réserve publics pour les retraites ont augmenté dans tous les pays de l'OCDE en 2024, à l'exception du Royaume-Uni et des États-Unis, où les réserves sont utilisées et où les retraits dépassent les recettes.

Définition et mesure

Les régimes de retraite adossés à des actifs regroupent tous les dispositifs où l'épargne-retraite est investie, génère des revenus et où les actifs accumulés financent la retraite. Ils peuvent être publics ou privés, professionnels ou individuels. Sont également inclus les réserves publiques constituées pour soutenir les régimes de retraite publics.

L'expression « plans de retraite » désigne les plans auxquels les particuliers ont accès par l'intermédiaire de leur employeur ou d'une institution financière, et dans lesquels ils accumulent des droits ou des actifs. Les actifs appartiennent aux adhérents au plan et servent à financer leur future retraite. Ces actifs peuvent s'accumuler dans des fonds de pension, par le biais de contrats d'assurance retraite ou dans d'autres instruments d'épargne proposés et gérés par des banques ou des fonds d'investissement. Les employeurs peuvent constituer des provisions ou des réserves dans leurs livres comptables afin de financer les prestations de retraite des plans de retraite professionnels.

Les fonds de réserve publics pour les retraites sont des réserves constituées dans le but principal de financer les régimes de retraite publics non capitalisés/par répartition. Ces réserves publiques n'appartiennent à aucun groupe particulier d'individus. Elles peuvent servir de réserve de liquidités à court terme, d'amortisseur temporaire face aux chocs (tels que les changements démographiques) ou de mécanisme permanent de lissage entre les entrées et les sorties des régimes de retraite publics.

Pour en savoir plus

OCDE (2021), *Pension Markets in Focus 2021*, OCDE, Paris, www.oecd.org/daf/fin/private-pensions/Pension-Markets-in-Focus-2021.pdf.

Tableau 9.2. Actifs destinés à la retraite dans les pays de l'OCDE et dans certaines autres grandes économies, fin 2024 ou dernière année disponible

	Prestataires de retraite		Fonds de réserve publics pour les retraites	
	en pourcentage du PIB	millions USD	en pourcentage du PIB	millions USD
Allemagne	6.4	286 076	1.1	49 754
Australie	135.1	2 392 128	8.6	147 873
Autriche	7.2	36 178	x	x
Belgique	30.3	193 073	x	x
Canada	157.9	3 375 687	27.4	585 359
Chili	59.3	186 582	3.0	9 378
Colombie	27.1	104 761	..	..
Corée	31.8	552 154	47.6	825 102
Costa Rica	42.2	40 637	7.9	7 592
Danemark	206.4	845 814	x	x
Espagne	10.8	177 907	0.6	9 742
Estonie	18.0	7 389	x	x
États-Unis	153.3	44 778 414	8.7	2 538 285
Finlande	65.2	186 979	35.3	101 311
France	12.9	390 092	7.3	220 662
Grèce	1.1	2 790	..	..
Hongrie	4.8	9 874	x	x
Irlande	26.2	153 163	x	x
Islande	191.3	63 654	x	x
Israël	69.4	380 141	15.3	83 743
Italie	11.7	267 307	5.4	126 031
Japon	29.2	1 136 656	42.7	1 662 479
Lettonie	24.3	10 160	x	x
Lituanie	12.2	9 903	1.6	959
Luxembourg	1.6	1 421	34.1	30 523
Mexique	22.1	370 166	0.5	8 169
Norvège	10.1	46 191	7.3	33 568
Nouvelle-Zélande	37.2	90 235	18.6	45 027
Pays-Bas	150.9	1 759 646	x	x
Pologne	8.4	74 720	1.9	17 154
Portugal	12.9	38 175	12.6	37 274
République. slovaque	16.2	22 009	x	x
Royaume-Uni	78.4	2 805 843	2.7	101 526
Slovénie	7.1	4 932	..	..
Suède	115.8	670 994	33.3	193 130
Suisse	166.9	1 523 026	6.7	61 346
Tchéquie	7.8	25 800	x	x
Türkiye	2.8	34 667	x	x
Total OCDE	**95.2**	63 055 340	11.4	6 895 987
Afrique du Sud	83.2	315 430	x	x
Arabie saoudite	..	..	..	..
Argentine	..	..	13.3	74 629
Brésil	24.3	461 119	x	x

	Prestataires de retraite		Fonds de réserve publics pour les retraites	
	en pourcentage du PIB	millions USD	en pourcentage du PIB	millions USD
Chine (République populaire de)	2.7	498 685	2.0	366 326
Inde	13.5	520 155	..	..
Indonésie	6.5	88 860	1.8	24 611

Note : « .. » signifie non disponible. « x » signifie non applicable. La ligne « OCDE » indique le montant total des actifs en millions USD et le total des actifs par rapport au total des PIB de tous les pays membres de l'OCDE ayant fourni des données. Le montant total des investissements des prestataires de retraite est utilisé comme une valeur approximative du montant total des actifs. Les données sont des estimations de l'OCDE pour les prestataires de retraite au Canada, en France, au Mexique et en Suisse parmi les pays de l'OCDE, ainsi qu'en Inde. Les données relatives à l'Australie se rapportent à fin juin. Les données relatives à l'Autriche concernent les *Pensionskassen* et certains contrats d'assurance retraite. Les données pour la Belgique concernent les fonds de pension, les contrats d'assurance retraite et l'épargne-retraite individuelle. Les données pour la France incluent l'ERAFP et la CAVP. Les données pour l'Allemagne concernent les *Pensionskassen* et les *Pensionsfonds* supervisés par la BaFin. Les données pour Israël ne concernent que les fonds de pension anciens, nouveaux et généraux. Les données pour l'Italie incluent les plans provisionnés, les provisions techniques nettes étant utilisées comme valeur approximative des actifs de retraite. Les données pour les Pays-Bas et la Norvège ne concernent que les fonds de pension. Les données pour la Türkiye ne concernent que les plans individuels. Les données pour le Royaume-Uni renvoient aux actifs bruts des fonds de pension (à l'exclusion des produits dérivés). Les données pour la Chine se rapportent aux régimes de retraite des entreprises (Source : ministère des Ressources humaines et de la Protection sociale). Les données pour l'Afrique du Sud se rapportent à fin 2023.

Les données relatives aux fonds de réserve publics pour les retraites se rapportent : au *Sustainability Fund* pour l'Allemagne ; au *Future Fund* pour l'Australie ; aux *Canada Pension Plan Reserve Fund* et *Reserves of the Quebec Pension Plan* pour le Canada ; au *Pension Reserve Fund* pour le Chili ; au *National Pension Fund* pour la Corée ; au *Social Security Fund* pour le Costa Rica ; au *Social Security Reserve Fund* pour l'Espagne ; à l'*Old-Age and Survivors Insurance (OASI) Trust Fund* pour les États-Unis ; aux *Keva's pension liability fund, State Pension Fund (VER)* et *Church Pension Fund* pour la Finlande ; à l'AGIRC-ARRCO, au Fonds de réserve pour les retraites (FRR) et aux réserves des régimes spéciaux pour la France ; au *National Insurance Fund* pour Israël ; aux fonds privatisés en vertu des décrets L.D 509/1994 et L.D 103/1996 pour l'Italie ; au *Government Pension Investment Fund* pour le Japon ; au *State Social Insurance Reserve Fund* pour la Lituanie ; au Fonds de Compensation (FDC) pour le Luxembourg ; au *Labour Fund* pour le Mexique ; au *New Zealand Superannuation Fund* pour la Nouvelle-Zélande ; au *Government Pension Fund – Norway* (GPFN) pour la Norvège ; au *Demographic Reserve Fund* pour la Pologne ; au *Social Security Financial Stabilisation Fund* pour le Portugal ; au *National Insurance Fund* pour le Royaume-Uni ; aux AP1-AP4 et AP6 pour la Suède ; au Fonds de compensation de l'AVS pour la Suisse ; au *Sustainability Guarantee Fund* pour l'Argentine ; au *National Social Security Fund* pour la Chine ; aux BPJS JP et Taspen JP pour l'Indonésie.

Les données relatives aux fonds de réserve publics pour les retraites se réfèrent à la fin de l'année 2024, sauf pour l'Allemagne (2023), l'Italie (2023) et la Lituanie (2020) parmi les pays de l'OCDE, et pour la Chine (2023) et l'Indonésie (2023) parmi les autres économies.

En Italie, les fonds de réserve sont des entités privées dotées d'une personnalité juridique dont la mission principale consiste à gérer des régimes de retraite obligatoires du premier pilier, chacun pour une certaine catégorie de travailleurs indépendants. Malgré leur statut privé, ces fonds sont inclus dans ce tableau car ils présentent certaines similitudes avec les fonds de réserve des pensions publiques.

Source : Statistiques de pensions de l'OCDE au niveau mondial, sites web, et rapports annuels des fonds de réserve ou d'autres autorités nationales.

StatLink https://stat.link/gx2tap

Répartition des actifs

Principaux résultats

Les actifs gérés par les prestataires de retraite et les fonds de réserve publics pour les retraites sont principalement investis dans des obligations et des actions. La part des actions et des obligations au sein des portefeuilles varie considérablement d'un pays à l'autre, avec toutefois une préférence pour les obligations.

Dans la plupart des pays, les actions et les obligations sont les deux grandes catégories d'actifs dans lesquelles les prestataires de retraite ont investi les actifs des plans de retraite en 2024. Elles représentaient plus de la moitié des investissements dans 34 des 38 pays de l'OCDE, ainsi que dans trois pays du G20 non membres de l'OCDE. Parmi les pays de l'OCDE, c'est en Pologne (96.1 %), en Estonie (95.1 %), en Norvège (94.3 %) et en Lettonie (94.3 %) que la part conjuguée des obligations et actions était la plus élevée (par rapport à la taille du portefeuille) (Graphique 9.3). Les actifs des plans de retraite ont été investis dans ces instruments directement, ou indirectement via un organisme de placement collectif (OPC). Pour certains pays, la répartition par type de placement n'était pas disponible pour les investissements dans les OPC, notamment les États-Unis (où ils représentent 29.5 % des actifs investis), la Slovénie (30.4 % des investissements) et la Suède (58.8 % des investissements). Seuls les investissements directs en obligations et en actions étaient connus pour ces pays (51 % pour les États-Unis, 65.6 % pour la Slovénie, 34.1 % pour la Suède, par exemple). L'exposition globale des actifs des plans de retraite aux obligations et actions y était probablement plus importante.

La part des actions et des obligations variait considérablement suivant les pays à la fin de 2024. Même si, d'une manière générale, la préférence allait aux obligations, l'inverse se vérifiait dans 14 pays de l'OCDE et en Afrique du Sud, où les actions l'emportaient sur les obligations, (par exemple, 48.9 % contre 15.6 % en Australie, 70.5 % contre 22.8 % en Lituanie).

Parmi les obligations, celles du secteur public – par opposition aux obligations de société – constituaient fin 2024, dans un certain nombre de pays, une part plus importante des portefeuilles obligataires directs (à l'exclusion des investissements réalisés via un OPC). Ainsi, les obligations du secteur public représentaient 92.1 % des portefeuilles obligataires directs en Tchéquie, 91 % en Israël, mais seulement 21.9 % en Nouvelle-Zélande et 21 % en Norvège.

Les liquidités et dépôts constituaient également une part non négligeable des actifs des plans de retraite dans certains pays de l'OCDE et en Indonésie à la fin de 2024. Ils représentaient ainsi pas moins de 44.8 % des actifs de retraite en Corée, 16.3 % Indonésie, 15.2 % en Tchéquie et 11.5 % en Grèce.

Dans la plupart des pays ayant communiqué des données, les prêts, l'immobilier (terrains et constructions), les contrats d'assurance non imputés et les fonds d'investissement privés (désignés par « autres actifs » dans le graphique) ne constituaient qu'une part relativement faible des investissements des actifs des plans de retraite à la fin de 2024, en dépit de certaines exceptions. L'immobilier occupait une place importante dans le portefeuille des prestataires de retraite (soit directement, soit indirectement par le biais d'OPC) dans certains pays comme le Canada (10.6 % du total des actifs) et la Suisse (21.9 %).

Les obligations et les actions étaient également les catégories d'actifs prédominantes au sein des portefeuilles des fonds de réserve publics. Les fonds ayant communiqué des données ont en moyenne investi 42.5 % de leurs actifs dans des obligations et 40.5 % dans des actions (Graphique 9.4). Les actions ont été privilégiées dans certains fonds de réserve, comme le *Future Fund* en Australie, le *Pension Plan Reserve Fund* au Canada, le *Superannuation Fund* en Nouvelle-Zélande et les Fonds AP en Suède qui ont investi plus de la moitié de leurs portefeuilles en action, tandis que leurs avoirs en obligations variaient de 0.3 % à 27.6 % (respectivement AP6 et AP2 en Suède). Au Chili, au Portugal et en Pologne, en revanche, les fonds de réserve étaient beaucoup plus investis en obligations qu'en actions. Le fonds de réserve des États-Unis constitue un cas à part car il est, de par la loi, entièrement investi en obligations d'État.

Certains fonds de réserve ont aussi investi dans l'immobilier et dans des catégories d'actifs non traditionnels comme des fonds d'arbitrage ou d'autres instruments. Le *Superannuation Fund* en Nouvelle-Zélande a ainsi investi 4 % de ses actifs dans des terrains et immeubles, 3 % dans des fonds d'arbitrage et 11 % dans des fonds de capital-investissement.

Définition et mesure

L'expression « plans de retraite » désigne les plans auxquels les particuliers ont accès par l'intermédiaire de leur employeur ou d'une institution financière, et dans lesquels ils accumulent des droits ou des actifs. Les actifs appartiennent aux adhérents au plan et servent à financer leur future retraite. Ces actifs peuvent s'accumuler dans des fonds de pension, par le biais de contrats d'assurance retraite ou dans d'autres instruments d'épargne proposés et gérés par des banques ou des fonds d'investissement. Les employeurs peuvent constituer des provisions ou des réserves dans leurs livres comptables afin de financer les prestations de retraite des plans de retraite professionnels.

Les fonds de réserve publics pour les retraites sont des réserves constituées dans le but principal de financer les régimes de retraite publics non capitalisés/par répartition.

Les données sur la répartition des actifs comprennent à la fois les investissements directs en actions, bons et obligations et en liquidités et dépôts, et les investissements indirects effectués par le biais des organismes de placement collectif, lorsque cela est possible. Les Statistiques de pensions de l'OCDE au niveau mondial collectent des informations sur les investissements réalisés dans les OPC et le type de placements effectués par ces organismes (actions, bons et obligations, liquidités et dépôts, etc.). Lorsque la répartition par type de placement n'a pas été fournie par les pays, seuls les investissements directs en actions, bons et obligations, et liquidités et dépôts sont connus et présentés ; les investissements réalisés dans les OPC apparaissent alors séparément.

Graphique 9.3. Répartition des actifs des prestataires de retraite à la fin de 2024 ou dernière année disponible

En pourcentage du montant total des investissements

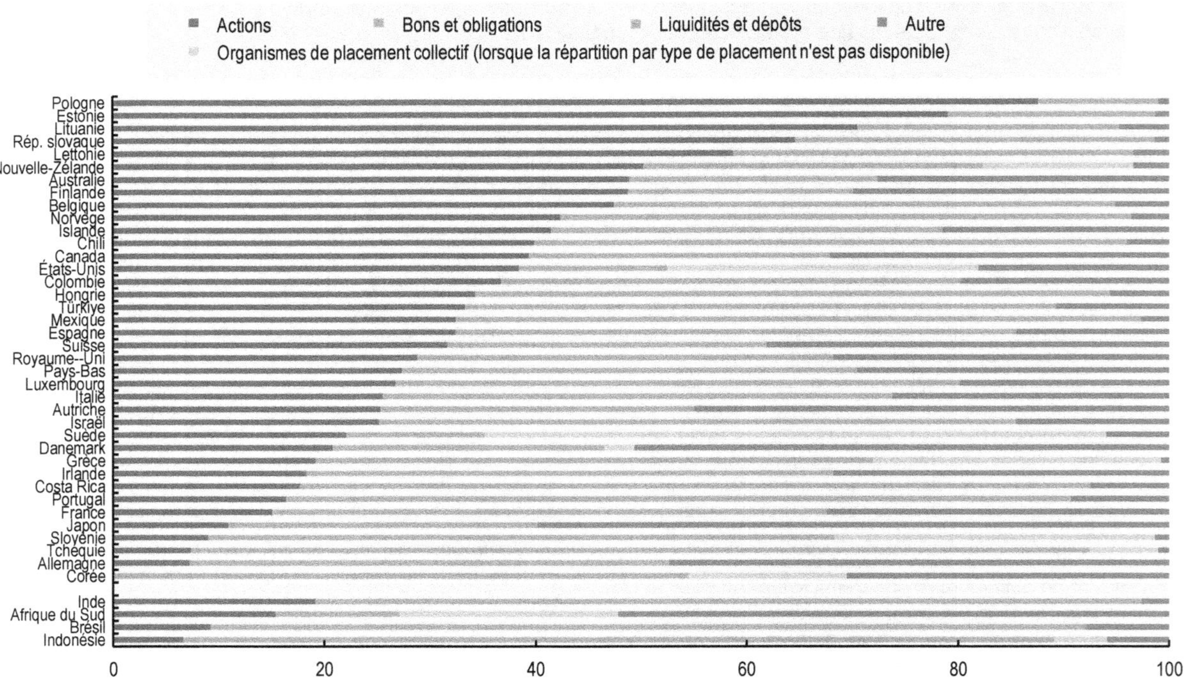

Note : La catégorie « Autres » comprend les prêts, les terrains et immeubles, les contrats d'assurance non imputés, les fonds d'arbitrage, les fonds de capital-investissement, les produits structurés, d'autres fonds communs de placement (c'est-à-dire ceux qui ne sont pas investis dans des actions, bons et obligations ou des liquidités et dépôts) et les autres placements. Les valeurs négatives (dues aux produits dérivés) ont été exclues des calculs de répartition des actifs de retraite. La base de données des Statistiques de pensions de l'OCDE au niveau mondial collecte des informations sur les placements des actifs des plans de retraite réalisés dans les OPC et le type de placements effectués par ces organismes (actions, bons et obligations, liquidités et dépôts, etc.). Les données sur la répartition des actifs présentées dans ce graphique comprennent à la fois les investissements directs en actions, bons et obligations, et en liquidités et dépôts, et les investissements indirects effectués par le biais des organismes de placement collectif, lorsque cela est possible. Lorsque c'est le cas, le graphique indique l'exposition globale des actifs de retraite dans les types d'actifs sélectionnés. Lorsque la répartition n'est pas disponible, le graphique ne présente que les investissements directs des actifs des plans de retraite dans les actions, bons et obligations, et les liquidités et dépôts et d'autres actifs, tandis que les investissements dans des OPC sont présentés dans une catégorie distincte.

Les données relatives à l'Autriche ne concernent que les *Pensionskassen*. Les données pour la Belgique concernent les IRP et l'épargne retraite individuelle. Les données pour le Canada, l'Espagne, la France, la Hongrie, l'Italie, la Norvège, la Pologne et la Suisse concernent uniquement les fonds de pension. Les données relatives au Danemark concernent les fonds de pension et les contrats d'assurance retraite. Les données relatives à l'Estonie ne concernent que le deuxième pilier des retraites. Les données relatives à l'Allemagne concernent les *Pensionskassen* et les *Pensionsfonds* supervisés par la BaFin et sont des estimations ; la répartition des investissements par le biais des OPC n'a pas encore été approuvée par des auditeurs externes et n'est pas disponible pour les *Pensionsfonds*. Les données relatives à l'Islande n'incluent pas la répartition des actifs des contrats d'assurance retraite. Les données pour l'Irlande se réfèrent uniquement aux plans à prestations définies et concernent l'année 2023. Les droits des fonds de pension sur les gérants des systèmes de pension sont exclus des calculs de la répartition des actifs des fonds de pension japonais (Source : Banque du Japon). Les données pour la Corée renvoient uniquement aux plans de pension de retraite. Les données pour le Mexique couvrent la répartition des actifs des plans individuels (à la fin de 2024) et des plans professionnels (à la fin de 2023). Les données pour la Türkiye ne concernent que les plans individuels. Les données pour le Brésil ne concernent que les fonds de pension fermés. Les données pour l'Inde concernent uniquement le Régime national de retraite et le programme *Atal Pension Yojana*. Les données pour l'Afrique du Sud concernent les fonds de pension supervisés en vertu de la Loi sur les fonds de pension à la fin 2023.

Source : Statistiques de pensions de l'OCDE au niveau mondial.

StatLink https://stat.link/1ep2br

Graphique 9.4. Répartition des actifs des fonds de réserve publics pour les retraites, à la fin de 2024

En pourcentage du montant total des investissements

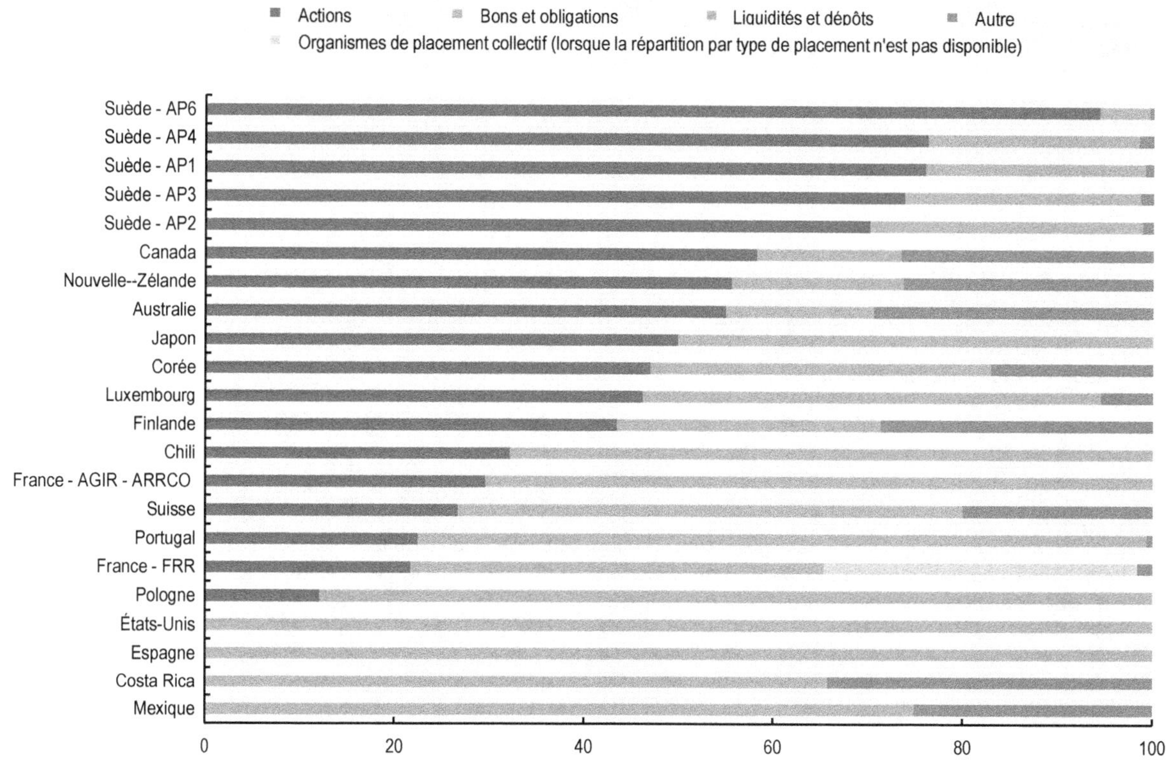

Note : ce graphique présente les investissements directs et indirects (c'est-à-dire par le biais d'organismes de placement collectif) des fonds de réserve publics pour les retraites dans des actions, bons et obligations, des liquidités et dépôts, ainsi que d'autres investissements. Lorsque la répartition par type de placement des organismes de placement collectif n'est pas disponible, le graphique n'indique que les investissements directs, les investissements dans des organismes de placement collectif étant présentés dans une catégorie distincte. Les valeurs négatives ont été exclues des calculs de répartition des actifs. Les données relatives aux fonds de réserve publics pour les retraites se rapportent : au *Future Fund* pour l'Australie ; au *Canada Pension Plan Reserve Fund* pour le Canada ; au *Pension Reserve Fund* pour le Chili ; au *National Pension Fund* pour la Corée ; au *Social Security Fund* pour le Costa Rica ; au *Social Security Reserve Fund* pour l'Espagne ; à l'*Old-Age and Survivors Insurance (OASI) Trust Fund* pour les États-Unis ; au Keva VER et autres fonds combinés pour la Finlande ; à l'AGIRC-ARRCO et au Fonds de réserve pour les retraites (FRR) pour la France ; au *Government Pension Investment Fund* pour le Japon ; au Fonds de Compensation (FDC) pour le Luxembourg ; au *Labour Fund* pour le Mexique ; au *New Zealand Superannuation Fund* pour la Nouvelle-Zélande ; au *Demographic Reserve Fund* pour la Pologne ; au *Social Security Financial Stabilisation Fund* pour le Portugal ; aux AP1-AP4 et AP6 pour la Suède ; et au Fonds de compensation de l'AVS pour la Suisse. Les données relatives au *Pension Plan Reserve Fund* du Canada se rapportent à la fin mars 2025.

Source : Statistiques de pensions de l'OCDE au niveau mondial et sites web des fonds de réserve publics pour les retraites.

StatLink https://stat.link/vwkyu6

Rendement des investissements

Principaux résultats

La hausse des valorisations sur les marchés boursiers a entraîné des gains d'investissement nominaux généralisés en 2024, dépassant les taux d'inflation dans la plupart des pays. Les prestataires de retraite ont enregistré des taux de rendement réels à deux chiffres dans cinq pays de l'OCDE en 2024, et les rendements ont généralement été supérieurs à la moyenne à long terme. Les gains réalisés en 2024 ont contribué à atténuer les pertes subies en 2022. Les rendements réels ont été positifs dans la plupart des pays sur le long terme (au cours des 10, 15 et 20 dernières années), malgré plusieurs années où les performances ont été médiocres ou négatives. La plupart des fonds de réserve publics pour les retraites ont également obtenu un rendement positif en termes réels en 2024 et sur le long terme.

Les prestataires de retraite ont enregistré des gains d'investissement généralisés en 2024, pour la deuxième année consécutive. Ils ont obtenu partout des taux de rendement nominaux positifs, dépassant les taux d'inflation dans la plupart des pays (Tableau 9.3). Les prestataires de retraite ont enregistré des taux de rendement réels supérieurs à 10 % dans quatre pays de l'OCDE (11.3 % en Estonie, 10 % en Israël, 10.8 % en Lituanie et 10.1 % en République slovaque). Cette performance globalement positive des investissements reflète l'évolution favorable des marchés boursiers mondiaux, stimulée par une croissance économique supérieure aux prévisions et renforcée par les performances des grandes sociétés technologie cotées aux États-Unis. Il se peut que les prestataires de retraite aient obtenu des résultats plus mitigés sur leurs portefeuilles obligataires, car les rendements des obligations d'État de différentes échéances ont évolué différemment dans le monde en 2024. Les rendements à court terme ont généralement baissé, tandis que ceux à long terme ont moins diminué ou, dans certains cas, ont augmenté dans un contexte d'incertitude macrofinancière accrue, de résistance de la croissance de la production, et d'augmentation des déficits budgétaires. Pourtant, les taux de rendement globaux des investissements des prestataires de retraite en 2024 étaient généralement supérieurs à la moyenne à long terme.

Les gains relativement élevés réalisés en 2024 ont contribué à atténuer les pertes subies en 2022. Les rendements réels ont été positifs dans la plupart des pays sur le long terme (au cours des 10, 15 et 20 dernières années), malgré plusieurs années où les performances ont été médiocres ou négatives, notamment en 2008, 2011, 2018 et 2022. Les meilleurs résultats en matière d'investissement à long terme ont été enregistrés dans certains pays d'Amérique latine (Costa Rica, Colombie), au Canada et en Australie, avec un taux de rendement réel moyen proche ou au-dessus de 4 % sur une période de 20 ans. Quelques pays ont cependant obtenu des rendements à long terme négatifs en termes réels, mais proches de zéro (Estonie, Lettonie et Tchéquie) malgré des performances parmi les meilleures en 2024 (Estonie et Lettonie).

La plupart des fonds de réserve publics pour les retraites ont également obtenu un rendement positif en termes réels en 2024 et sur le long terme. Parmi les fonds ayant fournis des données, le *Superannuation Fund* néozélandais et l'AP6 suédois ont enregistré les meilleurs résultats moyens en termes réels, avec un taux de rendement moyen de 7.2 % et 6.8 % par an respectivement sur une période de 20 ans.

Définition et mesure

L'expression « plans de retraite » désigne les plans auxquels les particuliers ont accès par l'intermédiaire de leur employeur ou d'une institution financière, et dans lesquels ils accumulent des droits ou des actifs. Les actifs appartiennent aux adhérents au plan et servent à financer leur future retraite. Ces actifs peuvent s'accumuler dans des fonds de pension, par le biais de contrats d'assurance retraite ou dans d'autres instruments d'épargne proposés et gérés par des banques ou des fonds d'investissement. Les employeurs peuvent constituer des provisions ou des réserves dans leurs livres comptables afin de financer les prestations de retraite des plans de retraite professionnels.

Les fonds de réserve publics pour les retraites sont des réserves constituées dans le but principal de financer les régimes de retraite publics non capitalisés/par répartition.

Les rendements sont calculés en monnaie nationale, avant impôt mais déduction faite des frais de gestion financière.

Le rendement nominal net moyen des investissements des plans de retraite est calculé à l'aide d'une formule commune à tous les pays, à l'exception de quelques-uns (comme l'Irlande ou Israël) pour lesquels les chiffres ont été communiqués par les autorités et établis à l'aide de leur propre formule, ou figurent dans des publications officielles nationales. La formule commune correspond au rapport entre le revenu net des investissements à la fin de l'année et le volume moyen des actifs durant l'année.

En ce qui concerne les fonds de réserve publics, les rendements nominaux sont tirés de rapports annuels ou ont été communiqués directement par les autorités nationales, qui ont employé leur propre formule et leur propre méthodologie.

Pour en savoir plus

OCDE (2025), *Rapport sur la dette mondiale 2025 : Financer la croissance dans un environnement de marché de la dette difficile*, Éditions OCDE, Paris, https://doi.org/10.1787/e334697f-fr.

Tableau 9.3. Taux de rendement annuels moyens (moyenne géométrique) nominaux et réels des investissements réalisés par les prestataires de retraite en 2024 et sur les 5, 10, 15 et 20 dernières années

	Taux nominal					Taux réel				
	2024	Moyenne annuelle sur 5 ans	Moyenne annuelle sur 10 ans	Moyenne annuelle sur 15 ans	Moyenne annuelle sur 20 ans	2024	Moyenne annuelle sur 5 ans	Moyenne annuelle sur 10 ans	Moyenne annuelle sur 15 ans	Moyenne annuelle sur 20 ans
Allemagne	3.6	2.6	3.1	3.5	3.6	0.9	-1.0	0.6	1.4	1.6
Australie	8.9	5.9	7.0	7.6	6.8	4.9	2.0	4.1	4.8	3.9
Autriche	7.5	2.5	3.0	3.5	3.2	5.4	-2.0	-0.1	0.7	0.6
Belgique	8.2	2.7	3.7	4.8	4.9	4.9	-1.3	0.8	2.1	2.3
Canada	10.1	5.8	6.2	6.8	6.5	8.1	2.3	3.4	4.4	4.3
Chili	8.1	5.6	6.2	6.5	6.6	3.4	-0.6	1.6	2.3	2.5
Colombie	12.0	7.7	8.0	8.2	9.5	6.5	0.8	2.0	3.2	4.5
Corée	4.5	3.2	..	..	..	2.5	0.3	..	..	..
Costa Rica	10.1	7.5	8.1	8.5	9.3	9.2	5.2	6.3	5.6	4.6
Danemark	6.6	2.6	3.7	5.1	5.0	4.6	-0.3	1.8	3.3	3.1
Espagne	8.7	3.3	3.0	3.4	..	5.7	-0.2	0.7	1.5	..
Estonie	15.6	6.2	4.6	4.5	3.5	11.3	-0.9	0.0	0.5	-0.6
États-Unis	8.9	4.5	4.3	4.8	3.4	5.8	0.3	1.2	2.1	0.8
Finlande	8.7	5.5	5.5	..	..	7.9	2.1	3.4	..	..
Grèce	7.0	2.8	3.9	..	..	4.3	-0.4	2.1	..	..
Hongrie	12.6	5.8	5.5	..	..	7.6	-2.6	0.0	..	..
Islande	11.3	8.6	8.1	8.0	7.8	6.2	2.3	3.7	3.9	2.7
Israël	13.5	7.6	6.4	6.4	..	10.0	4.7	4.9	4.9	..
Italie	5.2	2.0	2.1	2.8	2.9	3.9	-1.3	0.2	0.9	1.0
Lettonie	12.6	3.2	2.8	3.3	3.1	9.0	-2.7	-1.1	0.1	-1.0
Lituanie	13.1	6.3	5.0	..	..	10.8	-0.5	0.5	..	..
Luxembourg	4.3	0.7	1.6	2.6	..	3.2	-2.1	-0.6	0.6	..
Mexique	8.8	6.4	5.7	6.5	6.4	4.4	0.9	1.0	2.0	1.9
Norvège	9.3	5.3	5.3	5.8	5.8	7.0	1.3	2.1	3.0	3.1
Pays-Bas	8.1	0.6	3.3	5.4	5.0	3.8	-3.5	0.4	2.8	2.6
Pologne	4.9	7.0	4.3	..	..	0.2	-0.6	-0.2	..	..
Portugal	4.4	1.8	2.4	2.6	3.2	1.4	-1.4	0.4	0.7	1.3
République slovaque	13.2	3.8	3.0	2.7	..	10.1	-2.3	-0.7	-0.3	..
Royaume-Uni	3.5	-0.2	..	..	..	-0.1	-4.5	..	..	..
Slovénie	6.9	2.8	3.5	4.1	..	5.0	-1.1	1.0	2.0	..
Suède	6.6	..	..	..	..	5.7	..	..	..	..
Suisse	7.1	2.7	3.2	3.7	3.4	6.5	1.5	2.6	3.3	2.9
Tchéquie	3.4	2.1	1.5	1.7	2.0	0.4	-4.4	-2.7	-1.6	-1.3
Türkiye	30.9	33.3	21.8	16.7	17.6	-9.3	-7.2	-4.0	-2.9	0.4
Inde	10.1	8.3	..	..	..	4.6	2.8	..	..	..
Indonésie	5.7	6.5	7.3	..	..	4.1	3.8	4.3	..	..

Note : « .. » signifie non disponible. Les moyennes annuelles pour 2024 et les 5, 10, 15 et 20 dernières années sont calculées sur les périodes suivantes : décembre 2023 à décembre 2024, décembre 2019 à décembre 2024, décembre 2014 à décembre 2024, décembre 2009 à décembre 2024 et décembre 2004 à décembre 2024 respectivement, sauf pour l'Australie (de juin à juin).

Les données ont été calculées à l'aide d'une formule commune pour le rendement net nominal moyen (rapport entre le revenu net des investissements à la fin de l'année et le volume moyen des actifs durant l'année) à chaque fois que possible. Les rendements nets réels moyens sont calculés à partir des taux de rendement nominaux et de la variation de l'indice des prix à la consommation au cours de la période considérée. Il se peut que les autorités nationales produisent leurs propres estimations des rendements annuels des investissements, qui peuvent différer des estimations de l'OCDE (par exemple en raison de méthodologies ou d'un champ d'application différents).

Les données relatives à l'Autriche ne concernent que les *Pensionskassen*. Les données relatives à la Belgique, au Canada, aux États-Unis, à la Finlande, à la Hongrie, à l'Irlande, à l'Islande, à l'Italie, à la Norvège, à la Pologne, au Portugal, à la Suède et à la Suisse concernent uniquement les fonds de pension. Les données pour le Costa Rica, le Mexique et la Türkiye ne concernent que les plans de retraite individuels. Les données pour le Danemark ne concernent que les fonds de pension et les contrats d'assurance retraite. Les données relatives à l'Estonie ne concernent que le deuxième pilier des retraites. Les données pour l'Allemagne concernent les *Pensionskassen* et les *Pensionsfonds* supervisés par la BaFin. Les données pour Israël ne concernent que les nouveaux fonds de pension. Les rendements des investissements pour l'Italie sont nets d'impôts. Les données pour la Corée renvoient uniquement aux plans de retraite professionnels. Les données pour l'Espagne ne concernent que les fonds de pension et les plans provisionnés. Les données pour l'Inde concernent uniquement le *National Pension Scheme* et le programme *Atal Pension Yojana*. Les données pour l'Indonésie se réfèrent uniquement aux fonds de pension des employeurs et aux fonds de pension des institutions financières.
Source : Statistiques de pensions de l'OCDE au niveau mondial.

StatLink https://stat.link/2jl3s8

Tableau 9.4. Taux de rendement annuels moyens (moyenne géométrique) nominaux et réels des investissements réalisés par certains fonds de réserve publics pour les retraites en 2024 et sur les 5, 10, 15 et 20 dernières années, en pourcentage

		Taux nominal					Taux réel				
		2024	Moyenne annuelle sur 5 ans	Moyenne annuelle sur 10 ans	Moyenne annuelle sur 15 ans	Moyenne annuelle sur 20 ans	2024	Moyenne annuelle sur 5 ans	Moyenne annuelle sur 10 ans	Moyenne annuelle sur 15 ans	Moyenne annuelle sur 20 ans
Australie	Future Fund	12.2	7.2	8.0	8.9	..	9.5	3.3	5.1	6.1	..
Canada	Fonds de réserve du Régime de pensions du Canada	9.3	9.0	8.3	9.7	8.2	6.8	5.1	5.6	7.2	5.9
Canada	Réserve du Régime de rentes du Québec	9.4	6.8	7.7	8.8	7.2	7.4	3.3	5.0	6.3	5.0
Chili	Fonds de réserve pour les retraites	17.7	7.9	8.0	7.4	..	12.6	1.5	3.2	3.1	..
Corée	Fonds de pension national	15.0	7.8	6.6	6.3	6.1	12.8	4.8	4.4	4.2	3.7
Costa Rica	Fonds de sécurité sociale Costaricain	2.5	..	..	..	..	1.6	..	..	..	..
Espagne	Fonds de réserve de la sécurité sociale	4.5	-0.2	0.0	2.0	2.4	1.6	-3.5	-2.1	0.0	0.3
États-Unis	Old-Age and Survivors Insurance (OASI) Trust Fund	2.5	2.5	2.8	3.2	3.7	-0.4	-1.6	-0.2	0.6	1.1
Finlande	Fonds de garantie des pensions de Keva	10.4	5.9	5.8	6.5	..	9.6	2.4	3.7	4.4	..
Finlande	Caisse nationale des pensions (VER)	9.0	5.5	5.5	5.9	5.5	8.2	2.0	3.4	3.8	3.5
France	Fonds de Réserves pour les Retraites (FRR)	6.5	2.6	3.2	4.0	3.6	5.1	-0.1	1.3	2.3	2.0
Japon	Fonds d'investissement	0.7	10.6	5.7	5.9	4.9	-2.8	8.4	4.3	4.9	4.0

		Taux nominal					Taux réel				
		2024	Moyenne annuelle sur 5 ans	Moyenne annuelle sur 10 ans	Moyenne annuelle sur 15 ans	Moyenne annuelle sur 20 ans	2024	Moyenne annuelle sur 5 ans	Moyenne annuelle sur 10 ans	Moyenne annuelle sur 15 ans	Moyenne annuelle sur 20 ans
	des pensions (GPIF)										
Luxembourg	Fonds de Compensation (FDC)	11.2	4.8	4.8	5.2	4.6	10.1	1.8	2.6	3.1	2.5
Mexique	Labour Fund	14.7	..	..	..	..	10.0	..	..	..	..
Norvège	Government Pension Fund (GPFN)	7.6	7.3	7.5	8.2	7.6	5.3	3.3	4.2	5.4	4.9
Nouvelle-Zélande	New Zealand Superannuation Fund	11.8	11.6	10.1	12.3	9.9	8.2	7.1	7.2	9.6	7.2
Pologne	Fonds de réserve démographique	5.1	3.0	2.7	3.5	4.3	0.4	-4.3	-1.7	-0.1	1.0
Portugal	Fonds de stabilisation financière de la sécurité sociale	5.9	..	..	..	..	2.8	..	..	..	..
Suède	AP1	9.8	7.7	7.5	8.0	7.2	8.9	3.3	4.5	5.7	5.1
Suède	AP2	8.2	5.2	6.3	7.3	6.8	7.3	0.8	3.3	5.0	4.7
Suède	AP3	10.3	8.2	8.4	8.5	7.6	9.4	3.7	5.3	6.2	5.4
Suède	AP4	10.1	6.8	8.0	8.8	7.9	9.2	2.4	5.0	6.5	5.7
Suède	AP6	9.0	15.5	12.6	10.1	8.9	8.1	10.7	9.4	7.7	6.8
Suisse	Fonds de compensation de l'AVS	7.3	1.1	2.5	3.1	..	6.7	0.0	1.8	2.7	..

Note : « .. » signifie non disponible. Les moyennes annuelles pour 2024 et les 5, 10, 15 et 20 dernières années sont calculées sur les périodes allant de décembre 2023 à décembre 2024, de décembre 2019 à décembre 2024, de décembre 2014 à décembre 2024, de décembre 2009 à décembre 2024, et de décembre 2004 à décembre 2024, respectivement, à l'exception du Fonds de réserve du Régime de pensions du Canada et du Fonds d'investissement des pension japonais (mars 2023 à mars 2025, mars 2020 à mars 2025, mars 2015 à mars 2025, mars 2010 à mars 2025, et mars 2005 à mars 2025) et le *Superannuation Fund* de Nouvelle-Zélande (juin 2023 à juin 2024, juin 2019 à juin 2024, juin 2014 à juin 2024, juin 2009 à juin 2024 et juin 2004 à juin 2024).
Source : Statistiques de pensions de l'OCDE au niveau mondial, sites web et rapports annuels des fonds de réserve publics pour les retraites.

StatLink https://stat.link/6pqri7

Diversité des plans de retraite

Principaux résultats

Il existe divers types de plans de retraite dans le monde Dans la plupart des pays de l'OCDE et dans d'autres pays, plans professionnels et dispositifs individuels se côtoient. L'ampleur des plans professionnels en termes d'actifs et la répartition entre les plans à prestations définies et à cotisations définies variaient d'un pays à l'autre à la fin de 2024. Les plans individuels et les plans professionnels à cotisations définies gagnent en importance, aux dépens des plans professionnels à prestations définies.

Il existe divers types de plans de retraite à travers le monde. Ainsi, les particuliers peuvent accéder à des plans de retraite par le biais de leur emploi, ou y souscrire directement sans l'intervention de l'employeur. Lorsque l'accès à un plan de retraite est lié à l'existence d'une relation d'emploi et que le plan en question a été établi par un employeur ou des partenaires sociaux, il s'agit d'un régime professionnel. Un plan est considéré comme individuel lorsque son accès n'est pas automatiquement lié à l'existence d'une relation d'emploi et que le plans est établi et géré directement par un fonds de pension ou une institution financière agissant en qualité de prestataire de retraite, sans aucune intervention de la part de l'employeur.

Dans la plupart des pays ayant communiqué des données, plans professionnels et plans individuels se côtoient : c'est le cas dans 33 des 38 pays de l'OCDE, ainsi qu'en Afrique du Sud, au Brésil, en Inde et en Indonésie (Tableau 9.5). Les personnes peuvent être affiliées à plusieurs régimes de retraite professionnels du fait des divers emplois qu'elles ont exercés au cours de leur vie, et à plusieurs plans individuels souscrits directement auprès d'un prestataire de retraite. En 2024, l'importance des régimes professionnels en termes d'actifs était très variable d'un pays à l'autre. Les actifs des régimes professionnels représentaient 90 % de l'ensemble des actifs de retraite en Finlande, mais 1 % seulement en Lettonie, où le régime de retraite adossé à des actifs repose essentiellement sur des plans individuels.

Suivant la façon dont les prestations de retraite sont calculées et suivant la personne qui supporte les risques, les plans de retraite professionnels sont soit à prestations définies (PD), soit à cotisations définies (CD). Dans les plans à cotisations définies, ce sont les participants qui supportent l'essentiel des risques, tandis que dans les plans à prestations définies classiques, c'est l'employeur promoteur qui assume tous les risques. Dans certains pays, les employeurs ont mis en place des plans à prestations définies hybrides ou mixtes qui prennent des formes diverses, mais s'accompagnent toujours d'un certain partage des risques entre employeur et salariés. Les plans sur solde de trésorerie (« cash balance plans », un type de dispositif hybride à prestations définies) versent des prestations à un taux de cotisation fixe et à un taux de rendement garanti (la garantie est assurée par l'employeur, c'est pourquoi ces plans de retraite rentrent dans la catégorie des dispositifs à prestations définies). Ce type de régime existe en Belgique (où les employeurs sont tenus de garantir un rendement minimum) et aux États-Unis. Les dispositifs sont dits mixtes lorsqu'ils sont constitués de deux composantes distinctes (l'une à prestations définies, l'autre à cotisations définies) regroupées dans le même plan de retraite. Il existe également des dispositifs à cotisations définies, par exemple au Danemark, qui garantissent les prestations ou les rendements. Ils sont classés comme des régimes à cotisations définies, car la garantie est assumée par le prestataire plutôt que par l'employeur. Dans la plupart des pays ayant fourni des données, la part des actifs détenue dans le cadre de régimes professionnels à cotisations définies et de dispositifs individuels est plus importante que celle détenue dans le cadre de régimes professionnels à prestations définies. Cette part dépasse 50 % dans 21 des 25 pays de l'OCDE pour lesquels on dispose de données, ainsi qu'au Brésil (Graphique 9.5).

Les régimes à cotisations définies et les plans individuels ont gagné en importance, aux dépens des régimes à prestations définies, même dans les pays où, historiquement, une partie significative des actifs est détenue dans le cadre de ce dernier type de dispositif (les États-Unis, par exemple). La baisse de la part des actifs de retraite dans les régimes à prestations définies a été particulièrement marquée en Israël (68 % à la fin de 2014, 33 % à la fin de 2024) et en Islande (23 % à la fin de 2014, 4 % à la fin de 2024). En Israël, ces plans sont fermés aux nouveaux adhérents depuis 1995. Plus récemment, l'Islande a réformé un plan de retraite destiné aux salariés de l'État et des communes, en en faisant un régime à cotisations définies et non plus à prestations définies. La transition des régimes à prestations définies vers des régimes à cotisations définies est également en cours aux Pays-Bas, l'un des principaux marchés européens des retraites, avec l'adoption en 2023 d'une loi imposant la conversion des régimes à prestations définies en régimes à cotisations définies d'ici 2028. On observe également l'ouverture de nouveaux plans à cotisations définies. Les premiers régimes professionnels à cotisations définies ont été mis en place récemment en Allemagne. Au Royaume-Uni, le premier régime collectif à cotisations définies a été créé en 2024.

Définition et mesure

L'OCDE a établi un ensemble de principes de classification pour les pensions (voir OCDE, 2005). C'est ce cadre conceptuel qui est utilisé ici.

Dans la plupart des pays de l'OCDE, les fonds de pension sont le principal instrument de financement des retraites professionnelles. Dans certains pays, les contrats d'assurance retraite (en Belgique, en Corée, au Danemark, en Norvège et en Suède par exemple) ou les plans provisionnés, qui sont des provisions inscrites au bilan de l'entreprise qui finance le dispositif (en Autriche et en Allemagne par exemple) sont également utilisés pour financer les plans de retraite professionnels. Les dispositifs individuels sont souvent financés par des contrats d'assurance retraite ou des produits financiers proposés par des banques ou des gérants de portefeuille.

Pour en savoir plus

OCDE (2005), Les pensions privées : Classification et glossaire de l'OCDE, OCDE, Paris. La classification de l'OCDE est disponible à l'adresse www.oecd.org/content/dam/oecd/en/publications/reports/2005/03/private-pensions_g1gh562b/9789264017009-en-fr.pdf.

Tableau 9.5. Types de plans de retraite disponibles dans la zone OCDE et certaines autres grandes économies, selon la taxonomie de l'OCDE, 2024

Plans individuels	Plans professionnels			
	PD uniquement	PD et CD	CD uniquement	Aucun des deux
Tous les pays	Finlande, Israël, Suisse	Allemagne, Australie, Autriche, Belgique, Canada, Corée, Costa Rica, Danemark, Espagne, États-Unis, France, Grèce, Irlande, Islande, Italie, Japon, Luxembourg, Mexique, Norvège, Nouvelle-Zélande, Pays-Bas, Portugal, Royaume-Uni, Suède, Türkiye, Afrique du Sud, Brésil, Inde, Indonésie	Chili, Hongrie, Lettonie, Pologne, Slovénie	Colombie, Estonie, Lituanie, Rép. Slovaque, Tchéquie

Graphique 9.5. Répartition des actifs de retraite par type de plan, à la fin de 2024 ou dernière année disponible

En pourcentage du total des actifs

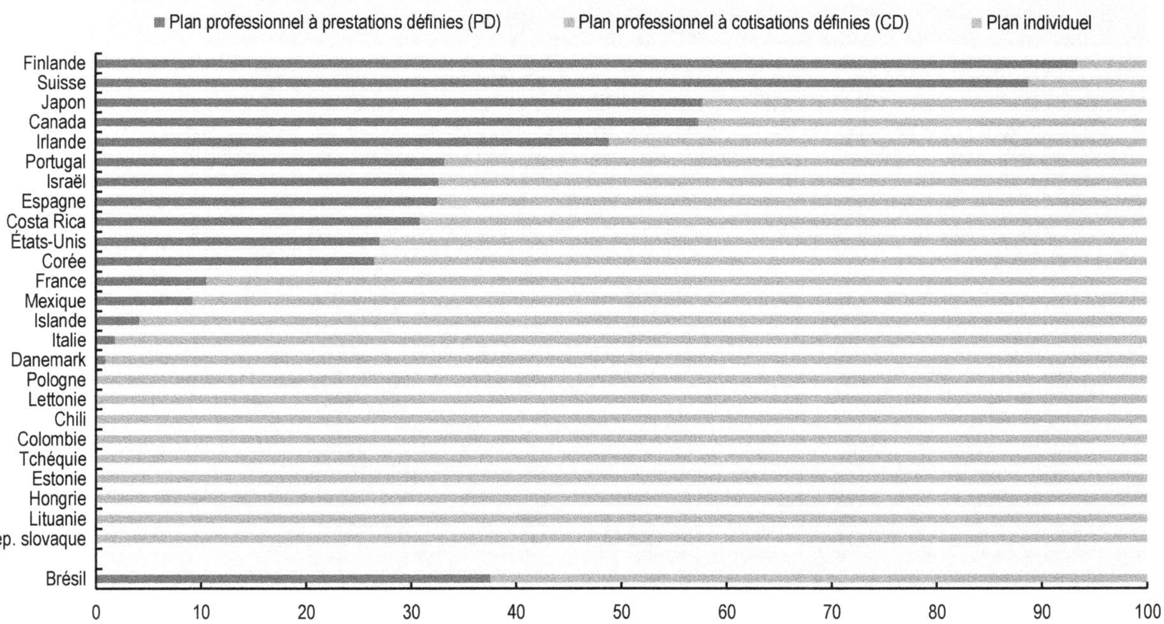

Note : les données se réfèrent à la fin de l'année 2024 pour tous les pays, à l'exception du Canada (2022), de la France (2023), de l'Irlande (2023), du Mexique (2023) et de la Suisse (2023). Les données relatives au Chili concernant l'épargne-retraite facultative collective gérée par les AFP sont classées avec les plans individuels, bien que ces plans soient professionnels. Les données pour l'Irlande n'incluent pas les contrats de rente de retraite.
Source : Statistiques de pensions de l'OCDE au niveau mondial.

StatLink https://stat.link/83c6ty

Frais facturés aux adhérents aux plans à cotisations définies

Principaux résultats

Les prestataires de retraite facturent des frais aux adhérents afin de couvrir les coûts d'exploitation qu'ils supportent pour la gestion des plans de retraite à cotisations définies. La plupart des pays plafonnent les frais – les frais sur encours, le plus souvent – qui peuvent être imposés aux adhérents. Dans certains pays, le montant réel des frais prélevés sur les actifs est proche de ce plafond (comme au Costa Rica, au Mexique et en Tchéquie), tandis que dans d'autres, le plafond ne semble pas trop contraignant car les frais imposés par les prestataires lui sont inférieurs (comme en Hongrie). Parmi les autres initiatives visant à réduire les frais facturés par le secteur figurent les mécanismes d'appel à la concurrence basés sur les frais, comme au Chili et en Nouvelle-Zélande (ainsi que sur d'autres critères).

Les prestataires de retraite facturent des frais à leurs adhérents afin de couvrir les coûts d'exploitation qu'ils supportent pour la gestion des plans de retraite à cotisations définies. Ces charges comprennent la commercialisation auprès des participants potentiels, la perception des cotisations, l'envoi des cotisations aux gestionnaires des fonds d'investissement, la tenue des comptes, l'envoi des rapports aux participants et aux superviseurs, l'investissement des actifs, la conversion du capital en prestations et le versement de ces prestations.

Les frais sont facturés par les prestataires de retraite suivant des modalités différentes selon les pays (Tableau 9.6). Ils peuvent être prélevés sur les cotisations ou les salaires (en Colombie, notamment), sur l'encours (en Estonie, par exemple), sur les performances, ou sur plusieurs de ces paramètres (comme en Tchéquie, où les fonds de pension peuvent facturer des frais sur encours et des frais sur les bénéfices). Outre les frais réguliers, dans certains pays, les adhérents doivent parfois s'acquitter de frais lorsqu'ils adhèrent au dispositif, en changent ou en sortent (en Tchéquie et en Hongrie, par exemple).

En 2024, la plupart des pays – 19 sur les 26 pays de l'OCDE ayant communiqué des données – avaient plafonné certains des frais pouvant être facturés aux adhérents par les prestataires de retraite. La plupart de ces 19 pays ont plafonné les frais sur encours, qui sont les instruments les plus couramment utilisés par les prestataires de retraite pour faire payer les adhérents.

Le niveau réel des frais facturés aux adhérents, agrégé au niveau national et exprimé en pourcentage du total des actifs du plan de retraite, peut être comparé au plafond lorsque les frais sont prélevés précisément sur les actifs. Par exemple, les prestataires de retraite ont facturé des frais approchant ou atteignant le plafond au Costa Rica (plafond à 0.35 % pour le régime de retraite complémentaire obligatoire), en Tchéquie (plafond à 0.8 % pour les fonds transformés qui constituent le principal type de fonds dans le pays), et au Mexique (plafond à 0.57 %, fixé comme moyenne des frais facturés au Chili, en Colombie et aux États-Unis). Définir le niveau du plafond est donc important, mais aussi difficile. S'il est trop élevé, les frais peuvent augmenter jusqu'à atteindre ce plafond. S'il est trop bas, les prestataires de retraite peuvent essayer de réduire leurs coûts et risquent de diminuer la qualité des services qu'ils fournissent. Dans certains pays, les prestataires de retraite facturent moins que le plafond (qui peut ne pas être contraignant), par exemple 0.4 % en Hongrie (Tableau 9.7) (avec un plafond fixé à 0.8 %).

Certains pays ont également mis en place d'autres initiatives visant à réduire les frais facturés par le secteur ou à améliorer le rapport qualité-prix. Il peut s'agir de mécanismes d'appel à la concurrence basés sur les frais, comme au Chili et en Nouvelle-Zélande (et sur d'autres critères). Au Chili, les prestataires de retraite soumettent des offres relatives aux frais facturés aux adhérents. Le prestataire qui remporte le marché reçoit tous les nouveaux venus remplissant les conditions requises. La réforme du système de retraite chilien en 2025 a introduit un mécanisme d'enchères pour les adhérents déjà affiliés au système, qui est basé sur les frais et qui attribue aléatoirement, tous les deux ans, 10 % des adhérents au prestataire de retraite facturant les frais les plus bas. En Nouvelle-Zélande, des prestataires de plans *KiwiSaver* par défaut sont sélectionnés en fonction de divers critères, dont les frais. En Australie, l'instance de surveillance des retraites a mis au point un ensemble d'indicateurs de performance (*Comprehensive Product Performance Package, CPPP*), qui regroupe son test de performance du régime de retraite et ses cartes examinant les frais et les performances, afin d'accroître la transparence et d'inciter les administrateurs à améliorer les résultats pour les adhérents.

Définition et mesure

L'expression « plans de retraite » désigne les plans auxquels les particuliers ont accès par l'intermédiaire de leur employeur ou d'une institution financière, et dans lesquels ils accumulent des droits ou des actifs. Les actifs appartiennent aux adhérents au plan et servent à financer leur future retraite. Ces actifs peuvent s'accumuler dans des fonds de pension, par le biais de contrats d'assurance retraite ou dans d'autres instruments d'épargne proposés et gérés par des banques ou des fonds d'investissement. Les employeurs peuvent constituer des provisions ou des réserves dans leurs livres comptables afin de financer les prestations de retraite des plans de retraite professionnels.

Le niveau réel des frais facturés aux adhérents, agrégé au niveau national, est difficile à comparer entre les pays pour plusieurs raisons. Tout d'abord, les montants agrégés des frais peuvent résulter de nombreux facteurs, notamment de la structure tarifaire et de la maturité du système. Ces montants agrégés, indiqués à un moment donné, ne reflètent pas le montant des frais que les particuliers supportent au cours de leur vie, ni le coût des plans à cotisations définies du point de vue des adhérents. Ensuite, les frais peuvent correspondre à différents niveaux de services selon les pays et devraient être examinés à la lumière de ces services et de la valeur qu'ils génèrent pour les adhérents. Enfin, il est possible que certains frais indirects qui réduisent le montant de la retraite des adhérents restent encore à identifier et à divulguer pour certains pays, et ne sont donc pas pris en compte dans les données actuellement disponibles.

Pour en savoir plus

OICP (2018), « *2018 Update on IOPS work on fees and charges* », *IOPS Working Papers on Effective Pensions Supervision*, n° 32, www.oecd.org/content/dam/iops/en/working-papers/WP-32-2018-Update-on-IOPS-work-on-fees-and-charges.pdf.

OCDE (2018), *OECD Pensions Outlook 2018*, Éditions OCDE, Paris, https://dx.doi.org/10.1787/pens_outlook-2018-en.

Tableau 9.6. Structure et plafonnement des frais dans certains pays de l'OCDE

	Frais sur salaire	Frais sur cotisations	Frais sur encours	Commission sur le rendement/les performances	Autres frais (frais de sortie, d'entrée ou de transfert, par exemple)
Allemagne – Régimes à cotisations définies gérés par les fonds de pension	Pas de plafond	Pas de plafond	Pas de plafond	Pas de plafond	Pas de plafond
Australie (sauf *MySuper*)	Pas de plafond	Pas de plafond	Pas de plafond sauf pour les capitaux peu élevés	Pas de plafond	x
Belgique	x	Pas de plafond	Pas de plafond	Pas de plafond	Plafond
Chili	Pas de plafond	x	Plafond	x	x
Colombie	3 % (assurance comprise)	x	x	x	Plafond
Corée – professionnels CD	x	x	Pas de plafond	x	x
Costa Rica – ROP	x	x	0.35 %	x	x
Danemark	Pas de plafond	Pas de plafond	Pas de plafond	Pas de plafond	Pas de plafond
Espagne	x	x	Plafond	Plafond	x
Estonie – Deuxième pilier de retraite	x	x	Plafond	Plafond	Plafond
Estonie – Troisième pilier de retraite	x	x	Pas de plafond	x	Plafond
États-Unis	Pas de plafond	Pas de plafond	Pas de plafond	Pas de plafond	Pas de plafond
Hongrie – Fonds de retraite individuels facultatifs	x	6 %	0.8 %	Inclus dans le plafond de 0.8 % sur les actifs	Plafond
Irlande	Pas de plafond	Pas de plafond	Pas de plafond	Pas de plafond	Pas de plafond
Israël - fonds de pension complets	x	6 %	0.5 %	x	x
Israël - fonds de pension généraux	x	4 %	1.05 %		
Italie	x	Pas de plafond	Pas de plafond	Possible mais rare	Plafond
Lettonie – régime public par capitalisation	x	x	Plafond	Plafond	x
Lettonie – fonds de pension privés	x	Pas de plafond	Pas de plafond	x	x
Lituanie – 2e pilier	x	x	Plafond	x	Plafond
Lituanie – 3e pilier	x	Pas de plafond	Pas de plafond	Pas de plafond	Plafond
Mexique – plans individuels	x	x	Plafond	x	x
Nouvelle-Zélande	x	x	Pas de plafond	En fonction du fonds	Pas de plafond
Pologne – fonds de pension ouverts	x	1.75 %	Plafond	Plafond	x
Pologne – PPK	x	x	Plafond	Plafond	Pas de plafond
Portugal	Pas de plafond	Pas de plafond	Pas de plafond	Pas de plafond	Plafond

	Frais sur salaire	Frais sur cotisations	Frais sur encours	Commission sur le rendement/les performances	Autres frais (frais de sortie, d'entrée ou de transfert, par exemple)
République slovaque – 2e pilier	x	Plafond	0.425 % de la valeur annuelle moyenne du fonds	x	x
République slovaque – 3e pilier	x	x	Plafond	Plafond	Plafond
Royaume-Uni – fonds par défaut	x	x	0.75 %	x	x
Slovénie	x	3 %	1 % des actifs moyens	x	Plafond
Tchéquie – Fonds transformés	x	x	0.8 % de la valeur annuelle moyenne du fonds	10 % des bénéfices	Plafond
Tchéquie – Fonds de participation	x	x	Plafond	Plafond	Plafond
Türkiye – plans individuels	x	Pas de plafond	Pas de plafond	x	Pas de plafond
Brésil – fonds de pension ouverts	x	5 %	Pas de plafond	Pas de plafond	Plafond
Inde	x	Plafond	Plafond	x	Plafond

Note : « x » indique que ce type de frais n'existe pas ou n'est pas autorisé dans le pays. « Pas de plafond » signifie que ce type de frais existe et que le montant susceptible d'être imposé aux adhérents n'est pas limité. En Israël, les caisses de retraite complètes offrent à leurs membres une couverture d'assurance totale (incluant la pension de vieillesse, les prestations de survivants et les prestations d'invalidité), tandis que les caisses de retraite générales ne versent que des prestations de retraite.
Source : Statistiques de pensions de l'OCDE au niveau mondial.

StatLink https://stat.link/971qu2

Tableau 9.7. Frais annuels facturés aux adhérents aux régimes à cotisations définies par type de frais, 2024

En pourcentage du total des actifs

	Frais sur salaire	Frais sur cotisations	Frais sur encours	Commission sur le rendement/les performances	Autres frais
Australie			0.4		
Chili	0.6	x	0.3	x	x
Colombie	0.3	x	x	x	0.1
Costa Rica	x	x	0.3	x	x
Espagne	x	x	1.1	..	x
Estonie	x	x	0.5	..	..
Hongrie	x	0.3	0.4	..	..
Israël	x	0.1	0.1	x	x
Lituanie	x	..	0.4	..	0.0
Mexique	x	x	0.5	x	x
Pologne	x	0.0	0.4	0.0	x
République slovaque	x	..	0.6	0.1	0.0
Royaume-Uni			0.3 %		
Slovénie	x	..	0.7	x	..
Tchéquie	x	x	0.8	0.6	0.0
Türkiye	x	0.0	1.5	x	0.1

Note : « x » indique que ce type de frais n'existe pas ou n'est pas autorisé dans le pays. Tous les frais indiqués dans ce tableau sont exprimés en pourcentage du total des actifs, même lorsque les frais sont prélevés sur les salaires, les cotisations ou les revenus d'investissement. Ces pourcentages ne sont donc pas comparables au maximum fixé par la loi lorsque ce maximum est exprimé en pourcentage des salaires, des cotisations ou des revenus d'investissement. Les données pour l'Australie se réfèrent à juin 2024 pour les entités comptant plus de six membres et proviennent du Bulletin annuel sur les retraites de l'APRA. En Colombie, les frais sont prélevés sur les revenus admissibles, et les frais de gestion du fonds de licenciement ne sont pas inclus.

Note : Les données relatives au Costa Rica ne concernent que le ROP. Les données pour la Hongrie ne concernent que les fonds de pension privés facultatifs. Les données pour le Mexique et l'Espagne ne concernent que les plans individuels. Les données pour la Pologne ne concernent que les fonds de pension ouverts. Les données relatives à l'Espagne concernent uniquement les régimes individuels. Les frais moyens des régimes de retraite professionnels en Espagne sont inférieurs à ceux des régimes individuels. Le résultat pour le Royaume-Uni correspond à la médiane des frais moyens du plus important fonds par défaut d'un échantillon de 40 fournisseurs de pensions (Source : Enquête auprès des fournisseurs de pensions du DWP 2024/25).

Source : Statistiques de pensions de l'OCDE au niveau mondial.

StatLink https://stat.link/vlmdf3

Coefficients de capitalisation des régimes à prestations définies

Principaux résultats

Les coefficients de capitalisation, qui mesurent le montant des passifs couverts par les actifs disponibles dans les plans de retraite à prestations définies (PD), ont suivi des trajectoires différentes selon les pays mais ont eu tendance à s'améliorer au cours des dix dernières années dans la plupart des cas. La croissance des actifs dans les plans à prestations définies, observable dans la plupart des pays ayant fourni des données, a contribué à l'amélioration des coefficients de capitalisation, tout comme la récente hausse des taux d'intérêt lorsque les passifs sont évalués à l'aide de taux d'actualisation basés sur le marché. Le niveau de financement des plans à prestations définies était supérieur à 100 % à la fin de 2024 (ou à la dernière date disponible) dans tous les pays ayant communiqué des données, sauf quatre : les États-Unis, l'Islande, le Mexique parmi les pays de l'OCDE, et l'Indonésie. Les niveaux de financement sont calculés à l'aide de méthodes d'évaluation nationales (réglementaires) des passifs qui varient selon les pays, ce qui affecte la comparabilité entre pays.

Les coefficients de capitalisation des plans à prestations définies, qui mesurent le montant des passifs couverts par les actifs disponibles, ont suivi des trajectoires différentes selon les pays, mais ont eu tendance à s'améliorer dans la plupart d'entre eux. Parmi les 12 pays ayant communiqué des données, 7 ont enregistré un coefficient de capitalisation plus élevé à la fin de 2024 qu'il y a une dizaine d'années, les améliorations les plus importantes étant observées en Irlande (hausse de 33 points de pourcentage entre fin 2015 et fin 2023), au Royaume-Uni (26 points de pourcentage entre fin 2014 et fin 2024) et aux États-Unis (17 points de pourcentage entre fin 2014 et fin 2024) (Graphique 9.6). Ce coefficient s'est également renforcé, mais dans une moindre mesure, en Finlande, en Norvège, aux Pays-Bas et en Suisse. En Allemagne, il est légèrement plus bas fin 2024 (119.5 %) que fin 2014 (119.7 %). C'est en Islande qu'il a connu la baisse la plus importante, mais celle-ci reflète la conversion d'un régime à prestations définies pour les fonctionnaires (davantage financé que les autres) en un régime à cotisations définies, qui n'est donc plus inclus dans le calcul du coefficient de capitalisation agrégé au niveau national.

La croissance des actifs dans les plans à prestations définies, observable dans la plupart des pays ayant fourni des données, a contribué à l'amélioration des coefficients de capitalisation. Ces plans ont peut-être également bénéficié de la récente hausse des taux d'intérêt, lorsque les passifs sont évalués à l'aide de taux d'actualisation basés sur le marché.

Les niveaux de financement sont calculés à l'aide de méthodes nationales (réglementaires) d'évaluation des passifs. Certains pays utilisent des taux d'actualisation fixes comme la Finlande (3 %) et l'Islande (3.5 %), tandis que d'autres comme les Pays-Bas et le Royaume-Uni utilisent les taux du marché. Aux Pays-Bas, les fonds de pension peuvent utiliser un taux à terme ultime (TTU) pour l'évaluation des passifs. Ce TTU est calculé par extrapolation de la structure observable par échéances afin de prendre en compte la durée très longue des engagements de retraite. Au Royaume-Uni, le *Pension Protection Fund* utilise les rendements des obligations d'État conventionnels et indexés pour calculer les passifs des plans à prestations définies entrant dans le champ d'application de son indice (PPF 7 800). Le choix du taux d'actualisation utilisé pour exprimer en termes actuels le flux des prestations qui seront servies demain peut avoir des effets majeurs sur les niveaux de financement. L'évolution des taux d'intérêt a une incidence sur la valeur des passifs dans les pays qui utilisent un taux d'actualisation basé sur le marché, tandis que son impact est minime dans ceux qui utilisent un taux d'actualisation fixe.

Le niveau de financement des plans à prestations définies était supérieur à 100 % à la fin 2024 (ou à la dernière date disponible) dans tous les pays ayant communiqué des données, sauf quatre : les États-Unis (74 %), l'Islande (26 %) et le Mexique (65 %) parmi les pays de l'OCDE, et l'Indonésie (96 %). Les niveaux de financement varient selon les plans, comme aux États-Unis où les plans de retraite d'entreprise ont des coefficients de capitalisation plus élevés que les plans de retraite publics.

Définition et mesure

La capitalisation des plans à prestations définies est évaluée dans la présente publication par le rapport entre les investissements et les provisions techniques (au net de réassurance) de tous les plans à prestations définies agrégés au niveau national. Les investissements des plans à prestations définies peuvent représenter une estimation basse des actifs détenus par ces plans, car ils n'incluent pas les sommes à recevoir des promoteurs des plans ni les créances sur ces promoteurs pour couvrir le déficit de financement. Les provisions techniques correspondent à la somme qui doit être conservée pour couvrir l'évaluation actuarielle des prestations à laquelle ont droit les adhérents. Il s'agit de l'obligation (du passif) minimum s'appliquant à l'ensemble des plans de retraite à prestations définies.

L'estimation des passifs est effectuée à l'aide de méthodes propres à chaque pays. Les méthodes peuvent ainsi différer selon les pays en ce qui concerne la formule utilisée, le taux d'actualisation (taux du marché ou taux fixe par exemple) ou la façon dont les salaires futurs sont pris en compte (ainsi, les passifs peuvent être fonction des salaires actuels ou des salaires prévus à la date à laquelle les participants sont censés prendre leur retraite). il est de ce fait impossible de faire des comparaisons entre pays.

L'évolution du nombre de régimes à prestations définies pour lesquels le coefficient de capitalisation global est calculé peut influencer les tendances. En Islande, le coefficient a baissé entre 2016 et 2017, car un régime public destiné aux employés de l'État et des municipalités (l'un des mieux financés) a été converti en plan à cotisations définies et n'est donc plus inclus dans le coefficient de capitalisation agrégé depuis 2017.

Pour en savoir plus

OCDE (2020), *OECD Pensions Outlook 2020*, Éditions OCDE, Paris, https://doi.org/10.1787/67ede41b-en.

Graphique 9.6. Actifs et passifs des plans à prestations définies (monnaie nationale, en milliards) et ratio correspondant (en pourcentage) dans certains pays, 2014-2024

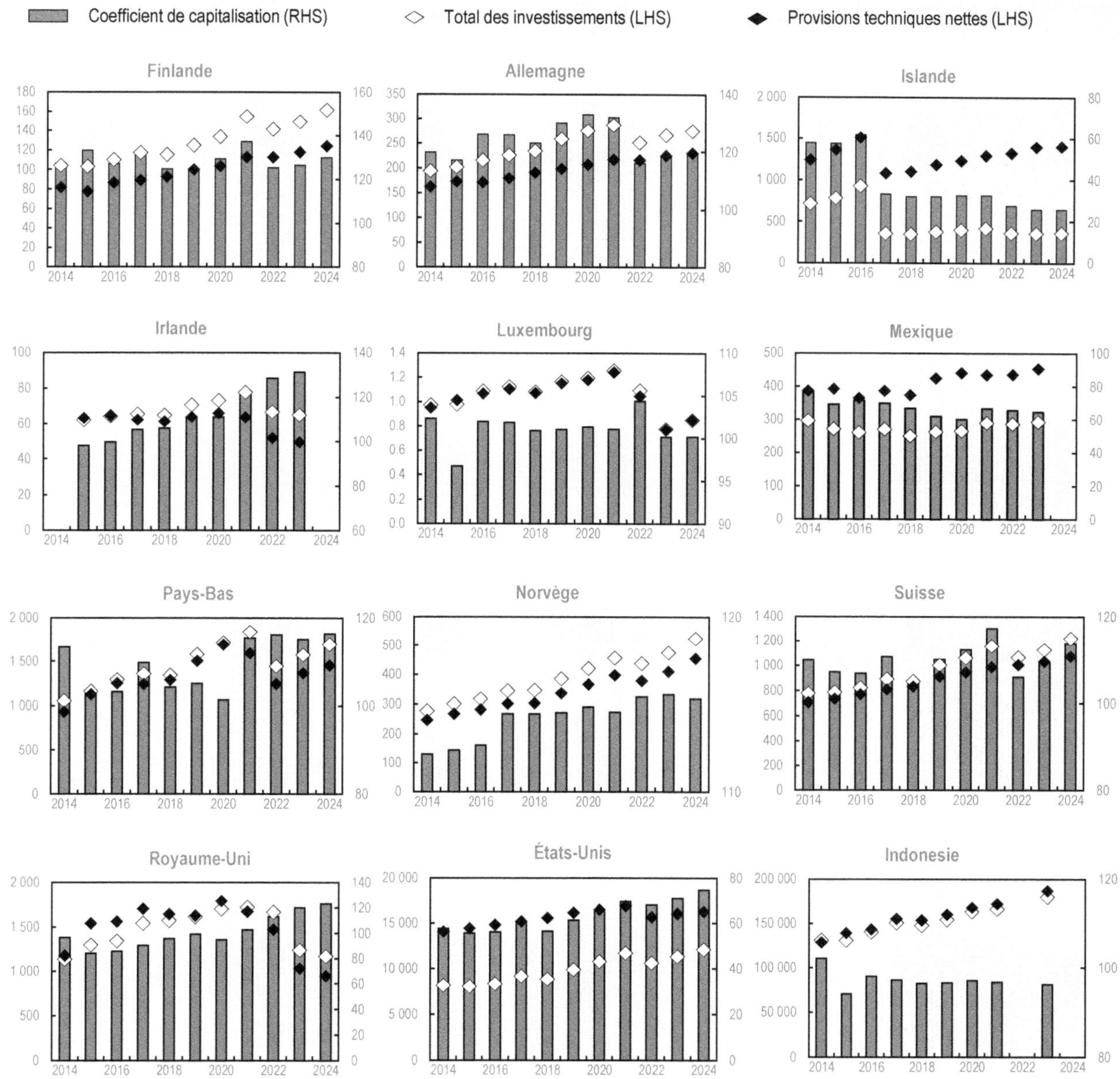

Note : LHS : axe de gauche. RHS : axe de droite. Le coefficient de capitalisation a été calculé comme le rapport entre le total des investissements et les provisions techniques nettes pour les plans professionnels à prestations définies gérés par des fonds de pension, à partir des valeurs communiquées par les autorités nationales dans un questionnaire de l'OCDE. Les données pour la Finlande ne concernent que plans à prestations définies dans les fonds de pension. Tous les passifs des plans à prestations définies (et non uniquement les provisions techniques) sont pris en compte pour l'Irlande, le Mexique (régimes professionnels à prestations définies dans les fonds de pension uniquement) et les États-Unis. Les données pour le Luxembourg se réfèrent aux plans à prestations définies traditionnels sous la supervision de la CSSF. Les données relatives aux Pays-Bas et à la Suisse englobent tous les types de fonds de pension. Les données pour le Royaume-Uni proviennent du *Purple Book* publié par le Fonds de protection des retraites et indiquent les actifs et les passifs évalués sur la base des fonds dits S179 (au lieu des provisions techniques nettes) et le ratio des deux. Les données pour l'Indonésie se réfèrent aux fonds à prestations définies EPF et proviennent des rapports statistiques du Fonds de pension OJK avant 2016.

Source : Statistiques de pensions de l'OCDE au niveau mondial.

StatLink https://stat.link/3ao4vk

www.ingramcontent.com/pod-product-compliance
Lightning Source LLC
LaVergne TN
LVHW082029051026
849532LV00011B/3308
9789264899278